AF324303

MODESTO M. MORA, M.D.
LA GESTA DE UN MÉDICO

COLECCIÓN CUBA Y SUS JUECES

EDICIONES UNIVERSAL, Miami, Florida, 1996

OCTAVIO R. COSTA

MODESTO M. MORA, M.D.
LA GESTA DE UN MÉDICO

Primera edición, 1996

EDICIONES UNIVERSAL
P.O. Box 450353 (Shenandoah Station)
Miami, FL 33245-0353. USA
Tel: (305)642-3234   Fax: (305)642-7978

Library of Congress Catalog Card No.: 96-84349

I.S.B.N.: 0-89729-805-5

Composición de textos por María Cristina Zarraluqui

Índice

Introducción

Razón y objetivo de esta biografía

Esta biografía del doctor Modesto M. Mora es una consecuencia de mi libro DON PEPE MORA Y SU FAMILIA.

Como conozco al doctor Mora desde que era un adolescente y he mantenido relaciones de muy estrecha amistad con toda la familia, nunca he dejado de saber de sus ascensos profesionales.

Pero al tener que hablar con él para el DON PEPE, le escuché una extensa y detallada evocación de su vida.

Fue entonces que me percaté que su tan intensa, brillante y fecunda existencia demandaba una biografía. Había que dejar constancia de sus hechos, Y con ellos proyectar su personalidad.

El doctor Mora no respondió a mi sugerencia. Pero si no la aceptó, tampoco la rechazó.

Ya radicado yo en Miami desde diciembre del 91, porque así él lo propició, insistí en mi propósito.

El acabó por aceptar, pero más tácita que expresamente. Parece que dudaba. Siempre enarbolaba un pretexto para posponer el necesario encuentro.

Sólo al cabo de tres años, a fines del 94, fue que me anunció que nos reuniríamos a partir de febrero del 95.

Y así ocurrió. Nos reunimos los martes y jueves en su oficina. Fueron jornadas de tres a cuatro horas. Hablamos a través de unas veinte semanas con no pocas interrupciones.

Paralelamente a las citas yo iba escribiendo y en cada encuentro le entregaba lo escrito. Y otra copia daba a su hermano Orlando, mi fraternal amigo de sesenta años.

Cuando ya toda la trayectoria de su vida estaba recorrida y yo había revisado cuidadosamente el texto, le entregué a ambos sendas copias. Las muy complacientes reacciones de los dos me hicieron muy feliz, porque, a pesar de mi experiencia en el género, yo me sentía tremendamente preocupado en un caso como éste, ante el que deseaba hacer una obra lo más perfecta posible. En la misma puse, con mis mayores entusiasmos, mis mejores sentimientos, deseoso de corresponder agradecido, en alguna medida, a un hombre a quien debo tanto.

Escribir una biografía es un tremendo reto. Más o menos el mismo que sufre un pintor al hacer un retrato de un personaje. Si captar y reproducir con fidelidad un rostro no es fácil, más difícil es reconstruir una vida en todas sus dimensiones y culminarla con el certero esbozo de la personalidad del biografiado.

En el caso del doctor Mora, su biografía presenta muchas facetas. Y es que no hay vidas simples. Hasta las que parecen más sencillas no dejan de ser complejas. Y hasta complicadas. Toda personalidad es un amasijo de contradicciones, como afirmó Shakespeare, que tanto sabía de los retorcidos laberintos del alma humana.

Además de evocar los antecedentes familiares, con los padres y los hermanos que lo precedieron, había que describir el ambiente rural en que trascurrieron sus primeros años. Sin esta inicial realidad no podría juzgarse justamente las altas metas logradas por el doctor Mora.

Al cumplir los doce, los estudios secundarios en la ciudad de Pinar del Río. A continuación, siete años en la Universidad de La Habana hasta su graduación de doctor en Medicina.

Con esta graduación, cuando tiene veinticinco años, abandona a Cuba y se dirige a los Estados Unidos. En consecuencia, un radical cambio geográfico, con todas sus estribaciones, que influye notoriamente en su destino.

Tras su internado en Wisconsin, su residencia en Nueva York. Aquí se decide su rumbo profesional. Será cirujano. Y con esta especialidad médica se radica en Miami, definitivamente. Si en su tierra natal había vivido veinticinco años, en la Florida lleva cuarenta y tres.

Paralelamente al ejercicio profesional, la vida social. De su actuación como cirujano salta a la condición de empresario de hospitales. Funda sucesivamente tres. Y dos de ellos con los más altos niveles médicos. La construcción de los mismos, su funcionamiento y su ventajosa venta son hechos que no pueden medirse con el rígido cartabón de la lógica. Fue algo en lo que intervinieron, con la personalidad del doctor Mora, factores que escapan a toda racional explicación. Se aludirá a la suerte, al azar, a la casualidad, pero ninguna de estas situaciones funcionan autonómicamente sino siempre en combinación con el factor humano de un determinado individuo. Ese hombre fue él.

A estas dos vertientes de su vida, paralelamente hay que añadir una tercera. Sus constantes viajes por América, Europa, Asia, África, Oceanía, Año tras año. Estos recorridos, tan exhaustivos, por el extranjero, conociendo otras culturas, fue algo que entró en su experiencia, que repercutió definitivamente en su mentalidad. Desde entonces, trás él no iban únicamente La Habana, Nueva York, Miami y el resto de América, sino Londres, Madrid, París. Roma, Viena, Ginebra, Estocolmo, Oslo, Amsterdan, Bruselas, Atenas, Constantinopla, Tokio ... El hijo de San Luis, en Pinar del Río, se había convertido en un cosmopolita, un ciudadano del mundo.

Hasta que en 1984 se produce el cambio más radical de su vida. Se casa a los sesenta años y se convierte en el esposo feliz de la doctora Lourdes R. Sanjenís y en padre de tres varones.

Mientras tanto, siguiendo el ritmo de los años las naturales variaciones de la personalidad, aunque el núcleo de la misma se conserve intacto.

Cada ser humano tiene su carácter y su temperamento. Con ellos se integra la personalidad, pero ésta, a su vez, genera hábitos y costumbres que se organizan para constituir un estilo de vida.

Al unísono, detrás de este estilo de vida hay un repertorio de ideas políticas, sociales, económicas, religiosas, filosóficas y, además, una constelación de sentimientos. Ambas manifestaciones, intelectual la primera y afectiva la segunda, son las que acaban por fijar las aristas de la personalidad.

Todos estos ingredientes, tan variados, están en la mente y el corazón del doctor Mora. Y a todos los tiene que capturar el biógrafo y proyectarlos de modo que lleguen al lector.

Además, si toda vida debe estar siempre destinada a ser una creación en permanente evolución, el doctor Mora ejemplifica ostensiblemente esta teoría de Henri Bergson.

Y si, contradictoriamente a la tesis del filósofo francés de la evolución creadora, hay vidas estáticas, la suya ha sido intensamente dinámica, de un dinamismo sin tregua, avanzando siempre hacia un horizonte que nunca ha dejado de alcanzar. Por eso es un triunfador. Un auténtico arquitecto de su destino.

Si para José Enrique Rodó "renovarse es vivir", el doctor Mora ha vivido en permanente renovación. Renovación que ha sido el producto de una muy especial combinación de la más sutil inteligencia, la más fértil imaginación y la más constante voluntad.

En consecuencia, el doctor Mora es un hombre perfectamente biografiable. Y ya biografiado, su biografía será un testimonio irrefutable de su vida y de su personalidad para sus tres pequeños hijos. Y, además, una lección para todos, especialmente para los cubanos, y entre ellos para los de su provincia de Pinar del Río.

Si hay quienes viven a la deriva, hedonísticamente, sin comprender que la vida es un programa a realizar, el doctor Mora ha vivido en permanente esfuerzo, hasta labrar la historia que exhibe a los setenta años, tal como el escultor modela el barro, o cincela el mármol para hacer la estatua que sueña.

Si ha alcanzado la jerárquica altura que ostenta, es porque la ha trabajado y la ha ganado.

Esta biografía no se ha escrito para halagar una presunta vanidad. En estas páginas están las realizaciones y virtudes de su protagonista. Todo está expuesto sencillamente. Los hechos son tan evidentes e irrefutables que no necesitan de los elogios. Este libro es una historia y no una novela. No hay ficción, ni fantasía.

Octavio R. Costa

El manantial

I

La familia de Pepe Mora y Blanca Rosa Morales

Barbacoas, barrio rural de San Luis

En el hogar de Pepe Mora se notan singulares trajines que alteran la normal cotidianidad de la familia. Blanca Rosa, la bella y dulce esposa, toda una luminosa constelación de virtudes, ya madre de ocho hijos, seis varones y dos hembras, está de dolores de parto y espera el noveno fruto de sus amores.

A pesar de las nueve experiencias en doce años, el esposo está ostensiblemente nervioso, inquieto, preocupado. Ella, sobre la cama, resiste los agudos dolores que anuncian el inminente alumbramiento. A su lado, la partera del pueblo, San Luis, en la provincia de Pinar del Río, en Cuba.

Pepe está establecido como comerciante de víveres en un extremo de la calle principal del pueblo. Su establecimiento ostenta el nombre de "La Perla del Sur". Al otro extremo está su hermano Alejandro, dueño de "La América".

Este tan prolífico padre había nacido el 17 de enero de 1882 en el barrio Barbacoas, dentro del territorio de este mismo municipio. Era hijo de Domingo Mora, nativo de Canarias, que estuvo dedicado a la agricultura hasta su prematura muerte. Trabajador, cumplidor de sus deberes, de apacible carácter, había sido distinguido con el nombramiento de capitán de Voluntarios, una informal milicia que el gobierno español había organizado como consecuencia del levantamiento en armas que se había producido en Oriente, en el municipio de Manzanillo y concretamente en el ingenio "La Demajagua", encabezado por el hacendado, abogado y poeta Carlos Manuel de Céspedes, en 1868.

La guerra iniciada entonces se extendió a Camagüey y Las Villas. Promovida por ricos e ilustrados patricios contó con cubanos de todos los niveles sociales, hasta los más humildes. Entre ellos hombres de color. Algunos llegarán a ser de los jefes más destacados. Antonio Maceo era uno de ellos. Trascenderá a la historia como uno de los más altos símbolos de la patria. La lucha duró hasta el 78, cuando el general Arsenio Martínez Campos logró el Pacto del Zanjón. Pero no por eso desapareció el Cuerpo de Voluntarios.

Su madre, la criolla Isabel García, exhibía más carácter y más habilidades, energías y entusiasmos que el esposo. Fue bueno que fuera así, porque al fallecer Domingo es ella la que tiene que asumir la responsabilidad de los negocios y de la prole. Son cinco: José, Alejandro, Idelfonso, Valentina y Panchita. Hay una niña más, María, que no es Mora, sino Méndez, de un primer matrimonio, que quebró la muerte.

Ahora sus quehaceres y reponsabilidades se han duplicado. Tiene que seguir con toda la carga del hogar y asumir, además, todo aquello de lo que se ocupaba el desaparecido compañero, como todo lo relativo a la tierra de su propiedad. En ella se producen los más variados cultivos. La venta de sus frutos es la única fuente de ingresos con que se cuenta para el sostenimiento de la casa. Por suerte, la vida en Barbacoas es muy sencilla. Son pocas las necesidades. Y nunca hay grandes gastos.

Tenía que ser así en un barrio rural de un pequeño pueblo, que fue reconocido oficialmente como municipio en 1878, el año del Pacto del Zanjón. Esta situado en el extremo occidental, en la provincia de Pinar del Río. también llamada Vuelta Abajo. Su territorio empezó a ser oficialmente ocupado cuando el resto de la Isla, posesión de España desde 1492, llevaba ya doscientos sesenta años de haberse colonizado.

Esta es la causa del retraso que Pinar del Río padece en comparación con las provincias que están más allá de Guanajay, a unos cincuenta kilómetros de la capital. San Luis es un municipio predominantemente rural. Muy cerca, al oeste, está San Juan y Martínez. Un poco más lejos, al norte, esta la capital de la provincia. Al sur tiene el mar de las Antillas.

El entorno histórico

Cuando le llega a Pepe la edad de ir a una de las pocas escuelas que existían en la región en que vino al mundo resulta que, providencialmente, esta cerca de su hogar. Y allí aprende, en la medida posible, porque es muy responsablemente aplicado. Tiene la obsesión de saber. Aprende a leer con suma rapidez. Y con la lectura, domina la escritura. No todos los muchachos de entonces lo sabían. Si le atrae la Aritmética, le fascinan las nociones que le enseñan de Geografía. Pero en cuanto a la Historia, no encuentra a Cuba en las enseñanzas que le ofrecen, y él se siente cubano. Las autoridades españolas han volatilizado todo lo cubano. Es posible que este hecho represente el primer conflicto espiritual que se le plantea al muchacho que, por obra de la naturaleza, ha nacido con un caracter muy nítidamente definido.

Es un adolescente tan curioso que nada de lo que ocurre en la Isla, cuyos rumores llegan a Barbacoas. le son indiferentes. No tardan en entrar en su conciencia las noticias que se producen en La Habana. Se enteró que Cuba no es un país independiente, gobernado por los cubanos, sino una colonia de España, en la que mandan los funcionarios que designa Madrid

Sabe de la guerra que había durado casi una década. Y sabe, a los diez años, que hay un patriota, José Martí, que, además poeta y escritor de fama continental, está empeñado, desde Estados Unidos, en promover una nueva guerra.

Y cuando ya ha llegado a los trece le alegra saber que Martí, con los principales hombres del 68, como Máximo Gómez y Antonio Maceo, y con los nuevos que lo siguen, ha comenzado la nueva revolución por la independencia. Corre el mes de febrero del 95. Pero, semanas después lo estremece la dramática noticia de la muerte del Apóstol, como se le decía, Habia muerto en combate, pocos días después de llegar a Oriente con Máximo Gómez, Cayó de su caballo de cara al Sol, tal como había anunciado en sus versos.

Y al año siguiente, al comenzar el 96, a los catorce, goza la noticia de que Antonio Maceo ha llegado a Mantua, mucho más allá de San Juan, hacia el norte, el último municipio de la geografía pinareña, Con más de mil soldados se ha atravesado toda la Isla, desde Baraguá, en Oriente, sin que las fuertes tropas españolas pudieran detener la Columna Invasora, al mando del Titán de Bronce.

Uno de sus jefes, el coronel Roberto Bermúdez, entra en Barbacoas, porque, por disposción de Maceo, se le ha encargado el mando militar de la región. Se acerca a la casa de doña Isabel. Y ésta lo recibe. Ella le brinda café, que el héroe toma con fruición. Asimismo le ofrece un tabaco, que el acepta pero que no prende. Lo guarda en un bolsillo de su chamarreta. Mientras, ambos conversan animadamente. Ella pregunta y él narra con notoria emoción lo que ha sido la hazaña que acaba de culminar.

Mientras tanto, Pepe admira la marcial prestancia del patriota, que sólo tiene veinticinco años. En el joven guerrero él ve, como un símbolo, la presencia viva de Cuba. Intuitivamente sabe que Cuba es su patria y que España es algo ajeno. No en vano entre la Isla y la Península se extiende la inmensidad del Océano Atlántico. La vieja relación de la Colonia con la Metrópoli ya no tiene sentido de ser al cabo de tres centurias.

Decursa el año 96 y en diciembre llega la noticia de la muerte de Antonio Maceo en la provincia de La Habana, después de burlar la trocha de Mariel a Majana. Fue cerca de Punta Brava y con él murió Panchito Gómez Toro, el hijo del Generalísimo. ¿Cómo es posible que el Titán de Bronce caiga en una simple escaramuza? Ese era su destino. Pepe siente como una punzada en el pecho. Sospecha que lo ocurrido es una tremenda desgracia para la noble causa de la independencia cubana.

Y en el 98, cuando ya ha llegado a los dieciséis, sabe que en la bahía de La Habana ha explotado el "Maine", un buque de la Armada americana y que Washington le ha declarado la guerra a España. Las fuerzas militares de los Estados Unidos están peleando en Oriente con la colaboración de las tropas cubanas. Entre los jefes cubanos se destaca Calixto García, que es el Lugaterniente General del Ejército Libertador, después de haber sido una de las principales figuras de la Guerra del 68 y el principal promotor de la llamada Guerra Chiquita, del 79.

La guerra hispano-americana resulta algo fulminante. Los americanos destruyen barco por barco la escuadra española cuando pretende salir de la bahía de Santiago de Cuba, Asimismo se derrota a los españoles en las dos posiciones que aseguraban la defensa de la ciudad. Son San Juan y El Caney. Las autoridades de España se rinden. El primero de enero del 99 el último gobernador de Madrid entrega al representante de Washington el gobierno de la Isla. Cuba, bajo la Intervención, está en la víspera de la conquista de su soberanía.

Pepe en San Luis

Estos últimos hechos coinciden con la salida de Pepe de Barbacoas, dejando atrás la agricultura. Va a trabajar como dependiente en una bodega de San Luis llamada "La Democracia", que es del español Antonio Villar, el esposo de su hermana María.

Esta bodega resulta una verdadera escuela para Pepe, tan avispado, tan atento a lo que hablan los vecinos que llegan al establecimiento para hacer sus compras, o sólo para encontrarse alli con amigos. No hay más tema que Cuba, que la derrota de España, que el fin de la guerra, que la presencia de los americanos, que el presunto futuro de la Isla. Unos creen que los gringos no se irán y otros que, tal como han prometido, entregarán el gobierno a los nativos, una vez constituída la república. Allí recibio un largo y enjundioso curso de historia de todo lo ocurrido en las últimas décadas. Nada le había dicho el maestro de la escuelita de Barbacoas.

Del pueblo han desaparecido los funcionarios, los militares y los soldados españoles. Y se empieza a ver a los americanos. Y al compás de los días que pasan, se producen unas elecciones municipales, Después, otra para elegir a los delegados a una Convención Constituyente. En torno a ésta se producen las más variadas reacciones, porque Washington aspira a que en el texto constitucional, a manera de Apéndice, aparezca la llamada Enmienda Platt, ya aprobada por el Congreso americano. La misma proclama el derecho del gobierno americano a intervenir en la Isla en los casos que se fijan y que se refieren a situaciones en que pueda peligrar la independencia de la Isla.

La mayoría de la Convención y gran parte de la ciudadanía están en contra de esa imposición, que consideran violadora de la Resolución Conjunta. Ven en la Enmienda una merma de la soberanía nacional, en tanto que los americanos dicen que ellos aspiran a garantizar precisamente esa soberanía. La controversia llega a su fin cuando la Casa Blanca declara que sin Enmienda no habrá república. Ante esta realidad se produce la mayoría necesaria para aprobar la Enmienda, alentada por Manuel Sanguily, el más intransigente de los cubanos. Pero hay una minoría que no se rinde, inspirada por Juan Gualberto Gómez, el mulato que es siempre un modelo de transigencia y tolerancia. La vida es siempre una paradoja.

Más tarde, los comicios generales. Y llega el más esperado de los días, el 20 de mayo de 1902. Pepe, con veinte años, disfruta la felicidad de saber que se ha fundado la República de Cuba y que el presidente es Tomás Estrada Palma, un noble prócer, nacido en Bayamo, que había presidido el gobierno cubano cuando la Guerra de los Diez Años y que había sustituido a Martí en el cargo de Delegado. No faltan cubanos que dicen que es una imposición americana, pero, ciertamente, fue el hombre al que escogió y apoyó para la presidencia el Generalísimo Máximo Gómez. Este es el gran elector.

Con este acontecimiento se le plantea a Pepe un dilema: sigue en la bodega, o la abandona para volver al campo, y concentrarse especialmente en el tabaco. Con el fin de la guerra y el establecimiento de la república la aromática hoja tiene mucha demanda.

Abandona a San Luis, con su luz eléctrica, a donde llegan los periódicos de la capital, en donde hay un Liceo, al que va y en el que pasa muy agradables horas, y vuelve al hogar de su madre para dedicarse al cultivo del tabaco y además a la por él ignorada función de mercader. No sólo vende el que cultiva, sino que compra a otros cosecheros para vender después a los que a su vez venderán a los industriales de la tan apreciada hoja. Si el cultivo del tabaco es una ciencia y un arte, él lo ha aprendido todo.

Si Pepe está lleno de entusiasmos e ilusiones, a Antonio Villar no le ha complacido en nada el hecho de su partida, porque nunca él ha tenido un dependiente más vivaz, más hábil y más inteligente que él. Nadie ha sabido más de la bodega. Nadie ha sido capaz de tratar a los clientes con tanta corrección y eficacia.

Mientras, sigue desde lejos el curso de la política que se desenvuelve en La Habana. El Presidente se ha reelegido y hay un alzamiento bélico de los liberales que tienen por adalid a José Miguel Gómez, un veterano de las dos guerras. Estrada Palma renuncia y reclama la intervención americana. Teodoro Roosevelt se resiste a decidir esa medida, totalmente impopular. En vano insiste en que haya un arreglo entre los cubanos. Estos no son capaces de designar a un sustituto, ya que el vice también ha renunciado. En consecuencia, llega a la capital un interventor con todo el personal civil y militar necesario para restablecer el orden, reorganizar la administración pública, redactar las leyes orgánicas aún sin hacer y promover un nuevo proceso electoral. La Casa Blanca aspira a que esta anómala situación se resuelva a la mayor brevedad.

Pepe y Blanca Rosa se casan

Pepe, al margen de sus responsabilidades hace alguna vida social, la que puede ser posible en un medio rural como el que vive. Y en un baile conoce a una preciosa joven, procedente de Pinar del Río. Es Blanca Rosa Morales. Nacida en 1890, es ocho años más joven que él. Al verla lo impresiona su distinguida y serena belleza. No había imaginado nunca un rostro tan perfecto y con tanta luz, Se siente hechizado. Consigue bailar con ella. Logra asegurar la posibilidad de verla de nuevo. Es un hombre enamorado, y ella le corresponde. Se formaliza el compromiso con sus padres, Justo Morales y Victoria Vento.

Comprende que tiene que fortalecer su economía para afrontar el matrimonio. Deja Barbacoas, que económicamente no dio tanto como él necesitaba y con la colaboración de Antonio Villar abre una tienda mixta en el barrio de Palizadas.

El negocio resulta tan próspero que Pepe y Blanca Rosa se casan el 18 de diciembre de 1912. El novio tiene treinta años. La novia, veintidós. Y el 13 de octubre del 13 nace el primogénito, al que se bautiza con el nombre del padre.

En el 14, el 12 de diciembre, nace Orlando. El 18 de enero del 16, una niña, Librada. El 29 de agosto del 17, Lidio. El 19 de enero del 19, Giraldo.

Y cuando ya el matrimonio tiene cinco vástagos, los negocios en Palizadas han venido a menos. Mora decide abandonar el comercio y volver al tabaco. A ese efecto, se traslada a San Mateo, donde, en un lindo hogar, iluminado por una gloriosa felicidad, el 8 de junio del 20 nace Roberto y el 4 de septiembre del 21, Miguel Angel.

Pero, si el comercio descendió en Palizadas, no puede Pepe triunfar con el tabaco en San Mateo, si este nuevo empeño coincide con una tremenda crisis que paraliza toda la economía del país. Cuba no había vivido una firme estabilidd económica. independientemente de sus vaivenes políticos.

Mientras tanto, al correr de los años que han transcurrido desde la crisis de 1906, celebradas las elecciones convocadas por el Interventor, el Mayor General José Miguel Gómez asume la presidencia en enero de 1909.

Negado el presidente liberal a reelegirse, bajo la experiencia tenida con el moderado don Tomas, lo sucede Mario G. Menocal, también Mayor General de la Guerra de Independencia. Violando su promesa de no aspirar a un segundo período, es reelecto en el 16 en unos comicios tan espúreos, que el triunfo de Alfredo Zayas se convirtió en derrota y la derrota de Menocal en victoria. Estos hechos provocan en el 17 el alzamiento de los liberales, encabezados por José Miguel.

Como Estados Unidos ha entrado ya en la Guerra que se desarrollaba en Europa, la Casa Blanca hace saber que no reconocerá ningún gobierno producto de una revolución. Además, el caudillo liberal ha caído preso. Y con el acabamiento del conflicto y el alza del precio del azúcar, como consecuencia de su tremenda demanda, Cuba vive y disfruta las llamadas Vacas Gordas.

Un vértigo de prosperidad, un festival de dinero, una colectiva histeria, una locura que desemboca en las Vacas Flacas, Tendrá que enfrentarse a ellas el nuevo presidente, Alfredo Zayas, que llega a Palacio en 1921, como consecuencia de la Liga Nacional, un pacto del Partido Conservador de Menocal con el Partido Popular que el candidato había fundado al no ser postulado por los liberales, que llevan a José Miguel.

Primero desde Palizadas y después desde San Mateo, Pepe observa todos estos sucesos de la vida nacional. Y enterado su hermano Alejandro, que sigue en San Luis, de sus dificultades económicas le sugiere que abandone el negocio del tabaco, que está en grave baja y lo invita a retornar al pueblo en que trabajó como dependiente con la promesa de que lo ayudará a establecerse como comerciante. Y así lo hace con "La Perla del Sur".

En este pueblo nace la segunda hembra, Blanca Rosa, que repite el nombre de la madre, el 18 de abril del 23.

Nace Modesto Mario

Es el 25 de octubre de 1924. Ya los dolores de Blanca Rosa son demasiado fuertes. Pepe la contempla con contenida angustia. Por las ocho experiencias anteriores, él está consciente del drama que vive su esposa.

La partera manda a salir a Pepe, que no debe ver la culminación de parto. Pocos minutos despues, se oye el llanto de la criatura.

El padre, impaciente, alza la voz y pregunta, entornando la puerta de la habitación, si es varón o es hembra.

—Varón dice la partera. Pepe quiere entrar, pero ella lo detiene. Es necesario concluir los detalles finales del trabajo. Pasados unos minutos, vibrando de paternal emoción, entra el progenitor. Blanca Rosa le sonrie. El la besa en la frente. Ambos contemplan al rollizo niño, que ha venido al mundo completico. Nada le falta. Luce perfecto.

Después se deja entrar a los muchachos, que están ansiosos de ver al nuevo hermanito. En ese día Pepito tiene once años, Orlando no ha cumplido los diez, Librada tiene ocho, Lidio siete, Giraldo cinco, Roberto cuatro, Miguel Angel acaba de cumplir los tres y Blanquita cuenta con dieciocho meses.

El padre feliz retorna al establecimiento, donde, con alborozado orgullo, da la noticia. En enero había cumplido los cuarenta y dos. Blanca Rosa tiene su noveno hijo a los treinta y cuatro. Nueve partos en doce años. Pero con cada uno de ellos acrece su singular belleza.

Tan pronto trasciende la noticia, la casa se llena de parientes, amigos y vecinos que acuden a ver al niño, a felicitar a la madre, a recomendarles a los hermanitos que lo quieran y lo cuiden, porque entre las presentes hay una señora, ya entrada en años, con mucha prole, que dice que cada vez que nace un nuevo hijo, los demás se ponen celosos. Y no faltan los que lo rechazan como a un intruso.

Alguien pregunta el nombre que se le va a poner al niño. —Modesto Mario, responde la madre. Otra indaga ya sobre el día del bautizo. Todas las presentes hablan y no falta una joven y despejada vecina que, aficionada al horóscopo, diga que el niño ha nacido al día siguiente de comenzar Escorpio, que es el octavo signo del Zodiaco. Y con seguro conocimiento de la materia explica: —Le espera un buen destino, porque todos los que nacen entre el 23 de octubre y el 21 de noviembre son enérgicos, prácticos, tenaces, activos, prudentes, previsores, muy dueños de sí mismos y hábiles para defenderse de los riesgos de la vida...

Con el nacimiento de Modesto se le complica la vida a Blanca Rosa, que tiene que atender a nueve hijos. Pepito, Orlando, Librada y Lidio ya van a la escuela y esto significa que mientras están en las clases ella puede ocuparse de los demás, que aún no han llegado a la edad escolar. Son Giraldo, Roberto. Miguel Angel y Blanquita. Y ahora, Modesto, el bebé.

Pero si aquéllos van a la escuela, este hecho significa la diaria tarea de prepararles el desayuno a tiempo, de hacerlos desayunar, de vigilar a Pepito y a Orlando a que se vistan adecuadamente, en tanto que ella tiene que intervenir en cuanto a Librada y Lidio.

Después hay que preparar el almuerzo para la hora en que ellos lleguen de la escuela, a la que tendrán que regresar despues de almorzados. Mantener todo este control en cuanto a los primeros cuatro y darles toda la necesaria atención a los cinco restantes con inclusión de Modesto no es nada fácil, a pesar de la juventud de Blanca Rosa, que, por suerte, es persona muy sana y de mucha diligencia.

Y con la prole, el esposo, que si está en su establecimiento viene a la casa para el almuerzo. Además, siempre él está necesitado de la insustituible asistencia de Blanca Rosa. En fin, que ella se multiplica, pero es feliz con su enamorado esposo y con esta constelación de vástagos, que ella ve como nueve luceros. Por suerte todos gozan de muy buena salud.

Pero el trabajo de una madre con los hijos y el esposo no mata. Ella ama con torrentes de cariño a todos y se siente no menos querida por Pepe y por los hijos. Y es por eso que una felicitad completa, sin sombra alguna, preside el hogar de Pepe y de Blaca Rosa.

II

Los Mora se instalan en "El Gacho"

El reto de la vega

Con el nacimiento de Modesto Mario va a producirse un cambio positivo y definitivo en la vida de Pepe. Ya Antonio Villar ha muerto unos meses antes, dentro del 24. A su viuda, María Méndez, que es medio hermana de Mora, le ha quedado una buena fortuna, y entre esos bienes hay una vega de tabaco, que oficialmente tiene el nombre de "María Víctoria", pero que todos la conocen por "El Gacho". Está ubicada dentro del municipio de San Juan y Martínez, aledaño al de San Luis.

La vega ha tenido sucesivos administradores, pero ninguno la ha sabido explotar, y María piensa que su hermano, que ha estado en los negocios del tabaco, que es tan inteligente, tan trabajador, tan honesto, es el hombre que ella necesita para que esa vega dé todo lo que puede dar para bien de los dos.

María plantea el asunto a Pepe, y éste no vacila. Es un intuitivo que de inmediato se percata de que le ha llegado la coyuntura que ha esperado por tanto tiempo.

En esos momentos Cuba, despues de haber sufrido la más dramática crisis económica de su historia, hasta culminar con la quiebra de los bancos, entre ellos el Banco Nacional, está iluminada por una gran esperanza. En las elecciones de noviembre del 24, Menocal, que aspira por cuarta vez, es derrotado por el liberal Gerardo Machado, que terminó la Guerra con el grado de coronel y que ahora ostenta el de General. Este ha anunciado un programa nacionalista. Promete que acabará con la corrupción. Además llevará a cabo un plan de obras públicas, que incluye una moderna carretera desde Oriente hasta Occidente. Y adelanta la noticia de que en el programa del bachillerato se va a incluir la enseñanza de la Agricultura, por ser la más importante fuente de la riqueza nacional.

Corre el año 1925. Modesto no ha cumplido aún el año cuando con el alma rebosante de ilusiones Pepe Mora se instala con Blanca Rosa y los nueve vástagos en El Gacho", que es una de las dos vegas más grandes de la zona. Conocedor del complicado cultivo del tabaco, se entrega frenéticamente a remover todo lo malo que encuentra y a promover todo lo bueno que se necesita a fin de cumplir con su hermana y de labrarse un futuro tan estable como digno para él y su familia. El padre tiene obsesión con el porvenir de los hijos, que comienzan a ir a una escuela que está dentro de sus dominios, pero más tarde irán a una mejor que está en la finca Campo Hermoso, nombre que también ostenta el plantel.

Efectivamente, al cabo de un año, tras un buen rendimiento, la finca es otra, en todos los órdenes. Todo ha cambiado físicamente. Y con esto, también las relaciones entre Mora y los partidarios.

Y con el 1926, el 14 de marzo, llega la tercera niña. Se le bautiza con el nombre de María Victoria. Y al año siguiente, 1927, los ingresos de don Pepe han aumentado suficientemente para poder mandar a sus dos hijos mayores, Pepito y Orlando, como alumnos internos, al colegio de los Escolapios, en la ciudad de Pinar del Río.

Tan firme es ya su economía, que en el 28 puede mandar a Librada, con doce años, a La Habana para que ingrese como interna en uno de los mejores colegios de la capital, "La Inmaculada". En ese mismo año, pocas semanas después de la partida de Librada. el 3 de noviembre de 1929, la cuarta hembra, Silvia, que todos conocen por Perla y que es ya su nombre oficial definitivo.

Lamentablemente, con la reelección del Presidente, se complica en tal forma la vida política que surge una poderosa oposición contra Machado, Se inicia en la Univerisdad con el Directorio Estudiantil. A éste sigue la Unión Nacionalista del coronel Carlos Mendieta. Se suman el general Menocal con su Partido Conservador y Miguel Mariano Gomez, que, después de ser el mejor alcalde de La Habana de todos los tiempos, queda desplazado por una acción del Ejecutivo que quedará legalizada posteriormente por la Convención Constituyente convocada para el 1928, a fin de prorrogar el mandato de Machado. En definitiva, se hace desaparecer la Alcaldía habanera.

Después de un frustrado alzamiento de Mendieta y Menocal en el 31, surge una asociación secreta, a la que llaman ABC, que apela al terrorismo. La oposición contra el gobierno se extiende por toda la isla. Y los dos hijos mayores de Pepe Mora, Pepito y Orlando, que ya habían ingresado en el Instituto de Segunda Enseñanza de Pinar del Río, se enrolan en la lucha revolucionaria. Mientras tanto, todos los centros docentes son clausurados.

Al unísono, el país sufre la más dramática recesión. Es la misma que se extiende por el mundo con inclusión de Estados Unidos. El prestigioso cosechero capta los amenazantes signos de este tiempo, pero no se arredra. Se crece ante el peligro, Mora es un carácter. Un permanente coraje alienta su actividad de cada día.

Para comprender lo que económicamente ocurre en Cuba en cuanto al tabaco, basta con recordar que si las exportaciones ascendieron en el 29 a cuarenta y tres millones, en el 33, año de la caída de Machado, bajaron a trece. Y en ese momento la prole había llegado a la docena, pues el primero de octubre del 30 había nacido Isabelita, bautizada con el nombre de la abuela paterna. Será la última.

Inestabilidad política

Con el 33 empieza una nueva etapa. Si Machado había desaparecido del escenario político gracias a la "mediación" propiciada por Franklin D. Roosevelt por medio del embajador Sumner Welles, una sublevación de sargentos, cabos y soldados derroca el 4 de septiembre del mismo año al presidente designado para sustituir a Machado, Carlos Manuel de Céspedes, hijo del Padre de la Patria, coronel de la Guerra de Independencia, en la que asumió importantes funciones civiles: diplomático de carrera y Secretario de Despacho en tres distintas carteras del gabinete del presidente Zayas.

Como líder de la asonada de Columbia ha quedado Fulgencio Batista, pero la acción había sido promovida por el Directorio Estudiantil, en protesta de la intervención americana en la solución de la crisis cubana. Se aspiraba a liquidar la influencia de Washington y poner el destino de la patria en las manos de los nativos, especialmente de la nueva generación.

Se viven caóticos días. Por Palacio entre el 33 y el 40, después de Céspedes, pasan Ramón Grau San Martín, Carlos Mendieta, José A. Barnet, Miguel Mariano Gómez, Federico Laredo Brú y Fulgencio Batista, electo ese mismo último año.

Realmente la vida empezó a estabilizarse con el doctor Gómez Arias, el hijo de José Miguel. En las elecciones que lo exaltaron a la presidencia en enero del 36 José Mora y García fue electo, por el Partido Acción Republicana, Consejero Provincial. Y como presidente del Consejo tiene oportunidades de actuar como Gobernador.

Pero tras la destitución del Presidente, impuesta al Congreso por Batista, como consecuencia del choque que surge entre el poder civil y el poder militar, es Laredo Bru el que logra la paz necesaria para llevar a cabo una Convención Constituyente.

Sin embargo, al margen de los vaivenes políticos, con un nuevo Tratado Comercial con Estados Unidos, más favorable que el de 1903 y otras circunstancias, la economía cubana se ha recobrado y, en consecuencia, también la de don Pepe, cuya personalidad ha crecido notoriamente desde su arribo a "El Gacho".

Mientras tanto, si los centros docentes se habían abierto desde mediados del 34, se cerraron de nuevo como consecuencia de la huelga de marzo del 35. La Universidad no volverá a la normalidad hasta septiembre del 37. Y en la víspera de la apertura, los hijos de don Pepe se preparan para proseguir sus estudios.

La vida en "El Gacho"

En medio de este panorama nacional, Pepe Mora no ha cesado de promover las necesarias mejoras en "El Gacho". Situada a cuatro kilómetros de San Juan, la finca se comunica con este municipio por medio de una rudimentaria carretera que se hallaba en muy malas condiciones.

Esta carretera está atravesada por un arroyo, que marca el comienzo del territorio de la vega. Sobre el mismo hay un puente, igualmente en bastante mal estado. Mora se las ingenia para reconstruir el camino que ya sobre el terreno de la finca empieza en el mencionado puente y llega más allá de la casa en que habita su familia.

A un lado y otro de la construcción se cavan cunetas a los efectos de facilitar el desagüe de las lluvias. Igualmente, a un lado y otro del camino y en toda su longitud se levantan fuertes cercas, tal como también se hace en la total superficie de la vega.

Otra realización fundamental es lograr que la compañía eléctrica extienda el correspondiente tendido hasta "El Gacho", asumiendo don Pepe su alto costo. Esto no sólo beneficia todas las viviendas de la vega, sino que hizo posible que ese servicio se llevara a las fincas colindantes, sin que eso signifique lucro alguno para Mora.

Otra obra más es la del suministro del agua, tanto para los vecinos de "El Gacho" como para las necesidades de la finca. A esos efectos se perfora un pozo artesano. Equidistante del puente y de la vivienda se levanta una estructura y encima de ella se instala un enorme tanque. Aparte de éste hay otro más pequeño en el hogar de la familia Mora. Con esto motivo hay necesidad de instalar nuevas cañerías.

Mora también reconstruye su casa, con un amplio portal. Y aparte de la espaciosa sala y del comedor, con una larga mesa, más la bien equipada cocina, hay cinco habitaciones a cada lado del pasillo que sirve como de eje del inmueble.

Al frente hay un jardín que con sumo esmero cuida Blanca Rosa. Más allá, una arboleda, y después de ella, el arroyo que pasa por debajo del puente, nombrado "Dolores". Hay otros dos, pero más pequeños.

Y más allá del arroyo, la finca "Campo Hermoso", que es una preciosidad, con su chalet, que el dueño habita ocasionalmente, ya que vive en La Habana. Y más lejos todavía, la escuela, que se levanta sobre la vega "La Guardia", al lado de allá de la carretera. A la derecha de la casa de los Mora, la finca de los Rodriguez, Y a la izquierda, a cierta distancia, se avista el encuentro de un camino con el arroyo.

En la arboleda del frente hay todas las frutas que se daban en Cuba. Además del tabaco, en "El Gacho" se siembran todos los llamados frutos menores. Hay también un buen número de cabezas de ganado, que da la carne necesaria. En un establo especial están las vacas que diariamente se ordeñan para obtener toda la leche que se consume.

En el fondo de la vivienda Mora hay una casa con cuatro habitaciones. Está provista de un amplio portal, semicubierto, que lo convertía en un salón. Es el lugar de cita de todos los vecinos. Allí se juega el dominó y se producen las más entretenidas tertulias. Hay, además, una tabaquería, donde un tabaquero muy experto se dedica a torcer los finos tabacos que consumen don Pepe y sus hijos. Tanto él como éstos disponen de todos los necesarios para obsequiar a los amigos. Son puros que están fuera del mercado.

Más atrás de la caballeriza se encuentra la casa destinada a almacén de viandas. Tiene un segundo piso que sirve de vivienda al servicio doméstico de que se dipone en el hogar de los Mora. Y no lejos, la instalación destinada a asar los lechones.

Todas las casas están pintadas igualmente. Las paredes de rojo. Las puertas y ventanas de azul. Los techos de blanco. "El Gacho" es una comunidad, con varios cientos de habitantes. Un reino de paz y trabajo, presidido por don Pepe, que había trazado a todos las reglas de conducta que había que respetar. Para las naturales expansiones de los jóvenes se dispone de un terreno para la pelota. Asimismo, una plataforma de boxeo, todo bajo el mando de Roberto. En cuanto al beisbol, se cuenta con más de un equipo. Juegan entre sí o con los de otras fincas. Lidio llega a tener uno muy bueno.

Don Pepe tiene prohibidas las peleas de gallo, pero, ¿era posible concebir una finca cubana sin las mismas? Ante esta realidad, impuesta por una inexorable tradición, Roberto se las arregla para organizarlas subrepticiamente en el más recóndito paraje. Y bajo la consigna de una discreción absoluta de cuantos participan en el pintoresco espectáculo, despojado de las acostumbradas apuestas.

Y por encima de todos sus intereses, los hijos, la más vehemente obsesión de Pepe Mora. El sabe que la educación es la clave para el triunfo en la vida. En consecuencia, para situarlos adecuadamente en el mundo es que trabaja con tanto afán y sin tregua. Gracias a este empeño los mantiene a todos en sus respectivas posiciones académicas. Para eso siempre hay dinero. Sus envíos nunca fallan. Pero, los vástagos no lo defraudan. Siempre están en las vanguardias de sus cursos.

No sólo no los quiere en "El Gacho", sino tampoco en Pinar del Río. Quiere verlos en La Habana y más allá si es posible, como en alguna rica urbe de Estados Unidos o Europa. Aspira a que se coloquen en donde están los triunfadores en todos los órdenes. Quiere que cada uno sea dueño de sí. Que manden, y que no sean mandados. Y con la sólida base económica requiere el prestigio social, y algo más: la plena vigencia de los más altos y limpios valores morales.

Por eso es que no pierde oportunidad alguna para decirles y repetirles su tenaz mensaje, lleno de consejos y reflexiones. Pepe Mora, que no tuvo universidad, tiene en su conciencia y en su corazón un universo de sabiduría. Ha nacido con ella. Habla como un mentor, como un moralista, como un filósofo. Más que todo eso, es un padre.completo.

III

Modesto va a la escuela

En "Campo Hermoso"

Paralelamente al decurso de todos estos años que corren a partir de 1925, desde la instalación de la familia en "El Gacho", Modesto ha ido creciendo fuerte y sano, pero no se tarda en advertírsele alguna deficiencia auditiva.

Lo ven médicos de San Juan, San Luis y Pinar del Río. Pero nada se resuelve. Ante esta situación, cuando el niño tiene cuatro años el padre decide llevarlo a La Habana. Con ellos va Blanca Rosa. Será una interesante aventura la de este largo viaje en ferrocarril. Son muchas las horas, especialmente para Quico, como le dice la familia.

El padre no pierde motivo alguno para animarlo, llamándole la atención sobre los diversos y sucesivos paisajes que pueden contemplarse entre estación y estación. Las llegadas a éstas resultan un seguro tema de comentarios para los esposos. Y siempre hay algo que puede llamarle la atención al pequeño Modesto.

En realidad, cada parada en los sucesivos pueblos es una tregua, un automático descanso, que hasta resulta entretenido por el público que se puede observar en los andenes. En cada lugar, siempre hay quienes bajan por haber llegado a su destino, pero son más lo que montan porque lo mismo que la familia Mora se dirigen a la capital.

La proximidad a La Habana resulta un espectáculo por razón de los elevados, del trozo de mar que puede verse, con sucesivos muelles en su litoral. Pero lo más interesante del viaje es la llegada a la estación central, que es un hermoso edificio. Además del tren que procede del extremo occidental de la Isla pueden verse otros, arribados de los más diversos lugares, o dispuestos a salir hacia los mismos. Abandonar el carro y caminar por el anden es una agradable experiencia. Sin decir palabra alguna, a Modesto le impresiona ver tanta gente.

No menos agradable para los tres es verse cn el elegante salón de espera. A un lado, la primera locomotora que corrió en la Isla, entre la capital y Güines, Cuba tuvo trenes primero que España y el resto de la América Hispana.

Bajo el gobierno del presidente Machado y de la dirección del Secretario de Obras Públicas, el doctor Carlos Miguel de Céspedes, La Habana ha sido tremendamente embellecida y ya se está culminando la construcción del imponente Capitolio, rodeado de preciosos jardines, Es la Plaza de la Fraternidad. Corre el 1928.

Los ojos de Modesto absorben todo el paisaje. Lo impresiona todo lo que contempla con curiosidad y asombro: las avenidas y calles, llenas de automóviles, los sorprendentes tranvias, los altos edificios... Es una experiencia insólita que se graba en lo más íntimo de su infantil memoria.

Un prestigioso especialista lo examina. En realidad, no entiende el problema. Escapa a sus capacidades. Se encuentra con algo que no había visto nunca y que ni siquiera podía sospechar.

Aunque defraudados con este resultado médico, los padres han pasado unos días agradables en La Habana, instalados en la residencia de María, la hermana de Pepe, frente al Malecón. Modesto no se cansa de mirar el mar. El Morro, con su nocturna farola, lo impresiona especialmente.

Hay que regresar. Y de nuevo se toma el tren, y se repite la experiencia vivida unos días antes. Ya en el hogar, tanto Pepe como Blanca Rosa se sienten felices de estar con toda la prole. Modesto tiene mucho que contar a sus hermanos. Siendo el más pequeño de los varones ha tenido el privilegio de haber ido a La Habana, de haber montado en tren y de vivir el espectáculo del elevado. A su manera, con más gracia que exactitud, cuenta que la locomotora y los carros no van por la tierra, sino por arriba. Asimismo se empeña en contar la novedad de los anuncios lumínicos con figuras que se mueven. Los hermanos lo escuchan con suma atención, le hacen preguntas, y él con las respuestas, repite y repite todo lo que vio.

Los meses corren y Modesto va a cumplir en 1929 los cinco años. Y unos días antes, al comenzar el curso en septiembre, va por primera vez a la escuela de "Campo Hermoso". El negro Perico lo lleva, como a los otros hermanos, Es Pedro Acosta, un moreno, coetáneo con Mora, que éste había traído desde Palizadas. De buena estatura y fuerte complexion, tiene un noble rostro. Muy humilde y respetuoso. Está casado y tiene hijos. Para ellos Pepe ha construido una vivienda.

Perico está al servicio de la familia Mora para todo lo que se necesite. Y todo lo que se le pide, lo cumple lealmente. Es un hombre de la absoluta confianza de Mora. Su única falla es que nunca ha querido aprender a manejar un auto.

La escuela resulta de inmediato una difícil experiencia para Modesto, pues desde su pupitre no capta absolutamente la voz de la maestra. Pero, nacido con una recia voluntad y con una paciencia absoluta, no se aflige. Piensa que él encontrará el modo de escuchar todas las explicaciones que se den.

En el esfuerzo que desarrolla por escuchar, se concentra en el movimiento de los labios de la maestra. Y como por un golpe de intuición, piensa que con el tiempo el podrá entender todo lo que le digan con sólo seguir las imágenes que va dibujando una boca que habla.

Inhibido, acaso introvertido, o simplemente discreto, nada dice en la casa. Ni siquiera a su mamá que es con quien tiene más confianza y comunicación. Es la consecuencia de la dulce y cariñosa actitud que ella tiene siempre para el menor de sus varones.

No habla mucho con el padre, porque no tiene posibilidad de hacerlo siempre. Es un hombre muy ocupado que siempre está de prisa. Aunque adora a los hijos, en su tiempo no caben los minutos que pudiera necesitar para algunos leves contactos de ternura. Tampoco con los hermanos parece capaz de intimar como lo hace con la mamá. Por otra parte, ni Orlando, ni Lidio, ni Librada están ya en la casa. Ellos, en Pinar del Río. Ella, en La Habana.

El problema del oído no es total. No le impide la comunicación con sus compañeritos. La dificultad está en la distancia, a través de la cual se diluyen los sonidos emitidos en el aire y no llegan al escondido tímpano.

En consecuencia, el niño vive en dos distintos niveles, según el espacio que lo separe de su interlocutor. En un diálogo, o dentro de un pequeño grupo, oye sin mucha dificultad. Pero, desde su asiento pierde gran parte de lo que la maestra habla desde su mesa, o desde el pizarrón.

Modesto se siente muy feliz en "Campo Hermoso". La maestra Josefina Rodríguez lo enseña a leer en el texto de Carlos de la Torre y Huerta, que se utiliza en todas las escuelas de Cuba. Sus infantiles e inocentes ojos se complacen en contemplarla. Es joven, bella, rubia, delicada, de finos modales.

En este primer grado los niños y las niñas están juntos en la misma aula, con pupitres para dos. A su lado se sienta Antonio Gómez Pino. Desde el primer día no tiene dificultad alguna en verse fuera del hogar y del siempre amoroso cuidado de la madre, porque hay no pocos muchachos de "El Gacho", que él ya conoce.

La vega es un pequeño pueblo, con tantas actividades y tantos atractivos que nada se echa de menos al compararla con cualquier diminuto centro urbano, Allí están los hijos de Pedro Peraza, de Pedro Perdigón, de Riverol, de Antonio de Armas...

Termina el curso, y Modesto lee sin dificultad alguna el libro que lo ha iniciado en la lectura. Vienen las vacaciones. Está libre de la disciplina de la escuela. Nada le limita ahora sus actividades, sus juegos, sus simples andanzas o aventuras por la finca. Le gusta caminar, curiosearlo todo, abrir a su alrededor su vivaz sensibilidad. Se divierte con sus amigos. Pero, acabado el verano y comenzado el otoño, de nuevo las clases.

Ya está en el segundo grado y lo hace feliz tener a la misma maestra Josefina, siempre tan radiante, tan bien vestida, tan suave con todos los discípulos. Al cabo de un año Modesto se siente crecientemente mejor en la escuela. Le agrada verse entre tantos niños con los que, durante los recreos, conversa y juega. Y, además, ha aprendido tanto a entender el movimiento de los labios que ha logrado compensar en alguna medida sus limitaciones auditivas.

Paréntesis escolar en San Luis

Llegan unas nuevas vacaciones. Tras disfrutarlas debe entrar en el tercer grado. Pero no vuelve a "Campo Hermoso", pues sus padres lo han mandado a San Luis, a la casa de su tío Alejandro. Este tiene un hijo, Adán, de su misma edad.

Es cierto que ha perdido de vista a Josefina, pero no tiene que lamentarlo si la nueva maestra, Emma Cuervo, ostenta una tan singular belleza que el niño se complace en mirarla como consecuencia de una ley tan natural como posiblemente ignorada por los padres, como si nunca hubieran sido niños. Corre por la vida, en todos los niveles, un sutil sentido estético del que no carecen los muchachos, sin importar los pocos años.

Igualmente se siente feliz en San Luis y no menos en cuanto a la compañía de Adán, aunque éste tiene una personalidad muy distinta a la suya. Es indisciplinado, un tanto díscolo, con un comportamiento bastante arbitrario. Tanto en el hogar como en la escuela el primo es un permanente generador de incidentes. Nunca se pueden prever sus actitudes ni sus acciones.

Tampoco se parece a Adán otro muchacho, Eduardo Cabrera Padrón, con el que Modesto hace muy buenas migas.

Al terminar el curso y al concluir las correspodientes vacaciones, vuelve a "Campo Hermoso", en donde hará su cuarto grado. Y tras éste, con el intervalo del estío, el quinto.

Con el tiempo se le dan oportunidades de lucimiento en las fiestas que se celebran bajo las fechas patrias. En cada ocasión que hay que recitar una poesía o decir un discurso se le escoge en correspondencia a las aptitudes que ha manifestado.

Rogelio Regalado es el maestro encargado de ensayarlo tanto en un cometido como en el otro. Modesto se crece. Toma muy en serio estas dos proyecciones literarias, porque él sabe que por esa misma experiencia había pasado su hermano Orlando, diez años mayor que él, y al que él sigue como un émulo digno de imitar. En esas ocasiones se viste con traje y corbata. Esto es de tanto gusto para él que desde entonces, crecientemente, se acostumbra a vestirse con la más correcta elegancia. A los diez se siente como un pequeño dandy. Todo un presumido caballerito.

Aficiones deportivas

En el quinto grado tiene a otro maestro, Francisco Martínez. Y al margen de los deberes escolares, juega a la pelota. Su posición es la segunda base. Y es tan buen pelotero que llega a ser capitán del club. Si a través de la semana los muchachos juegan entre si por medio de dos equipos, los domingos se juega con otros clubes, procedentes de las otras escuelas del área.

No obstante sus pocos años, exhibe tal seguridad en sí y le inspira tal confianza a sus padres, que suele viajar solo en el tren que hay que tomar como a un kilómetro de "El Gacho", en el apeadero de "La Eloísa", para ir a San Luis, a unos diez kilómetros de distancia. El motivo de estos viajes es visitar a su primo Adán. El boleto vale solamente cinco centavos.

Otra de sus destrezas es la equitación. Desde los seis o siete años empezó a montar a caballo con la más perfecta habilidad. También le gusta pescar. Y entre sus curiosidades está el placer que le produce hacer helado para la familia con la sorbetera que se encaprichó que se le comprara.

Pero su mayor diversión es la de ir al cine el domingo. Y para eso hay que ir a San Juan. Le gustan las películas del Oeste y admira entre todos los vaqueros al legendario Tom Mix, con su caballo "Malacara". Pero igualmente le complacen las de Libertad Lamarque, Carlos Gardel y de tantos actores y actrices a los que él convierte en sus ídolos.

Si se siente realizado en la escuela y en todas las actividades al margen de la misma, no menos le complace estar en "El Gacho". La vega es para él un verdadero paraíso. Con especial atención sigue el curso de las actividades que genera el cultivo del tabaco. Igualmente le interesan las expansiones sociales que allí se producen. El conoce a cada quien. Y por encima de todos, admira la recia personalidad de su padre, a quien afeita con una "Guillete". Pero si puede haber alguna distancia de puro respeto frente al progenitor, un hombre que trabaja sin tregua, sus relaciones con la madre se han acendrado con el correr de los años. Si ella es siempre todo amor para con todos sus hijos, el mayor caudal de su ternura se desborda en cada momento hacia los más pequeños. El es el menor de todos los varones y el problema auditivo resulta un motivo especial para que la mamá se extreme con él sin producir ningún resentimiento en los otros. Su amor se multiplica y llega a cada uno en la medida que cada quien desea.

La personalidad de Modesto es tan afectiva como sociable. El círculo de sus amigos no se reduce a la escuela, sino que también abarca "El Gacho". Mantiene las mejores relaciones con todos los muchachos de la vega especialmente con los que, como él, asisten a "Campo Hermoso". La más afectuosa intimidad es para los hijos de un tío por parte de Blanca Rosa, César Morales, padre de otro Modesto, de otro Lidio, de otro Pepe y, además, de Servando y Julio. A éstos hay que añadir a cinco hermanas: Margarita, María, Pepilla, Carmita y Rosita.

Fuera de los de su edad, hay un muchachón muy importante para él y los demás. Le dicen Mongo. Es José Ramón Vena. Repite el nombre de su progenitor, uno de los colaboradores más eficientes de don Pepe, Admiran en el jovenzuelo su mayor edad, los alardes que hace de su fuerza y las varoniles proyecciones de su personalidad, un tanto rústica, sin los pulimentos que da la educación directa, o la que tácitamente da un ambiente familiar con algún refinamiento. El carece de las dos.

Modesto, que tiene nueve años cumplidos, tiene tanto carisma como madurez. A pesar de que es el hijo de don Pepe, autoridad suprema en "El Gacho", no se da importancia. Trata a todos por igual. No discrimina a nadie. Por eso todos lo quieren.

En "El Gacho" funciona una verdadera democracia. A nadie se le rebaja su dignidad, ni se le ofende. Con el debido respeto a los demás, cada quien disfruta de una absoluta libertad dentro del reper-torio de sus correspondientes deberes. Sin privilegios, todos son iguales dentro de las diferencias que ha impuesto la Naturaleza.

Y como una consecuencia de esa combinación de la libertad con la igualdad surge la cálida convivencia que preside la vida del "El

Gacho". No importa que los hijos mayores de don Pepe estén fuera de la finca estudiando en el Instituto o en la Universidad. No por eso se consideran superiores. Cuando llegan las vacaciones y regresan a la vega ellos alternan con los aparceros y sus hijos.

Es por eso que "El Gacho" tiene sus particularidades. Es algo distinto dentro del mundo rural de Vuelta Abajo. Es el resultado de la personalidad de don Pepe que nació en Barbacoas, que fundó su hogar en Palizadas, que vivió en San Mateo, que fue vecino de San Luis. Porque él ha vivido esta trayectoria dispone del más afinado de los juicios para valorar a cada quien y a cada quien tratarlo de acuerdo con sus merecimientos.

Y lo que don Pepe es y representa, lo ha transferido a sus hijos. Su influencia sobre los vástagos funciona por dos vías. Tácitamente con su ejemplo personal. Y además por la constante prédica. Es hombre de mucho seso y de muy convincente elocuencia.

Modesto, a pesar de ser el menor de los varones, de ser un niño, ha asimilado todas las lecciones del padre y de la mamá, tan ejemplar como el esposo.

IV

La tragedia ensombrece el hogar de los Mora

La muerte de Pepito

Corre el 1934. Es el mes de septiembre. Ya han pasado las vacaciones y se comienza un nuevo curso en "Campo Hermoso". En pocas semanas Modesto cumplirá los diez años. El domingo 9 permanece un buen rato con Pepito, el mayor de la prole. Es tan brillante como inteligente. Con una fuerte y agradable personalidad. Siempre muy cariñoso con todos sus hermanos, pero con alguna especialidad afectiva para Quico, el menor de los varones.

Modesto queda en la casa cuando Pepito con Miguel y algunos amigos sale de cacería. De pronto, la noticia de que el hermano está gravemente herido. No tardan en traerlo a la casa. Alguien explica que al cruzar una cerca el gatillo de la escopeta de perdigones ha quedado trabado en una púa. Al tirar del cañón, el arma se dispara. Si éste está orientado hacia Miguelito, Pepito, en un instante, lo ha desviado y la carga asesina explota en su vientre.

Ante este inesperado y tan desgraciado suceso, Blanca Rosa está como loca viendo al hijo tan mal herido y desfallecido. El padre no está menos afectado, aunque guarda cierta aparente serenidad. El mismo monta un caballo para ir a buscar al médico. Llega el doctor Engracio García Montesino. Todo lo que pudo hacer fue vendarle el vientre herido, casi destrozado, y trasladarlo al hospital de Pinar del Río.

41

A las once de la noche, siete horas después del accidente, ante la impotencia o el desconcierto de los médicos, sin saber qué hacer, fallece Pepito. Era el 9 de septiembre. Le faltaban pocos días para cumplir los veinte. Se disponía a ingresar en la Universidad para estudiar Farmacia. Un destino que se trunca sin sentido, por esas misteriosas y crueles causas que ocurren y que la razón humana no logra explicar.

El más dramático tormento sacude a la madre. Igualmente al padre y a los hermanos, especialmente a los mayores. Como en el momento del fatal desenlace Modesto duerme Librada lo llama y le da la trágica noticia. El muchacho queda aturdido. No puede comprender lo sucedido. Es el primer golpe que la muerte le da a su inocente sensibilidad.

Todo "El Gacho" viene a la casa, a abrazarse con los deudos, a solidarizarse con ellos. Toda la vega está de luto. Y al día siguiente no cesan de llegar los familiares y amigos, todos conmovidos por semejante tragedia.

Con el cortejo de una inconmensurable caballería se lleva a efecto el entierro. Después, las especulaciones sobre el suceso. ¿Por qué no lo operaron? Si lo hubieran operado se hubiera salvado. A partir de ese aciago día la casa no vuelve a ser la de siempre. La madre no es más nunca la de antes. El mismo padre es distinto. Los hermanos quedan impactados para siempre. Modesto sigue con el dolor, siempre presente, al cabo de sesenta años.

Termina el 34. Empieza y concluye el 35. Modesto vence un nuevo grado en la escuela. Ya ha cumplido los diez años y ha aprendido mucho. Domina las cuatro reglas de la Aritmética. Le han interesado mucho la Historia y la Geografía de Cuba. Mucho le han complacido las sencillas clases de cívica y moral. Está consciente de la importancia que tiene la patria y del respeto que hay que tener para con sus símbolos y sus instituciones. Y con los sucesivos libros de lectura ha ido aumentando su vocabulario.

Y aunque sigue jugando a la pelota, pescando y haciendo su vida de siempre, no puede desentenderse de Pepito, porque en cada instante ve que la madre es un patético monumento de dolor. Un dolor a veces sereno y en otras ocasiones desesperado. No son pocas las ocasiones en que reflexiona sobre la inesperada y accidental muerte de su hermano mayor. No logra encontrar una clara respuesta a la causa o razón que pueda haber para que ocurran esas desgracias. Y en medio de estas aflicciones, Modesto ni nadie de la familia puede sospechar que vendrá otro infortunio.

La muerte de Blanca Rosa

Comienza el 36. Llega junio. Modesto termina un grado más. Está en los once. La madre se queja de tremendos dolores. Pide constantes bolsas de hielo. El hijo no se separa de su lado. Comprende que ocurre algo grave. Y se preocupa. Tiene miedo. Está profundamente triste. No lo dice, pero se le ve en su rostro. La ven los médicos de San Juan, San Luis, Pinar del Río. No saben qué hacer. El doctor Engracio García Montesino recomienda que se le traslade a La Habana.

Empiezan los preparativos del viaje. Modesto está tenso. Capta el nerviosismo que agita al padre. La angustia que se ha apoderado de los hermanos mayores. Ya las maletas están preparadas. El automóvil está frente al portal. Con sumo cuidado la introducen en el mismo. El niño mira a la madre con dolorosa ternura. Ella, heroicamente, se sobrepone, y se despide con besos de cada uno de sus hijos. Dice palabras traquilizadoras. Pero el rostro de Pepe no puede ser más sombrío. Y el automóvil parte.

Ya en la capital, por decisión de Lidio, la ve el doctor Pedro Castillo, la máxima eminencia clínica que en esos momentos existe en Cuba. Pero éste sugiere que se le lleve al doctor José Lastra. Este dispone que se le ingrese. Y así se cumple en una de las más acreditadas clínicas de La Habana.

Pepe había anunciado a los hijos que se les tendría diariamente informados. Y efectivamente, en seguida empiezan a llegar los telegramas. Hay días con más de uno. Mongo Vena, el fuerte muchachón amigo de Modesto, se encarga de montar el caballo y llegar al correo de San Juan.

Y así pasan sucesivos días. Blanca Rosa ha hecho un embarazo, y es el décimotercero, anómalo, el llamado extrauterino. Hay que operarla, pero hay una complicación. Se ha descubierto que es diabética. Porque hay una abundante pérdida de sangre, se le hace una transfusión. Pero su corazón se detiene. No hay modo de hacerlo latir de nuevo. Se agotan todas las posibilidades, todos los esfuerzos. Al cabo de una semana Blanca Rosa ha fallecido a los cuarenta y seis años. Es el 13 de junio de 1936.

Asi lo anuncia el último telegrama. Los hijos están aturdidos. Librada despierta a Modesto. La inocente alma del niño queda entre sombras. Hay que vestirse a fin de llegar al paradero del tren para tomar el que llegará a San Luis a las ocho de la mañana.

Mientras tanto, desde que el automóvil partió con Blanca Rosa hacia La Habana no ha cesado de llover. Es un diluvio sin tregua. Los caminos están inundados. Ya en San Luis, donde también llueve, se dirigen al hogar del tío Alejandro. Hay que esperar la llegada del tren de las doce. En el mismo llegan Pepe y Lidio con el cadáver. El féretro se sitúa en la sala. La casa está llena de parientes y amigos.

El terrible golpe ha desarmado toda la entereza de don Pepe, un hombre de voluntad de acero, de inquebrantable fortaleza interior, que no hace más que llorar copiosamente. Los hijos no se quedan a la zaga. Están destrozados. Modesto y todos tienen los ojos clavados en el féretro. Nadie entiende lo ocurrido. Todos se resisten a aceptar la realidad, pero la realidad se les impone.

Parece que va a escampar, y se señala las cuatro para el funeral. Milagrosamente ha dejado de llover. Una enorme multitud acompaña el cortejo. Muchos a caballo. La familia va a pie con inclusión de Modesto.

Ya se ha llegado a la bóveda de la familia. Allí fue enterrado Pepito hace menos de dos años. Al levantarse la tapa de mármol, Modesto está tan cerca que al mirar hacia abajo ve el ataud del hermano. Algo que no puede comprender le taladra el pecho.

Terminada la desgarradora ceremonia, se regresa a la casa de Alejandro. Allí duermen y pasan todo el día siguiente, como sonámbulos. Al fin se retorna a "El Gacho". Han llegado frente a la casa. ¿Cómo entender, cómo aceptar que ella ya no está allí y que tampoco regresará?

De acuerdo con la costumbre del lugar, se cierran las puertas. Apenas entra por alguna ventana la luz del sol. Los días pasan sin que nadie tenga sentido de nada. Al cabo de una semana no se ha hecho nada. Pepe llora o queda sumido en un patético silencio. Los hijos están sumergidos en sí mismos sin poder hablar, ni moverse, ni pensar. La tragedia los ha dejado desconcertados, como si con la muerte de ella se les hubiera arrancado también sus propias vidas.

No hay más tregua que las visitas que llegan. Son los viejos amigos de la familia. O son figuras de la política que vienen a identificarse con don Pepe que desde hace unos pocos meses es consejero provincial.

Si ella falta, la casa está vacía. Ella lo era todo en aquel placentero hogar. Sin ella, ¿qué puede hacer don Pepe con la vida? ¿Y cómo van a seguir viviendo sus hijos? La muerte no es el término de una vida. El muerto no debe tener conciencia de su acabamiento. La muerte es un tajo horrible que parte el corazón de los deudos que quedan, condenados a serguir adelante, como si nada hubiera ocurrido. Así será, Pero para los que la perdieron y la lloran será una permanente nostalgia de aquella esposa sin par y de aquella madre que era todo desbordado amor, desde que empezaba el día hasta que la rendía el sueño. ¿Cómo podría sin ella funcionar esa casa si ella tenía que ver con todo, si todo lo disponía?

Librada no puede volver a "La Inmaculada". Tiene que quedarse en la casa para hacer, en la medida posible, el papel de madre con Roberto, Miguel Angel, Blanquita, Modesto, María Victoria, Perla e Isabelita, que en esos momentos tienen, respectivamente dieciséis, catorce, trece, once, diez, siete y cinco años. No es tarea fácil ser madre de siete hermanos, pero ella no se arredra. Y tiene veinte años.

V

De "El Gacho" a Pinar del Río

Escuelas Pías y Academia Raymat

Don Pepe ha decidido ingresar a Modesto en las Escuelas Pías de Pinar del Río, donde han estado sus dos hermanos mayores. El padre y el hijo, en compañía de Orlando, van a la ciudad. En primer termino, para matricularlo y hacer los arreglos pertinentes. En segundo lugar, para comprar los uniformes y todo lo demás que sea necesario.

Y el 6 de septiembre don Pepe y Orlando vuelven a la ciudad para dejar a Modesto en los Escolapios, el prestigioso sistema de escuelas fundado por San José de Calazans en 1597. Cuando llega el momento de la despedida, el muchacho que no ha cumplido los doce aún, tiene un sollozo atravesado en la garganta. Le asusta quedarse fuera de su familia, en un ambiente extraño.

El Colegio tiene un buen edificio, provisto de todas las instalaciones necesarias. En cuanto a los internos como él, cada estudiante tiene su habitación. Las aulas son amplias. Hay centenares de alumnos externos, pero los internos no llegan a treinta. Los frailes se ocupan de las clases de Historia Sagrada y del Catecismo, materias a las que se les dedica mucha atención.

Los maestros de la enseñanza académica son laicos, provistos de sus correspondientes diplomas. El del sexto grado, donde está Modesto, es Eduardo Rodríguez, siempre muy atildadamente vestido e invariablemente de muy afectuoso trato. La enseñanza es buena y la disciplina y el orden no tienen falla. Las comidas son abundantes y sabrosas.

Es ahora cuando Modesto empieza a jugar el basquetbol. Entre los compañeros que más distingue están los Plasencia, de muy prestigiosa familia de San Luis. Pero su mayor satisfacción es la presencia de su primo René Mora Pimienta, a quien le empieza a admirar de inmediato su radiante inteligencia y la constante nobleza de sus sentimientos.

Modesto no puede desentenderse del drama de la muerte de su madre, a la que extraña mucho. La recuerda constantemente, sin olvidar a Pepito. Esto lo pone visiblemente triste y lo mantiene retraído. Para esto contribuye también el problema del oído, del que no puede deshacerse porque lo vive en cada clase. Pero lo que no capta, lo salva con el asiduo estudio de los textos.

Un año estuvo en los Escolapios. A través del mismo, al llegar el fin de cada semana, aunque podía haber salido, no lo hacía. Se quedaba en el Colegio. Solo, o acompañado por Rene, que era muy afectuoso con él.

Y si tenía una alegría se la produce la visita de su papá, siempre muy cariñoso. Como éste viene cada semana a la ciudad, para asistir a las reuniones del Consejo Provincial, siempre se llega a verlo. Invariablemente le lleva una cajita de dulces finos que generosamente comparte con algunos compañeros. También lo visitan Orlando y sus demás hermanos, menos Lidio que está en La Habana, aunque la Universidad permanece cerrada.

De las Escuelas Pías pasa a la Academia Raymat, tal como igualmente habían hecho sus hermanos mayores. También como interno. Extraña mucho a René, porque éste seguía en los Escolapios. Pero de este aislamiento lo saca el joven Antonio Lamas Parra, a quien conoce desde los Escolapios, donde trabaja su hermano Federico.

Este buen amigo parece un agente de Dios, pues lo lleva a cuantos hogares y lugares va recorriendo. Además de entretenerse, Modesto empieza a conocer a Pinar Río y su gente.

Los maestros de la Academia son muy buenos, Entre ellos, Pedro Pablo Puig, Yolanda Barbón, Alina Delgado, Rogelio y Luis Raymat. El recuerdo de ellos quedará para siempre en la memoria de

Modesto lo mismo que el de dos amigos de aquellos días: Roberto Sarmiento Carnero y Julio César Escobar. Las clases le parecen muy superiores a las de los Escolapios. Pero, tanto en un lugar como en otro, aparte de los profesores, hay que reconocer la constante aplicación de Modesto.

Instituto de Segunda Enseñanza

Y al cabo de un año, por razón de su excelente expediente académico, no tiene necesidad de examinar la preparatoria e ingresa en el Instituto de Segunda Enseñanza de Pinar del Río. Ya estudia el primer año del Bachillerato.

En cuanto a su instalación se traslada a la casa de la señora Andrea García de Velarde, prima de don Pepe y madre de Mercedes y Rosa, dos muchachas tan bellas como inteligentes. La primera hace muy buena amistad con Orlando.

La vida de Modesto empieza a cambiar. Se proyecta muy activamente, sin mengua de sus estudios, ni tampoco del basquetbol, que continúa practicando crecientemente en el Instituto. Tampoco deserta del beisbol. Hace una amplia vida social que nadie pudo sospechar dada su introversión.

Dispone de una cuña, propiedad de su primo Aniceto Robaina Mora, con la única obligación de dejarlo en su trabajo, sin que tenga que recogerlo después. Va mucho a la Colonia Española, en donde hace muchos buenos contactos. Asiste a las más variadas fiestas. especialmente a bailes. Es un joven que se divierte, compelido subconscientemente por la necesidad de aligerar la dolorosa carga sentimental que lleva desde muy niño.

Pero por encima de todo están sus estudios, que René le repasa todas las tardes en las Escuelas Pías, a donde él va. Es por eso que sale siempre tan airosamente en los exámenes. No sufre nunca un suspenso. Jamás arrastra una clase. Termina cada curso sin muy altas calificaciones, pero con un buen promedio. Si es inteligente, tiene la necesaria disciplina que debe poseer un estudiante para triunfar.

Por disciplinado es constante. Además, es muy ordenado en todo. Todos sus actos están presididos por una inalterable voluntad.

Tiene ya fijado un objetivo, que surgió cuando estaba en "Campo Hermoso". Aspira a ser médico.

Aparte de los estudios, en segundo lugar, está el basquetbol. Es una estrella en el equipo del Instituto. Se le ha nombrado instructor de las muchachas que desean entrenarse en ese deporte. Para que pueda desempeñar esta función sin dificultad, siempre en horas que no coincidan con las clases, se le ha dado una llave del establecimiento. A ningún otro estudiante se le ha extendido este gesto de confianza, pero él no falla. No hace quedar mal a nadie. Se ha aprendido las lecciones y ejemplos de su padre.

Son tantos los testimonios que ha dado de su destreza de basquebolista que se le incorpora al equipo de los mayores, que se integra con estudiantes de todos los niveles. El grupo no sólo juega en Pinar del Río sino que tambien lo hace fuera de la ciudad.

El juego tenido en Artemisa es histórico, porque derrotados los artemiseños con dos goles finales de Modesto, se lanzan furiosamente a agredir a los pinareños. Alguien que ha llegado de la capital de la provincia para asistir al evento, al ver a los suyos golpeados, toma una silla de hierro para replicar el ataque. Lamentablemente produce una muerte. El llega a ser campeón de goles. Se le tiene por un líder. Se luce tanto en Pinar del Río como en La Habana y Matanzas. Si impresiona su agilidad, asombra la destreza con que cuela la pelota por el aro. En cada ocasión los fanáticos lo aplauden delirantemente. Hubiera podido tomar en serio el deporte, por tener tantas facultades para el mismo, pero esto no es su meta. La tiene puesta en la escalinata de la Universidad.

Ya Modesto la ha contemplado, y al verla se ha sentido hechizado. Mientras permanece en Pinar del Río viaja con alguna frecuencia a La Habana, donde sus hermanos tienen un amplio apartamento en el "Palace Hotel", sito en la Avenida de los Presidentes, en el Vedado.

Además, en cada ocasión. hace contacto con su primo Bebo Villar, hijo de su tía doña María y del fallecido don Antonio, el dueño de "La Democracia", de San Luis, la bodega en que su padre trabajó en la transición de los ochocientos a los novecientos.

Sólidamente rico, Bebo es uno de los mejores mozos de la juventud habanera. Es muy popular por su impecable elegancia, su don de gentes y su placentero estilo de vida. En consecuencia, cuando Modesto llega a la capital, él se ocupa de pasearlo y de llevarlo a los mejores lugares. Es así como el entonces estudiante que cursa el bachillerato en Pinar del Río penetra en La Habana por la puerta grande.

Si para Modesto "El Gacho" es un paraíso, Pinar del Río es una ciudad encantadora, con la que se identifica profundamente, como si hubiera nacido en ella. El le ha descubierto su hechizo. Le gusta su gente. Se siente feliz caminando por sus calles. Poco a poco fue identificando a sus más destacados habitantes. Ya ha conocido, en alguna medida, a las más altas autoridades, a los más acaudalados empresarios, a los más prestigiosos profesionales, a las más distiguidas damas y a las más bellas muchachas. El sabe quien es quien.

No se imagina vivir en otra parte. Acaso ni siquiera en la vega de tabaco de su padre. Dos mundos distintos. Aquí, a pesar de no ser más que un estudiante, tiene su personalidad, su prestigio y hasta su influencia cuando consigue con un funcionario del gobierno nacional dos nombramientos para dos estudiantes que lo necesitan. Se insinua el líder que acaso podría ser en el futuro.

Tuvo que abandonar la casa de Andrea, porque la familia se muda para La Habana. Entonces se instala en el hogar de una prima suya, María Robaina Mora, hermana de Aniceto, Los años pasan y con ellos los cursos. Se divierte, pero estudia. Y el estudio no le impide la vida social que le permite lucir su elegancia. El tiempo le alcanza para jugar el ajedrez. Está dotado de la perspicacia, el poder de concentración y la paciencia de un buen ajedrecista. Su mentalidad parece la de un matemático con toda la exactitud de la lógica. Sabe escuchar y nunca habla más de lo necesario. Prudente, no hace alarde de nada. La discreción es una de sus cardinales virtudes. Tiene la serenidad del hombre maduro sin haber llegado a los dieciocho.

Cultiva las mejores relaciones con los profesores a los que estima y respeta. José Tejidor es el único que queda de la vieja guardia profesoral que conocieron Pepito, Orlando y Lidio. Enseña Aritmética y Algebra. Gilberto Valdés, la Teoría Literaria y la Historia de la Literatura Castellana. González Valdés, Geometría y Trigonometría. Iraida Barba, Geografía Física y Descriptiva más Historia Universal.

Villar Buceta, Física y Química. Díaz Ortega, Lógica y Psicología. Fuentes, Historia Natural. Y así sucesivamente Cívica, Gramática, Inglés...

Según se acerca el final, a Modesto le duele abandonar a Pinar del Río a pesar de la atracción con que lo llama La Habana. Pero quiere despedirse con algo que sea una acontecimiento. Proyecta la celebración de una solemnísima graduación de los estudiantes que, como él, terminan el bachillerato. A ese efecto, empieza a trabajar en el programa artístico a desarrollar. Esto lo obliga a ir a La Habana. Entre sus contactos, en pos de talentos, visita al eminente doctor José María Chacón y Calvo, que en esos momentos ocupa la Dirección de Cultura del Minmiterio de Educación. Ha conseguido que el maestro Oliverio Carvajal componga un himno para esa ocasión. Logra asimismo la presencia de destacados artistas. Esto sólo es posible al cabo de muchas gestiones.

Llegada la fecha, el "Teatro Aida", aparte de los graduados, de los estudiantes en general y de sus familiares, se llena hasta no quedar asiento vacío. El evento se prestigia con la presencia de altas autoridades y de muy importantes personalidades. Nunca se había realizado algo semejante. El acto culmina con un brillantísimo discurso a cargo de su hermano el doctor Orlando Mora Morales. Modesto está feliz. Realmente él ha sido el promotor de la tan singular ceremonia.

VI

El bachiller se adentra en La Habana

En el "Palace Hotel"

Graduado de Bachiller en Ciencias y Artes y. además, en en Ciencias Básicas, se ratifica en su decisión de estudiar Medicina. Es su vocación. Quiere ser médico como su hermano Lidio, que se ha graduado el año anterior. Como otro hermano, Miguel Angel, que estudia la misma carrera con la aspiración de ser psiquiatra.

Ciertamente desde niño se siente impresionado por los médicos que va conociendo. Les parecen seres tan distintos como especiales. Ve en ellos un aura de superioridad. No anda Modesto muy desacertado aunque no pueda explicarse el fenómeno. Es algo un tanto misterioso que está presente en todas las viejas culturas a lo largo de los siglos.

Recuerda a los médicos que lo vieron cuando lo de su oído. Especialmente al doctor Basterrechea cuando el viaje a La Habana. Al doctor García Montesino, pariente de su padre, presente en "El Gacho" cuando el accidente de Pepito y la enfermedad de la madre. Como tantos niños, ¿no ha jugado él de médico con sus hermanitas?

Tan pronto es posible hacerlo, va a La Habana, llega a la Escuela de Medicina y se matricula. Con sus hermanos Lidio y Miguel Angel se informa sobre cómo son las cosas en la Escuela. Indaga sobre las materias, sobre los profesores, sobre el desarrollo de las clases, sobre los exámenes...

Retorna a "El Gacho" a esperar la apertura del curso. Pero, por razones ajenas a su voluntad, no puede estar en La Habana el primer día de clases, y esto lo tiene desazonado. Al fin llega a la capital definitivamente. Atrás queda Pinar del Río, que fue el palenque de sus estudios secundarios y de sus actividades deportivas y sociales. Y más atrás "El Gacho".

Es el año 1942. Va a cumplir el 25 de octubre dieciocho años. Desde diciembre del año anterior Estados Unidos ha entrado en la guerra tras el ataque hecho por los japoneses a la base de Pearl Harbor, sita en Hawaii. En Cuba se ha normalizado la situación política. Después de abandonar las Fuerzas Armadas, Batista se somete a unas inobjetables elecciones, y es electo por una inderrotable coalición política. Desde el 10 de octubre de 1940 está en Palacio.

Como Presidente no tiene las mismas facultades que los anteriores, porque la Constitución del 40 ha establecido un régimen parlamentario a fin de equilibrar los poderes Ejecutivo y Legislativo. Batista se ajusta a la nueva situación.

Modesto entra al "Palace Hotel",pero no de visita como tantas veces, sino para quedarse en la suite 301 que los hermanos Mora tienen rentada desde hace varios años. Hay dos dormitorios. En uno duermen Roberto, que estudia Derecho, y Giraldo, que estudia Farmacia, la carrera que había escogido Pepito. En el otro se instala él con Miguel Ángel, que también está en Medicina. Se dispone de una amplia sala y todo lo demás que implica un departamento del tan prestigioso hotel.

Pero no se hace uso de la cocina, porque ellos, como otros estudiantes que viven en el mismo edificio de la Avenida de los Presidentes, están abonados al restaurante "La Palmera". Entre ellos dos de sus primos, que también estudian Medicina. Son René y Alejandrito Mora. El primero, hijo de Idelfonso, y el segundo, de Alejandro. El lugar es un centro en el que coinciden muchos de los jóvenes universitarios que proceden de las provincias. Esto propicia las relaciones de Modesto. En cuanto el desayuno, van cada mañana al café "El Oriente". El "Palace Hotel" no presenta dificultades, porque si un chinito llega a recoger la ropa usada para luego entregarla lavada y planchada, hay un mozo que, pagado por los inquilinos, hace la limpieza.

Modesto se siente feliz con la compañía de sus hermanos, después de seis años de vivir separados y sólo viéndose en Navidades, en el verano y a veces en la Semana Santa, o en encuentros eventuales. En ocasiones lo estremecen ramalazos del nostálgico pasado pinareño que acaba de abandonar. Además tiene la preocupación de los estudios universitarios. Comprende que el salto del Instituto a la Universidad es muy grande. Tan grande como salir de Pinar del Río para vivir en la capital de la república, una de las más bellas ciudades del Continente.

Como sigue con el problema del oído, Lidio, ya graduado, que fue uno de los veinte mejores estudiantes de un curso de mil, lo lleva sucesivamente a los mejores especialistas de La Habana. Nadie puede diagnosticar el caso.

Por otra parte, lamenta las clases iniciales que ha perdido. Pero, en cuanto a la Anatomía, no tiene problema, porque ya esta impuesto de la existencia del profesor Isidro Hernández y su academia. De inmediato se incorpora a sus clases. Hay cientos de estudiantes. Se asombra de su conocimiento de la materia. Gracias a una sobrenatural memoria, no sólo conoce exhaustivamene la asignatura, sino que la enseña tan clara y gráficamente que no hay quien no aprenda con este hombre que ha renunciado a graduarse de médico para dedicar su vida al estudio y a la enseñanza de una disciplina que resulta un escollo muy difícil de superar airosamente. Y con él seguirá siempre en los sucesivos cursos anatómicos.

Su vida en La Habana es tan austera como divertida fue la de Pinar del Río, y es que ahora tiene que estudiar mucho, para compensar con los textos lo que pierda en las clases por la limitación de su oído. En consecuencia, no continúa su anterior vida social. Del "Palace Hotel" a la Escuela de Medicina y de la Escuela de Medicina al "Palace Hotel". Pero, la vida en el hotel es muy animada. Son muchos los inquilinos. Hay muy finas familias. Siempre se producen eventuales encuentros en los pasillos, en los elevadores, en el elegante salón de los bajos. No tarda en hacer amistades. Y no faltan visitantes, como el ilustre general Enrique Loynaz del Castillo, veterano de la

Guerra de Independencia, amigo de Martí y de Maceo, que llega de visita semanalmente.

Porque se abstenga de la proyección social de su vida pinareña no quiere decir que haya devenido en anacoreta, porque si a través del propio hotel, de la Escuela de Medicina, de "La Palmera", de "El Oriente" se acrecienta cada día el círculo de sus relaciones, no faltan tampoco otras fuentes de conexiones. Al cruzar la avenida, transversalmente, está el edificio en que vive el Juez Enrique Rubio Linares, cuyo hijo, Enriquito, es compañero suyo. Modesto los visita y Doña Lucía no pierde ocasión propicia para invitarlo al almuerzo o a la cena. No hay viejo amigo pinareño que al llegar a la ciudad no lo visite. Y lo mismo ocurre con los de Giraldo, Roberto y Miguel, En fin, que tan rodeado está de gente que tiene que defender su tiempo para poder estudiar con la intensidad que necesita.

Recorridos por la Capital

Modesto necesita conocer más de La Habana. Es una necesidad instintiva que se presentó en Pinar del Río y que ahora se renueva en la capital. Aspira a descubrir los más atractivos lugares. No le basta con el hermoso Paseo en que vive.

Por otra parte, siempre surgen necesidades o compromisos que le permiten llegar a áreas que aún no ha conocido. ¿Cómo no empezar por subir y bajar la imponente escalinata de la Universidad? Pues para ir a la Escuela de Medicina no hay que subir por ella, ni entrar por alguna de los accesos aledaños, como ocurre con otras Facultades. Se detiene a admirar la inspiradora estatua del Alma Mater, con las hermosas construcciones que le sirven de fondo.

Escalón tras escalón ha llegado al tope, al helénico pórtico, de gran altura, con imponentes columnas, que se extiende entre las dos alas que ocupan las oficinas del Rectorado. Desde allí mira hacia abajo para contemplar la explanada que se configura sobre la curva que, frente por frente a la Universidad hace la avenida San Lázaro, por la que cruzan sin cesar autos, ómnibus, tranvías...

Y si esta construcción central no hubiera bastado para darle a la entrada de la Universidad una espectacular fachada, se han construido posteriormente, a ambos lados, precediendo a la construcción inicial, dos colosales edificios destinados a Facultades de Ciencias Comerciales y Farmacia, respectivamente.

Saliendo del pórtico se entra en la espaciosa Plaza Cadenas, con sus bellos jardines. Está rodeada de hermosísimos edificios, todos, como los anteriores y los demás, a base de las más puras líneas clásicas. Ninguna atrevida novedad arquitectónica que altere la armoniosa serenidad del recinto. A la derecha, la Facultad de Derecho. A la izquierda, Ingeniería y Arquitectura. Al fondo, Filosofía y Letras, Educación, la Biblioteca. Inmediatamente después, Ciencias, el Aula Magna... Y más alla, fuera de este complejo de tan bellas construcciones, las Escuelas de Medicina, Odontología y Veterinaria... La Escuela de Agronomía está fuera, en la histórica Quinta de los Molinos, sobre la Avenida de Carlos III.

No le basta a Modesto este recorrido. Por varias ocasiones pasea morosamente por las calles interiores de la Universidad, deteniéndose a contemplar de nuevo uno a uno todos sus armoniosos edificios. Llega a la conclusión que el conjunto arquitectónico universitario es lo más bello de todo lo que ha visto en La Habana. No hay nada semejante en cuanto a la euritmia que entre sí guardan sus contrucciones.

En sus andanzas por el Vedado, se ve frente a la Iglesia de San Juan de Letrán. Siente la tentación de entrar en ella. Ya dentro, lo sobrecoge su hermosura. Lo taladra el silencio que llena el recinto. Se siente ungido por el espíritu que emana de los bellos altares.

Ya ha visto, en sus anteriores viajes, el colosal Capitolio, que parece construído por los griegos que levantaron el Partenón, pero ahora penetra. Cuando llega al Salón de los Pasos Perdidos piensa que no está en Cuba. Imagina que debe ser algo semejante al legendario de los Espejos de Versalles. Entra en los hemiciclos del Senado y de la Cámara de Representantes. No se pierde de ver los preciosos salones de recepción que existen en ambos cuerpos ni los despachos personales de los senadores y representantes.

Se enfrenta de nuevo con el Parque Central, el Centro Gallego y el Asturiano, la Manzana de Gómez... Ha recorrido el Paseo del Prado, desde Monte hasta el mar, allí donde se levantan el Templete, donde se ofició la primera misa, y el pedazo de muralla que sirvió de fondo para el fusilamiento, en 1871, de ocho estudiantes de Medicina por un delito que no cometieron. Eran inocentes. .Y desde allí contempla el Morro. Ya con el Bebo, su primo, ha estado en el Casino Español, que se levanta sobre la misma vía. Pero no es hasta ahora que se percata de la arquitectura de cada una de las residencias y edificios que pueden verse a ambos lados de la hermosa e histórica vía.

Como el bufete en que trabaja su hermano Orlando está en la La Habana Vieja, en la Calle Amargura, ya ha ido anteriormente y conoce esa área, Y como ahora vuelve, camina por las otras estrechas vías, con siglos de historia. Algunas fueron de las primeras en trazarse como Oficios, Mercaderes, Muralla, Aguiar, Cuba... Le complace recorrer Obispo y O'Reilly, tan comerciales, con tantas librerías. Penetra en varias transversales con sus casas de los más remotos tiempos coloniales. Contempla con curiosidad las grandes residencias que nobles y potentados comerciantes españoles y hacendados nativos contruyeron en el pasado. Cuba había tenido entonces una sociedad muy rica que seguía el ritmo de la moda de París, a donde se viajaba constantemente.

Llega al Palacio Presidencial y contempla el Paseo de las Misiones. Entra en la Plaza de Armas, con los edificios del Ayuntamiento y del Tribunal Supremo de Justicia que respectivamente fueron los del Capitán General y del Segundo Cabo. Se detiene en la Plaza de la Catedral para contemplar el histórico templo y los arquitectónicos testimonios del lejano pasado. Todos fueron residencias de adineradas familias. Piensa que sobre aquellas piedras se han quedado dormidos los siglos.

VII

Del Instituto a la Escuela de Medicina

Asignaturas y profesores

Desde su inicial día de clases de este su primer curso (42-43) trata de situarse lo más cerca posible del profesor, pero no es fácil. En cada aula se reúnen centenares de estudiantes. Pero tiene una voluntad inquebrantable y su constancia no tiene tregua. Nunca se da por vencido ante ninguna posibilidad por remota que sea.

Si al comenzar se siente preocupado, con el transcurso de los días va ajustándose al ambiente. Y si no conocía a nadie, va haciendo contactos, promoviendo relaciones, conquistando amigos. En cada aula los hay de todas las provincias. Hay no pocas muchachas. Y no faltan los de color.

El plan de estudios que deberá cumplir es de siete años completos. En cuanto a la Anatomía Descriptiva, si el titular es el doctor Emilio Romero, él se atiene a las magníficas clases de Isidro Hernández.

Hay tres materias más. El doctor Angel Vieta Barahona es el titular de Histología y Embriología, pero para todos y cada uno de los jefes de cátedra hay profesores asociados, adscritos y auxiliares. Dado el multitudinario estudiantado médico, es necesario que éstos se dividan entre los diversos maestros, con sus diferentes categorías. Modesto está en el grupo del doctor Pedro M. León Blanco.

Su tercera materia es la Química Biológica, con el doctor Octavio Torres Momplet como titular. En esta asignatura, aunque se cuenta con los demás profesores, Modesto, como otros tantos, no se incorpora a ninguno y suple su ausencia del aula con el estudio personal. Por último, Física Biológica, con el doctor Pedro Ramos Piloto, pero él está con el doctor Manuel González Rabasa.

Con el mes de junio, se cumplimentan los exámenes finales. Pero Modesto no se siente muy seguro en la Química Biológica y la deja para septiembre. Y sale igualmente airoso. En consecuencia se ha mantenido en La Habana durante el verano, porque además, aunque aprueba la Histología quiere reafirmar sus conocimientos de la materia. Todos los días va al hospital a sumergirse en el curioso mundo de los tejidos.

Con el segundo curso (43-44) Ha superado la inseguridad del año anterior, cuando era un novato, enfrentado al difícil reto de la carrera de Medicina. La primera materia es un segundo curso de la Anatomía Descriptiva, con el doctor José L. Cornide como titular. Se une al grupo del doctor Carlos García Rivera, sin renunciar a Isidro Hernández,

La segunda es Fisiología. El titular es el doctor Ramón Grau San Martín, A Modesto le llama la atención su atildamiento, su gentileza y el buen ánimo con que afronta a tantos estudiantes. Pero, en las pocas veces que comparece puede advertir que sus exposiciones no son muy organizadas. Acaso le estorban sus muchos conocimientos. Se queda con el doctor Tomás Durán Quevedo.

La tercera, Bacteriología, con el doctor Reinaldo Márquez como titular. Se une a los que siguen al doctor Juan A. Martínez Cruz. Y la última, Parasitología y Enfermedades Tropicales, encabezada por el doctor Pedro Kouri. Está con el doctor Federico Sotolongo. Y ha terminado felizmente su segundo curso. Ya se siente totalmente integrado a la Escuela. Tiene no pocos amigos. De la preocupación inicial ha pasado a una suficiente seguridad iluminada por un justificado optimismo.

Fascinado con La Habana, se detiene en la misma antes de ir a "El Gacho" por unos días. Ir a la finca es remover los dos dolorosos dramas de la familia. Pero es también convivir por unos días con su padre y con los hermanos que estén en la casa. Y al margen de la familia es recobrar lo que fue su vida durante su niñez y su adolescencia.

No demora en volver a la capital, porque, aunque no tenga clases, siempre puede hacer mucho en la instalaciones de la Escuela y en los hospitales , tanto el "Calixto García" como el "Reina Mercedes" están a su disposición. Siempre hay enfermos y siempre hay médicos atendiéndolos. Pasan julio y agosto. Con septiembre hay que volver a la Universidad.

En este nuevo año (44-45), hay un tercer curso de Anatomía. Es la Topográfica, con el doctor Elpidio Stíncer, pero está con el doctor César Vega Calderín sin abandonar al imprescindible Isidro Hernández.

Hay un segundo de Fisiología con el doctor Leonardo García Fox, a cuyas clases asiste. Otro titular al que no renuncia es al doctor Nicolás Puentes Duany, con Anatomía e Histiología Patológica. Y se cierra el programa del año con Patología General, que enseña el doctor José Bisbé Alberni, otra de las materias en las que Modesto decide atenerse al estudio sin la asistencia a clase. A pesar del riesgo, no tiene dificultad alguna. Sale bien en todas las asignaturas. Y pudo disfrutar tranquilamente las vacaciones. Con más tiempo en el "Palace Hotel" que en "El Gacho". No es que se aleje de la familia. Es que no quiere salir de su nuevo ámbito académico.

Con cada vacación aparte de descansar y de estudiar algo y leer, especialmente los periódicos y las revistas, aprovecha sus horas para seguir adentrándose en La Habana. Si le han preocupado las áreas históricas y las fortalezas militares, construídas para defender la ciudad de los corsarios y piratas en los primeros siglos coloniales, se encamina hacia la esquina de Galiano y San Rafael, donde se aglomeran los hombres a las seis para ver salir de las tiendas inmediatas, o pasar por allí, a tantas elegantes y bellas mujeres, de todas las edades, que recrean la vista de los curiosos espectadores.

Los habituales a esta costumbre, que tanto revela de la amorosa personalidad del cubano, no sólo se sitúan frente a "El Encanto" y el "Ten Cent", sino que no faltan los que estratégicamente se paran en San Rafael y Águila, donde está "Fin de Siglo". A estos dos grupos de contempladores de los atractivos femeninos hay que añadir a los que en la Calzada de Reina esperan el desfile que brota de "Los Precios Fijos" y otros inmediatos establecimientos.

Con septiembre, el cuarto curso (44-45). Dentro del mismo va a llegar a sus veinte años. Las nuevas asignaturas incluyen Farmacología con el doctor Oscar Jaime Elías, pero está con el doctor Guarino Radillo García.

La segunda materia es Microscopía y Clínica Química con el doctor Oscar Nodarse, pero se suma al doctor Moisés Chediak. La tercera es Enfermedades Tuberculosas y asiste al aula del titular, doctor Alfredo Antonetti. Hay un segundo curso de Patología General, con el doctor Domingo F. Ramos, pero prefiere al doctor Guillermo García López. El doctor Alberto Sánchez de Bustamante es el titular de Obstetricia, pero opta por el doctor Carlos M. Tavares. Por último, Radiología y Físicoterapia con el doctor Juan J. Viamonte, pero asiste al aula de Clemente Roldríguez Remos.

Un año más que Modesto aprueba todas las materias. Pasadas las vacaciones, entre la capital y la finca, entra en el quinto curso (46-47) crecientemente identificado con su carrera y con La Habana. La primera materia es Enfermedades Nerviosas y Mentales, cuyo titular es el doctor José R.Valdés Anciano, pero asiste a las clases del doctor Luis Viamonte Cuervo.

Las Enfermedades de Laringe, Oídos y Fosas Nasales tienen como titular al doctor Claudio Basterrechea, el que ya lo había visto en su consulta para su problema auditivo en 1928. Pero él prefiere al doctor Pedro Hernández Gonzalo.

El doctor Ernesto R. de Aragón encabeza la cátedra de Patología Quirúrgica, a cuyas clases asiste Modesto. Pero no a las del titular de las Enfermedades de los Ojos, doctor Jesús M. Pinochet, porque se ha decidido por el doctor Miguel A. Branly. Y en Patología Médica se ha ido con el doctor Pedro Iglesias Betancourt, marginando al titular, doctor José M. Martínez de Cañas.

Con cinco cursos ya vencidos, después del cálido verano se inicia el sexto año (47-48). Ahora tiene Clínica Quirúrgica, y asiste al aula del titular, doctor Rafael Menocal del Cueto. No asiste a las clases del titular de las Enfermedades de la piel y Sífiles, doctor Vicente Pardo Castelló, sino que está con el doctor José de Castro Palomino.

Tampoco está con el titular doctor Antonio Valdés Dapena de Terapéutica, sino con el doctor Rodolfo Sotolongo. Pero, en cambio, está con el jefe de la cátedra de Vías Urinarias, doctor Luis F. Rodríguez Molina. Por último, Higiene y Legislación Sanitaria, que encabeza el doctor Alejandro Casuso. Le ha tocado el doctor Ortelio Martínez Fortún. Y así termina el sexto y penúltimo curso. Con el justificado gozo que experimenta dedica parte de sus vacaciones, como siempre, a su amada familia. No olvida a los que se han ido. Están presentes en la memoria de su corazón, tan escondidamente tierno, tan noblemente sentimental. Es posible que Modesto tenga más de la madre que del padre.

Viaje a Santiago de Cuba

En estas vacaciones Modesto disfruta algo tan nuevo como satisfactorio. Los Ómnibus Aliados van a inaugurar su ruta a Santiago y un funcionario de la misma, Cándido Mora Morales, lo invita. Se ha organizado una caravana de ocho autobuses, en los que no faltan músicos para amenizar el trayecto.

Con él van sus hermanos Giraldo, Roberto y Miguel. También Tony Rubio, de su muy íntima amistad. Se sale de La Habana a las siete de la mañana. Escala en Matanzas. Almuerzo en Santa Clara. Se pasa por Florida, Ciego de Avila, Camagüey, Cascorro, Guáimaro, Victoria de las Tuna, Holguín. Aquí se detiene la marcha para la cena. Se sigue por Bayamo, Palma Soriano, Jiguaní y, por fin, Santiago.

El viaje es divertidísimo. En el ómnibus en que van Modesto y sus hermanos no falta un buen grupo musical. Son muchos los que cantan las canciones que interpretan los músicos. Se dicen chistes. Una auténtica y regocijada pachanga.

El ómnibus se ha detenido frente al al hotel "Casa Grande. Es medianoche. Y cuando amanece se inicia el amplio y pormenorizado programa que se ha organizado para visitar todos los lugares que los viajeros deben conocer. Y a esos efectos se ha designado a muy simpáticas muchachas para que actúen como guías. Se va al Cobre a rendir homenaje a la Virgen de la Caridad, la patrona de Cuba. No puede un cubano, por mínima que sea su sensibilidad religiosa, que no se estremezca al verse dentro del Santuario y frente a la imagen que apareció en la bahía de Nipe y que fue encontrada en 1604 por dos hermanos indios, Juan y Rodrigo Hoyos, que iban en pos de sal en la compañía de Juan Moreno, un niño de unos diez años. Desde entonces el pueblo cubano la ha venerado. Su condición de Patrona fue gestionada por los veteranos de la Guerra de Independencia y el Papa la proclamó como tal en 1916.

Se toma una embarcación para dar un recorrido por la bahía. Se visitan El Morro, la histórica Loma del Caney, el no menos histórico Parque de San Juan con su Árbol de la Paz, el Cayo Smith... Se camina por Enramada. Se suben y se bajan los escalones de la pintoresca calle Padre Pico. Se recorren el Paseo de Martí, la Alameda Michaelsen, la Avenida Sueño, las calles Victoriano Garzón y José Antonio Saco, el Parque Aguilera... Se contemplan los monumentos de José Maceo, Tomás Estrada Palma y otros.

Se visitan la Tumba de Martí, el Museo Bacardí, el Ayuntamiento, el Gobierno Provincial, la Catedral, el Sanatorio de la Colonia Española, la Clínica de Los Angeles. el Club San Carlos, el Club Vista Alegre, el Club Náutico. Se les recibe en el Club de los Trescientos.

Modesto, que ha nacido y vivido en Vuelta Abajo, se deslumbra con este otro extremo de la Isla, ese Oriente que ha estado siempre en la vanguardia de la historia cubana. No cabe duda que toda Cuba no es exactamente igual. Cada provincia tiene su propia personalidad. Hasta cada ciudad y cada pueblo tienen su propia imagen.

Las diversiones no cesan. Hasta que hacia la medianoche todos caen rendidos. Y hay que levantarse temprano para el viaje de regreso. Imposible hacer más en las veinticuatro horas vividas en el legendario Santiago. Modesto ha disfrutado una gran experiencia.

Este viaje fue una de las pocas expansiones que Modesto pudo disfrutar a lo largo de seis años. Hay tres más. Una es que su primo Bebo Villar lo invita al cabaret "Montmatre", de tanta categoría. Estar allí es para él una revelación. La música, la cena, el programa que se desarrolla. Impresionado, piensa que volverá. Y si no está en Cuba, será en Estados Unidos, quizá en Europa. ¿No han estado allá sus hermanos Lidio y Orlando?

La otra evasión de su estudiosa cotidianidad es cuando su hermano Orlando lo invita a ir a un juego de pelota en el estadio de "La Tropical". Entre los clubes cubanos, es aficionado al "Almendares". Al crearse el "Marianao" se suma a éste, pero más tarde le brota su renovado almendarismo.

La tercera es cuando su hermano Roberto lo invita al estadio del Cerro. Pero en esta ocasión pasa uno de los sustos de su vida. De regreso, sentados en el asiento del tranvía rumbo al "Palace Hotel", Roberto se desmaya. Suda excesivamente. Al llegar a L y 23, se bajan. Modesto carga al hermano y lo lleva al "Mercedes". De allí se comunica con el doctor Rodrigo Bustamante. Este acude. Al cabo de las investigaciones que se realizan, se descubre que padece diabetes. Todos lo ignoraban.

Fuera de estas especiales ocasiones, hace cuanto puede hacer un joven estudiante que si no le falta nada no tiene dinero para costosas expansiones. Aprovecha, en la medida posible, las ocasiones que se le ofrecen para pasar un buen rato. Como ir a una reunión familiar, al cine, a un baile, a una verbena en el "Centro José Martí", a la playa... No faltan las visitas a familiares y amigos. Ni los encuentros con Orlando, que se mantiene soltero. Lidio no está en La Habana. Acabada la II guerra en el 45, ha sido contratado por un programa médico de Estados Unidos en Alemania, con el fin de asistir a los hebreos que han sobrevivido y a cuantos más el conflicto ha dejado en total desamparo fuera de sus propios países. Una de las más hermosas realizaciones de los americanos, tan olvidada y desagradecidamente ignorada.

Pero lo que más le complace son las llegadas de su padre a La Habana. El se hospeda en el "Hotel Madrid", tan preferido por los pinareños y hacia el lugar van sus hijos a saludarlo.

Hacia la graduación

En 1942, al empezar la carrera, Modesto se impuso por encima de todo la total consagración al estudio. En éste largo recorrido de seis años ya cumplidos lo han acompañado algunos compañeros: Carlos

Sarmiento, Julio Escobar Goenaga, Gustavo Costa Blanco y algunas veces Bernardo Arias Alonso.

Ya en la víspera del último año está satisfecho con lo que ha sido capaz de llevar a cabo con un permanente entusiasmo. Para ser feliz no hay necesidad de diversión alguna. Son muchas las fuentes de felicidad que ofrece la vida. Una de ellas es el estudio como el cumplimiento de un deber y como el camino a seguir para llegar a una meta previamente escogida.

No obstante las dos tragedias que carga en el alma, son muchos los motivos que Modesto tiene para sentirse en paz con la vida. Tener el padre que tiene y los hermanos que sus progenitores le han dado. Más la suerte de poder estudiar sin el apremio de necesidades que no pueden resolverse como ocurre a tantos.

Llega la feliz culminación académica con el séptimo curso (48-49). Carlos M. Cárdenas Pupo tiene la cátedra de Clínica Médica, pero desde antes de llegar el momento de decidir ya él tiene una buena amistad con el doctor Rogelio Lavín, y se une a éste.

Hay un segundo curso de Clínica Quirúrgica. Su titular es el doctor Francisco Leza, pero él se queda con el doctor Armando Fernández. Asiste a las clases del doctor Alberto Inclán, cabeza de la cátedra de Ortopedia. Y lo mismo hace con el doctor Gabriel Casuso en Ginecología y con el doctor Clemente Inclán en Patología Experimental.

Sigue al doctor Esteban Valdés Castillo en Medicina Legal y Toxicología, que preside el doctor Raimundo de Castro Bachiller. Y, por último, Patología y Clínica Infantiles. El jefe es el doctor Angel Arturo Aballí y Arellano, pero él se ha quedado con el doctor Agustín W. Castellanos.

En la mayoría de los casos no es que Modesto haya despreciado al titular. Es que realmente son pocos los jefes de cátedra que asumen sus funciones profesorales. Es por eso que el estudiante tiene que decidirse por algunos de los otros profesores.

Muchas de todas estas materias incluyen su correspondiente clínica, a los efectos de la práctica correspondiente. Es una fase complementaria de las teóricas explicaciones de clase. Modesto no pierde posibilidad alguna para aprender. Por tanto, no falta nunca.

Desde un principío acudía invariablemente a la popular Sala Yarini del "Calixto García", el hospital que oficialmente está al servicio de la Escuela de Medicina.

Desde el primer año sabe sobre el funcionamiento, no sólo del "Calixto", sino también del "Reina Mercedes". En todo esto tuvo un infalible orientador en Lidio. Si el primero está conectado con la Escuela de Medicina, no es así en cuanto el segundo, pero, en definitiva, el "Reina Mercedes" está a la disposición de los médicos, de los estudiantes y de cuantos galenos quieran utilizarlo. En consecuencia, tanto en un caso como en otro, los más eminentes doctores, profesores o no, trabajan en uno o en otro, o en ambos.

Cada uno de los médicos tiene su especialidad y su correspondiente área en esos hospitales. Y los estudiantes tienen la posibilidad de trabajar con una o más eminencias médicas en cualquiera de esos establecimientos, o en los dos. Es una costumbre tan establecida a través de los años que ha devenido en una hermosa y fecunda tradición.

Estos médicos no cobran absolutamente nada a los respectivos hospitales. Están en los mismos para atender a sus enfermos, que vienen principalmente de La Habana y de sus alrededores, pero también de las demás provincias, enviados por los colegas que han comenzado a conocer el caso. Todos los pacientes son evidentemente pobres. En consecuencia, los más humildes de la Isla son atendidos por los más competentes galenos de la capital sin que nada les cueste.

Gracias a este sistema el estudiante recibe un excepcional entrenamiento, que, por otra parte, no es obligatorio, sino voluntario. Si la mayor parte de los estudiantes se acoge a esa posibilidad, no faltan los que no la aprovechan. La consecuencia es que al graduarse y comenzar el ejercicio profesional les falta lo que realmente es lo más imprescindible. Siempre perspicaz, enterado de todo, Modesto no pierde esa privilegiada oportunidad de tener el más eficaz entrenamiento en las materias que desea con los médicos que él mismo ha escogido.

Cumplido todo ese programa de estudios, a través de siete años, se gradúa el 19 de julio del 49. Su tesis de grado la hace dentro de la Radiología, sobre los Tumores en el Estómago. El 20 de septiembre de 1949 recibe su título.

De inmediato dispone de un recetario. Y la primera receta que escribe es para dirigirle un mensaje a su padre. Le dice que no se lo envía para recetarle medicina alguna, sino para abrazarlo y desearle una larga vida y una plena salud. Y con estos votos quiere hacerle saber el orgullo que tiene de ser su hijo. Quiere expresarle sus más sinceros agradecimientos por cuanto su progenitor ha contribuído a la realización del más ambicioso sueño de su vida, que no es otro que el de ser médico.

Modesto le rinde un merecido homenaje a su padre por la tanta abnegación y los tantos sacrificios que exhibe su vida en relación con su familia.

No olvida el joven doctor Mora a los seres que han desaparecido, en alusión a Pepito y a su mamá. Ellos también participaron en las dichas y en las desventuras de la familia.

El texto es muy breve, por cuanto está escrito dentro del pequeño espacio de una receta médica. Pero la cortedad no resta elocuencia al mensaje que con reiterados abrazos el joven médico envía a su padre en un día tan importante como el de recibir su diploma de doctor en Medicina.

El doctor Mora no termina su receta sin hacer votos por la unión y la paz de toda la familia.

Desde su quinto año Modesto había sido favorecido por un programa de ayuda establecido por el Alcalde doctor Raúl G. Menocal y continuado por el doctor Manuel Fernández Supervielle en favor de setenta y cinco estudiantes, escogidos sobre la base de sus expedientes. La suma que se recibe es insignificante, pero les daba la posibilidad de ir a las Casas de Socorro y vivir las experiencias que se presentan en las mismas.

Este programa terminaba con la graduacion, pero Modesto logra una humilde posición en el Hospital "América Arias", del Municipio. Lamentablemente no es muy bien recibido por los médicos que allí trabajan, sin que él pueda explicarse esa reacción, pero tiene la habilidad de flotar sobre estas circunstancias negativas. Mientras, permanece en el Departamento de Obstetricia.

Mantiene esta escuanimidad porque está decidido a no quedarse en Cuba. Está decidido a viajar a los Estados Unidos, a fin de complementar su entrenamiento. A esos efectos, ya ha empezado a mejorar el inglés que había aprendido en el bachillerato. Por otra parte, ya ha escrito a doscientos cuatro hospitales nortemericanos expresando su deseo. Alguno de ellos debe contestar, y contestó el "St. Francis Hospital", de La Crosse, en Wisconsin. Feliz, se pone de inmediato a preparar su viaje.

Como Modesto tiene una misteriosa hada madrina que lo protege en cada trance de su vida, cuando entra en un establecimiento de La Habana dedicado a mapas para comprar uno de los Estados Unidos, allí se encuentra con un médico, a quien no conoce, pero quien, al saber el proyecto de su joven colega, le declara que él trabaja precisamente en ese mismo hospital y se le ofrece. El lo esperará en La Crosse. Para más suerte, un amigo lo aguardará en Chicago, última escala antes de llegar a su destino.

Ya tiene su pasaporte. Ya ha ido a la Embajada americana para su visa. Todo está listo. Es entonces que va a "El Gacho" para informar a su padre. Este reacciona muy complacido. Aplaude su decisión. Y le da los viáticos que necesita para el viaje.

El 21 de septiembre de 1949 el doctor Modesto Mario Mora Morales, con veinticinco años, que cumplirá dentro de un mes, llega al aeropuerto de Rancho Boyeros y toma el avión que lo trasladará a Miami.

Un grupo de sus compañeros lo han acompañado para depedirlo. Son Roberto Sarmiento, José Olivella, Gabino Cuevas, Miguel Angel Ponce de León, Gustavo Costa...

Modesto y sus amigos aguardan emocionados el momento en que él abordará el avión. Todos celebran la decisión del doctor Mora, pero igualmente sienten el pesar de la separación.

Con toda seguridad ninguno de sus compañeros puede imaginar la importancia que para la vida del doctor Mora tendrá esa decisión. Acaso ni él mismo puede sospecharla en ese momento. El futuro es siempre un enigma.

VIII

El Doctor Modesto M. Mora en Estados Unidos

De La Habana hacia Miami

Es la primera vez que el doctor Modesto M. Mora abandona el territorio nacional. Igualmente estrena la experiencia de viajar en un avión.

Al escuchar la orden de abordar la nave, se despide de los amigos y colegas que lo acompañan con sendos abrazos. Camina hacia el avión. Sube la escalerilla. Ya frente a la puerta, se vuelve hacia ellos, y levanta el brazo derecho para un final adios.

Ya dentro de la nave, le indican su asiento. Cuando el avión despega, el joven médico, con veinticinco años, tiene conciencia de que ha perdido ya el contacto físico con su tierra. Un tropel de inesperados pensamientos cruzan por el escondido escenario de su conciencia. ¿Por qué abandona a Cuba y viaja a los Estados Unidos?. Atrás deja al padre y a sus hermanos y hermanas. Va hacia a donde no ha estado nunca, pero está seguro de que será algo tan satisfactorio como provechoso.

Y automáticamente un pensamiento se enlaza con otro distinto. Empiezan a brotar del subconsciente las más remotas vivencias. Tanto Pepito como su mamá se hacen presentes. Y en medio de las más variadas imágenes y vivencias aparecen las conversaciones escuchadas a su padre y Orlando. Corren los años que comienzan en 1930. Es la lucha en contra del presidente Machado, que, por aferrarse al poder, había provocado la reacción de los estudiantes de la Universidad y del pueblo.

El Directorio Estudiantil Universitario condena la reforma constitucional y la prórroga de poderes hechos consumados con la complicidad de los tres partidos: el Liberal, el Conservador y el Popular. Es la consecuencia del llamado Cooperativismo, fórmula de convivencia inventada por el senador Wifredo Fernández, uno de los maestros del periodismo cubano y nativo de la provincia de Pinar del Río.

La actividad revolucionria del Directorio se intensifica tras la muerte del estudiante Rafael Trejo, dentro de una manifestación estudiantil de protesta. El resultado inmediato es la clausura de la Universidad, de los Instituto y de las Escuelas Normales. Es por eso que Pepito y Orlando están en "El Gacho" y no en Pinar del Río. Ambos están involucrados revolucionariamente dentro del estudiantado.

Mientras tanto el país se precipita aceleradamente en una tremenda crisis económica, que afecta las finanzas del gobierno hasta no tener con que pagar a los empleados públicos.

Paralelamente a la actividad oposicionista del Directorio se desarrollaba la oposición política de Carlos Mendieta, Cosme de la Torriente, Roberto Méndez Peñate, Juan Gualberto Gómez y otros dentro de la Unión Nacionalista. Otros líderes que se movilizan en contra del gobierno son el ex-presidente Mario G. Menocal y Miguel Mariano Gómez.

Un día corre la noticia de que Mendieta y Menocal se han alzado en armas. Poco después se sabe que están presos y que el Coronel Francisco Peraza ha muerto en un enfrentamiento con el Ejército. Estos hechos marcan un hito en la lucha en contra de Machado, porque aparece una nueva forma revolucionaria. Era el terrorismo.

Nadie sabe quienes están detrás de las bombas que explotan todas las noches. Los agentes de esa alarmante actividad terrorista se atreven a poner una bomba en Palacio. Se asesina al presidente del Senado, Clemente Vásquez Bello. Y con esta muerte se maquina la desaparición de la plana mayor del gobierno con el artefacto que se ha colocado en el mausoleo de la familia, en el cementerio de

"Cristóbal Colón". Pero los que lo tramaron quedaron decepcionados porque el funeral no fue en la capital sino en Santa Clara. Estos y otros hechos se atribuyen al ABC, así bautizado por el Capitán Miguel A. Calvo al caer en sus manos las tarjetas que revelaban la existencia de un subterráneo movimiento celular. Y el mismo Calvo, tan odiado, es liquidado por los abecedarios.

El gobierno se venga con las muertes de los tres hermanos Freyre de Andrade y de Angel Aguilar. La Habana es un campo de batalla entre la enardecida oposición y la Policía. Son muchos los detenidos, los presos, los torturados, los heridos, los desaparecidos, los muertos. Las cárceles y los presidios se abarrotan de estudiantes. Mientras más acrece la oposición en todos los niveles nacionales, mayores son la resistencia y las represalias del gobierno, que apela a todos los medios a su alcance. Un verdadero aquelarre que en las palabras de don Pepe y de Orlando repercute en la infantil conciencia de Modesto.

Surge un nuevo ingrediente en el drama cubano. Es la elección de Roosevelt. Es la presencia en La Habana de Sunmer Welles. La Mediación. Rechazada por unos y aceptada por otros, provoca la huida de Machado hacia Nassau. Se desploma todo el aparato oficial.

Todo esto pasa por la conciencia del doctor Mora mientras vuela hacia Miami. rumbo a Wisconsin. ¿Hasta dónde estos hechos y todo lo demás que ocurre hasta 1949 ha influido en su decisión de dirigirse a Estados Unidos?

Miami, Chicago, La Crosse

Cuanto el avión aterriza en el aeropuesto de Miami, el doctor Mora sale de esta rctrospccción, que queda trunca. En 1949 Miami es una pequeña y sencilla ciudad a la que en invierno llegan los turistas del Este que huyen de las nevadas. Como consecuencia de ese trasiego turístico es que Miami Beach, sobre la Avenida Collins, se llena de numerosos y grandes hoteles.

No puede estar en Miami sin recordar los fuertes nexos que existen entre los cubanos y esta ciudad, que les ha servido de permanente refugio político frente a todas las crisis políticas de la Isla. Para muchos la Florida es una prolongación de Cuba.

Del aeropuerto va directamente a la estacción del ferrocarril, donde aborda el tren que lo llevará a Chicago. Una larga y agotadora travesía de treinta horas. Llega a la medianoche, y allí en el andén lo espera el doctor Carlos Sarmiento. Es una tremenda alegría abrazar a su fiel amigo. Este lo deja instalado en esa hospitalaria institución que es la YMCA.

El doctor Sarmiento hace un internado rotatorio en el "Edgewater Hospital" , conjuntamente con otro galeno cubano, el doctor Charles Jústiz. Es este quien lleva al doctor Mora a "Bakin Store" para comprar un abrigo. No pudo presumir que en septiembre hubiera tanto frío en Chicago.

Allí permanece hasta el 25, siempre acompañado por Carlos o por Charles, quienes le enseñan, hasta donde alcanza el tiempo y permiten las circunstancias, las áreas más interesantes de Chicago. Al fin lo dejan en la estación de los autobuses. Y en uno de ellos se dirige a Wisconsin. Un recorrido de doce horas.

En La Crosse, tal como se lo había prometido en aquella tienda de mapas de La Habana, lo espera el doctor Alberto Benejam. que hace un internado en el mismo "St. Francis".

De inmediato Alberto le da un recorrido por La Crosse. El doctor Mora queda profundamente impresionado con la belleza de este pueblo en el que va a vivir durante un año. Lo emociona la paz que reina en todo su ámbito. Algo que no se encuentra en ninguna gran ciudad.

El doctor Benejam lo lleva al "St Francis" y lo presenta a la directora. Esta a su vez a sucesivas religiosas con importantes funciones en el hospital. El doctor Mora se siente muy complacido cn este recibimiento tan sencillo como cálido. Comprende que ha entrado en un ambiente que en nada se parece a lo vivido en el "Calixto García", en el "Reina Mercedes", en el "América Arias".

No se le escapan el orden y la organización que ve en todo. Nadie alza la voz más que lo necesario. Ni puede ser insensible a la singular delicadeza de aquellas religiosas. Casi todas proceden del norte de Europa. Un mundo muy distinto a su nativo trópico. El clima condiciona tanto el carácter como el temperamento. Los matices de la personalidad de un criollo tiene que ser muy diferente a la de los nórdicos.

Le dan un recorrido por las instalaciones a fin de que empiece a conocer al nuevo ámbito en el que va a vivir y trabajar. Se le detiene especialmente en las "estaciones de servicio", a fin de explicarle sus funciones.

Le recuerdan a dos compatriotas que estuvieron allí. Son los hermanos Oscar y Héctor Gutiérrez. Dos años antes había llegado a "St. Francis" el primer cubano en hacer allí su internado. Es José de Para. Una monja, al darse cuenta de sus limitaciones en cuanto al inglés, le ofrece darle clases dos días a la semana durante dos horas.

Comenzará a trabajar el primero de octubre. Su inicial tarea será la de escribir las historias clínicas de los pacientes que ingresen en la sala que se le ha asignado .El hará un internado rotatorio pasando por Cirugía, Pediatría, Obstetricia, Patología, Garganta, nariz y oído y Medicina General.

El "St. Francis" cuenta con quinientas camas. Tiene una Escuela de Enfermeras. Y se dispone de tres bibliotecas. La del Hospital, la de la Escuela y la que está abierta al público. En un hermoso edificio, como todos, y como todos rodeado de jardines, viven mil quinientas religiosas.

Desde el primer día el doctor Mora se siente feliz. Cumple sus funciones a cabalidad, sin dificultad alguna. Y en todo momento cuenta con la cooperación de las religiosas. Con el transcurso de los días va conociendo a los médicos. Uno de ellos, el doctor Archie Skemp lo invita a su finca. Como hay caballos, el doctor Mora no pierde la opotunidd de montar uno de ellos rememorando sus lejanas jornadas equinas en "El Gacho"

No tarda en saber de la existencia de un centro de recreación, en el que, entre otras actividades, se celebran bailes. Acude al mismo y pasa en el lugar unas agradadables horas. Algo muy distinto a los similares lugares de Cuba. Cada país tiene su estilo. Y la vida en una isla del Caribe no puede ser igual a la que se vive en el americano estado de Wisconsin.

En vez de los mares que circundan a Cuba Wisconsin está roedeada por Minnesota, Iowa, Illinois y Michigan. Además de las fronteras terrestres, lo limitan dos lagos, el Superior y el Michigan. Por ultimo, hacia el suroeste, las aguas del Misisipi. La Croose está al borde de la frontera con Minnesota más cerca de la frontera sur que del septentrión.

Es de una importancia profesional suma el diario contacto con los pacientes a su cargo. Funge como auxiliar de los médicos que tienen enfermos en su sala. En consecuencia, aprende todos los días a través de todos los distintos casos que llegan y son atendidos.

Aparte del internado rotatorio en las áreas ya expresadas, no falta la experiencia de una sala de emergencia. Pero, por encima de todo, lo más útil son los ocho meses que está en Cirugía. Es posible que esto sea lo que decida su futuro profesional.

Durante el año que está en "St. Francis" su situación es un permanente ascenso en todos los órdenes. El es el "senior" de los internos. Dispone de una habitación con sala y baño.

Cuando llega el mes de septiembre informa a la superiora que el próximo 15 abandonará a La Crosse. No le es fácil anunciar esta despedida. El doctor Mora se ha identificado demasiado con el hospital y con todas las religiosas con las que ha tenido que ver en el desarrollo de sus funciones. Aquella positiva impresión de los primeros días ha ido fortaleciéndose crecientemente.

Tiene la satisfacción que se le responde que él puede permanecer en el "St. Francis" un año más. No le es posible porque ya él ha concertado un compromiso con un hospital de Nueva York, en el que hará su residencia en Cirugía.

La directora insiste para decirle que si por cualquier razón se produce un cambio en sus planes, siempre se le recibiría con mucha satisfacción. Ciertamente el joven médico pinareño se ha ganado el aprecio de las religiosas y de los médicos. Es la consecuencia de su carácter tan sencillo, de su temperamento tan apacible y de su personalidad tan agradable.

Si saltar de Pinar del Río a La Habana fue un paso de avance muy notable en la vida de Modesto, dejar atrás la capital cubana con su Universidad y sus hospitales y verse en los Estados Unidos en

Wisconsin, en La Crosse, es un hecho de definitiva influencia en su destino.

Hay para quienes la vida es una realidad estática, que no se mueve. No se mudan del sitio en que han nacido. El conoce a médicos que nativos de San Luis, San Juan y Pinar del Río, viven en esos mismos lugares y en ellos ejercen su profesión, quedándose sembrados en el sentimental terruño con los mismos horizontes de siempre, dentro del mismo paisaje que han conocido toda la vida, desde la más remota niñez.

En todo esto piensa el joven doctor Mora cuando se plantea en el silencio de su íntima conciencia que ese no es su caso, porque él ha tenido el valor de abandonar el suelo de sus mayores en busca de un nuevo destino.

El ha dado a su vida, tan corta todavía en esos momentos, un sentido dinámico hacia el cambio en pos de la superación. Y es que si cambiar es renovarse, renovarse es vivir y vivir es liberarse de la rutina, de lo mismo de siempre todos los días, sin la sorpresa diaria de una grata novedad.

Por eso está feliz de haber sido capaz de volar a Miami, de tomar el tren que lo llevó a Chicago y el omnibus que lo dejó en La Crosse. Es cierto que es una pequeña pero muy bella ciudad, pero no es cuestión de tamaño. La Crosse está en Estados Unidos y Estados Unidos está a la vanguardia del mundo, con inclusión de la Medicina.

Pero a pesar de todas estas reflexiones no fue fácil para el doctor Mora despedirse de la directora, de las demás religiosas, de los médicos.

IX

El Doctor Mora se especializa en cirugía

"Bellevue Medical Center"

Hay una razón familiar para dejar a La Crosse y dirigirse a Nueva York. En esta ciudad está su hermano Miguel Angel haciendo su residencia en Psiquiatría. Lidio llegará procedente de Europa. Y también, desde Cuba, vendrán Blanquita y María Victoria.

Antes de arribar a Nueva York está tres días en Chicago, donde es recibido y agasajado por los hermanos Carlos y Roberto Sarmiento. Son horas felices, a través de las cuales explica a sus amigos lo que ha significado para él la provechosa estancia en el "St. Francis". Allí va a encontrarse con otros colegas cubanos: Francisco Yañes y Teodoro Texidor.

Como tiene algunos ahorros, se instala en uno de los mejores hoteles, el "Stevens", y se siente como rico. Esta decisión es una inicial experiencia de lo que ambiciona hacer en el futuro. El hecho de que la felicidad consista en estar conforme con lo que se tiene, según la noble filosofía senequista, esto no obsta para alentar ambiciones siempre que las mismas no perturben la ecuanimidad de la mente. El que nada ambiciona se queda inmóvil en el pasado. Y el doctor Mora tiene su mirada clavada en el porvenir. Piensa y actúa como joven. La juventud es un compromiso y un reto.

Se dirige a Nueva York y de inmediato se reencuentra con su hermano Miguel. El 27 de septiembre tiene la entrevista de rigor en el "Bellevue Medical Center: University and Hospital". Como al cabo de

76

un año ha practicado diariamente y a toda hora el inglés, lo habla con seguridad y fluidamente.

Es el mismo "chairman" quien tramita rápidamente su ingreso en el "Bellevue", con habitación, comida y ochenta dólares. Diez dólares menos que en el "St. Francis".

Este enorme hospital con cuatro divisiones tiene capacidad para seis mil pacientes, La primera está destinada a los alumnos de Columbia. La segunda, a los de Cornell. La tercera a los de New York. Y la cuarta, a los de otras universidades y, además, a los extranjeros. Como éste es su caso, se le destina a esta última.

Para empezar es asignado a un servicio externo. Después pasa al frente de una sala, con jornadas de treinta y seis horas seguidas de doce de descanso. Y con este rigor de trabajo entra en su primer año de residencia en cirugía.

Como residente responsable de la sala asignada tiene que estar al tanto de todos los pacientes. Y cada día, a las seis y media de la mañana, llega el cirujano a fin de hacer el habitual recorrido y recibir de él los informes pertinentes. Sólo se detiene a ver personalmente los casos que el doctor Mora le indica como necesarios. Este trámite dura hasta las seis y cincuenta minutos. Todo está cronológicamente programado. A las siete y media el desayuno.

Aparte de esta responsabilidad de sala, tiene que estar a las ocho en el quirófano. Día tras día se suceden los más variados casos. Para comenzar sólo interviene como asistente, hasta que se haya identificado firmemente con el proceso de los distintos tipos de cirugía. El residente progresará por etapas.

A los tres meses está ya de primer asistente del director de hospital y jefe de cirugía, el doctor J. Wm. Hinton. El es el eje diamantino en torno al cual giran todas las actividades del departamento. Una poderosa personalidad que inspira tanta respeto como admiración. A los ilimitados conocimientos, una total experiencia.

Con tanta energía como paciencia. es él quien anima la vida académica que allí se desarrolla. Constantemente se ofrecen muy ilustrativas conferencias por muy expertos disertantes. El doctor Mora sabe aprovechar todas estas posibilidades que se le dan para aprender. Se siente feliz de verse dentro de un ámbito médico de tanta categoría.

Y al llegar a la tercera etapa se le permite asumir la responsabilidad de operar solo, pero bajo la vigilancia del jefe. Entre las operaciones que le son permitidas están la apendicitis, las hernias, las hemorroides y otras.

Paralelamente tiene que hacer un curso de Ciencias Básicas los martes y los jueves. Y en medio de todo, se ve en el servicio de piel. Todo es tan complejo como perfecto. Allí está un cubano, el doctor René Cañizares.

No tarda en llegar Lidio, que viene de Europa después de haber trabajado brillantemente en un programa de la UNRRA, patrocinado por las Naciones Unidas y destinado a los hebreos que han sobrevivido al holocausto. Asimismo favorecía a los que no siendo alemanes Hitler había traído desde sus respectivos países para hacer trabajos forzados.

Al cabo de dos años, concluyó ese contrato, en el que ostentaba el grado de capitán. Pero pasó a otro, el URO. Se le nombró director de un hospital en Munich, con doscientas cincuenta camas. Además, fue inspector de hospitales, en los que trabajaban seiscientos médicos. Todos estuvieron bajo su autoridad.

Al cabo de cinco años en Europa, Lidio renunció y se trasladó a París, donde por un año tomó un curso de Gastroenterología en la Sorbona. Paralelamente trabajó en hospitales. Después a Londres, a fin de conocer lo último que los ingleses sabìan en de esa especialidad. Y por último, a Dinamarca.

Este es el Lidio que llega de Europa. Si el clan Mora tiene tres médicos, Lidio es el mayor y Modesto el menor. Se llevan siete años. Y entre ellos dos, está Miguel.

Si Lidio cuenta a Modesto todo lo vivido durante cuatro años en Europa, Modesto narra a Lidio las experiencias tenidas en la Universidad de La Habana después de su salida a Europa. Ademas, todo lo del año en Wisconsin y lo que lleva recorrido en Nueva York.

Llegan Blanquita y María Victoria. En consecuencia, se produce el encuentro de cinco de la familia. Y los cinco viven días muy felices. Llevaban años de separación y tienen mucho que contar.

Al margen de esta trayectoria profesional el doctor Mora vive una experiencia que lo tendrá en expectativa por largo tiempo. Estaba en La Crosse cuando empieza la guerra con Korea. Fue a la oficina de reclutamiento y se ofreció como voluntario, Al salir hacia Nueva York, avisó su cambio de domicilio. Y como no recibía noticia alguna se va a la de Nueva York, acompañado de su amigo Mario León García Bengochea para ratificar su disposición a ir al lejano país asiático. Le dicen que espere y que se le llamará.

No tarda en preocuparlo una rara anomalía que afecta su salud. Se comunica con Lidio. Este viene por él. Se lo lleva a Boston, donde ya está instalado. Lo atienden en Harvard. El mal se supera. Pero, tan pronto regresa a Nueva York, reaparece. Al fin se da con el diagnóstico. Se trata de unas hemorragias bronquiales. Prescrito el tratamiento, el caso queda superado.

Al cabo de dos años de trabajo tan intenso como creciente en el "Bellevue", el doctor Mora termina su residencia en cirugía. Ha aprendido mucho. Ha recibido el más completo de los entrenamientos. Es todo un cirujano, dispuesto a trabajar en cualquier hospital. Aplica en un hospital de Miami Beach, el "Mount Sinai". Lo mismo hace en otro de Texas. Es aceptado en ambos.

Al margen del arduo trabajo de la residencia, el doctor Mora desea conocer lo más posible de Nueva York. Le atraen los más colosales edificios. Se acerca y penetra en hoteles tan importantes como son el "Waldorf Astoria", el "Astor", el "Plaza", el "Savoy"... Lo mismo hace con el "New York Times", y con "Times Square". Contempla los rascacielos de Manhattan, la Estatua de la Libertad, el edificio de la RCA...Se asoma a Wall Street. Entra en edificios oficiales, bibliotecas, museos, tiendas, restaurantes.., Actúa como un cirujano, viendo por dentro la anatomía de esta inmensa urbe, la primera del mundo. Todo lo atrapan sus ojos, dotados de una muy especial capacidad receptiva. El doctor Mora lo ve todo, y no olvida nada.

Los hospitales americanos

El doctor Mora había oído, desde su llegada a Nueva York, que el "Bellevue" tenía su historia. Dada su curiosidad, no abandona la ciudad sin ir a la biblioteca para investigar el asunto. Efectivamente, tras encontrarse una evocación en nivel mundial, llega a lo ocurrido en Nueva York.

Según la información que lee, el primer conato de hospital en todo el país se establece precisamente en Manhattan, en 1663. Fue el resultado del generoso esfuerzo de un grupo de soldados que se encontraban enfermos y que aspiraron a ayudarse por sí mismos.

Tras este antecedente, en 1736 funciona en la ciudad un programa denominado "New York Public Workhouse". En el inmueble que le sirve de asiento hay un gran salón que se utiliza para dar albergue a los pobres y entre ellos a los vagabundos que deambulan sin protección alguna.

Es entoncs cuando surge el "Bellevue Hospital", autorizado a utilizar ese salón para tratar a enfermos. Al cabo de muchos años, en 1816, es cuando, en realidad, de acuerdo con el nombre de la institución, empieza a funcionar el hospital y con éste un asilo.

Ya, desde 1771, se había establecido el "New York City Hospital". Es el primero en utilizar métodos más humanos que los acostumbrados para tratar a enfermos mentales.

Pennsylvannia no se queda a la zaga, pues en 1713 William Penn funda un hospicio destinado a cuáqueros que sean calificados como pobres.

Veinte años después, en 1733, Filadelfia imita este ejemplo y establece lo que al cabo del tiempo será el "Filadelfia General Hospital".

En 1751 se convertirá en el primer hospital incorporado del país con el nombre de "Pennsylvannia Hospital".

Bajo estos ejemplos se producirán nuevos y sendos hospitales en todos los centros urbanos de las Trece Colonias. Una culminación de este proceso es el "Bellevue Medical Center".

Enterado de esta historia, que no satisface toda su curiosidad, el doctor Mora recuerda que si la isla de Santo Domingo fue descubierta en 1492, en 1503 ya tenía el "Hospital San Nicolas", fundado por el gobernador Nicolás Ovando. Y en 1512 se establece el "San Andrés". Esta política hospitalaria se extenderá por toda la América española en cada ciudad fundada.

En cuanto a Cuba, descubierta en el mismo 1492, pero cuya colonización no comenzó hasta 1510, el primer hospital fue fundado en Santiago en 1522. Convertida La Habana en la nueva capital de la Isla, tenía ya un hospital en 1538. Y a este siguieron otros.

Los doctores César A. Mena y Armando F. Cobelo han publicado la historia de los hospitales en Cuba. Y el doctor Fidel Aguirre una monumental obra sobre los hospitales de toda la América española.

(Ante esta información, el doctor Mora piensa que le gustaría algún día fundar un hospital a la manera de los que ha conocido en Wisconsin y Nueva York. Y aunque sueña, desmentirá a Calderón cuando éste dijo que "los sueños sueños son", porque el doctor Mora no fundará uno sino varios: "Cloverleaf Hospital" que es ahora el "Parkway", el "Pan American Hospital", el "American Hospital" que ahora es el "Kendall Regional Medican Center y el "North Ridge Hospital)

El doctor Mora vive sus últimos días neoyorquinos. Ha disfrutado la ciudad. Su presencia en el "el Bellevue" es lo mejor que pudo haberle ocurrido. Pero Miami le atrae. Si con razón la califican como "la ciudad del Sol", resulta semejante a La Habana. Toda Cuba es una eterna primavera,

Y no abandona a Nueva York sin una grave noticia de Cuba. El general y ex-presidente Fulgencio Batista ha dado un golpe de Estado al doctor Carlos Prío Socarrás. Con este hecho se quebranta la estable continuidad política que había comenzado en 1940 al amparo de la nueva Constitución de ese mismo año.

Lo ocurrido no puede ser más inopotuno, si los cubanos estaban a tres meses de unos comicios generales. Además. en este 1952 se conmemora el cincuentenario de la República. Y en el 53 será el centenario de Martí. Hacer lo que se hizo no parece ser una buena manera de festejar esas dos efemérides.

Lo ocurrido es la primera vez que se produce en esos cincuenta años. Porque tanto el caso de Tomás Estrada Palma como el de Gerardo Machado tuvieron muy distintas circunstancias. Lo de ahora sí es el típico golpe de estado que tanto ha abundado en la América Latina. pero no en Cuba.

Aunque el doctor Mora nunca se ha involucrado en las peripecias de la política, como sus hermanos Pepito y Orlando, siente que algo le ensombrece el ánimo. Intuitivamente sospecha que a Cuba le esperan días muy difíciles, dadas los fuertes partidos políticos con los que tendrá que enfrentarse el nuevo gobierno de facto. No es lógico pensar que lo hecho quedará impune.

El doctor Mora, en medio de tantas satisfacciones como las que viene viviendo no puede evitar ser sensible a lo ocurrido en Cuba. El quiere dar con la causa real de lo ocurrido. Cambia impresiones con sus hermanos y con algunos colegas. Uno de sus interlocutores, sin pretender justificar el error cometido piensa que sí hay causas, y dice:

Los dos gobiernos auténticos no han correspondido a lo que se esperaba de ellos sobre la base de lo que habían prometido. El de Grau llevó la corrupción más lejos que nunca y permitió el más despampanante gangsterismo. Y si el doctor Prío aspiró a superar las fallas del Maestro, no lo logró en ninguno de los dos graves pecados del Apóstol de la Cubanidad. Además, nadie contribuyó más a desprestigiar el Autenticismo que Eduardo Chibás. Por último, parece que el doctor Prío obsesionado por derrotar a la Ortodoxia cometió el error de arrinconar a Batista quebrantándole dos de sus alianzas políticas... El doctor Mora escucha y queda tan preocupado como silencioso.

El río

X

El doctor Mora se radica en Miami

Residencia en "Mount Sinaí" y "Jackson Memorial"

En marzo del 52, al cabo de dos años y seis meses de haber llegado a Estados Unidos, regresa a Miami. En el trayecto del aeropuerto al "Mount Sinai Hospital", es tal el hechizo que le produce cuanto ve, especialmente el mar, que piensa que en la Florida puede estar su destino.

En el hospital lo reciben tan amablemente que cuando él indaga sobre un hotel para quedarse, le dicen que el "Mount Sinaí" está a su disposición. Puede quedarse en el mismo con todas sus comodidades. Y se queda.

Al día siguiente es la entrevista de rigor. Ante su ejecutoria, se resuelve que encabece la Residencia de Cirugía que acaba de establecerse, con el título de "Acting Chief", impuesto por el hecho de que sólo lleva dos años de experiencia,

El 25 de octubre llega a los veintiocho años. Al cabo de veinte meses no cesa de trabajar y se siente tan bien y tan feliz en Miami que decide no volver a Nueva York tal como había anunciado al "Belleveu". El doctor Hinton no quería perderlo. Es mucho lo que promete como cirujano el joven cubano. Además de su eficiencia profesional a todos encanta su personalidad.

Pero hay algo que resolver. Es el examen del "Board", tanto el de la Florida como el de Texas, pues a pesar del embrujo de Miami, no ha desechado la oportunidad de Galveston, en Texas.

Comienza el 1954. Ya no está en el "Mount Sinaí", sino en el "Jackson Memorial Hospital", como residente. Entre sus funciones está la Sala de Emergencia. Otro joven médico podría sentirse mal con esta tarea, pero él no. Piensa que la sucesión de casos que allí se presentan puede significar mucho para su experiencia. Y la experiencia es la más abundante fuente de conocimientos.

En el "Jackson" conoce al doctor Clifford C. Snyder, cirujano plástico, con el que empieza a trabajar. El doctor Mora se inicia en esta área de la medicina en cuanto a los quemados. Como trabajan juntos, Snyder se percata de la limitación auditiva que sufre su joven colega. Este le cuenta toda la historia vivida en torno a su oído, con inclusión de lo último que había hecho en Nueva York, todo infructuosamente.

Cuando Modesto termina la narración, Snyder le informa sobre el doctor George E. Shambaugh. Es ya Profesor Emeritus de Otorrinolaringología de la Northwestern Univerisity de Chicago. Hecha la cita, el doctor Mora acude a la misma. La oficina del eminente médico ocupa todo un piso. El ilustre especialista tiene muchos asitentes. Pero él mismo atiende este caso, que le ha sido muy recomendado.

Se le hacen los debidos exámenes, y de inmediato, el diagnóstico: otoesclerosis. Se le asegura que cuando se le opere tendrá una capacidad auditiva nunca inferior al noventa y cinco por ciento del promedio normal. Pero tiene que esperar un año, que Modesto aguarda con tanta ansiedad como ilusión.

Y llega el 29 de noviembre de 1955. Se le opera. Y tan pronto sale de la operación, el milagro por el que soñaba su madre, y no menos su padre. Oye absolutamente bien. Sus oidos funcionan perfectamente. Es un mundo que se le revela de repente. El mundo maravilloso de los sonidos. El sonido del mar, del viento. La música. La magia de la palabra. Tiene treinta y un años, pero es como si hubiera nacido ese día. Tiene que llorar, y llora.

Mientras tanto, en ese año de espera ha logrado los "Boards" de Texas y de la Florida. Mucho le favorecen aquellas Ciencias Básicas que, como una Pre-Médica, había hecho en Cuba, pues le equivalieron a un "master".

Al doctor Mora, que sigue en el "Jackson", le ha llegado el momento en que debe tomar varias importantes decisiones. La Universidad le ofrece un nombramiento de cirujano e instructor. El honor es muy alto, pero él prefiere la oferta del "Jackson" con un sueldo mayor y menos trabajo.

Asimismo declina la invitación que ha recibido de Texas. Ha decidido no moverse de la Florida. Se siente ya firmemente radicado en Miami, con su sol, sus playas, sus hoteles, su cosmopolita población, sus turistas del Este y los cubanos, que han vuelto a llegar de nuevo, lo mismo que en tiempos de Machado, como consecuencia del pronunciamiento de Batista en el Campamento de Columbia.

Apertura de su oficina privada

Provisto de su licencia para la práctica privada, el doctor Mora busca el lugar adecuado para instalarse. Como todo se le ofrece antes de gestionarlo, lee en el periódico que se alquila la oficina de un médico totalmente equipada, con una renta mensual de ciento cincuenta dólares. Tiene una magnífica ubicación: en el bulevard Biscayne y la calle 26.

No vacila en verla. Perfecta. Lo que él necesita, y allí se instala. Corre el mes de noviembre de 1956. Sólo hace cuatro años que ha llegado a Miami y acaba de cumplir los treinta y dos. Se le conecta el teléfono, pero no se atreve, por el momento, a usar los tan necesarios servicios de una secretaria. Por mucho que sea su optimismo, no quiere dar un paso en falso. La prudencia es la brújula que lo orienta en todos sus actos. Pero es tanto el trabajo, que éste impone su presencia. Es la eficientísima señora Myrna Marie Méndez.

Pero no puede dedicarle de entrada a la práctica privada todo el tiempo que sería recomendable, pues está comprometido con el "Jackson". De lunes a viernes tiene que estar en la Sala de Emergencia durante ocho horas. El horario cambia cada semana. De ocho a cuatro. De cuatro a doce. De doce a ocho. En consecuencia, tiene que ajustar su oficina al Hospital. Y no puede renunciar al mismo porque su Sala de Emergencia es la fuente más próvida de pacientes que un joven cirujano puede imaginar. Además, se le ha otorgado el privilegio de hacer en el mismo sus cirugías.

No pudo sospechar el éxito que tiene. Los pacientes, procedentes del "Jackson" o no, llegan a granel, En consecuencia, comprende, pasado el tiempo necesario, que debe renunciar a la Sala de Emergencia y consagrarse a su oficina. Su prestigio de cirujano se consolida y crece. Su nombre rueda ya por la ciudad y sus alrededores. En tal medida que se ve obligado a hacer visitas domiciliarias. No es posible desechar ninguna oportunidad, aunque los parajes a donde tenga que ir no inspiren mucha confianza. No faltan casos en que requiera la asistencia de la Policía.

Formaliza la renuncia anunciada para dedicar todo su tiempo al consultorio. Y al aceptarse su decisión se le informa que se le ha otorgado el privilegio de utilizar los quirófanos y demás servicios de todos los hospitales del Condado. De momento no necesita acogerse a tantas posibilidades, porque le basta con el "Jackson", pero le complace tener abiertas las otras opciones.

Porque la vida está tan llena de sorpresas podría aceptarse que está dirigida por fuerzas insospechadas que escapan al pensamiento, a la voluntad y a toda previsión, se encuentra con el doctor Abraham Gurinsky, especialista en Obstetricia y Ginecología. Es cubano de ascendencia polaca y lo había conocido en la Universidad de La Habana.

Este le informa que en Opa-Locka hay dos médicos, los doctores Karl Rex Brooks II y M. Lee Pearce, que necesitan los servicios de un cirujano. Hecho el contacto y puestos de acuerdo en todos los detalles, empieza a trabajar de inmediato con los mencionados galenos.

Como en el fondo de la personalidad del doctor Mora se asoma una evidente vocación empresarial, les propone a Brooks y Pearce, dadas las limitaciones de sus instalaciones, la conveniencia de disponer de una pequeña sala con diez camas. Y aceptada la sugerencia, se inaugura la "Golden Glades Clinic and Hospital" el 17 de marzo del 59, en Opa Locka, Coral City.

El éxito es tan fabuloso que las cirugías se cuentan por cientos y cientos hasta llegar a más de dos mil. Basado en esto, el doctor

Mora sugiere ahora un establecimiento mayor, y así se hace con el "Cloverleaf Hospital", con ciento veinte camas. Su nombre corresponde al del lugar en que ha sido construído. Se inaugura el 2 de abril de 1961. El doctor Mora asume la Jefatura del Cuerpo Médico, sin abandonar las cirugías.

Pero como la vida tiene sus riesgos y sus sorpresas, ocurre lo que él no pudo sospechar dado el creciente éxito del "Cloverleaf Hospital". Al cabo de varios años el doctor Pearce decide abandonar la medicina y obtener un título de abogado. Se ha convencido de que tiene más vocación para las leyes que para las consultas médicas. Y tras la venta del "Cloverleaf" en el 64, el doctor Brooks se concreta a la "Golden Glades Clinic", hasta que decide trasladarse a Arkansas, donde seguirá el ejercicio profesional. En tanto que el doctor Mora se mantiene, en su condición de cirujano, con los nuevos dueños del "Cloverleaf".

Antes de que esto suceda, en enero del 58 había llegado su hermano Giraldo, que ostenta un doctorado en Framacia. Y el 17 de marzo del 59 el doctor Mora abandona el bulevar Biscayne y se instala en una oficina ubicada al frente de la Sala de Emergencia del "Jackson Memorial Hospital". Exactamente en 1727 N. W. 10 Ave., Miami.

Revolución en Cuba

Con el 1959 se produce en Cuba el triunfo de la revolución iniciada en la Sierra Maestra y la prensa americana le había dado una vasta cobertura no siempre objetiva. Los periodistas americanos que habían estado en el campamento de Fidel Castro aceptaron como verdades las más absurdas mentiras. Los hechos concretos y los datos sobre la situación del país eran gravemente distorsionados. La consecuencia fue que el pueblo de los Estados Unidos se quedó sin saber la realidad de lo que ocurría en la Isla.

El nuevo gobierno va evidenciando crecientemente su filiación marxista. Agentes del régimen han ido a "El Gacho" y han tomado posesión de la rica vega. Don Pepe tiene que abandonar el lugar, donde ha estado por siete lustros. Se ha dirigido a La Habana con su hija Librada y se ha instalado en el apartamento que la familia tiene en el Vedado, y en el que, en esos momentos, viven Blanquita e Isabelita.

Su hermano Lidio también sale de Cuba y en agosto del 60 llega a Miami, Mientras, a don Pepe se le ha quebrado su siempre fuerte salud. El diagnóstico es grave. Modesto se mantiene en permanente contacto con su familia para tener noticias diarias del padre. Como no le basta con las informaciones que le dan, vuela reiteradas veces a La Habana para estar con su progenitor. Allá está cuando el 7 de diciembre de 1960 fallece. De Miami llegan Giraldo y Miguel. Ellos tres se suman a los que permanecen en la Isla para estar presentes en el funeral.

Aunque la vida implica la muerte, el doctor Mora no había pensado en la de su padre. Sabía que tendría que llegar algún día, pero no la veía en el inmediato horizonte. Se hacía la ilusión que aún le quedaban no pocos años. Era un hombre tremendamente fuerte y saludable. Jamas se había enfermado.

En consecuencia, la muerte de don Pepe lo sacude muy sensiblemente, dejándolo impactado para siempre, tal como le ha ocurrido con su hermano Pepito y su mamá. Al cabo de seis décadas de esas muertes, los dolores de entonces están vivos en lo mejor de su alma como si el tiempo no hubiera transcurrido. Modesto es un sentimental.

Como médico, desde sus días de estudiante, especialmente en las clases prácticas de Anatomía ha estado en contacto con la muerte. Pero, ¿qué es la muerte? Es el término de la vida, pero, ¿qué es la vida, qué es el ser humano? Si es una estructura física dotada de un organismo, ¿no hay un alma en el fondo de ese cuerpo?

Y cuando el organismo deja de funcionar, ¿qué ocurre con el alma, cuál es su detino? No son únicamente los téologos los que creen en su inmortalidad. Igualmente lo afirman los filósofos y los científicos. Los que la niegan no son más que una minoría.

Habrá opiniones dispares sobre el destino del alma una vez liberada de la carne mortal, pero, ¿cómo puede explicarse ese diá-logo que el moribundo sostiene con alguien que se le ha adelantado y que lo reclama con insistencia? ¿No es este el caso de don Pepe con

Blanca Rosa? En consecuencia, como sostenía Martí, morir es nacer de nuevo a una nueva vida, que es definitiva.

Treinta años más tarde, al leer el original del libro DON PEPE MORA Y SU FAMILIA, el doctor Francisco Morales Maceo, médico, psiquiatra y poeta se sintió inspirado por su personalidad y su vida y escribió este bellísimo soneto:

Es todo un don Quijote en guayabera
este recio varón alto y cenceño.
Es todo un Don Quijote pinareño,
señor de su heredad vueltabajera.
Dejó en "El Gacho" su pasión veguera
y allí hermanó la realidad y el sueño,
firme diamante el incansable empeño
y una escritura la palabra entera.
Cubano de tabaco, no de caña
la aromática hoja rumorosa
a este hidalgo otorgó sus entresijos.
El hogar fue su alero y fue su hazaña.
Su única Dulcinea, Blanca Rosa,
y el glorioso blasón sus doce hijos.

XI

El ambicioso sueño del "Pan American Hospital"

Promoción del proyecto

Desde mucho antes de la venta del "Cloverleaf Hospital", cuando aún éste no existía, por el 58, el doctor Mora comieza a alentar la fundación de un hospital en Miami, especialmente dedicado a los hispanos. En su oficina sostiene conversaciones en ese sentido con dos colegas, los doctores Manuel M. Crespo y Mario Fernández. Más tarde se incluye en estas pláticas a Luciano Fernández Alfaro, que había sido administrador de la "Clínica Cardona". en La Habana.

Y cuando en el 59 crecientemente empiezan a llegar en masa los cubanos, ante la insinuación totalitaria de la falaz revolución, el doctor Mora comprende que hay que impulsar el proyecto del hospital.

Una de las fundamentales prioridades es el terreno sobre el que se hará la construcción. Su amigo Rafael Mendoza le informa que don José Ferré es dueño de muchas tierras y que en alguna de ellas podría levantarse el hospital. El propio Mendoza logra una cita con Ferré. Este invita al doctor Mora a un desayuno en su casa.

El joven médico expone sus planes a don José, Su esposa, doña Florence, escucha la conversación y se entusiasma tanto con el proyecto del galeno cubano que se convierte en su mejor aliada. La sencilla y serena personalidad del cubano ha cautivado a los Ferré. Ya son sus amigos.

Adelantado positivamente este punto, hay que hacer una corporación, y el doctor Mora hace contacto con el abogado Richard B. Stone, a quien había conocido a través del doctor Carlos Prío Socarrás. Una vez más el médico se convence de que la vida es una infinita red de relaciones, porque, en este caso. el letrado está casado con Marlene, que es hija de William Singer, dueño de una cadena de restaurantes y "chairman" del Florida Board of Transportation, un hombre que podría ser útil en algunos de los siguientes pasos a dar en el proceso de este proyecto cuando su promotor está partiendo del punto cero.

Mientras tanto, hecha la corporación, el doctor Mora inventa el tiempo para visitar a aquéllos que, médicos o no, podrían ser buenos prospectos para su ambicioso plan. Unos reaccionan muy complacidos y dispuestos a intervenir en la fundación del "Pan American Hospital", que era el nombre dado al futuro hospital, muy acertadamente porque estaría al servicio de todos los americanos.

Pero no faltan los escépticos. ¿Cómo va a ser posible que, en Miami, dentro de una sociedad americana, con tantos hospitales americanos, pueda un joven médico cubano, lleno de audacia, lanzarse a levantar un nuevo hospital?

El doctor Mora escucha y refuta. No convence siempre, pero no se desconcierta, porque su maravillosa intuición le dice que él está en lo correcto en tanto que sus desconfiados colegas y amigos están errados. Al fin logra a veinte accionitas, a razón de cinco mil dólares. Es decir, cien mil dólares. Esto es todo lo que hay financieramente disponible.

Es de justicia dejar constancia de sus nombres en orden alfabético: Pablo Bardino, doctor Robert Bartlett, doctor Gabino Cuevas, Luciano Franchi-Alfaro, doctor Max E. Gómez, doctor Benjamín Guerra, doctor Abraham Gurinsky, doctor Manuel E. Jiménez, doctor Carlos G. Llanes, doctor Leopoldo Manzanilla, doctor Antonio H. Márquez, doctor Giraldo Mora, doctor Miguel A. Mora, doctor Modesto M. Mora, doctor Gimel Ortega, doctor José M. Pintado, William Scharf, doctor Alvaro Vargas, doctor Félix de la Vega y doctor Carlos R. Villoch. Pero, ¿qué puede hacerse con tan modesta suma?

El doctor Mora no pierde la fe, y la fe mueve montañas. Le crece el optimismo que alienta su voluntad. Como la corporación ya ha cumplido todos los requisitos legales para actuar, se ha firmado la compra de un terreno de 5.4 acres, sito en la Calle Siete del North West, esquina con la avenida 59, a la que no llega la mencionada calle.

Ahora se necesitan el arquitecto que haga el diseño del edificio y el ingeniero que haga los planos de la estructura. El propio Ferré resuelve esto con la recomendación del Ing. Iraní, que, además, es arquitecto. Es hindú y ha ejercido en Bombay.

Se levantan los planos y hay que someterlos a la Alcaldía. Y el doctor Mora, que sabe mucho de la vida y de cómo funciona el mundo de los negocios, comprende que el caso no puede dejarse a la deriva, sino que es menester hacer contacto con el alcalde Robert King High y lograr su simpatía para el proyecto. Y, efectivamente, el Mayor de Miami, que es un hombre cordial y comprensivo, sin espíritu discriminatorio, recomienda el asunto al correspondiente departamento y todo este trámite municipal se resuelve felizmente. El buen alcalde se ocupará mas tarde de que la calle Siete llegue a la 59 y siga hasta conectar con la 63.

Pero, ¿dónde está el dinero que se necesita? El doctor Mora ha clavado su taladrante mirada en la "Washington Federal Association", que tiene por presidente a Jack Gordon. Uno de sus funcionarios es el cubano Bernardo Benes. Y el Banco da medio millón de dólares para lo que no es más que un sueño. El préstamo ha sido posible porque la excepcional generosidad de Ferré autoriza a que el doctor Mora, que compró a base de pago totalmente aplazado, pueda hipotecar el terreno, y con él lo que en el mismo se construya.

En cuanto al constructor, se logra como un derivación de la operación hecha con el banco. Como Jefe del Departamento de Préstamos ha intervenido Ben Guiller y éste tiene un yerno, Isaac Fryd, dedicado a la construcción. Esta incluye un segundo piso destinado a sesenta y siete camas.

Se consiguieron los materiales de la construcción al crédito. Pero, ¿cómo comprar todo el equipo medico que se requiere, además de todo el variado mobiliario? El doctor Mora tiene una especial habilidad para resolver los más intrincados problemas. El sabe siempre quien es el hombre que necesita y donde puede encontrarlo. Así es como, logrado el contacto en Indiana con Edmundo Talacci, éste es el que consigue que "American Hospital Suplies" suministre cuanto se requiera, a un costo de un cuarto de millón.

Feliz inauguración

Todo ha concluído felizmente a principios de 1963. Se está en los últimos detalles previos a la inauguración. A esos efectos se celebran sucesivos banquetes, cada uno con su programa artístico. Se invita a funcionarios públicos y a muy destacadas personalidades. Se aspira a informarles sobre el "Pan American Hospital"

Y el 28 de abril de 1963 se lleva a cabo la inauguración. El doctor Modesto M. Mora está radiante de felicidad. Fue un acto solemne, tremendamente emotivo. Allí están las autoridades y muchos funcionarios. Entre todos se destacan personalidades cubanas. Todos emocionados. Especialmente los accionistas y cuantos colaboraron en alguna forma a la realización de este empeño. que parecía de imposible realización, pero como ha dicho un poeta cubano, Enrique Hernández Miyares, "todo noble tesón al fin alcanza fijar las justas leyes del destino".

Modesto recuerda a sus padres. Si ellos estuvieran presentes ¡qué orgullosos se sentirían del hijo que ha llegado tan lejos en tierra extraña..! Pero está su hermano Orlando, el abogado y tribuno, con Otilita, su esposa, que habían llegado a fines de 1961, y está también su hermano Giraldo, el farmacéutico, y con ellos los demás familiares ya radicados en Miami,

El doctor Modesto M. Mora deja demostrado que aparte de ser un eminente cirujano, es un hombre de empresa. Con el pensamiento, la acción. Eso de construir un hospital sin contar con el dinero necesario, ni absolutamente nada, es un milagro. Pero la voluntad todo lo puede. Ya uno de los grandes filósofos, Schopenhauer, vio en la voluntad la representación del mundo. Y otro alemán. Nietzsche, creó su Zaratustra como el superhombre, el paradigma de esa poderosa fuerza volitiva.

Se dice que la voluntad es la palanca fundamental de todo progreso en la vida. Lo contrario de la misma es la abulia. Si aquélla construye, ésta es incapaz de una construcción, cualquiera que sea.

La vida del doctor Mora, con treinta y ocho años al inaugurarse el "Pan American Hospital" ha estado presidida hasta ese momento por una tenaz voluntad. La prueba más elocuente la ofrece el problema que ha padecido con el oído. Si en la escuela primaria aprendió a leer en los movimientos de los labios, tanto en el Instituto como en la Universidad rescató lo que perdía en las clases con el estudio de los textos.

Con el ejercicio de su voluntad ha sabido controlar la trayectoria de su vida. Con ella decidió abandonar la Isla y su familia para viajar a Estados Unidos. Con ella avanzó en las sucesivas etapas de su carrera, a traves de "St. Francis", "Bellevue", "Mount Sinaí", "Jackson". Con ella afrontará todos los trances que le depare el futuro.

Pero no termina el 1963 sin que se produzca algo que va a conmover la entereza del doctor Mora. Es cuando el 22 de noviembre es asesinado el presidente Kennedy. Poco antes él había estado con el joven mandatario en un magno banquete organizado para recaudar fondos que se destinarían a pagar deudas de su campaña. El le admiró su prestancia, su radiante personalidad, su elocuencia. Su absurda muerte ha sido la frustración de un gran destino.

El hecho de que el doctor Mora no se involucre en la política no contradice su sensibilidad para la marcha de los asuntos públicos. Esa fue su actitud en sus días de Cuba y ahora en los días americanos.

Cuando arriba a Estados Unidos sólo hacía cuatro años de la muerte de Franklin D. Roosevelt, que, por encima de las tradiciones del país, había sido electo por cuarta vez. Esa tremenda pérdida para su patria y para el mundo, cualesquiera que sea lo que se diga de las torcidas derivaciones de Yalta consumadas por el taimado Stalin, resonó dolorosamente en Cuba. Modesto estaba entonces en la Universidad.

Hacía también el mismo tiempo que había terminado la II Guerra Mundial, una de las más grandes hazañas de Estados Unidos bajo la suprema dirección de Roosevelt. Estaba en la Casa Blanca Harry Truman en su condición de vice. Reelecto más tarde, su mandato llega hasta el 53. Bajo él se produce la Guerra de Corea, como consecuencia de la invasión de los coreanos comunistas del norte sobre la la democrática Corea del Sur.

Cuando el doctor Mora está ya en Miami, se produce en el 53 la llegada de Dwight Eisenhower a la Casa Blanca. Su elección devuelve al Partido Republicano al poder, después de estar ausente del mismo desde 1933, año de la toma de posesión de Roseevelt, Fueron dieciséis años.

Pero, al cabo de dos períodos republicanos, vuelven a ser desalojados del poder en 1961, cuando toma posesión el demócrata John F. Kennedy, que derrota a Richard Nixon, que ha sido vicepresidente por los dos períodos de Eisenhower.

El doctor Mora sigue al día, a través de la prensa, la vida política de los Estados Unidos, tan distinta a la de Cuba y el resto de la América Hispana. El hecho le interesa- no sólo por cuanto significan la sucesión presidencial americana y las proyecciones de sus gobiernos, sino también porque no cabe duda que es un espectáculo cívico sin igual en el mundo.

Muy atentamente había seguido la campaña electoral de Kennedy y Nixon. Vio la toma de posesión del primero como uno de los más felices sucesos de la política americana, porque el joven presidente llegaba a la Casa Blanca con unos ideales que si entroncaban con los de Roosevelt, superaban el conservadorismo republicano representado por un glorioso militar sin experiencia política, Ese no era el caso de Kennedy, que procedía del Senado, al que había llegado desde 1952, tras seis años en la Cámara.

Lamentablemente, habiendo heredado de Eisenhower un plan enderezado a llevar a cabo una invasión de Cuba por parte de los cubanos con la colaboración de Estados Unidos, el proyecto resultó un dramático fracaso por las fallas que se produjeron aparte de otras circunstancias ajenas a la Casa Blanca. Sin embargo, Kennedy asumió la responsabilidad de lo ocurrido. Esto se compensó en parte con la liberación de los presos de Girón. Fue pagada con la entrega, fundamentalmente de medicinas, por muchos millones de dólares. Este gesto del Presidente no evitó el resentimiento de los cubanos.

Y al año siguiente, en octubre del 62, la crisis de los cohetes, como consecuencia de los que Rusia había instalado en Cuba. Confirmado el hecho, Kennedy dispone el bloqueo de la Isla. El mundo está al borde de una guerra nuclear. La peligrosa controversia se tramita por cartas entre Kennedy y Kruschev, Este retira los cohetes. Aquél se compromete a no invadir a Cuba, ni favorecer una invasión.

Expertos en Derecho Internacional afirman que el compromiso de Kennedy se refería a esos momentos y no al futuro. Y fue por eso que él no se desentendió del caso de Cuba. Cuba gravitaba sobre el Presidente hasta su trágico asesinato en noviembre del 63, Sin embargo los activistas cubanos aluden a la existencia de un Pacto entre ambos gobernantes. Piensan que, al ser respetado por los sucesores presidentes, no se ha podido lograr la liberación de la Isla.

En la historia nunca hay nada definitivo. Las interpretaciones de cualquier suceso cambian con el tiempo. Ahora, Al cabo de dos siglos se esta reescribiendo lo que sucedió en la Revolución Francesa, En cuanto a Kennedy, uno es el punto de vista de los patriotas cubanos y otra es la tesis de los historiadores americanos y europeos.

XII

El "Pan American Hospital" en funciones

El difícil arranque

Si fundar el "Pan American Hospital", partiendo de la nada, fue una hazaña, ponerlo a funcionar no es nada fácil. Es algo heroico. Y no siempre el heroismo es posible si fallan las más elementales circunstancias. Pero frente a ellas hay un hombre dotado de inteligencia, de sensibilidad, de imaginación, de paciencia, de fe. Es el doctor Modesto M. Mora

Se tienen las instalaciones necesarias, y no faltan pacientes, que de inmediato empiezan a llegar en abundancia, pero, en primer término, no se dispone del personal necesario. Ni de médicos, ni de enfermeras, ni de enfermeros, ni de técnicos. Es que, sencillamente, no los hay disponibles.

De Cuba han llegado cientos de galenos, pero no son suficientes los que ya poseen los requisitos necesarios para el ejercicio profesional. De entrada se cuenta, desde luego, con los dieciséis que aparecen entre los veinte accionistas que han hecho posible el ambicioso proyecto del doctor Mora. Además del doctor Mora, son los doctores Bartlett, Cuevas, Gómez, Guerra, Gurinsky, Jimémez, Llanes, Manzanilla, Márquez, Mora (Miguel Angel), Ortega, Pintado, Vargas, De la Vega y Villoch. Pero se necesitan unos cincuenta y entre ellos, específicamente los que tengan alguna especialidad.

99

Aparte de los galenos, imposible funcionar sin todo ese personal que no se tiene en la debida medida. Tampoco es fácil conseguirlo, a pesar de las gestiones realizadas. Sólo empieza a resolverse este grave déficit cuando con una inversión de veinte mil dólares se promueve un adecuado entrenamiento con Florida State Nursery y la Universidad Internacional de la Florida. Al cabo de nueve meses se dispone de un centenar de esos imprescindibles auxiliares.

El tiempo todo lo resuelve. Tal como se han consolidado otros pequeños hospitales que igualmente han comenzado precariamente, el "Pan Americam Hospital" va solucionando sus iniciales dificultades. Deseosos de gozar la benignidiad del clima floridano, el hospital atrae a médicos que se encuentran en el noroeste de los Estados Unidos. Paralelamente se van haciendo oportunas mejoras como la del quirófano.

Si el doctor Mora, que ya es un cirujano ampliamente acreditado en Miami y sus alrededores, opera en el "Jackson", por el momento sigue allí, porque sabe las limitaciones que se sufren aún en el "Pan American Hospital". El no puede arriesgar el resultado de una cirugía. Por tanto, sólo usa el quirófano de su hospital para casos que no tengan ninguna complicación.

Pero con el mejoramiento del quirófano, no vacila en abandonar el "Jackson". Ya puede sentirse seguro de operar sin riesgo alguno en el "Pan American Hospital", el primer hospital hispano en la Florida, del que están tan orgullosos los más responsables cubanos. El simple hecho de que, al cabo de cuatro años del inicio del éxodo, se fundara, es algo que revela, con mucha elocuencia, la capacidad creadora de los hijos de Cuba.

Como presidente y director del hospital, además de "chairman" de la Junta de Directores, el doctor Mora permanece todo el tiempo disponible en el "Pan American Hospital". Aparte de sus funciones profesionales, tiene que ver con toda la administración.

No sólo resulta difícil el arranque, sino que las dificultades continúan crecientemente a través del resto de 1963 y a lo largo de 1964. Pero más que por el hospital en sí, los problemas proceden de circunstancias ajenas a la empresa. Si la clientela procede especialmente de los cubanos, la situación de éstos no puede ser más precaria, pues no existen los programas de ayuda que se establecerán posteriormente.

No importa que los precios sean insignificantes. Un cuarto privado con desayuno, almuerzo y cena cuesta quince dólares al día. Un cuarto de dos, doce dólares. Y uno de tres, diez. Los pacientes pagan en efectivo. Todo, o en sucesivas cuotas. Un grupo aparte son los que tienen un seguro privado.

En consecuencia, no se producen los ingresos necesarios para cumplir con las obligaciones crediticias que se habían formalizado con las empresas que hicieron posible la construcción y la instalación de todo el equipo médico, del mobiliario y de cuanto más fue necesario.

Entre los acreedores, en primer término, está "Washington Federal Asociation" , que ha aportado medio millón. En segundo lugar, el banco que ha financiado la compra de todo el equipo con todo lo demás. hasta un total de doscientos cincuenta mil dólares. Y la "Maule Industries", a la que se le había comprado el terreno. Estos acreedores, especialmente los dos primeros, exigen con reiteración.

Se apela al "Charter Eleven"

Ante esta difícil realidad, en previsión de que ocurra algo peor, el doctor Mora, con la aprobación de la Junta de Directores, acude a uno de los mejores abogados de cuantos se especializan en bancarrotas: John G. Gunn. Y en diciembre del 64, al cabo de veinte meses de la inauguración, el letrado se dirige a la Corte para anunciar que el "Pan American Hospital" se acoge al "Charter eleven", a los efectos de obtener la protección necesaria para su reorganización.

La Corte accede al pedimento y nombra un "trustee" o fideicomisario. Este designa un nuevo administrador y asimismo a un distinto abogado. Igualmente reorganiza la Junta de Directores, quedando cuatro de los directivos anteriores, y entre ellos el doctor Mora como presidente y tres en representación de los tres más importantes acreedores. Pero, dada la identificación de señor Ferré con el "Pan American Hospital", su representante se solidariza con los del Hospital.

A través de la tramitación de este proceso "Washington Federal" presiona por medio de su abogado para que se conduzca al "Pan-American Hospital" a su total liquidación. Pero de inmediato se movilizan los amigos del doctor Mora, a fin de que no prosperen las exigencias del banco de Miami, ni las del banco de Indianápolis, que había financiado todo lo relativo a la instalación.

El primero en reaccionar es el alcalde de la ciudad, Robert King High, que tanto había tenido que ver con la realización del sueño del doctor Mora. El mismo le sugiere que vea a Claude Pepper. El popular legislador, uno de los más influyentes en el Capitolio, se ofrece sin reserva alguna al joven galeno, que es su amigo. Su bufete lleva los asuntos del "Washington Federal".

En consecuencia, cuando en el mes de febrero del 65 se llega a una segunda audiencia, la actitud del Ely Katz, abogado del banco, ha cambiado radicalmente. Y por si todo esto no fuera suficiente, una distinguida dama de Miami, que simpatiza con el esfuerzo que representa el "Pan-American Hospital", habla con Hubert H. Humphrey. El mismo Pepper espontáneamente también recomienda el caso al vicepresidente de los Estados Unidos.

Como resultado de todo este cálido y generoso apoyo que recibe el doctor Mora se salva la novel empresa de salud. Hasta el abogado del "Washington Federal" se siente tan identificado con la noble causa, que, ante la intransigencia de su colega de Indianapolis, le echa tal andanada de reproches que el letrado desaparece y no se sabrá más de él.

Como si hubiera sido necesario este percance para que el hospital cobrara nuevos bríos, tres años despues, en el 68, se cuenta con una reserva de un millón de dólares. Esto hace posible que, con la previa autorización de la Corte, se equipe el segundo piso, que ya estaba construido. A las sesenta y siete camas iniciales se suman noventa, haciéndose un total de ciento cincuenta y siete.

Feliz resurgimiento

Dada la nueva vida que ha cobrado el "Pan American Hospital" es posible, en 1970, que se obtenga un préstamo de un millón de dólares con el "Industrial National Bank". Esto permite que se paguen todas las deudas. El Hospital queda liberado del "Charter eleven" y recobra su total autonomía. Frente a esta feliz realidad, el doctor Mora y todos sus asociados se sienten tan complacidos como orgullosos. Se entra en una definitiva ruta de creciente desarrollo.

Si el doctor Mora ha logrado un merecido renombre como cirujano y si la fundación del "Pan American Hospital" ha demostrado su imaginación y su capacidad de promotor en el mundo hospitalario, este episodio de la bancorrota ha evidenciado la perspicacia con que sabe adelantarse a los acontecimientos y además la habilidad con que sabe manejar una situación tan difícil como ésa. Asimismo ha revelado la posesión de tantas y tan buenas relaciones en todos los niveles, hasta en los más altos de la nación.

Esta dura prueba ha servido para que todos sus asociados tengan la más plena confianza en él. Nadie puede dudar de sus singulares habilidades fuera del quirófano cuando tiene que lidiar con enormes deudas y acreedores no siempre flexibles y comprensivos.

Y si la sabiduría popular dice que los malos vientos no vienen solos, tampoco llegan solos los buenos sucesos, porque en medio del segundo año de la bancarrota arriba a Miami uno de los más ilustres cirujanos de Cuba, el doctor José L. Lastra. De inmediato se incorpora al "Pan American Hospital". De las tres salas de operaciones, el doctor Mora le cede la mejor. Se le garantiza que dispondrá siempre del mismo grupo de auxiliares. Este hecho da al hospital un gran prestigio, pues todos los cubanos, directa o indirectamente, conocen su ejecutoria en La Habana, la tan bella capital de Cuba en los progresistas años de la fenecida república.

No pocos médicos que habían vacilado en sumarse al "Pan American Hospital", ahora se incorporan. Entre ellos, el doctor July Sanguily. Asimismo los doctores Armando Núñez Núñez e Hilario Anido.

El doctor Lastra permanece en el "Pan-American Hospital" hasta su fallecimiento, en 1977, a los setenta y seis años. Su viuda, la señora Antonia R. de Lastra, mantiene su permanente presencia en el hospital, como una representación de su inolvidable esposo, hasta que un día de octubre del 95 se siente repentinamente indispuesta y su espíritu sale del mundo de los vivos. Hasta la víspera, con más de noventa años, se le veía en la cafetería del hospital. Siempre impecable, habladora y sonriente.

El "Pan American Hospital" ha dejado de ser una ilusión. Es una brillante y positiva realidad. Ya tiene en sus entrañas su próspero futuro. Empieza a tener historia. Pero si la historia alude al pasado, el doctor Mora contempla el futuro.

Es un hombre optimista sin promover fantasías. Su optimismo le viene por su fe en sí mismo y en la vida. La vida es buena, bella y fecunda, pero hay que descubrirle sus secretos. Lamentablemente son muchos los que transcurren por la tierra sin enterarse de nada. Como espectros que ni siquiera proyectan una sombra. Cuando se mueren desaparecen sin dejar un legado, un testimonio, un recuerdo. Y vivir es hacer cosas, según ha dicho un filósofo.

Bajo esta filosofía, el doctor Mora no pierde un minuto. El tiempo es la materia prima con que se construye el destino. Y una hora vacía, es hora perdida.

Mientras el "Pan America Hospital" sigue adelante, él piensa, él sueña, él elabora algo nuevo. Lo realizará.

XIII

Proyecciones del "Pan American Hospital"

Proyecto de Convenciones

Al cabo de un lustro de su fundación, el "Pan-American Hospital" está consolidado. El doctor Mora contempla la posibilidad de promover programas que se desarrollen fuera de sus intalaciones. El cree que no basta que la empresa cumpla cabalmente sus específicas funciones, que cada día tenga más pacientes, que ya cuente con un creciente y prestigioso equipo profesional, dentro del cual se destacan notables especialistas. Es necesario hacer algo tan distinto como grande, que ya le ha brotado en el fértil mecanismo de su mente, siempre polarizada hacia la superación.

Un hombre de su inteligencia está siempre en permanente creación. Y ahora alienta el ambicioso programa de llevar a cabo una convención de médicos, sin señalar límites de nacionalidad ni excluir territorio alguno. Contempla un evento internacional. Se invitaría a cubanos, hispanoamericanos. norteamericanos, españoles, europeos...

En cuanto a los cubanos, son muchos los que están ya radicados en Miami, y entre ellos hay figuras de mucho calibre científico. Además no son pocos los que están repartidos entre varios estados de la Unión. El grupo de Chicago pasa de los docientos. No faltan los que calculan trescientos. Asimismo hay abundantes galenos procedentes de México, de la América Central, de Sudamérica, de España... A través de sus viajes al extranjero, él ha hecho contacto con muy destacados colegas, con los cuales ha mantenido muy buenas relaciones. Esos también podrían ser invitados.

Está seguro de que se contará con el número suficiente para que en Miami, bajo la convocatoria del "Pan American Hospital", se lleve a cabo esa asamblea médica que sueña y que servirá para prestigiar su Hospital, para honrar a los médicos, para promover el conocimiento entre todos los que concurran y, además, para desarrollar programas académicos por medio de eminentes disertantes. Esas disertaciones sobre los más diversos temas y sobre los últimos logros de la Medicina serían muy útiles para todos los galenos que respondan al llamado que se les hará.

Cuando la idea ya está mentalmente elaborada, plantea el asunto en la Junta de Directores. A todos les entusiasma el proyecto y todos se disponen a colaborar a su realización. Pero eso no es suficiente, hay que lograr el apoyo de los demás médicos. Y cada quien se compromete a hacer su parte. Y, desde luego, nadie hará más que el doctor Mora, porque es muy difícil tener más relaciones que él. Esta campaña no sólo se despliega en la Florida, sino fuera. En dondequiera que haya un médico, debe ser invitado.

Y a esos efectos se crean varias comisiones. Entre ellas hay la que se encargará del aspecto científico de la convención. Otra se ocupará de todo lo que materialmente hay que resolver, como el lugar, y dentro del mismo, la instalación de todos cuantos vengan y una tercera organizará los varios programas sociales que se incluirán en el calendario.

Es tal la respuesta de los invitados, que la misma asegura el éxito más completo de la Primera Convención Médica Cubana. Nunca antes los médicos del exilio habían soñado con algo semejante. Se discute la fecha, y el doctor Mora señala la procedencia de que se escojan los días anteriores al 4 de julio, a fin de clausurar los trabajos con un banquete que coincidiria con la conmemoración de la universalmente histórica Declaración de independencia de las Trece Colonias. No falta la sugerencia de que para el banquete de clausura se invite a una gran figura de la intelectualidad hispanoamericana a fin de que tenga a su cargo el discurso principal.

Primera Convención (1969)

Llegado el día, se produce una asistencia de más de un millar de médicos. La mayoría, desde luego, es de Miami y del resto de la Florida. Muchos vienen de Chicago y New Jersey. No faltan de otros estados de la Unión. Si predominan los hispanos de las distintas nacionalidades, no faltan algunos americanos.

La Convención tiene lugar en el hotel "Four Ambassadors", que se levanta junto a la bahía. Es el más moderno, grande y suntuoso que existe en ese año de 1969. La apertura tiene efecto el primero de julio. El doctor Mora actúa como fundador y "chairman". Su rostro revela la complacencia con que ve cómo su feliz iniciativa ha tenido una plena realización. El espectáculo de tantos galenos, venidos de tantas partes, le llena el alma de entusiasmos y de ilusión. El comienzo no puede ser más satisfactorio. Como Secretario Ejecutivo lo acompaña el doctor Carlos G. Llanes.

En cuanto a las disertaciones científicas, el éxito logrado supera cuanto se esperaba como consencuencia del prestigio de los disertantes y la importancia de los temas desarrollados. Aparte de los trabajos científicos hay muy agradables actividades sociales con participación de las damas, pues casi todos los médicos han llegado con sus esposas. Y al cabo de cuatro días de placentero trabajo, de la más cordial y fecunda convivencia entre doctores que no siempre se conocían desde antes, el banquete de clausura. Los caballeros, de etiqueta. Las señoras. de largo.

Es el 4 de julio. El programa comienza con un preludio social. Abundan los más ricos y finos bocadillos. No falta el imprescindible complemento de los más variados licores. Después se pasa al comedor. Música de violines. La cena. Todo al más alto nivel. Se escuchan las palabras de rigor.

Habla el doctor Mora. En primer término un cordial saludo que es al mismo tiempo una despedida ya que con el banquete se clausura la Convención, que tanto tiene de patriótica como de científica.

—Es la primera vez que tantos médicos cubanos nos juntamos en el exilio. Aparte del carácter profesional y de la orientación científica de esta Primera Convención del "Pan American Hospital", esta reunión tiene un profundo sentido patriótico. Todos vivimos en este momento una emocionada afirmación de patria. Consumamos una reiteración de cubanía. Si muchos de los presentes han logrado brillantes triunfos profesionales, con ellos siempre se ha dignificado a la Cuba que nunca podemos olvidar ante el drama que se vive en la Isla.

—Estas Convenciones que ahora empezamos servirán para que los médicos cubanos den pruebas del alto nivel científico de la medicina cubana. Nunca podremos olvidar que, por mucho que sea nuestro orgullo profesional, primero que médicos somos cubanos...

El doctor Mora no sólo aludió a la agonía de Cuba y a la grave situación que vive el mundo occidental, amenazado por el totalitarismo soviético, sino que también recordó al doctor Orlando Bosch, preso en una cárcel americana. (Ver el texto completo en el Apéndice).

Al margen de este brillante discurso, para que los médicos entiendan bien su iniciativa sobre este programa de Convenciones, el doctor Mora, en no pocas ocasiones durante el transcurso de la Convención, ha informado a sus colegas sobre el desarrollo del "Pan American Hospital", sobre sus progresos y logros, sobre la enseñanza continuada. No obstante su modestia, revela el orgullo de haber fundado en Miami un hospital fundamentalmente cubano, sin exclusión de los demás hispanos.

Pero no es suficiente lo logrado. Hay que proyectar nacional e internacionalmente el espíritu del "Pan American Hospital", profundamente americanista como revela su nombre. Y a la luz de esta preocupación es que surge esta primera inicial Convención, a fin de que los médicos concreten su conciencia de clase en un hecho colectivo como es el que se celebra, de tanta importancian social como científica.

Presente el gobernador de la Florida, el señor Claude Kir tiene a su cargo el cierre del programa. La más alta autoridad del estado confiesa su satisfacción ante lo que el doctor Mora ha realizado con la colaboración de sus colegas. También está presente el Alcalde del Condado, el señor Steve Clark. Así como el señor Palmatieri, director del Centro de Refugiados Cubanos. Y el doctor Horacio Aguirre, director del "Diario Las Américas", siempre al servicio de Cuba y los cubanos.

Dentro del programa de las Convenciones se han creado tres premios bajo la advocación de los siguientes ilustres médicos cubanos: "Dr. Carlos J. Finlay", "Dr. Joaquín M. Albarrán" y "Dr. Ricardo Núñez Portuondo". El doctor Mora entrega el "Dr. Carlos J. Finlay" al doctor José A. del Regato, eminente radiólogo y patólogo. Estas especialidades se complementan con otras proyecciones de su brillante inteligencia.

A continuación, la orquesta llena el espacio con sus melodías. Comienza el baile. Numerosas parejas entran en la pista. La severa ciencia médica, tan llena de responsabilidades, no impide que los doctores dancen al compás de los más variados ritmos.

El "Diario Las Américas" publica una amplio información sobre este acontecimiento. El evento repercute en el extranjero. Logrado el éxito previsto, el doctor Mora se apresta para la oportuna convocatoria de una Segunda Convención en 1970.

El "Pan American Hospital" en Perú

En mayo de 1970 un tremendo sismo sacude gran parte del territorio del Perú. Desde Lima, el gobierno clama por la ayuda internacional. Dentro de la misma, se piden médicos, enfermeros, medicinas, Hay miles de muertos y heridos. Más son los damnificados, que han visto destruídas y hasta desaparecidas sus casas.

El doctor Mora, hombre de extremada sensibilidad, de mucho corazón, que no puede vivir fuera de la práctica constante, sincera y efectiva de la filantropía, siente la necesidad de acudir en socorro de los peruanos. Es así como responde a la demanda que, desde Washingon, plantea el Embajador peruano y que el correspondiente cónsul reitera en Miami.

El doctor Mora plantea el caso a los miembros de su Junta de Directores y al cuerpo médico. Aprobada su iniciativa de acudir a la ayuda de Perú, no han transcurrido veinticuatro horas cuando ya se cuenta con veinte voluntarios dispuestos a volar al sur. Entre ellos hay quince médicos. Se dirige a las empresas farmacéuticas y éstas responden espléndidamente con medicinas y el instrumental que se necesitará. Todo se ha previsto.

Y si el terremoto se produjo el 30 de mayo, el primero de junio se vuela a Lima. Fue el primer grupo de socorro en llegar. De inmediato el doctor Mora y sus acompañantes son recibidos por las autoridades. Se visita al Ministro de Salubridad. Asimismo al Embajador de Estados Unidos, con una carta de presentación suscrita por Claude Pepper, el tan prestigioso legislador.

El Ministro decide que el doctor Mora no sólo sea la cabeza de su grupo, sino que tome también la jefatura de todas las delegaciones extranjeras que lleguen. Con esta autoridad el presidente del "Pan American Hospital" se dirige de inmediato al hospital de Huacho, provincia de Chuncay, a unos doscientos sesenta kilómetros al norte de Lima, que ha sido designado como cuartel general de las operaciones a desarrollar.

El doctor Mora es designado asimismo para servir de enlace con la comandancia del portaviones "Guam". Y en relación con esta nave y los Estados Unidos se plantea un vidrioso asunto que es un testimonio más de la susceptibilidad que los países iberoamericanos presentan frente al poderoso país del Norte.

El gobierno, presidido por el dictador Juan Velasco Alvarado, que había derrocado a Fernando Belaúnde, y que venía destruyendo las más sólidas bases de la nación, lleno de los más incomprensibles escrúpulos, rechaza la ayuda de Washington, pero no tiene inconveniente en recibirla si la misma se hace en nombre del pueblo americano. El doctor Mora tiene las suficientes habilidades diplomáticas para resolver satisfactoriamente este peregrino asunto.

La solución lograda por el doctor Mora hace posible que se pueda contar con los helicópteros que se necesitaban para llegar a las inaccesibles áreas más afectadas. Con el grupo del "Pan-American" va una reportera del "Miami Herald" y un fotógrafo del "Diario Las Américas". Se atiende a cuantos se puede y se trasladan a Lima los casos realmente graves.

Un pintoresco episodio es la llegada del grupo de Cuba. Está encabezado por un colega y amigo del doctor Mora, ambos nacidos en el mismo municipio y estudiantes del mismo curso en la Escuela de

Medicina. El médico comunista decide ignorar al jefe del grupo de Miami. Esquiva el saludo. Y cuando sabe que, por decisión oficial, tiene que estar bajo la jefatura del doctor Mora, desaparece. No se supo más de él ni de los suyos.

El doctor Mora con sus acompañantes, concluidos los trabajos que los llevaron al Perú, visita el Convento de Santa Rosa de Lima, donde está la tumba del beato Martín de Porres.

En Lima, el doctor Mora, con los suyos, es invitado a Palacio, donde se celebra una recepción con asistencia de ministros del gobierno y oficiales del "Guam". Se quiere dar los más efusivos agradecimientos al presidente del "Pan American Hospital". Y éste responde con la sencillez y la humildad de quien está convencido de que no ha hecho otra cosa que cumplir un mandato de su conciencia.

Al cabo de dos semanas el doctor Mora y sus voluntarios regresan a Miami el 15 de junio con la satisfacción de haber cumplido con su conciencia. Habían trabajado con toda la eficacia necesaria y con todo el amor posible. No se escatimó ningun esfuerzo, ni sacrificio alguno. Siempre estuvieron prestos a responder a las solicitudes de los militares que habían sido situados en las áreas más afectadas por el telúrico espasmo.

Y si ellos sirvieron, el gobierno de Lima colaboró en todo cuando fue requerido. Y con el regreso no acaba la ayuda. Desde Miami el doctor Mora sigue en contacto con las autoridades de Lima y envía cuanto se puede. Sin demérito de nadie, hay que reconocer la labor realizada por el doctor Alberto M. Hernández, De todo esto se informa ampliamente a los medios de comunicación y estos difunden la humanitaria aventura del grupo del "Pan American Hospital". Al abandonar la legendaria tierra de los incas dejaban unos veinte mil muertos y cincuenta mil heridos. Cien mil habían perdido sus hogares. Los daños causados ascendían a muchos millones, Se había tenido una experiencia insólita. Nunca habían vivido nada semejante.

Aparte de las declaraciones hechas a los medios de comunicación, el doctor Mora prepara un informe que presenta a la Junta de Directores y que envia al gobierno de Lima.

Tanto el doctor Mora como cuantos médicos fueron con él al Perú se sienten profundamente emocionados por la experiencia vivida.

Un sentimiento igual experimenta el resto del grupo. No se produce siempre una reacción tan inusual, como la que ha tenido el "Pan American Hospital" por inspiración de su presidente. Todo se ha hecho con un desinterés absoluto. En esto consiste precisamente la caridad.

Esta aventura revela mucho de lo que es el "Pan American Hospital". Hay que tener mucha nobleza de alma para ir al Perú, en medio de su tremenda tragedia. El doctor Mora sabía de antemano lo que significaría esta decisión suya. No era un viaje de paseo. Al contrario, se fue para afrontar la muerte de tantos, para curar heridos. Para consolar a gente inconsolable. Hacer lo que se hizo representa un heroísmo moral que no se da frecuentemente. Desde Miami, el doctor Mora da una lección de solidaridad americana a todos los pueblos del Hemisferio. Todo esto lo supieron los tantos hispanos radicados en Miami. Nunca el hombre está más completo que cuando se sale de sí para servir al prójimo.

Segunda Convención (1970)

Desde antes de su partida hacia Perú, el doctor Mora había convocado la Segunda Convención. Y en medio de la ardua labor realizada para ayudar a los peruanos, víctimas de un atroz terremoto, no deja de pensar sobre la organización del evento, que ha quedado principalmente en las hábiles manos del joven periodista Vicente Rodríguez.

Cuando llega a Miami lo primero que hace es preguntar sobre la situación en que se encuentran los preparativos de la Convención. Todo está listo. No por eso deja de intervenir en los últimos detalles.

Tal como se hizo el pasado año con la Primera, en la víspera del comienzo de los trabajos hay una recepción que sirve para el primer encuentro de todos los asistentes. Es una reunión informal en uno de los salones del "Four Ambassadors Hotel". Hay cocteles y bocadillos, pero no hay discursos.

Han venido más médicos que los que vinieron para la Primera Convención. Son más también los que participarán en el programa científico. Su dirección está a cargo del doctor July Sanguily, el prominente cirujano. En cuanto a este aspecto del evento hay algo muy especial. Es la presencia del doctor René Favaloro, procedente de la "Cleveland Clinic", donde actúa como cirujano cardio-vascular. Está investido de un sólido prestigio internacional por haber sido un pionero dentro de su especialidad.

Una vez más el doctor Mora pronuncia el discurso de apertura, feliz de que su tan ambicioso proyecto empiece a consolidarse con esta Segunda Convención. A través de los sucesivos días, se desarrolla el programa de las disertaciones. Los disertantes se ganan la atención de todos por la seriedad de sus ponencias sobre muy actuales tópicos médicos.

Entreverados con las sesiones de trabajo, están los eventos sociales y entre ellos los dedicados a las damas como un defile de modas.

Al llegar la clausura se repite la previa recepción amenizada con música de violines. Le sigue la cena, Tal como había ocurrido en la Primera Convención, está presente el gobernador de la Florida, y el señor Claude Kirk es el encargado de cerrar la Convención con su discurso. También asiste el Alcalde del Condado de Dade, Steve Clark. Otra repetida presencia es la del señor Palmatieri, director del Centro de Refugiados Cubanos. Y prestigiando el evento concurren importantes funcionarios de la Secretaría de Salud. También de nuevo honra el acto el doctor Horacio Aguirre, director del "Diario Las Américas", el más poderoso bastión periódistico de la democracia.

En cuanto a los premios creados por el "Pan American", se entrega el "Dr. Carlos J. Finlay" al doctor Manuel Viamonte, Jr., el tan eminente radiólogo. Y el premio "Dr.Joaquín M. Albarrán" a muy ilustres médicos cubanos que habían llegado a Miami, pero que no se han incorporado al ejercicio profesional. Entre ellos el doctor Gustavo Cuevo Rubio, que había sido vice-presidente de Cuba en el período presidencial de 1940-44.

Terminada la ceremonia, empieza el baile con una magnífica orquesta. Una jornada tan agradable como ejemplar. Si con esta segunda Convención queda consolidada la loable iniciativa del doctor Mora, éste anuncia que en 1971 no la habrá. En cambio, el

Colegio Médico Cubano Libre convocará su Primer Congreso. Es la consecuencia del arreglo que se ha tenido con el doctor Enrique Huertas, su fundador y presidente.

La Convención concluye felizmente. Se ha superado la Primera en todos los órdenes. Y con esto el auge de las mejores relaciones entre los galenos, cubanos o no, más allá de todas las distancias.

No se dispersan los médicos sin que el doctor Mora anuncie las Sesiones Científicas que, convocadas por el "Pan-American Hospital", se producirán en su sede. A esos efectos, para iniciar este programa vendrá el "team" del "John Hopkins" encargado de atender los traumas que lleguen a su Sala de Emergencia. El grupo también ostenta la representación de la Universidad de Maryland.

Esto del "team" es un concepto nuevo dentro de la medicina destinada a los casos de trauma. A esos efectos trabajan coordinadamente a la par los más diferentes especialistas: un cirujano general, otro de cirugía plástica, un ortopédico, un anestesista, un psiquiatra, un especialista de enfermedades infeccciosas y otro de neuro-cirugía.

Este programa fue convocado en cumplimiento de las legislaciones del Condado y del Estado sobre la educación continuada. Para eso vienen ocho médicos. Permanecen durante tres días en los trabajos que se realizan en las propias instalaciones del hospital. Están hospedados en el "Four Ambassadors". Y el "Pan-American Hospital" cubre absolutamente todos los gastos del evento.

Al mismo se ha invitado a todos los médicos del Condado. No tienen que pagar cantidad alguna. Al terminarse el programa cada asistente recibe el correspondiente certificado. Este le servirá para la renovación de la licencia. Y a esos efectos se exigen sesenta o noventa horas de educación continuada.

El doctor Mora ha puesto al "Pan American Hospital", no obstante sus limitaciones, en el más alto nivel institucional, con las Convenciones y con la Educación Continuada, que es ya un consagrado concepto de la cultura de estos tiempos, especialmente en cuanto al médico, porque, ante el constante progreso de la Medicina como consecuencia de las más vastas y exhaustas investigaciones, el galeno tiene que estarse poniendo al día sin tregua.

Es una situación que recuerda a la Penélope de Homero. En la espera de Odiseo, el amado ausente, teje una tela a través del día. Llega la noche, y duerme después de deshacer el tejido. Al amanecer tiene que comenzar de nuevo. El galeno estudia, estudia, estudia... Y de pronto, nada de lo aprendido sirve. Las últimas investigaciones cambian los conceptos que estaban establecidos. Hay que empezar de nuevo.

XIV

Por los caminos del mundo

Por tierras americanas

Y, al margen del ejercicio profesional y del "Pan American Hospital", ¿qué ha venido haciendo el doctor Modesto M. Mora desde que arriba a Estados Unidos? Desde Wisconsin no pierde oportunidad alguna para conocer cuanto le es posible. El territorio americano es un secreto que él tiene que develar. Si es un hombre situado en un paisaje que no es nativo él no puede ignorar el mundo que lo circunda. Necesita entrar en el mismo. Tener conciencia de cuanto lo rodea. Ver como son las ciudades y como es la gente que la habita. Y entre unas y otras, captar sus campos. Desde La Crosse se adentra por el estado de Wisconsin , con inclusión de Madison, que es su capital. Pero, además, desciende al sur y entra en Illinois, y está en Chicago, que ya conoce. Viaja hacia el Este y deambula por tierras de Minnesota y de Iowa. No puede evitar el descenso de nuevo hacia el sur para conocer a Missouri.

Más tarde, cuando se radica en Nueva York, aparte de recorrer todas las áreas de la colosal urbe, no puede renunciar a visitar los puntos más atractivos del estado. ¿Y cómo no pasar la frontera con Pennsylvania y conocer a Filadelfia, donde había estudiado Finlay? Lamentablemente no pudo entonces llegar a Washington. Quiere conocer totalmente el grandioso país que él sospecha que será su residencia definitiva. Y mientras más conoce, más le admira todo lo que ve, principalmente la gente.

Por todas partes presencia una explosión de trabajo, de riqueza. Y todo con orden y con paz. Un mundo de disciplina y de organización. Recuerda que los filósofos del Positivismo, con toda razón, decían que para que haya progreso tiene que haber orden. Son muchos millones los habitantes de la nación, y cada uno sabe cual es su función, y la cumple. Esto lo comprueba en cada lugar que visita. Y en medio de tantas vivencias, se percata de cuanto tienen los cubanos que aprender de lo americano.

Más tarde, ya en la Florida, como ha aplicado al Board de Texas, va a ese estado una y otra vez, siempre en auto, solo o en compañía de su íntimo amigo el doctor Mario León García Bengochea. Y esto lo obliga a pasar por Georgia, Alabama, Misisipi, Luisiana. Nueva Orleans le fascina por sus heterogéneos ingredientes: lo español, lo francés y lo americano.

Y dentro del estado de su destino, no sólo se concreta a llegar a la capital, Austin, sino que recorre el Valle del Río Grande y dentro del mismo arriba a King Ranch. Conoce a Gálvestown, Corpus Christi, Brownsville. Se dirige a San Antonio, la histórica ciudad del Alamo, donde ejercen tantos médicos cubanos, como los doctores Jorge y Virgilio Beato, Aníbal Causa... No pueden quedar fuera de su recorrido Houston, Dallas y Fort Worth.

El doctor Mora ha comenzado a apoderarse de las imágenes del colosal paía del norte. Su formato geográfico, su gente, sus grandes concentraciones urbanas, todas las expresiones de su progreso y hasta sus testimonios históricos han entrado ya en su conciencia y son parte de su personalidad.

En Europa: Roma (1966)

No le basta con conocer a Estados Unidos. Tiene que ir a Europa. Y así ocurre en 1966, con una excursión de la Asociación Americana de Cirujanos. De Nueva York a Roma, donde se encuentra con su fraternal amigo y colega el doctor Roberto Sarmiento. Con éste, su esposa. Ninguno de los dos pudo sospechar este feliz encuentro en la Ciudad Eterna. Entre otros galenos ya conocidos está también el doctor Gaspar Jardón con su señora.

Roma lo estremece con su legendaria acumulación de siglos. Allí está concentrada toda la historia de la civilización latina, porque los romanos fueron los arquitectos de no pocas de las actuales nacionalidades europeas. Fue fundada mil quinientos años antes de Cristo. Pueblo nacido con tanta habilidad política como genio jurídico, después de sucesivos reyes, proclamaron la república. Las instituciones públicas que crearon entonces han llegado a nuestros días.

Su proyección internacional chocó con Cartago, en lo que hoy es Túnez. Fue una guerra de siglos, pero Roma salió vencedora, y después de extender sus dominios hacia el Oriente, se dirigió al Occidente. España y Francia son los dos más eminentes productos de esa acción tanto militar como civilizadora de las ya famosas legiones. En la transición de la vieja era a la nueva fue que desapareció la república y comienzan los emperadores. Jesús fue crucificado en tierra bajo el dominio de Roma,

Tan vasto mundo estaba condenado a desintegrarse políticamente, sin que su legado cultural desapareciera. Con los vicios internos, la invasión de los bárbaros en los cuatrocientos. Pero Roma no murió, porque siguió viviendo hasta ahora en todos los pueblos en que puso la impronta de su genio como la propia Italia, Francia, España, Rumanía...

Aunque dividida en varios reinos, la Italia del Renacimiento, al promediar el segundo milenio, es como la Roma antigua el centro cultural del mundo. Italia, unificada políticamente, volverá a ser Italia como nación en 1870.

El doctor Mora tiene ante sí muchos de los testimonios de lo que fue la antigua Roma, como el Coliseo, y de la Roma renacentista como el Vaticano. Está a unos pasos del Papa. Es Paulo VI. Pasea por la Vía Venetto. Recorre el palacio de los Borgia. Se siente sacudido ante las catacumbas que guarecieron a los primeros cristianos. Se solaza en el Tívoli. Visita el Castell Gandolfo... En este año de 1966 Roma con dos millones quinientos mil habitantes, dentro de los cincuenta y tres millones de la nación, extendida sobre una superficie de más de trescientos mil kilómetros, aparte de Roma, tiene ciudades como Florencia, Génova, Nápoles, Venecia. Milán...

No hay país con semejante constelación de tan históricas municipa-
lidades.

Lucerna, Suiza

Al cabo de cuatro días, en tren hacia Suiza. Contempla los
Alpes. También el lago que adorna la ciudad de Lucerna. La ciudad
que le da nombre, si es pequeña, tiene que serlo para poder ser tan
bella. La habitan ciento ochenta y tres mil habitantes. El país tiene
seis millones. En las más lejanas raíces de la nacionalidad suiza
están los romanos. Al comienzo de esta era atravesaron los Alpes y
tomaron posesión del lugar. Más tarde éste caerá bajo el dominio de
otros invasores hasta llegar a formar parte del Imperio Germánico.

Pero ya en 1292 Suiza se integra en país independiente con la
suma de varios cantones. Uno de ellos es Lucerna, cuya incorpo-
ración es del 1332, Cuando la Revolución Francesa, surge la
República Helvética. En el Congreso de Viena, en 1815, se reconoce
la independencia suiza.

Lucerna ostenta el sigular privilegio de contar con históricas
arquitecturas de la Edad Media. Y como alarde de la naturaleza, el
imponente Monte Pilatus. Al doctor Mora Le encantan los restaurantes, los hoteles y un muy exclusivo "resort", el "Berguenstock, a
poca distancia de la ciudad. Es un lugar único en el mundo. No basta
que la propaganda turística lo diga. Sólo viéndolo puede creer que
sobre la superficie del planeta haya algo tan excepcional.

El área para esquiar, que es la superficie helada del lago de
Lucerna, tiene quinientos acres. Pero para captar la íntegra belleza de
este blanco paisaje de nieve hay que hacerlo en un día adecuadamente soleado. El espectador contempla como un juego entre el
fuego y la luz de una parte y el frío y el hielo de otro lado. Es un
maravilloso contraste.

Burgenstock, al que sólo se puede entrar entre abril y
noviembre, cuenta con tres mangíficos hoteles: "Grand", " Park" y
"Palace". El doctor Mora se instala en éste. Se cuenta con todo lo
que el más sofisticado visitante pueda desear. Podrá subir a las más

empinadas alturas, hasta unos tres mil pies, para contemplar la mayor extensión posible de este milagro de la Naturaleza.

Y aparte de lo natural, las creaciones humanas, como el funicular, "nights clubs", campos de golf, canchas de tenis, piscinas, salón de baile, sauna, masaje, restaurantes, cafeterías, tabernas...Y hasta galerias de arte, donde se pueden ver originales de Van Dyck, Tintoreto y otros grandes de la pintura.

Suiza es única. Es la paz, la limpieza, la blancura, el silencio, el orden, el país de los relojes. Es la exactitud. Un país sin analfabetos, en el que conviven las más diversas religiones y donde se hablan, aparte del nativo romanche, el francés, el alemán y el italiano. La nación del poder ejecutivo colegiado con siete miembros. En consecuencia, una nación realmente civilizada. No se llega a Ginebra, ni a Zurich, ni a Berna, que es la capital.

París

Se llega a París, con ocho millones de habitantes entre los cincuenta que tiene Francia sobre una extensión de más de medio millón de kilómetros. El ha viajado en ferrocarril, un modernísimo tren provisto con todas las comodidades.

Seiscientos años antes de Cristo los griegos fundaron a Marsella. Cuando ésta le pide a Roma que la proteja de extraños invasores, arriban los romanos. En los últimos años de la antigua era llega Julio César, Este es el conquistar de Las Galias, el fundador de París, el estadista que pone los cimientos de la futura nación.

En los cuatrocientos aparecen los francos, una de las tribus de los bárbaros que invadieron a Europa. Y es así como las antiguas Galias se convierten en Francia. Y con la sucesión de generaciones ya no hay francos, sino franceses. En los ochocientos ya la nación tiene una figura europea como Carlo Magno, creador del Imperio Carolingio. Comienza la dinastía de los Capetos, que implanta el feudalismo.

En 1328 muere el último Capeto y comienzan los Valois. Los reyes llegan a ser tan poderosos que surge el absolutismo. Luis XIV es el monarca más poderoso de Europa. Pero comienza la

Revolución y desaparece el antiguo régimen. Surge Napoleón. Con su caída, la restauración, Al fin la república tras la desaparición de Napoleón III. Las dos Guerras Mundiales. La IV repúbllca. Empieza la era del general De Gaulle. Este encabeza aún el gobierno cuando el doctor Mora está en París.

Lo que ahora vive el doctor Mora es el asombro que le inspira la legendaria Ciudad Luz, con el Sena, la Torre de Eiffel, los Campos Elíseos, el Arco del Triunfo, Los Inválidos con la tumba de Napoleón, la Opera, Notre Dame, la Sorbona, Versalles, la Magdalena, la plaza de Vendome con su histórica columna, los puentes, las estatuas, los monumentos, las avenidas, los tantos hermosos edificios con sus más diferentes destinos,

No queda cabaret que no visite con los doctores Sarmiento y Jardón. Le maravilla tanta belleza. Paris es París con sus armoniosa grandiosidad, con el legado de su historia, con el recuerdo de los inmortales personajes que allí vivieron y murieron. Aún existen los cafés y restaurantes en que ellos entraron, las sillas en que se sentaron, las casas en que vivieron... Francia rinde permanente culto a su glorioso pasado, especialmente a la inteligencia de sus grandes escritores, a sus artistas y músicos.

El doctor Mora comprende que los cinco días allí vividos no son suficientes. Hay que volver. Allí hace una visita privada. Al doctor Oscar Lievaine, que conoció en La Habana, en 1949. No lo ve desde entonces. Nacido en Ucrania, desde muy niño crece en Cuba. Allá estudia su bachillerato. Ante el cierre de la Universidad, los padres lo mandan a París, donde se gradúa. En el 39 lo sorprende la guerra. Lo enrolan en la misma como teniente médico y lo destinan al regimiento en que está el capitán Charles de Gaulle, con quien intima.

Terminada la guerra, se queda en París. Y cuando de Gaulle asume el poder, lo condecora cuatro veces y dicta un decreto para autorizarlo a establecer una clínica privada. La primera que se funda en Francia, bajo el nombre de "Clínica Internacionale Per Monceau", en París.

Y como la vida tiene las más insospechadas sorpresas, en el terreno que ha adquirido para la construcción de la clínica se descubren los planos de la Estatua de la Libertad. En ese mismo lugar se había realizado el colosal monumento que Francia regaló a Estados Unidos.

Londres

Después, en avión, a Londres, con diez millones de habitantes. El Reino Unido de la Gran Bretaña (Inglaterra, Escocia y Gales) tiene una extensión de más de doscientos cuarenta y dos mil kilómetros cuadrados.

No ha acabado la antigua era cuando los romanos, con Julio César a la cabeza, desembarcan en la isla que ocupan los celtas británicos. Se funda la provincia de Britania. Y al final del primer siglo de la era cristiana, la fundación de Londres.

Es en el siglo VI, después de luchar en contra de los anglos y los sajones, de origen germánico, que la isla toma el nombre de Inglaterra. Posteriormente llegan los escandinavos. Mas tarde los normandos. Uno de éstos, Guillermo el conquistador, derrota a los anglos y sajones y asume el dominio del país. En el siglo XV, la Guerra de las Dos Rosas. que termina con el advenimiento de los Tudores. Inglaterra llega a su apogeo con la Reina Isabel,

Dentro de su expansión los ingleses se instalan en el Nuevo Mundo en 1607. En 1707 surge la Gran Bretaña con la unión de Inglaterra y Escocia. A fines del XIX la nación llega al cenit de su poderío. Dentro del siglo XX las dos Guerras Mundiales. Después de la segunda empieza el desmantelamiento del imperio colonial. Irlanda se independiza y se convierte en república. Tambien se desprende la Unión Sudafricana. La autonomía de Canadá deviene en independencia.

El doctor Mora se instala en el "Savoy", junto al Támesis, uno de los más famosos hoteles del mundo, sobre la calle Strand, con todo cuanto pueda necesitar el más exigente huesped. Hasta un teatro, Todo lo que tiene París de gracia y encanto, lo tiene Londres de austeridad y fuerza. París seduce. Londres se impone. El mundo londinense es muy diferente al parisino, tal como lo son sus respectivas historias y sus habitantes. Si la capital de Francia opera en el ánimo del visitante como un refrescante tónico, la de Inglaterra abruma.

Sus construcciones tienen una severa grandeza: el Palacio de Buckingham, la catedral de San Pablo, el Parlamento, el Banco de Londres, la Abadía de Westminster, el Museo Británico... El doctor Mora queda sorprendido cuando está en "Harrod", la más enorme tienda que jamás haya visto. Camina por Picadilly. Observa la aguas del Támesis. Mira sus puentes. Sigue el movimiento de sus embarcaciones. Busca la hora en el famoso reloj que marca el tiempo de los cientos de miles de londinenses y turistas que cada día pasan por delante de su imponente torre. En la Plaza de Trafalgar contempla el bronce de Nelson, y reaparecen en la conciencia del médico cubano la toma de La Habana, en 1762, y en los quinientos y los seiscientos los desmanes de los corsarios y piratas por las tierras y las islas del Caribe. Era la consecuencia de las guerras entre los ingleses y los españoles.

A todas las sensaciones londinenses vividas hay que añadir una experiencia que no puede sospechar. Un restaurant español, "Martínez", donde disfruta la más sabrosa paella entre cuantas ha saboreado a través de los años

No se va de Londres, sin participar en programas médicos ya previamente preparados. Lo mismo había ocurrido en París. De regreso a Miami, siente la nostalgia de Europa. El hijo de don Pepe Mora, nacido en un pequeño pueblo de Pinar del Río y crecido en una vega de tabaco, comprende que viajar es ensanchar el horizonte mental. Es sumar conocimientos que no pueden captarse en los libros, porque hay que vivirlos. Sabe que no ha hecho más que empezar. Volverá a Europa. Recorriéndola comprende lo que es la civilización. Quien no viaje y no tenga la múltiple experiencia de otros pueblos no puede ser un hombre completo. Le falta el conocimiento de lo diverso, raíz de la verdad.

En América del Sur: Buenos Aires (1967)

Y al año siguiente, en el 67, hacia Buenos Aires, el París de América. No es París, pero no cabe duda que no hay ciudad en el sur del continente de más rango, con una población que muestre tantos ingredientes europeos. Especialmente italianos y españoles.

Con la belleza de gran ciudad moderna que contempla el visitante, éste se percata de inmediato de su alto índice demográfico. Buenos Aires cuenta con cuatro millones, en tanto que la provincia que repite su nombre tiene unos siete millones. Y la Argenina, con una superficie de casi tres millones de kilómetros cuadrados tiene una población de veinticuatro millones.

En este 1967 la Argentina lleva treinta años de muy agitada existencia despues de disfrutar una fecunda estabilidad política. Su riqueza era reconocida en el mundo entero. Pero en 1942 se quiebra el ritmo institucional. La nación cae en un desasosiego que parece quedar superarado en 1946 con Juan Domingo Perón, promotor de una ideología en favor de los trabajadores y los humildes, el llamado Justicialismo. Pero al reelegirse, es derrocado en 1955. El poder queda en manos de los militares. En vano se eligen a dos presidentes que sufren ese mismo destino. En estos momentos hay un militar en la "Casa Rosada". Es el general Juan C. Onganía. Pero nada anormal se percibe en la vida diaria de la ciudad.

Se hospeda en el "Plaza", frente a la Plaza de San Martín. Desde el lugar se entra en la Calle Florida, que recorre con curiosidad y agrado, Ningún vehículo transita por ella, pero sí la caminan miles de peatones. Hay muchos y buenos establecimientos de todos los tipos. Especialmente grandes librerías. Al cabo de cinco días, ha podido ver todo lo bello de la capital. Le impresionan la anchura y la longitud de la Avenida 9 de Julio.En un día igual de 1816 el Congreso de Tucumán proclamó la independencia. Admira el "Teatro Colón". Disfruta las magníficas carnes del país. Y no se pierde "El Palacio de la Papa Frita", tan propular.

Montevideo y Río de Janeiro

Va a Montevideo, atraído por aquel dicho de que Uruguay es la Suiza de América. Pero no encuentra nada que le parezca al bello, pacífico y desarrollado pais de Europa. Tampoco, desde luego, hay suizos. Queda defraudado con el pobre y atrasado aspecto de la ciudad en la que brillaron figuras tan egregias de la literatura como el ensayista José Enrique Rodó, la poetisa Delmira Agustini, el novelista Carlos Reyles, el filósofo Carlos Vaz Ferreira y tantos otros. Los autos que circulan delatan la situación económica del país. Son de la década de los treinta. Algunos de los cuarenta. Montevideo tiene poco más de un millón de habitantes. En tanto que el país, con casi ciento ochenta mil kilómetros, cuenta con unos tres millones.

Uruguay en el orden político ha renunciado a su tradicional gobierno colegiado y se ha vuelto al ejecutivo unipersonal, Pero de un modo u otro el país vive muy tenso, tremendamente agitado por fuerzas políticas empeñadas en que la culta nación del Sur siga el rumbo marxista que se ha inaugurado en Cuba.

De Montevideo a Río de Janeiro. Si el paisaje es bellísimo, no se siente feliz. Hay algo que lo desconcierta o lo defrauda. Sube a Metrópolis, en los altos cerros. Contempla el impresionante panorama de la ciudad. Allí almuerza contemplando el más hermoso de los panoramas. Con razón dijo Amado Nervo que al llegar a Río había contemplado el más original de los espectáculos de la Naturaleza y él había recorrido toda Europa.

Río de Janeiro, que ya no es la capital, tiene más de cuatro millones de habitantes, en tanto que el gigantesco Brasil cuenta con ochenta y ocho millones sobre una inmensa superficie de más de ocho millones de kilómetros cuadrados.

Brasil vive una situación militar desde que en 1963 se destituyó al presidente Jao Goulart, por razón de sus declaradas simpatías hacia el régimen comunista de La Habana. El Ejército ha asumido el gobierno y ha designado como presidente a uno de los suyos. Se quieren guardar las apariencias.

El caso del Brasil no es igual al del resto de la América del Sur. Colonia de Portugal, se habla portugués y no español. Cuando Napoleón invade la península ibérica, la Corte de Lisboa se traslada a Río de Janeiro. Una vez retirados los franceses, la familia real retorna a su patria.

En Río de Janeiro queda un hijo del Rey como regente. Pero Pedro I declara la independencia del país. Reina hasta 1831. año en que abdica en favor de su hijo Pedro II, de cuatro años. Concluída la regencia, el monarca permanece en el trono hasta 1889, cuando se produce una revolución que establece la república. sin resistencia alguna, el emperador retorna a Europa.

A lo largo de unos sesenta años la vida política del Brasil transcurrió sin los disturbios que se producían en el resto hispanoamericano del continente.

El doctor Mora regresa a Miami con una nueva experiencia más. Pero sabe que su conocimiento del Cono Sur está inconcluso. Habrá que volver. Sabe que no ha hecho otra cosa que hacer un leve contacto. Sus recorridos han sido limitados, sin haber podido profundizar. Se conforma con la visión del turista, siempre superficial y tantas veces frívola. Ha quedado convencido que los pueblos iberoamericanos carecen de la madurez de los europeos.

Hacia el Oriente: Tokio (1968)

En el 68, un tercer viaje. Ahora Oriente, a Japón. Tokio deslumbra por su grandiosidad y por la modernidad de sus hermosos edificios. No puede pasarle inadvertida la limpieza que brilla en todas partes. Lo impresionan los grandes hoteles, los fabulosos restaurantes, los bien abastecidos y elegantes establecimientos comerciales de todo tipo. Es increíble el tremendo desarrollo logrado en tan pocos años.

El japonés es un hombre distinto al americano y al latino o hispano. Tampoco se semeja a ningún europeo. Se le ve automáticamente mecanizado, sin evasión alguna en cuanto a lo que tiene que hacer. Si para el ciudadano de Estados Unidos el tiempo es oro y si para el nativo de los pueblos que descienden de España el tiempo no cuenta, ante el japonés el viajero tiene que pensar que es una fórmula matemática en acción.

Tras una rápida visión panorámica de la capital japonesa, sin parecido alguno a cuantas ya ha conocido, el doctor Mora deja el país con la decisión de volver una vez más y se dirige a Hong Kong.

Hong Kong

El viajero se siente aturdido frente a esta babilonia del siglo XX que es Hong Kong. Este abigarrado mundo occidental levantado dentro de la geografía oriental es todo un fenómeno sociológico en el que se mezclan lo humano, lo comercial, lo financiero, lo arquitectónico. Todo es digno de admiración. Es uno de los centros neurálgicos de la economía mundial, con toda la fiebre de un americano de Nueva York o Chicago y sin la ostensible deshumanización de ese japones que se mueve con disciplinada frialdad, como si fuera un robot.

Y al cabo de dos semanas de ausencia, vuelve a Miami. La ciudad le pareció un pequeño dibujo en la esquina de un pañuelo. Tienen que pasar días para que el doctor Mora se aconsonante de nuevo con este cubano rincón de la Florida.

Está consciente de que estos viajes no han sido de simple turismo. Despues de recorrer a Estados Unidos, ha querido conocer a Europa, a la América del Sur, al Japón, porque ha llegado a la conclusión de que para realizar su destino de cubano en la Florida es imprescindible conocer el mundo. No basta con lo aprendido en La Crosse y en Nueva York. Ni con todo lo asimilado a lo largo y a lo ancho del mapa norteamericano.

Tampoco le bastaba con admirar el Coliseo, el Arco del Triunfo, el Museo Británico, la Avenida del 9 de Julio, la arquitectura de Tokio. Había que conocer la entraña de esos pueblos. Hay que aprender de los italianos, de los suizos, de los franceses, de los ingleses, de los sudamericanos, de los japoneses y de todos los demás que proyecta conocer.

Tiene que saber cómo funciona la psicología de esos pueblos y los métodos y metas de su trabajo. Todo eso sería un gran aporte mental para su futuro. Si es médico y cirujano, se siente empresario y, además, por encima de todo, se sabe hombre. Un hombre pleno que aspira a moverse a través de toda la anchura del planeta y no únicamente dentro de un aséptico quirófano.

¿Por qué? Es posible que lo sepa. Pero también puede no saberlo. Si el hombre está dotado de una conciencia que controla sus pensamientos y acciones, detrás de la misma cada quien lleva un escondido huesped. Los psicólogos le llaman subconciencia. Los poetas pueden hablar de un misterioso duende. Sea lo que sea, es un silencioso y recóndito impulso que mueve al ser humano y lo lleva por los más insospechados derroteros. El doctor Modesto M. Mora ha saltado de "El Gacho" a los más elegantes y exclusivos lugares de las más hermosas capitales del mundo.

XV

Segundo viaje al Lejano Oriente

Tokio (1969)

Para el verano del 69 el Colegio Americano de Cirujanos anuncia un nuevo viaje al Japón, y el doctor Mora no puede renunciar a esta nueva posibilidad de volar al Oriente. ¿Hasta dónde éste es un mundo distinto a Occidente? Enrique Gómez Carrillo, el insuperable cronista guatemalteco, con permanente sede en París, no pudo prescindir de Tokio en sus innumerables viajes y escribió "El Japón heroico y galante". Y el francés Pierre Lotí, siempre tan delicado y fino, que, como oficial de la Marina de Francia, navegó por tantos océanos y mares, también se sintió hechizado por el mundo japonés como revela su "Madame Crisantemo".

Se incorpora al viaje por varias razones. En primer término porque quiere ampliar su conocimiento del lejano y rico país del Oriente. Y en segundo lugar, porque viajar, aparte de ser un tónico, es una tentación. Y si Oscar Wilde decía que la única manera de librarse de cualquiera de ellas es caer rendido bajo su hechizo. el doctor Mora se evade del "Pan Américan Hospital" y le aplica una tregua al quirófano.

Con él viaja el doctor Abraham Gurinsky, el tocólogo que se había reencontrado en el "Jackson" y que lo encaminó hacia otros dos galenos que necesitaban un cirujano. Este hecho le revela hasta donde la vida es una infinita red de contactos. Uno conduce a otro y nunca se puede presumir hasta donde pueda llegarse. Lo cierto es que su trabajo de cirugía con los doctores Brooke y Pearce desembocó en la "Golden Glades Clinic". Y ésta a la vez sirvió de inspiración para el "Cloverleaf Hospital". Igualmente la realización del "Pan American Hospital" servirá de inspiración para el ambicioso proyecto del "American Hospital". Y tras éste, el del "North-Ridge Hospital".

De nuevo en Tokio, en la isla de Honschú, que ya cuenta con más de doce millones de habitantes en dos mil ciento cuarenta y cuatro kilómetros, pero su área metropolitana llega a treinta millones. Si el territorio del Japón no tiene más que unos trescientos setenta mil kilómetros cuadrados, ¿cómo es posible que en los mismos vivan más de cien millones?

Geográficamente el Japon es un archipiélago con cuatro islas mayores y centenares de islitas, también densamente pobladas. El conjunto está situado al noroeste del Océano Pacífico, separado del continente asiático por el Estrecho de Corea y el Mar del Japón.

Son tantas las montañas que tiene Japón, que doscientas de ellas son volcanes, activos o ya apagados. Además de las erupciones volcánicas, los japoneses sufren constantes sismos. Se registra un promedio de quinientas sacudidas anuales. El terremoto de 1923 destruyó la mitad del centro de la capital.

La historia conocida del Japón empieza nueve siglos antes de Cristo. Ya dentro de la actual era cristiana la cultura china entró en el país. En los quinientos ya se había declarado el budismo como la religión oficial del país. Este a través de sucesivas centurias fue gobernado por dinastías de severo corte militar. Al promediar el XVI se produjo la primera llegada de los europeos. Después de los portugueses, los españoles, con Francisco Javier a la cabeza, que promovió la evangelización y fundó misiones religiosas, Pero unas ocho décadas después se exterminó a los católicos.

No fue hasta 1853 que el comodoro americano Mattiew Perry abrió los puertos japoneses al comercio con el extranjero. El viejo imperio feudal desapareció y Japón llegó a convertirse en tal potencia militar que derrotó a Rusia en la guerra que sostuvieron a principios del siglo actual.

No obstante el error cometido por los japoneses de atacar a Pearl Harbor, recobrada la independencia del país en 1952, Japón ha ascendido hasta convertirse en una de las potencias económicas del mundo, especialmente por el espectacular desarrollo de su industria y la expansión de su comercio por todo el planeta.

El doctor Mora ha regresado a Tokio porque comprende que con una gran ciudad ocurre lo mismo que con cualquiera de las inmortales sinfonías clásicas. Si a éstas hay que oírlas repetidamente y siempre con novedosas sensaciones, lo mismo se experimenta con las más populosas y progresistas urbes del mundo. Cuando se le visita por primera vez, sólo se logra una superficial visión panorámica, como le ocurrió a él en su anterior viaje. Y después, con cada visita sucesiva, el viajero inteligente y sensible lo va viendo todo bajo una nueva luz, dentro de una insospechada perspectiva.

Este Japón es el mismo que el vio antes, pero ahora no lo ve igual. No sólo revela una nueva imagen, sino que lo obliga a revisar y superar las primeras impresiones tenidas con anterioridad. Si recuerda que su visión primera fue de asombro, ahora ni con la imaginación más audaz él puede abarcar y comprender este tremendo conglomerado que se levanta sobre una pequeña isla.

¿Cómo es posible que sobre una superficie tan pequeña viva afanosamente, en pleno movimiento, una población de tantos millones? Se habla de la dinámica de la gente americana. Ciertamente el americano vive de prisa, porque está convencido de que el tiempo es dinero, pero el japonés no se queda a la zaga. Y mientras la prisa americana sofoca, la japonesa no conduce a la agitación.

Después de darle de nuevo un vistazo más profundo que el anterior, en su conjunto y en los detalles, a sus establecimientos, especialmente a hoteles y restaurantes, sale de la capital y recorre los alrededores. Y conoce las ciudades de Kico y Niko. Tanto éstas como todas las demás están organizadas a los efectos del turismo. En la segunda vio un árbol, especialmente famoso, no sólo por su altura y por la circunferencia del tronco, con siete pies de diametro, sino porque los habitantes dicen que tiene seis mil años de existencia.

Imposible que renunciara a subir a Hakone, en la cima de una montaña, donde el emperador tiene una de sus residencias. Si toda el área es fascinante, más deslumbrante es la vista que ofrece de Tokio. No pudo impresionarlo menos la contemplación del Fuji-Yama, el legendario volcán apagado, que, en forma de cono, con sus tres mil trescientos setenta y seis metros de altura, es la más imponente elevaciòn japonesa. Hasta su cúspide llegan sucesivas peregrinaciones de turistas. Su imagen ha sido difundida ampliamente gracias a los grabados hechos por Kokusai.

Ahora aprende algo que no conoció antes. El esotérico mundo de la magia existe en Tokio, con tantos gurúes, adivinos, hechiceros y curanderos, que es posible que Japón pueda competir con Brasil y Colombia. Y es que el hombre necesita creer en algo y cuando no encuentra verdades en que creer, cree en mentiras.

Y detrás de lo que se ve en el orden arquitectónico, empotrado en el exótico paisaje, uno de los más grandes centros financieros, comerciales e industriales del mundo. Y todo esto, como por puro milagro, ha sido creado en un siglo, a partir del momento en que el país salió del aislamiento mantenido a traves de los milenios.

Los viajeros no abandonan a Tokio sin hacer contacto con un eminente médico, el doctor Saburro Kitamura, que había sido recomendado por el abogado John G.Gunn, el amigo del doctor Mora, que ha intervenido en cuestiones legales del "Pan American Hospital". El galeno japonés, que había estudiado en Filadelfia, como Finlay, reacciona con las más finas gentilezas.

Hong Kong

Y una vez más, Hong Kong, el colosal emporio de Asia. Más de cuatro millones de habitàntes en poco más de mil kilómetros. Más de cuatro mil por kilómetro cuadrado. Los chinos son el noventa y ocho por ciento. Los europeos unos treinta y cinco mil. La ciudad está levantada sobre la islita de su nombre, en el Mar de la China. Ocupada por lo ingleses en 1841, y cedida a Gran Bretaña en arrendamiento por noventa y nueve años, volverá al dominio chino en 1999.

Además de la isla de su nombre, Hong Kong comprende otra, la Stonecuttler, y además la península de Keulún y los Nuevos Territorios, situados en suelo continental. Y en medio de semejante babilonia, el doctor Mora se encuentra con un compatriota, el ingeniero José Pérez Benitoa, instalado allí como un acaudalado empresario. Está al frente de una corporación destinada a promover los más diversos negocios. Hecho el contacto con el cubano, éste agasaja espléndidamente al visitante de acuerdo con la tradicional hospitalidad de su país, Hong Kong es uno de los más importantes centros financieros, comerciales e industriales del mundo. Un hervidero humano sumergido en el más intenso y vertiginoso tráfico bursátil. Se comercia con todo. Y a falta de recursos agrícolas, cuenta con tal tremendo aparato industrial que es más fácil contar lo que no produce que enumerar todo lo que fabrica. Sus productos se venden en todos los mercados del planeta sin competencia posible.

La enseñanza está ampliamente desarrollada en todos sus niveles. Cuenta con dos universidades. Se publican unos doscientos periódicos. De ellos, cuarenta y seis son diarios, con ediciones de seiscientos mil ejemplares.

Aunque colonia británica hasta su próximo reingreso a China, Hong Kong se desenvuelve políticamente dentro de cierta autonomía, pero siempre supeditada al Parlamento de Londres. Cuenta con un Consejo Legislativo, complementado por un Consejo de Desarrollo Económico y otro de Productividad. Es posible que a estos organismos se deba el anonadante progreso de tan pequeña isla. Si los miembros del Consejo Legislativo son electos por los ciudadanos, no hay más que un medio millón de electores.

Y feliz de las nuevas experiencias vividas en Japón y Hong Kong, el doctor Mora regresa a Miami.

XVI

Primer viaje a España y Portugal

En Madrid (1970)

Con el nuevo año, el 1970, el doctor Mora vuela por segunda vez a Europa, pero por primera vez a Madrid. España es algo muy especial para los cubanos. En la Isla los españoles no fueron nunca considerados como extranjeros hasta una pragmática de un gobierno revolucionario en 1933. Pero el hecho fue superado. Los peninsulares llegaban a La Habana en pos de un destino económico que conseguían y a casarse con una cubana. Jamás el puebio recordaba los excesos de la Metrópoli.

Allí lo espera el doctor José B. García Bengochea, Este distinguido galeno es nativo de Tirado, barrio de San Luis, en la provincia de Pinar del Río, Cuba. Está graduado en la Sorbona. Es hijo de José García Vázquez, que. en su juventud, fue maestro en Palizadas, donde don Pepe Mora tenía un establecimiento de viveres. Al lado del comercio, el hogar de la familia. Allí nacieron sus primeros cinco hijos: Pepito, Orlando, Librada, Lidio y Giraldo.

Don Pepe Mora intervino en su toma de posesión de la escuela que se le había asignado. Más tarde abandona el magisterio, se traslada a La Habana y en su Universidad se graduará de ingeniero y arquitecto. Remontando su genealogía, el abuelo de García Bengochea había nacido en Galicia y graduado de médico en la Universidad de Santiago de Compostela llegó a Cuba y ejerció la medicina en Viñales, en la provincia de Pinar del Río.

Como en el viaje europeo anterior no se incluyó a España, ahora no sólo se comienza con Madrid, sino que el suelo español ocupará la mayor parte de los días del viajero. Si la nación, con medio millón de kilómetros cuadrados, tiene treinta millones de habitantes, la capital cuenta con tres millones.

Madrid no es París, pero no se queda tan a la zaga de la capital francesa. No se puede olvidar que la capitalidad madrileña empieza de hecho en 1561, bajo el reinado de Felipe II, por haberse asentado allí la Corte. Hasta entonces se había vivido una Corte trashumante. Tal ocurría con los Reyes Católicos.

En cuanto al sucesor de los mismos, su nieto Carlos I, de la Casa de los Habsburgo, exaltado a emperador de Alemanmia como Carlos V, dados sus vastos dominios, apenas reinó desde España, Pero, estando en ella, siempre prefirió a Toledo. Si él inauguró la nueva dinastía, la misma se extinguirá en 1700 con la muerte de Carlos II.

Este, sin descendencia, había testado a favor de un nieto de Luis XIV. Con Felipe V se inicia la dinastía de los Borbones. Y con éste, empieza tal afrancesamiento de España que el Padre Isla recogió un popular pareado: "yo conocí en Madrid a una marquesa que aprendió a estornudar a la francesa".

De este primer reinado borbónico procede el Palacio Real de Madrid y la mayoría de las plazas y los monumentos actuales. Frente a la austeridad de los Austrias, notoriamente visible en El Escorial, los Borbones sienten pasión por el arte decorativo.

Los Borbones reinaron hasta que en 1931 Alfonso XIII, ante unas elecciones municipales ganadas por los republicanos, sin abdicar, abandona el país. Los españoles establecieron una republica. Pero en 1936 se produce el alzamiento militar encabezado por el general Francisco Franco. Al cabo de casi tres años, la tan sangrienta Guerra Civil acabó con el triunfo de las fuerzas nacionalistas. Desde entonces ha gobernado Franco y aún gobierna cuando en 1970 el doctor Mora llega a España.

Políticamente la historia de España comienza con la llegada de los romanos doscientos dieciocho años antes de Cristo para luchar contra los cartagineses que habían desembarcado en la península para atacar desde los Alpes a Roma.

Aparte esta guerra, los romanos, esparcidos por el país, necesitaron doscientos años para obligar a los iberos y celtas a aceptar su dominio. Roma romanizó a España. Y gobernó en ella hasta la llegada de los visigodos en 414. España, de colonia romana se convierte en una monarquía hispano-goda.

Hasta que en el 711 llegan los árabes. Comienza la hazaña de la Reconquista, que dura hasta la rendición de Granada en 1492. Paralelamente a esta hazaña, siguiendo el ritmo de las áreas reconquistadas, van surgiendo los reinos cristianos: Asturias, León, Castilla, Galicia, Aragón, Andalucía...Estos reinos van reunificándose hasta llegar a Isabel y Fernando, los Reyes Católicos. Bajo ellos fue que se produjo el descubrimiento del Nuevo Mundo. Con Fernando se comienza la coloniación de las Antillas Mayores. Carlos V autorizará la del resto de las tierras descubiertas.

Se dice que no hay hispanoamericano que sea inmune al hechizo de Madrid, y este es el caso del doctor Mora, a pesar de haber conocido ya a París. Imposible ser insensible a la Gran Vía, a la calle de Alcalá, los Paseos del Prado y Recoletos, a Plaza Mayor, la Puerta del Sol, el Palacio Real, el Museo del Prado, la vieja calle de los Cuchilleros, el Parque del Retiro...

No sólo le gusta la capital, sino también la gente. En contra de la fobia francesa para los extranjeros, disfruta la cordial hospitalidad española. El español es un hombre abierto, cálido, hablador, comunicativo. Y esto se observa hasta en las calles. Los conductores de taxis entran de inmediato en diálogo con el pasajero. Son los mejores informantes sobre la realidad que se vive en España. Sin empacho alguno hablan sin medida y dicen todo lo que sienten en contra del gobierno y de los políticos.

Los establecimientos son una prueba irrebatible de la extraversion española. Dentro de ellos todos hablan en voz alta. Y sin que se conozcan entre sí se comunican con tal familiariadad que dan la impresión de tener una vieja amistad. El doctor Mora, hospedado en el "Ritz", observa la vida madrileña, con todo su color y todos sus rumores.

Hacia Galicia

Al cabo unos días en Madrid, donde no hubo sitio importante que no se viera y donde se comió en los mejores restaurantes y se disfrutaron los más típicos espectáculos artísticos o folclóricos, los doctores Mora y García Bengochea se dirigen en auto hacia Galicia, un mundo muy distinto al de Castilla, encabezada por la capital.

Se llega a Santiago de Compostela, con su siete veces centenaria catedral. Tras de contemplar el Pórtico de la Gloria, los viajeros se detienen ante la tumba del Apóstol Santiago, a quien se le supone presente en la predicación del cristianismo en medio del recién dominio romano.

Serán los romanos los que dan al pueblo de los iberos y celtas su definitiva personalidad. Pero este no es absolutamente el caso de Galicia, con más celtas que iberos, donde por su situación, en la esquina noroeste de la península, la influencia románica no fue tan fuerte como en otras áreas del país. Realmente eso mismo ocurrió en todo el norte.

Perspicaz observador, el doctor Mora se percata de que los de Santiago estan siempre con paragua en mano y que, además, todas los edificios y casas están provistos de portales. Esto se debe a la necesidad de resguardarse de las sorpresivas y constantes lluvias que caen sobre la ciudad.

El doctor Mora tiene conciencia de lo que para él significa dormir en el Hostal de los Reyes de Castilla, con más de setecientos años de existencia. Es decir, muy anterior al reinado de Isabel y Fernando. Fue instalado en la suite del Cardenal de España, de austera, pero impresionante elegancia, por sus muebles y todos sus detalles.

El edificio está al lado del rectorado de la Universidad de Santiago.

Después de Santiago, hacia La Coruña, que es la capital de la provincia de su nombre, donde vive el doctor García Bengochea. En el trayecto visitan el Convento de las Esclavas.

En la Coruña tiene el doctor Mora la oportunidad de saber lo que es una ría, que no es otra cosa que un brazo de mar que penetra en la tierra como consecuencia del más bajo nivel de ésta. La pesca es una de sus más importantes fuentes de ingresos. El magnífico puerto registra un abundante tráfico comercial. Este acreció notablemente con el descubrimiento del Nuevo Mundo. Entre los vestigios que han quedado de los romanos, la Torre de Hércules, utilizada como faro. Entre sus más viejos edificios, la Iglesia de Santa María del Campo, del siglo XII.

Siguieron camino adelante: Ferrol, Vigo, Lugo, Pontevedra. Cada ciudad con su propia fisonomía. Porque si todas las regiones de España se distinguen entre si, la gallega tiene una singular personalidad. Esto se debe a esa alma mágica, fiel resplandor de su historia, que captó Ramón del Valle Inclán, el gallego universal, en sus primeros libros.

Si algo tienen de común las ciudades gallegas son las rías. La de Ferrol tiene dieciocho kilómetros de largo y su anchura mayor llega a los tres. Entre sus puertos, el de Vigo, en la provincia de Pontevedra, es uno de los más importantes de España. La ciudad cuenta también con una industria automovilística y una muy poderosa de conservas a base de productos procedentes del mar. Y es que el mar es la mayor riqueza del noroeste de España. Por él navegan las naves que se construyen en sus propios astilleros.

A Lugo lo caracteriza su fachada cantábrica. Además de las aguas del Miño, lo prestigia su muralla de procedencia romana. Sus templos del siglo XIV revelan su rancia estampa medioeval.

Pontevedra es la capital de la provincia de su nombre, a pesar de que Vigo le supera en categoría. No le puede faltar su ría. Ni se puede olvidar su antiquísimo Santuario de la Peregrina. Posee varias iglesias dentro del gótico, que sucedió al románico. Y estando más al sur, limita con Portugal.

Se llega a Bayona. No es la histórica Bayona francesa, donde Napoleón retuvo a Carlos IV y a su hijo Fernando VII, cuando la invasión francesa, sino la Bayona gallega. Allí se hospedaron en el Parador Nacional del Conde de Gondomar, con muros de ocho pies de espesor. Todo un palacio de grandes dimensiones provisto con restaurantes y las más diversas tiendas.

El doctor Mora no cesa de admirar esta imponente e histórica construcción tan eficazmente adaptada a las necesidades turísticas. Y mientras deambula por las áreas abiertas al público, no faltan los que le cuentan que allí llegó Colón de regreso de su primer viaje. Lamentablemente, añaden que no fue bien acogido. Al cabo de los siglos todavía el hecho gravita sobre la conciencia colectiva de la ciudad,

Con los días se avanza hacia otro país, pero el impacto que Galicia produce en el doctor Mora es inolvidable. Las ciudades gallegas que ha conocido le parecen otro mundo, un territorio que nada tiene que ver con Madrid ni el resto de Castilla.

En Portugal

Galicia queda atrás cuando los viajeros entran en Portugal. Ambos pueblos tienen mucho de común. En ellos la presencia de los celtas es más fuerte que en otras áreas españolas, más influidas por los iberos. Portugal es un desprendimiento de España. Al dar un rey de Castilla el gobierno de su territorio a una hija casada con un francés, un hijo de ambos, Alfonso Henríques, tras una victoria sobre los musulmanes, declaró su independiencia de la corona castellana, a principios del siglo XII.

En el siglo XV el llamado Enrique el Navegante comienza la carrera marinera de Portugal hasta llegar al extremo sur de Africa, arribar a la India y descubrir al Brasil. Por una razón sucesoria, Portugal está bajo la corona española desde 1580 hasta 1640. Se suceden los reyes. Napoleón invade a Portugal. La Corte huye a Río de Janeiro. Cuando retorna se suceden los conflictos. Y al cabo de un siglo el poder queda en manos de Antonio Oliveira Salazar, que gobierna dictatorialmente hasta 1968, año en que queda inhabilitado por una trombosis cerebral,

Ese mismo año regresa del exilio Mario Soares del Partido Socialista. Se producen reformar electorales y se celebran elecciones parlamentarias. Estos son los aires de cambio que hay en Lisboa cuando el doctor Mora está en territorio portugués. Salazar morirá al año siguiente.

Los dos médicos hacen noche en Oporto, famoso por sus viñedos. Tienen la suerte de que su llegada coincide con la tradicional

Fiesta de la Vendimia. Y no abandonan la ciudad sin ver la histórica Torre de los dos Clérigos, construída a mediados de los setecientos, el siglo de la invasión de los árabes. Caminan por la hermosa Plaza de la Libertad, en cuyo centro se yergue la estatua ecuestre de Pedro IV. Atravesada por el Duero, desde sus ventanas los vecinos se miran en sus aguas como en un espejo.

Después Coimbra, con el histórico prestigio de su Universidad, una de las más antiguas de Europa. La presencia de los estudiantes, nacionales o no, animan la vida cotidiana de la ciudad con los arrestos de su juventud. En su parte más alta conserva la vieja zona medioeval. Si su rica industria textil es la base de su economía, sus preciosos jardines son famosos. Tampoco le faltan los testimonios romanos.

Luego, al Santuario de Fátima, en donde se encuentran con miles de peregrinos, procedentes de todas partes del mundo. El milagro de la aparición de la Virgen ha cambiado el curso del lugar, que antes de 1917, año de la milagrosa aparición de la Virgen, estaba ocupado por campesinos y pastores. Ahora se levanta la religiosa construcción comenzada en 1928, A ambos lados hay sendos hospitales.

Y, al fin Lisboa, con un millón de los nueve millones que tiene el país, sobre una superficie de casi noventa y dos mil kilómetros cuadrados. No es tan suntuosa como Madrid, pero está llena de gracia. Allí el doctor Mora, instalado ya en el "Ritz", se encuentra con el doctor Roberto Sarmiento, que había llegado en una excursión de cirujanos. Juntos asistieron a las reuniones programadas por el Colegio Americano.

De Lisboa a Estoril y Sintra, donde ven desde el alto y tortuoso camino el histórico Palacio de Pena. También el Castillo de los Moros, que procede de los primeros años de la presencia árabe en la peninsula.

Después Cascais, humilde aldea de pescadores, que al ser visitada con alguna frecuencia por el rey Carlos se puso tan de moda que se ha convertido en una pintoresca ciudad a la que llegan miles de turistas. A continuación Estoril, con su Casino, seguidamente visitado por nacionales y extranjeros.

De nuevo en Lisboa, ven cuanto merece verse en esa ciudad fundada por los fenicios mil doscientos años antes de Jesucristo.

Conquistada por los árabes, fue recobrada en 1147. Al cabo de tan larga historia, son muchas las cosas que hay que ver. Unas son naturales. Otras, debidas a la manos de los hombres. Y nada más original que el pintoresco ascensor de Santa Justa, que funciona en la torre del Barrio Alto. Desde ella se puede contemplar el amplio panorama de la capital, con su variada topografía, muy distinta a Madrid. Se visitan plazas, palacios, iglesias, monasterios como el de los Jerónimos y monumentos como el de Belén, dedicado a los descubrimientos. Portugal se adelantó a España en la conquista del océano. Mientras los españoles se lanzaron hacia el oeste los portugueses bajaron hacia el sur.

Madrid, Andalucía, Marruecos

Terminado el recorrido por Portugal, el doctor García Bengochea desanduvo el camino y regresa a Galicia mientras el doctor Mora, con el doctor Sarmiento, vuela a Madrid, dentro de la excursión de los cirujanos.

Desde Madrid se vuela a Málaga y Granada, y con los cirujanos excursionistas se recorre la Costa del Sol. Se llega hasta Algeciras, pero no se entra en Gibraltar. Y entonces surge el proyecto de ir a Marruecos. Pero desde el momento en que desembarcan en Tánger y tomaron el destartalado ómnibus que los traslada al hotel, ante todo lo que se observa, el doctor Mora comprende el error cometido. Ya en el vestíbulo, plantea la decisión de volar en el primer avión que abandone el lugar, cualquiera que sea su destino. Pero en ese día no hay ningún. Ni tampoco al día siguiente. Sólo le proponen una línea etíope, que no acepta.

Las condiciones de insalubridad que se percibe en todo y en todas partes no puede ser más desagradable, lo mismo que el penoso espectáculo de miseria que no se puede esquivar. Pero tiene que rendirse ante la fatalidad de no poder huir de un ámbito tan desagradablemente feo.

Como ilusoria solución se incorpora a una excursión a Rabat, la capital. Algo no menos horrible que lo de Tánger. Cuando se entra en el restaurante no hay comida para los trescientos excursionistas.

Al fin puede volar a Nueva York y con los gratos recuerdos de Madrid, Galicia y Portugal, olvida lo de África.

Es la primera vez que el doctor Mora sufre una decepción. Si no estaba en su programa, se sumó al mismo ante la iniciativa de sus colegas. Lo decidió el deseo de conocer lo que no se conoce. Es posible que fuera víctima de la propaganda. Y, en consecuencia, le falló la prudencia que preside todas sus decisiones.

Marruecos está en la costa norte de África, con su fachada hacia el Mediterráneo. El Estrecho de Gibraltar lo separa de España. Al oeste tiene el Atlántico. Al este Argelia. Y al sur con la misma Argelia, y, el Sahara Español. Tiene una extensión de casi medio millón de kilómetros cuadrados, con una población de casi dieciséis millones.

Marruecos tiene que ver con la historia de España. Marroquíes colaboraron con los árabes en la invasión de España. En el siglo XIX tanto Alemania y otras potencias apetecieron el territorio de Marruecos, pero España y Francia crearon sendos Protectorados y la Zona Interncional de Tánger.

XVII

Viajes a Europa y América del Sur

Europa (1970)

El doctor Mora no puede desentenderse de Europa, a pesar su trabajo y sus tantas responsabilidades. Ha decidido volar con su amigo Juan A. Mora, con quien no tiene ningún parentesco. Y éste con Vivian, su esposa. Se vuela a Madrid, donde lo aguarda el doctor José B. García Bengochea una vez más. De Madrid a París, por diez días. Su tercera presencia en la ciudad que lo tiene obsesionado. Pero en esta ocasión se sale de la capital francesa para conocer algunas de las ciudades de las provincias.

Este año es el centenario de la derrota de las tropas de Napoleón III por los prusianos. Con la batalla de Sedán Francia perderá la Alsacia y la Lorena. De ese revés, desaparecido el imperio, surgirá la tercera república. Desde 1789, con la Revolución, hasta este 1970, París ha sido el escenario de grandes sucesos que han repercutido en el mundo. Después se vuela a Niza, fundada en el siglo V antes de Cristo. En el aeropuerto se renta un auto. Se entra en Mónaco. Todo un milagro geográfico. Un primor de ciudad. Algo sin parecido posible. Sobre una montaña y frente al Mediterráneo, Con unos treinta mil habitantes. Pero la mayoría de la gente que se ve en las calles son turistas. Son la fuente de las divisas que se necesitan. Y con ellos, el juego. Hay tres casinos.

Se duerme en el "Hotel de París", establecido hace más de un siglo, en 1865. Dentro del mismo, el restaurant "Le Luis XV". Luego la deslumbrante Riviera francesa, con Cannes y St. Tropez. Se llega a Marsella, heterogénea y peligrosa, tan influida por la cultura árabe. Es la ciudad del pecado, por los miles de delincuentes que allí se mueven y por el ostensible tráfico de drogas.

Más tarde, Aviñón, en Provenza, fundado en el siglo X y rodeado por murallas. Fue sede papal desde 1309 al 78. Con sus ruinas romanas e iglesias góticas. Se pasa por Perpiñan, en el Rosellón, con su Palacio Real del XIII y su Catedral del XIV. .

Hacia Barcelona. El doctor Mora se siente ansioso. Será su primera visita a la Ciudad Condal, la antigua Marca Hispánica de los tiempos de Carlomagno. Ya dentro de los tiempos modernos fue posesión francesa. No volvió al seno de España sino hasta una larga guerra (1640-52). Y al cabo de los años, no faltan los que se inclinan más a París que a Madrid.

Otro "Ritz", durante tres días. Se recorre la orgullosa capital catalana, se le contempla, se le vive. Una ciudad industrial, rica, progresista, con gente muy trabajadora, ambiciosa, independiente e ilustrada. Pero hay que dejar las pintorescas Ramblas para repasar la Costa Brava. El espectáculo es imponente. Impresiona ver la furia del oleaje. Y, al fin, el regreso. De nuevo en Miami. Otra vez el "Pan American Hospital", los pacientes, el quirófano, el bisturí...Y al margen de la profesion, la vida social.

Segundo viaje al Sur (1971)

Y en octubre del 71, por segunda vez a la América del Sur con el doctor Richard F. Tejera y señora. A Río de Janeiro, donde éste. prestigioso anestesista, debe ofrecer varias disertaciones. Una vez más el doctor Mora se encuentra con el gigantesco Cristo del Corcovado. Esos inmensos brazos abiertos, como un símbolo de fraternidad, pueden realmente competir con el simbolismo de la Estatua de la Libertad.

La montaña que le sirve de pedestal al monumento tiene setecientos cuatro metros de altura y es una de las tantas que, adoptando no acostumbradas formas, como a manera de mogotes, se levantan retadoras cual si fueran guerreros mitológicos custodiando la bahía.

Dentro de esta no son pocas las islas que la adornan. Todo un capricho que la Naturaleza quiso regalarles a los brasileros.

No le entusiasmará Río, pero no puede el doctor Mora negarse a reconocer la belleza de la ciudad, con siete millones de habitantes, dentro de los noventa y ocho millones del Brasil, sobre una superficie, tan extensa como el resto de Suramérica.

El doctor Mora se reafirma en el juicio que le inspiró su viaje anterior. Hay algo en la ciudad que no le complace, sin que pueda explicar las razones que justifiquen esta reacción. Reconoce que están bien instalados en el hotel "Copacabana". de arquitectura europea, situado frente a la playa del mismo nombre. Y es el mismo también de la ancha y tan popular avenida que se extiende siguiendo la línea del litoral y que es uno de los ejes de la vida cotidiana de la ciudad.

No por eso deja de admirar, en su valor, lugares como esta misma avenida con sus aceras hechas con adoquines de mármol, formando lindos dibujos. Los restaurantes se suceden uno tras otro con sus mesitas al aire libre. El tránsito de los autos es tan intenso como el de los peatones. Una ciudad tan dinámica y febril, que podría definirse como eclosión de la más sensual alegría.

Aunque las generalizaciones son peligrosas, lo mismo que las comparaciones, hay que aceptar que el brasilero no es igual que los demás latinos o hispanos. Proceden respectivamente de dos madres que son hermanas: España y Portugal. Pero como en la sangre lusitana hay más glóbulos celtas que iberos y en la sangre española quizás más iberos que celtas es posible que en esta diferencia es la causa de la distinción que se nota entre un nativo de Río y otro de cualquiera de las otras capitales.

Como las tres disertaciones del doctor Tejera, pronunciadas en la Universidad de Río, concretamente dentro del área del hospital, son por la mañana, los viajeros tienen libres las tardes y las noches. En éstas, se asiste a los cabarets, donde disfrutan los muy sensuales espectáculos de las bailarinas, siempre de todos los colores.

Se deja a Río y se arriba a Sao Paulo, con sus imponentes rascacielos. Si no superan los de Nueva York, sí los de Chicago. Se instalan en el "Hilton". No escapa a la siempre vigilante pupila del doctor Mora una vasta presencia de japoneses. Le recuerda a Tokio, con las calles llenas de gente lo mismo de día que de noche.

No obstante la riqueza que sugiere la colosal ciudad, no son pocos sus cuadros de miseria. Como en el viaje anterior, el gobierno está en poder de los militares y este hecho se sigue proyectando en la grave actitud de los agentes encargados de guardar el orden.

Por otra segunda vez a Montevideo, pero de nuevo le es indiferente tras la decepción de su primer viaje. Y otra vez la grandiosa Buenos Aires, donde los viajeros van a disfrutar las espléndidas gentilezas del abogado Claudio Gerdevich, hermano de Nélida, la esposa del doctor Manuel Monal. Este los ha recomendado a su cuñado.

Ahora el doctor Mora va a disfrutar más profundamente la capital argentina. Saborea las carnes de "La Cabaña". No renuncia a volver al "Palacio de la Papa Frita". Ni queda importante boliche que no se visite. Entre ellos el "Caño 14". Fue de rigor estar en el "Michaelangelo", con categoría de casino, donde se conoció a Mariano Moré, el compositor al que se debe el tan popular tango "Uno". Se visita la casa de Carlos Gardel.

Todo el hogar está lleno de lo que fueron las cosas que rodearon y que usó el cantante que llevó el tango a todos los meridianos del mundo civilizado, directamente, o por medio del disco y del cine. Sus admiradores siguen siendo fieles a su memoria. No es verdad que siempre tras la muerte se levante una muralla de silencio. .

Se fue a la Boca. el más antiguo barrio de la capital. Luego a San Carlos de Bariloche en avión. Un paradisíaco lugar, con sus montañas, sus nieves, sus lagos. Fueron dos días inolvidables, con las más peregrinas experiencias. La pesca de los tres tipos de truchas llevadas por unos americanos, en 1904. Con el tiempo se convirtió en el plato más popular dentro de aquel paraíso, donde reina una paz absoluta.

Otro punto sobresaliente es el Valle de Serrallanes, con sus gigantescos árboles, y cuyos enormes troncos están permanentemente húmedos, como si no cesaran de llorar. Nadie ha podido aclarar ese misterio, que posiblemente se deba a una coordinación de causas entre el árbol, el ambiente y la atmósfera.

Al cabo de tres tan felices días, regresa a Buenos Aires. Y al abandonar el "Plaza", el doctor Mora prefiere llegar primero a Santiago, pero aqui tiene problemas con los empleados de aduana, que le exigen que cambie a moneda nacional todos los dólares que tiene en su poder. El se niega con el argumento de que está sólo de tránsito. Al fin, la intervención de un funcionario resuelve el problema con el cambio de sólo cincuenta dólares.

Son los días del presidente Allende. Y bastan las veinticuatro horas que el doctor Mora está en Santiago, donde duerme una noche, en el "Carrera", para percatarse de que allí ha llegado el caos, exportado desde la Cuba comunista. El dictador cubano ha llegado al país para presionar al mandatario a que lleve a cabo lo que él ha hecho en la Isla,

Por todas parte chinos maoístas. Los chilenos se percatan de los tantos extrajeros, de las más diversas nacionalidades que se mueven en Santiago. Desde Moscú se dirige la operación destinada a capturar para la Unión Soviética otra nación cautiva más en América.

Mientras vuela hacia la Florida, el doctor Mora no deja de pensar en lo que ha visto en Chile. El país desciende aceleradamente por el despeñadero del marxismo hacia la miseria y el despotismo. No comprende que eso ocurra en un pueblo de tan viejas y firmes tradiciones democráticas.

Otro viaje a Europa (1972)

En el 72 de nuevo a Madrid, Se instala en "Villa Magna", el mejor de todos los hoteles de la capital, donde se encuentra con Mario Moreno, el famoso "Cantinflas", con quien tiene la oportunidad de conversar. Pero comprende que el personaje del cine nada tiene que ver con el ser humano que tiene delante. Este no es el comediante que actúa para regocijo de todo el mundo hispánico.

Hace contacto con dos amigos médicos: el doctor Jorge Tablada de Cárdenas, compañero de los años universitarios, y con el obstetra doctor Gullermo Vautrin.

Con ellos se entera de que en esos días se celebra un Congreso Mundial de Cirugía. Asiste y allí está el doctor García Bengochea, con su hijo, también médico y cirujano cardio-vascualar. Conoce allí al doctor Martínez Bodú, Marqués de Villaverde, casado con la hija del generalísimo Francisco Franco. Este lo invita a visitar el Hospital de la Paz, donde puede verlo hacer una operación de corazón.

De nuevo París. Y desde allí, Miami, No tardará dentro de este mismo 72 en salir hacia Mérida, Yucatán. Y sin detenerse a conocer las ruinas mayas, hacia la capital, por tercera vez. Y ante la dificultad de volar a Miami, toma el avión que lo lleva a Nueva Orleans, ciudad que le fascina por la coexistencia de sus tres culturas. Inicialmente la francesa. Por último la americana. Y entre una y otra la española como consecuencia de la impronta hispánica que dejaron allí los hispanos que la habitaron, con inclusión de los cubanos.

Allí vivieron muy destacados patriotas. Y allí se confeccionó la bandera de Cuba. Es un lugar cargado de historia. Además allí nació el espectacular músico que fue Louis Moreau Gottschalk, que es parte de la música cubana. Mundialmente la ciudad es famosa por ser la sede del jazz. Y sin navegar una vez más por el Misisipi que literariamente ha inmortalizado Mark Twain, toma el avión hacia Miami.

El mar

XVIII

Convenciones. Primer viaje médico.
Inauguración del "American Hospital"

Convención del 72

Tras los sucesivos diez viajes que el doctor Mora da entre 1966 y 1975, a Europa, a la América del Sur, al Oriente, a lo largo de siete años, hay que retornar a 1972 y seguir otras líneas de su múltiple vida.

En primer término, la Tercera Convención, que tiene lugar en el "Four Ambassadors Hotel", con una más nutrida asistencia que las anteriores. Con delegados procedentes de otras ciudades y otros países. Con más amplias exposiciones. Con más interesante programa científico, dirigido por primera vez por el doctor Hilario Anido, de la Universidad de Missouri, en Columbia, donde había sido profesor de Cirugía.

En cuanto a los premios, se otorga el "Dr. Carlos J. Finlay" al doctor José S. Lastra, en reconocimiento a sus altos prestigios como médico y a su fecunda y brillante ejecutoria, toda una ejemplar lección para la presente y las futuras generaciones cubanas.

Los invitados especiales de ese año están encabezados por el doctor José Fuentes Chao, profesor titular de Cirugía de la Universidad Complutense, de Madrid. En tanto que la Universidad de la capital de España está representada por el doctor José Torres Tamarid. Este extiende una invitación para que se visite su Universidad, gentileza que se acepta con suma complacencia.

El doctor Mora declara que esa visita se llevará a efecto en la primera oportunidad. Quizás con la próxima Convención, que será en 1974. La presencia de éstos y otros eminentes galenos es posible por la intervención del doctor Rafael Peñalver. El tiene los contactos y él mismo se ocupó de hacer las invitaciones y de gestionar la asistencia.

Esta Tercera Convención, llevada a cabo al año siguiente del Primer Congreso del Colegio prueba la pujanza de la clase médica cubana que puede hacer posible cada año la alternación de ambos eventos.

El entusiasmo de la inauguración, el espléndido desarrollo de las disertaciones y el espectacular banquete de clausura, a toda gala, llenan de júbilo el alma del doctor Mora, que tuvo la imaginación de idear la posibilidad de este programa con tantos aspectos, tantas seguras revelaciones y tantas positivas consecuencias.

La cotidianidad del doctor Mora

Concluida esta Convención, que fue un acontecimiento. el doctor Mora vuelve a su vida cotidiana. Se levanta a las seis. A las siete está en el hospital viendo a los pacientes. Después de desayunar en la cafetería, comienza las cirugías. Tras las mismas, la oficina, para recibir a los ya operados y a los nuevos que habrá que preparar para ser intervenidos.

Vencida toda la tarde, en las noches siempre tiene compromisos que atender. Cuando no es una cena, a la que ha sido invitado, o de la que él es el anfitrión, se suceden los más variados eventos sociales, a los que acude con verdadero agrado.

A través de estos programas, que se producen tanto dentro de la sociedad hispana como en la americana, se va ampliando el círculo de sus relaciones sociales. Al cabo de cada año, a los amigos con que ya cuenta se suman otros. En estos encuentros, a los que siempre asiste con austero pero elegante atuendo, el doctor Mora proyecta el atractivo de su personalidad.

Un hombre sencillo que, aunque tiene mucho de que presumir, no presume de nada. No le faltan oportunidades para hacer un favor, para servir en alguna medida. Y esto lo hace con tanta espontaneidad como sincera generosidad. Nunca comenta estos desprendimientos. ni siquiera se los recuerda a los beneficiados. Ni le da importancia alguna a esos nobles gestos suyos.

Y entre el ejercicio profesional y la vida social, la presidencia del "Pan American Hospital", la próxima inauguración del "American Hospital" y los trámites enderezados a promover la construcción de otro. el "North Ridge Hospital", en Fort Lauderdale.

En cuanto al primero, los cursos de educación continuada, suelen cambiar de formato. No siempre llega un "team" como ya ha ocurrido, sino que se trae a eminentes profesores de otros estados, o se invita a galenos de la Florida, a fin de que ofrezcan disertaciones dentro de sus respectivas especialidades.

Si el hombre es un ser plural, con capacidad para duplicarse, triplicarse o más, ninguna prueba mejor que la del doctor Mora, especialmente a partir de 1966, año en que comienza a viajar a Europa, al Lejano Oriente, a la América del Sur.

No se puede trazar gráficamente su vida con una línea. Tiene muchas líneas más o menos paralelas. Y al margen de lo que puede verse, está lo que no se ve, su más íntima cotidianidad privada. Vive en el "Four Ambassadors Hotel" con cuatro ventanales que dan a la bahía. Al cabo de su larga jornada diurna y de sus compromisos nocturnos regresa a su suite muy avanzada la noche. Es entonces cuando revisa la prensa del día. Suele ver algún noticiero informativo. Apenas a través de la semana tiene la posibilidad de leer un libro. Los que más lee son los de viaje.

Y aunque sus días están llenos de quehaceres y citas nunca se desentiende de la política americana. de la marcha de los negocios, de la Bolsa de Valores. tampoco es indiferente a lo que ocurre en Cuba. Aparte de lo que le informan los medios cuenta con la información que le suministran sus compatriotas.

Es en los fines de semana cuando tiene tiempo para sus hermanos. Con Lidio y Miguel está en permanente contacto por razones profesionales. Lo mismo podría decirse en cuanto a Giraldo. En cuanto a Orlando, lo invita con mucha frecuencia a cenar los sábados. Con Otilita lo lleva a los mejores restaurantes, pero lo que más disfruta es la inspirada plática de Orlando, que habla de todo con tanta sólida información como certeros juicios. En cuanto a la historia, su especialidad es la intimidad de los grandes personajes, tan llena de los más pintorescos episodios y de las más sorprendentes anécdotas. Todo lo evoca con la más cabal elocuencia y con la suprema habilidad de enlazar un tema con otro, sin tregua, hasta producir en cada ocasión un verdadero espectáculo de sapiencia.

Y si esa aludida pluralidad que se produce en algunos seres puede desembocar en un conflicto, por las contradicciones de sus diversos ingredientes o proyecciones, éste no es el caso del doctor Mora, que impone una soberana armonía entre las distintas manifestaciones de su existencia.

Su conducta sólo puede comprenderse a la luz de su psiquismo. Es un hombre inteligente, con toda la capacidad que se necesita para aplicar la razón a todas las situaciones. Sensible, no se deja seducir por sentimiento alguno que entre en conflicto con su tabla de valores y las metas que se ha trazado.

Su vigorosa voluntad domina sus posibles flaquezas. Pero difícilmente puede caer en una debilidad. Es demasiado prudente. No pierde nunca el gobierno de sí. Sin que sea un frío calculador, mide sus pasos y actúa con tanta serenidad como firmeza. Todo esto es posible porque es un carácter. Lo heredó de don Pepe. Así como de Blanca Rosa recibió su infinita bondad. Y esta reciedumbre espiritual que no flaquea es su escudo mejor y su más poderosa arma.

Inauguración del "American Hospital"

El 2 de junio del 72 se inaugura el "American Hoapital", Por la noche hay una gran recepción de gala con intervención de "Los Chavales de España" y de "Les Violines", de Miami. Si todos los eventos del "Pan American Hospital" han sido siempre muy brillantes, con toda la elegancia debida, esta fiesta supera a todas las anteriores convocadas por el doctor Mora.

Asisten los más distinguidos médicos de Miami. Destacadas personalidades. Importantes funcionarios. Se invitó a todos aquéllos que no debían ignorar la fundación de este nuevo hospital, que revela la capacidad empresarial del doctor Mora.

Como la inauguración coincide con el Congreso Médico del Colegio que preside el doctor Huertas, el doctor Mora organiza una visita de sus asistentes a las instalaciones del "American Hospital". Se les traslada al lugar, Es un domingo. El El programa a realizar se desarrolla desde las nueve de la mañana hasta las seis de la tarde.

Aparte del recorrido por las distintas dependencias con las explicaciones de rigor, se ofrece un espléndido almuerzo. Al correr de los años, algunos de los galenos que ejerçen fuera de la Florida se radican en Miami y se incorporan al "American Hospital".

Ahora el doctor Mora, aparte de los cargos que tiene en el "Pan American Hospital", ostenta los mismos en el "American Hospital". Es el presidente de la corporación, es el director médico del establecimiento y es, además, miembro de todos los comités que funcionan dentro del mismo. Adicionalmente, como cirujano, ya no sólo utiliza el quirófano del "Pan American Hospital", sino que opera igualmente en el nuevo hospital.

Entre los médicos que se han incorporado al "American Hospital" está un hermano suyo. Es el doctor Lidio Mora. Para hacerlo abandona la altísima posición que disfruta en Misisipi, tanto en la Universidad, en funciones de profesor, como en el correspondiente hospital con la dirección del Departamento de Gastroenterología.

Aunque el "American Hospital" ya está en funciones y ha comenzado con gran éxito, es necesario levantar, al costo de cuatro millones, el edificio destinado a las oficinas de sus médicos. Y mientras se desarrolla la construcción, ésta es otra preocupación del doctor Mora, que vigila su proceso a fin de que todo se haga correctamente. Está en todo, sin que jamás se le perciba alteración alguna bajo su invariable ecuanimidad.

Proyecto de Nueva York

Aunque ya el doctor Mora encabeza dos hospitales y se adelanta la construcción de un tercero, ha contemplado la posibilidad de erigir un cuarto hospital en Nueva York, donde no existe niguno con especial sensibilidad para la gente hispana, a pesar de los muchos latinos que viven en la grandiosa urbe y sus alrededores. Gracias a las experiencias ya tenidas, no le asusta ni le preocupa siquiera el nuevo empeño. Ya ha resuelto los medios financieros requeridos y se ha logrado el apoyo de la Asociación Médica Panamericana, presidida por el doctor Joseph P. Eller.

Para anunciar el proyecto se convoca en el "Metropolitan Club", fundado en 1890 por el famoso magnate J. P. Morgan, (1837-1913), a una inusitada recepción, con unos quinientos invitados. Los caballeros de etiqueta. Las damas, de traje largo. Música con orquesta y con un grupo de violines. Una regio buffet. Barra abierta. Los anfitriones no escatiman gasto alguno con tal de hacer algo que esté a la altura de los más altos niveles profesionales y sociales de la gran ciudad.

Aparte de los médicos, tanto latinos como americanos y de otras nacionalidades, el propio doctor Eller, que vive en el "Metropolitan", se encarga de invitar adicionalmente a personalidades neoyorquinas que pertenecan al Club. No faltan funcionarios como Henry Rice, Comisionado de Salud. Galenos de Miami y de ciudades cercanas a Nueva York llegan a la suntuosa recepción.

Se ofrece a los presentes toda la información relativa al proyecto, que está tan adelantado que hasta ya se cuenta con una prestigiosa firma de arquitectos encargada de hacer el diseño del futuro edificio. Los medios de comunicación informan acerca de lo ocurrido. No faltan la radio, ni la televisión. Los vecinos de Miami se enteran de todo. Pero el ambicioso proyecto está llamado a frustrarse por la actitud de la unión de trabajadores de la salud, presidida por quien se dice que es comunista. Y esto impide que se establezca en Nueva York el primer hospital latino. No lo había en muchas millas a la redonda.

Tras la frustración de Nueva York, el doctor Mora y sus asociados, con certero pensamiento de futuro, se dedican a comprar los terrenos que existen en torno al "Pan-American Hospital", al "American Hospital" y al futuro "North-Ridge Hospital", a fin de disponer de las áreas necesarias para las nuevas instalaciones que pudieran ser proyectadas.

Convención del 74

Se reúne la Cuarta Convención. En el "Four Ambassadors Hotel". Más asistencia, más expositores, un mejor programa científico. Se honra con el premio del "Dr. Carlos J. Finlay" al ilustre doctor Antonio Rodríguez Díaz, una de las más notables eminencias de la Cirugía en Cuba. Como al anunciársele, declaró que no asistiría, el doctor Mora se trasladó a Puerto Rico para invitarlo personalmente y comprometerlo.

Al llegar se entera de que el admirado cirujano no está en San Juan, sino en una finca, Hacia allá va el presidente del "Pan American Hospital", Un encuentro cordial. Imposible resistir los argumentos que esgrime Mora.

El doctor Rodríguez Díaz asiste. Recibe el honor conferido dentro del tradicional banquete. El baile está amenizado por la Orquesta Sound Machine, de Emilio y Gloria Estefan. Una noche inolvidable para todos

El doctor Rodríguez Díaz se admira de lo que el "Pan American Hospital" viene haciendo con estas Convenciones. Nunca pudo sospechar que el doctor Mora pudiera reunir a tantos médicos de tantas partes. Así lo expresa con muy emocionada palabra.

Gracias a este banquete le es posible encontrarse con tantos colegas que llevaba años sin ver. Con toda justicia ponderó el programa científico. Pero por encima de los hechos, se produce lo que buscaba el doctor Mora al promover el proyecto de las Convenciones. Hay un hermoso espectáculo de convivencia entre los galenos presentes. Unos se conocen. Otros no. En consecuencia se ratifican sentimientos de amistad y comienzan otros. Se ha logrado en el exilio una sincera y fecunda conciencia profesional.

Primer viaje de los médicos (1974)

Y como había sido formalizada la invitación de la Universidad de Madrid, se produce el primer viaje al exterior que se organiza para inmediatamente después de la Convención.

Un grupo de más de cien vuela a España para asistir al seminario que ha organizado el doctor José Fuentes Chao en el hospital que lleva el ilustre nombre de "Jiménez Díaz", pero que es conocido como "El Clínico".

Las sesiones se llevan a cabo en el auditorio, entre las ocho y la una. Las disertaciones están a cargo de eminentes profesores españoles. Son realmente unas jornadas tan interesantes como provechosas. El doctor Mora se reencuentra con el doctor Jorge Tablada de Cárdenas, médico cubano que ejerce en Madrid. Este invita a una reunión en su casa.

Como a partir de la una de la tarde se dispone de todo el tiempo, se organizan varios programas. Y entre ellos hay horas libres para que cada quien haga lo que desee. Al cabo de una semana en Madrid, se ofrecen tres opciones para otros siete días: París, Roma y el Sur de España. El doctor Mora decide dirigirse a París una vez más. Ahora en la compañía del doctor García Bengochea. Mucho tuvo que ver el doctor Peñalver en la organización de este viaje.

Pero, antes de que se tomaran estos respectivos rumbos, se quiere celebrar la última noche de Madrid, con una informal reunión, en uno de los salones del "Hotel Princesa", donde están hospedados. Lamentablemente es tal el jolgorio bajo el ritmo de la sensual música cubana que se interpreta, que uno de los viajeros sufre un paro cardiaco. Son inútiles los esfuerzos de quienes lo atendieron de inmediato.

Reencontrados en Madrid los tres grupos procedentes de París, Roma y Andalucía, el doctor Fuentes Chao, presidente de las Asociaciones Médicas de España, ofrece una recepción en su residencia. De inmediato, el regreso a Miami.

El doctor Mora está muy complacido con el experimento de esta primera excursión al extranjero, Si no faltaban los que habían viajado ya a Madrid, no eran pocos lo que no lo habían hecho. Y eran más los que no conocían a París ni a Roma.

Pero la importancia de este viaje está en el encuentro en Madrid de médicos cubanos con médicos españoles de tanta jerarquía profesional. Se trata de una desusada proyección internacional. La invitación de la Universidad Complutense es un singular reconocimiento a la clase médica cubana que ha abandonado a Cuba y se halla radicada en Estados Unidos, en la América Hispana y hasta en la misma España.

XIX

España. Viaje de aniversario. "North Ridge" Convención del 76

Seminario de Psiquiatría

Si en 1975 no hay Convención, el "Pan American Hospital" convoca un Seminario con especial énfasis en Psiquiatria, bajo la advocación de la Primavera. Tiene lugar en el "Marriot". En su organización y desarrollo tiene muy principal intervención el doctor Miguel Angel Mora, con internacionales prestigios profesionales en esa materia.

Vienen varios profesores de la Universidad de Yeshiva, en Filadelfia. Y entre ellos el doctor Maurice Pressman, con quien Miguel tiene ya una afectuosa amistad. No faltan los psiquiatras del Condado de Dade, especialmente los de Miami. Por varios días se exponen y discuten muy destacados tópicos de esa área de la Medicina.

Hay una abundante asistencia, pues no sólo concurren psiquiatras, sino también otros médicos de distintas especialidades. Terminadas las jornadas de trabajo, se celebra un elegante banquete de clausura. No faltan la música ni la tribuna. El doctor Mora agradece la presencia de los que han intervenido en el seminario y exalta su importancia. Da las gracias a cuantos han asistido a la clausura.

En España y París (1975)

En 1975 no hay Convención ni viaje de los médicos, pero el doctor Mora no renuncia a su vocación de viajero, siempre ávido de renovar sus impresiones europeas. Ahora vuelve a España con varios galenos de Nueva York. Y con ellos los doctores Monal y Tejera. Ambos con sus esposas. La del primero es radióloga y como tal ostenta la jefatura del Departamento de Radiología del "American Hospital". También, Juanito Mora con la suya.

En este viaje, que empieza en Madrid, se va a Valencia, la medioeval ciudad en que murió Rodrigo Díaz de Vivar, en 1009. La vida y las hazañas del legendario Cid Campeador, que es como se le conoce, es el tema del "Poema del Mio Cid", fechado en 1140, y que es la obra poética más antigua que se conoce de la literatura española. Está escrita en el primitivo romance castellano de aquellos días. El castellano comenzaba a ser una lengua literaria.

Y como es natural los viajeros pueden contemplar los restos del palacio y fortaleza en que vivio don Rodrigo, tan temido por los árabes, El lugar se le conoce con el nombre de "El Peñasco". Pero esta visita a Valencia tiene el especial propósito de saludar en Grau de Gandía a la familia de José Antonio, el popular cantante de "Los Chavales de España".

Después de visitar la Universidad se va a Manices, donde se producen muy famosas tejas. Cerca del lugar está la artesanal industria de Lladró, donde se fabrican las tan famosas porcelanas.

Se come en "Los Viveros", restaurant dedicado exclusivamente a los productos del mar y cuya nombradía va más allá de los límites de Valencia, también conocida popularmente como la ciudad de los churros y del chocolate a la española. A través de tres días recorren no pocos interesantes lugares aledaños.

De regreso a Madrid, el doctor Mora sigue hacia Sevilla.Quiere dormir en el "Alfonso XIII", por la merecida fama que goza el hotel, pero tiene que hacerlo en el "María Cristina", cuyo nombre es el de la madre del Rey.

Y del sur al norte, directamente a Santiago de Compostela. Se vuelve a encontrar con el doctor García Bengochea. Con éste y Juanito Mora recorre una vez más La Coruña, Ferrol, Vigo, Lugo...

Entran en el restaurante "Porton du Recanto", el mejor de la ciudad, administrado por el arquitecto Cesáreo García. Son las siete de la noche y no se sale hasta las dos y media de la madrugada. Con el grupo encabezado por el doctor Mora está un gallego radicado en Cuba, Santiago Pestoni, especializado en el negocio de plantas. Además, médicos amigos de García Bengochea y otros.

Aquello es una pecaminosa tentación para la gula. Todos los embutidos habidos y por haber. Y todas las bebidas. Algunos hasta el hartazgo y al borde de la embriaguez. Ese no es el caso del doctor Mora.

Después vienen los más suculentos manjares de la cocina gallega. Y con todo esto la música. Dada la hora en que se concluye la inocente juerga, hay que terminar la noche en el Parador Nacional de Lugo.

Levantada la mañana, se regresa a Santiago, y de aquí a Madrid, donde se disfruta el andaluz espectáculo que ofrece el Corral de la Morería. Actúa la popularísima Lucero Tena. No hay mesa y la fila que espera por una es interminable, pero al conjuro de un billete americano de cien dólares aparece de inmediato la que celosamente se reservaba para un alto funcionario.

No hay tablado que el doctor Mora no conozca. Le apasionan el flamenco y todas las expresiones del folklore español, con tantas variaciones como regiones existen en la Península. Y asistir a una función semejante con el doctor Monal tiene la ventaja de que éste es un consumado erudito en música, y dentro de la misma la de España. En consecuencia, él juzga, comenta, evalúa, ilustra.

Una vez más a París, la ciudad que ya no tiene secretos para el doctor Mora, a fuerza de haberla visitado tantas veces. Y cada visita representa siempre una mayor profundización en la misma.

Concluido el programa, se regresa a Miami. Es mucho lo que espera al doctor Mora.

Feliz aniversario en París (1975)

Aunque el doctor Mora está sumergido en los preparativos finales de la inauguración del nuevo hospital, el "North Ridge", no puede esperar por esa ceremonia. Se ha comprometido con los Tejera y los Monal, sus íntimos amigos, en verse en París.

El itinerario es distinto a lo acostumbrado. De Miami a San Francisco. De aquí a Nueva York, donde se encuentra con los Tejera. Y de inmediato a Madrid. Más tarde, París, donde los esperan los Monal. Hay un objetivo: celebrar sus cincuenta y un años ya que no fue posible festejarle en el 74 el medio siglo.

Fue en el "Maxin". Se reunieron quince comensales. Una jornada por todo lo alto para que no se olvidara jamás. Se brinda con un champagne de 1924, el año del nacimiento del festejado.

El doctor Mora da mucha importancia a cada 25 de octubre, porque en un día igual del 1924 vino al mundo. Cada aniversario es una confirmación de vida. Para Unamuno el nacimiento es el momento más importante de toda la trayectoria del hombre, porque con ese acto se entra en la vida, que es entrar en la historia. Es empezar a desarrollar la terrena aventura que concluirá con la muerte.

La muerte equivale a un segundo nacimiento. Pero en vez de nacerse para este valle de lágrimas se nace para la eternidad. Con la eternidad se le plantea al hombre la comparecencia ante Dios, según la teología católica, y con esto el inmediato destino del alma.

Por otra parte, sustancialmente la vida es tiempo. El tiempo que el Creador nos otorga para que cada quien realice su destino. Es la materia prima con que se hace la vida. En consecuencia, un minuto vacío es un tiempo perdido que ya no se puede recuperar. La celebración del cumpleaño ofrece la gran oportunidad para que se haga un balance de lo que se ha realizado y se pueda programar el futuro que vendrá a partir de ese momento.

La cena termina con los emocionados votos que se le ofrecen al doctor Mora deseándole una larga vida y los mayores éxitos en todos los sentidos.

De París a Roma. De Roma a Atenas. Es su primer viaje a esa ciudad que es un hito de la historia. Nadie discute que la Atenas clásica sea la principal fuente de la cultura occidental. Aún Platón es el padre de la Filosofía. Aristóteles todavía pauta nuestro pensamiento. Hay que aplaudir a los griegos que han sido capaces de preservar las más significativas huellas de lo que había sido el centro del mundo helénico.

La Acrópolis, construída sobre una colina en un extremo de la ciudad, es visible desde muchos puntos de la moderna capital actual con sus numerosas plazas y anchas avenidas. Pero una cosa es verla de lejos y otra muy distinta es subir la ladera y llegar a sus mármoles. Es un pasado que se cuenta con milenios. Fue en el siglo V antes de Cristo que Atenas logra su más egregia plenitud.

Y dentro de ella, como el principal de sus edificios, el Partenón. Los expertos declaran que nada más perfecto y bello se ha logrado en arquitectura. Los atenienses fueron maestros de la armonía, el equilibrio y la sencillez. Fidias y los demás escultores labraron el mármol para la eternidad. Lamentablemente es mucho lo que se ha llevado a Londres y a numerosos museos del mundo.

En el resto de Grecia son muchos los testimonios de su genio artístico. Y fuera del área continental, las islas: Santorini, Creta, Rodas... Un mundo cultural destruido a través de las guerras de conquista: los macedonios, los romanos, los turcos... No será hasta 1827 que logra su independencia y con ella su unidad.

Grecia quedó constituída en un reino. Con la Segunda Guerra Grecia fue invadida por los italianos y los alemanes. En el 46 se restablece la monarquía. Pero desaparece definitivamente en el 73. Se proclama la república.

De Atenas a Estambul, la actual Constantinopla. Con uno u otro nombre. Y tiene un tercero, más antiguo, Bizancio. Es la única ciudad que enlaza a dos continentes: Europa y Asia. Se supone fundada en el 667 antes de Cristo. Al dividirse el Imperio Romano en dos, el de Occidente y el de Oriente, fue que la ciudad, en el 330, tomó el nombre del Emperador Constantino, el hombre que vio dibujada la cruz en el Cielo. Y después de haber sido invadida por los persas y los árabes, llegaron los turcos en 1453.

Como Constantinopla era el paso de los mercaderes de Occidente hacia el Oriente, fue que se produjo la necesidad de buscar otro camino para llegar a la tierra de las especias. Al poner España en práctica la tesis de Cristóbal Colón se logró el descubrimiento del Nuevo Mundo, que es la América actual.

Después de conquistar los Balcanes, no tardaron los turcos en querer apoderarse de Occidente, pero fueron derrotados por Carlos V en su empeño de entrar en Viena. A través de los siglos Turquía fue gobernada por sucesivos sultanes, algunos de los cuales fueron terribles guerreros como Soliman el Magnífico. Pero el poderoso imperio turco se desmanteló tras la Guerra del 14.

De sus ruinas brotó un hombre: Mustafa Kemal Ataturk, que abolió el sultanato con todas sus instituciones, tradiciones y costumbres. Y en cambio creó la república en 1923. Mustafá modernizó a Turquía. Se le tiene por el fundador de la nueva nación. Esta ha seguido fiel a su memoria tras su muerte en 1938.

Al cabo de los siglos la ciudad no sólo está llena de historia sino que es un museo con tantas mezquitas como palacios. Entre las primeras, el doctor Mora y sus compañeros de viaje entraron en la de Soliman y en la Azul. Entre los segundos, el de Dolmabahce y el Beylerbey. Abundan los testimonios de la presencia romana. Y sin que los griegos hayan dominado el territorio turco, dentro de mismo hay no pocas obras helénicas como el Templo de Apolo.

Pero sin demeritar todo lo del remoto pasado, la actual Constantinopla es una muy hermosa ciudad. Acaso lo que de ella más asombra al doctor Mora es el Gran Bazar. Su dimensiones son imponentes. Dentro del mismo hay miles de tiendas. por sus corredores transitan diariamente incontables turistas y nativos. Se destaca la exquisita cortesía de los comerciantes.

Constantinopla es el crucero de dos mundos. Es uno de los más ricos centros comerciales del planeta. La rodean el Mediterráneo, el Mar Negro, el Bósforo y el Mármara.

De Constantinopla a Roma. De Roma a Nueva York. De Nueva York a Miami. A través de estos cincuenta y un años que ha cumplido el doctor Mora no sólo ha cambiado su vida, sino la de todo el mundo. En 1924 la aviación estaba en ciernes. Para ir a Europa era necesario hacerlo en un trasatlántico.

Entonces se hablaba en términos de días, semanas o meses. Ahora se alude a horas y minutos. Los progresos logrados en los medios de transporte son los que han creado el mundo actual. Y el sabio Goethe (1756-1836), al montar un nuevo modelo de carruaje afirmó que sería imposible crear algo más veloz. Lo mismo afirmó Larra (1809-37) en un artículo sobre las diligencias de Madrid.

"North Ridge Hospital"

El doctor Mora no ha podido regresar de Europa para estar presente en la inauguración del "North-Ridge Hospital" el 25 de octubre del 75, Se aplica al evento la experiencia ya tenida con la del "American Hospital". Es algo digno del tan moderno hospital. Tampoco se padecerá el problema que se sufrió con el otro por falta de dinero para afrontar las operaciones. El Chase Manhattan Bank es lo suficientemente comprensivo para adelantar dos millones quinientos mil dólares.

Pero con el "North Ridge Hospital" hay que padecer la hostilidad de los médicos y hospitales del área que lo circunda, porque ven en su presencia una poderosa amenaza. Es posible que la envidia tenga algo que ver con esta actitud. Pero bajo la inspiración del doctor Mora es posible vencer esa poca amable reacción. Se moviliza una hábil diplomacia conciliadora con muy positivas concesiones. No puede olvidarse una excepción, la de los doctores Lavernia, que colaboran con los ejecutivos de la nueva empresa con tanta simpatía como gentileza.

Tras esta última inauguración el doctor Mora se ve con tres hospitales. La solución es que el doctor Pearce se hace cargo del último. A los efectos de las traslaciones de un hospital a otro se compra un helicóptero, "Gazeli", de fabriación francesa, con un costo de más de trescientos mil dólares y con capacidad para cinco pasajeros.

El hecho de que doctor Pearce se ocupe del "North-Ridge" no libera al doctor Mora de sucesivas intervenciones y responsabilidades, especialmente en cuanto a los nombramientos para las más importantes posiciones médicas, como la jefatura del Departamento de Patología, para la que se nombró al doctor Antonio Valdés Dapena. Y así sucesivamente. Si en el "American Hospital" se cuenta con seiscientos médicos, en el "North Ridge Hospital" hay unos quinientos. En el primero los cubanos representan el noventa por ciento. En el segundo, el cincuenta.

Estos datos revelan elocuentemente lo que, tras la inauguración del "Pan American Hospital", significa para los médicos cubanos e hispanos en general la aparición del "American Hospital" y del "North Ridge Hospital". El brillante destino que han disfrustado esos galenos hasta ahora no hubiera sido posible sin estos nuevos hospitales. Y todo esto se debe al talento empresarial del doctor Mora, a la visión que tiene sobre el progreso y a la intuición con que adivina las medidas que deben tomarse para adelantarse al porvenir.

Y con el empresario está el ser humano, henchido de comprensión para todas las necesidades de todo tipo que presentan los colegas llamados a ser incorporados a esos hospitales. Cada uno tiene su mundo de problemas. Pero el doctor Mora como un sensible y generoso rey mago los resuelve todos, sencilla y espontáneamente. Sin visible esfuerzo alguno. El tiene el don de solucionar todas las dificultades y de conducir a los demás por el camino del éxito sin esperar recompensa alguna. Es por eso que las tantas ingratitudes que le llegan no le hacen daño, ni le endurecen la sensibilidad, siempre dispuesta a ayudar.

No es nada fácil lo relativo a los nombramientos para las jefaturas de los Departamentos, porque si el doctor Mora está convencido de la capacidad de no pocos médicos en plena juventud, hay quienes no confían en ellos y aspiran a que en esas posiciones estén galenos de tanto prestigio como experiencia. Sin embargo esta tesis no siempre tiene éxito. Efectivamente, se producen algunas defraudaciones que afrontar y resolver felizmente. Y dentro de estas tensiones no son pocos los jóvenes que ingresan en el "North Ridge Hospital" y que prueban sus indiscutibles talentos. Con el tiempo han tenido las más ventajosas compensaciones. Superiores a las que pudieron soñar.

Si el doctor Mora es un cirujano eminente, no cabe duda que su habilidad financiera no se queda a la zaga. Es por eso que contempla y resuelve la consolidación de todas las deudas de los dos últimos hospitales, ascedentes nada menos que a cuarenta millones de dólares. Pero es que ambos se realizaron partiendo de cero. El milagro fue posible por las facilidades que con tanto acierto brindó el Chase Manhattan Bank de Nueva York.

La Convención del 76

El 1976 es año de Convención. La quinta. Además, se contempla la posibilidad de un viaje al extranjero. Enterado el cónsul chileno, el doctor Durán lo comunica a su gobierno y éste extiende una invitación para que los médicos vuelen a Santiago. Otro funcionario chileno, el doctor Pinto, moviliza en Santiago sus más entusiastas esfuerzos para colaborar con el doctor Mora en cuanto sea necesario.

El general Augusto Pinochet gobierna desde 1973, cuando encabezó un golpe de estado. Para salvar a Chile de la amenaza comunista procedente de Cuba tuvo que derrocar al presidente Salvador Allende. La propaganda internacional en contra de él fue enorme. Pero como cubano el doctor Mora tiene la experiencia de su patria y comprende perfectamente las razones que se tuvieron para lo ocurrido en el Palacio de la Moneda.

Es por eso que, consultado el caso, no hay dificultad en aceptar la cita a pesar de que el país del sur no ha sido visitado turísticamente en estos últimos años por ningún grupo. Está condenado por la opinión internacional, hábilmente manipulada por la izquierda, que inspira y sostiene la entonces Unión Soviética.

A los efectos de aclarar todos los detalles y de organizar la estancia en Chile con el programa a desarrollar, el doctor Mora viaja a Santiago en el mes de marzo acompañado por los doctores Monal y Tejera y por el periodista Vicente Rodriguez, encargado de las relaciones públicas del "Pan American Hospital". Se entrevista con altos funcionarios, todos militares, y con ellos resuelve todos los pormenores de la próxima visita.

Concluida la misión que lo lleva a Chile, el doctor Mora, con los doctores Monal y Tejera, llega a Buenos Aires, donde permanecen varios días extremadamente agradables. Aparte de la visita al doctor Favaloro los viajeros son atendidos espléndidamente por el abogado doctor Mario Guerdevich, hermano de la esposa del doctor Monal. Y se regresa a Miami cuando ya faltan dos meses para la Convención,

Esta se lleva a efecto en el "Four Ambassadors Hotel". Se produce la más alta asistencia, superando a las anteriores. El programa científico también logra su más destacado nivel. Se otorga la Orden de "Dr. Carlos J. Finlay" al doctor Antonio Valdés Dapena.

Es la primera Convención que se celebra después de la inauguración de los dos nuevos hospitales. En consecuencia, el doctor Mora está en el pináculo de su carrera. Después de triunfar como cirujano y como fundador y presidente del "Pan American Hospital", la fundación del "American Hospital" y del "North Ridge Hospital", con la superior calidad de sus equipos médicos y de todos sus servicios, vienen a consolidar sus más altos prestigios.

Si todas las Convenciones han coincidido siempre con la fecha de la declaración de independencia de las Trece Colonias, como este año es el del bicentenario de ese acontecimiento, se tiene un especial recuerdo para el 4 de julio de 1776 como un tributo de los médicos cubanos a los Estados Unidos, la tierra que los ha acogido con tanta generosidad y en la que tantos galenos han podido reconstruir sus vidas y continuar el ejercicio profesional que no pudieron seguir en Cuba.

Y si todas igualmente resultaron un tremendo éxito, no cabe duda de que ésta las supera por sus muy especiales circunstancias. Nunca hubo mayor asistencia. El programa cientítico, dirigido por el doctor Lidio Mora. se ve honrado con la intervención de muy ilustres médicos y todos los tópicos abordados son de muy especial importancia.

El banquete de clausura está a la altura de la importante fecha histórica que se recuerda. El doctor Mora ocupa la tribuna. —Hoy se cumplen doscientos años que este maravilloso pueblo hizo su Declaración de Independencia. Vivimos en la más grande nación del mundo traídos aquí por el destino... El orador alude a los sucesos de Cuba y hace votos porque desaparezca el drama que se vive.

—La Convención Médica Cubana proclama el derecho que tiene el pueblo cubano de combatir por su libertad y su independencia... El doctor Mora, en nombre de la Convención declara la solidaridad de los médicos con todos los presos de la Isla.

—Si el destino asocia a la clase médica cubana con el Bicentenario Americano, pongamos a esta Convención y a todos sus asistentes a la disposición de esta inmortal nación... El orador se pregunta cuáles han sido las causas del milagro norteamericano y declara: —El culto a todas las libertades humanas, la libre empresa, el trabajo, el pragmatismo, la democracia... El doctor Mora alude a la presencia en los Estados Unidos de los extranjeros como un factor que ha contribuido notablemente al desarrollo de este país.

El doctor Mora. después de aludir al programa especial tenido ese mismo día en homenaje a Estados Unidos, dejó constancia de los agradecimientos del pueblo cubano para con esta nación que calificó como "la más grande civilización desarrollada en el más breve tiempo..." (El texto completo de este discurso aparece en el Apéndice).

Si la Convención, por sí misma, ha sido un acontecimiento tanto social como científico, que han disfrutado todos los médicos presentes, el tributo rendido a los Estados Unidos ha conmovido porque todos son conscientes de lo que en la historia de la humanidad significa la fecha del 4 de julio de 1776.

No sólo lo ocurrido en Filadelfia es un hito histórico del que no puede prescindirse en la evocación de los anales de la política del mundo, sino que se está frente a un hecho cuyas resonancias han llegado doscientos años después, sin que se haya producido cambio alguno en el pensamiento de los fundadores. Y esto tiene categoría de insólito milagro ante las inevitables fluctuaciones de las sucesivas generaciones.

Como hispanoamericano el doctor Mora se lamenta de que frente a la estabilidad norteamericana los pueblos de ascendencia española se caractericen por una permanente inestabilidad política. La España colonizadora carecía de toda vocación democrática.

Organizó administrativamente la Isla mediante organismos inaccesibles a la opinión pública.

Se mantuvo al pueblo, con inclusión de los más altos niveles sociales, fuera del gobierno. La consecuencia fue que, producida la independencia de las colonias, los independizados no sabían gobernarse. Y al cabo de los años no todos han aprendido.

XX

Segundo viaje de los médicos.
El Doctor Mora en Madrid y París

Chile (1976)

Son muchas las razones que tienen los médicos para sentir una muy especial ansiedad en la víspera de viajar a Chile. Si cada nación hispanoamericana tiene su propia personalidad, independientemente de los comunes ingredientes que presenta el Continente por haber sido colonizado por España, el caso chileno va mucho más allá de esas diferencias.

Chile está situado en un rincón del planeta. En la misma cola que presenta la América del Sur. Y aunque su frontera occidental corra paralela a la Argentina, la situación geográfica de los argentinos es muy distinta a la de los chilenos. Se le ha llamado "el país de la loca geografía".

No hay país que presente la configuración de Chile. Es una faja de tierra situada entre los Andes y el Pacífico. Desde su frontera con Perú y hasta donde termina la tierra y empieza la Antártida. Si de norte a sur mide unos diez mil kilómetros, su anchura oscila entre cuatrocientos cuarenta y cinco y noventa kilómetros. Con una superficie de tierra firme de unos setecientos cincuenta y siete mil kilómetros cuadrados, Y una población de unos diez millones. De ellos, a Santiago corresponden cuatro millones. Aparte de la capital hay ciudades tan importantes como Valparaíso, Viña del Mar, Concepción...

La originalidad de Chile comienza con sus primeros anales históricos. Ningún pueblo de América padeció una conquista tan larga y dramática como la de la tierra de los araucanos. Ninguna población nativa defendió su territorio como éstos. Ni ninguna otra de las repúblicas la aventaja en cuanto al logro de una estabilidad política por largos años, bajo el signo de la democracia. Una democracia con orden, con disciplina, sin necesidad de violar los derechos humanos. Fue la obra de quien nunca, sin embargo, llegó a la presidencia, ni aspiró a ella. Fue Diego Portales. Tampoco ningún otro país hispanoamericano se le adelanta en educación política, cualesquiera que sean las naturales controversias entre líderes, partidos e ideologías.

Pero esto no impidió que por una combinación de circunstancias llegara a la presidencia el doctor Salvador Allende. Lamentablemente, éste se deja influir por el gobernante comunista de Cuba, al servicio de Rusia, y Chile desemboca en el caos. Si sale del mismo se debe al general Augusto Pinochet, aunque haya tantos chilenos que se niegan a este reconocimiento.

Trescientos médicos viajan en una nave de "Lan Chile". Se vuela directamente desde Miami hasta Santiago. Ministros y altos funcionarios, generales o no, esperan a los viajeros. Allí permanecen por seis días, instalados en el "Hotel Carrera".

El gobierno, a través de funcionarios civiles y militares, se desborda en atenciones y seguridades para los médicos de Miami. La primera entrevista del doctor Mora es con el general Leigh. Lo acompañan sus hermanos Orlando y Lidio. El primero es abogado y el segundo es médico, jefe del Departamento de Gastroenterología del "American Hospital". Leigh le impone una condecoración al presidente de los tres hospitales de Miami.

Y al darse por concluída la entrevista, no se termina porque aparece la esposa de Leigh con varias damas. Le piden al doctor Mora una ambulancia. Y éste corresponde al pedimento. No tardará el vehículo en llegar a Santiago.

A continuación se produce una recepción del Ayuntamiento de Santiago, con muy numerosa concurrencia. El doctor Mora contesta el discurso del Alcalde. Otra entrevista del doctor Mora es con el

General de Brigada Aerea Fernando Mathei Aubel, Ministro de Salud. Este le ofrecerá después una cena en su residencia. También hay otra con el Ministro de Relaciones Exteriores. Se habla con varios colegas que son militares, como el doctor Toro, eminente oftalmólogo que tiene una interesante conversación con el doctor Félix de la Vega, también de esa especialidad.

El programa a desarrollar no tiene tregua. Aparte de los recorridos por la ciudad y la visita a los más importantes lugares, una función folklorica, un desfile de modas, una visita a un museo, donde hay un almuerzo y donde los visitantes contemplan el esqueleto de un dinosaurio. Además, viaje a Valparaíso y Viña del Mar. Los respectivos alcaldes ofrecen sendas recepciones, extremadamente cálidas.

De suma importancia es el seminario científico, dirigido por el doctor Lidio Mora, que previamente se había organizado con el Colegio Médico de Chile desde la visita del doctor Mora en el mes de marzo. Se desarrolla a través de sucesivas jornadas tan brillantes como provechosas.

Los actos culminan con la visita al general Pinochet. En su despacho, de elegante y severo estilo francés, a través de media hora, el Jefe del Estado agradece la visita y explica las razones que lo llevaron a asumir el poder, Si el país se había precipitado en una inaceptable anarquía, él había agotado todas sus gestiones con el Presidente para resolver la situación. Este se deja influir por el dictador de Cuba, punta de lanza de la penetración de la Unión Soviética en el Hemisferio.

El general Pinochet expone todo lo que se ha realizado para normalizar al país y promover el desarrollo económico. Bastó muy poco tiempo para que el izquierdismo desmantelara totalmente la economía chilena, desde la producción hasta el consumo. El gobernante chileno se refiere a los planes a desarrollar en el orden político, pero las soluciones no pueden ser inmediatas. Con el doctor Mora asisten a la entrevista el Cónsul Durán, el doctor Miguel Angel Mora y el periodista Vicente Rodríguez.

Y antes de abandonar la tierra chilena, el doctor Mora visita al Ministro de Asuntos Exteriores para agradecer en él al gobierno todas las atenciones y todos los agasajos. Y como no había visto un busto de Martí en toda la ciudad, lo ofrece. Y no tardará en cumplir la promesa.

Al llegar al aeropuerto resulta una grata sorpresa ver que para despedirlos han acudido muy altas personalidades chilenas, tanto militares como civiles.

Buenos Aires y Río de Janeiro

Se vuela a Buenos Aires. La mayoría de los viajeros no han estado antes en Argentina. Por cuatro días se hospedan en el "Sheraton". El doctor Mora se apresura a visitar al doctor Favaloro. Y como lo acompaña el doctor Agustín W. Castellanos, los dos ilutres cardiólogos tienen la oportunidad de cambiar experiencias sobre la angiografía.

Aparte del programa médico, la agencia que ha organizado el viaje ofrece las más interesantes excursiones. Los visitantes conocen y admiran los lugares más importantes y bellos de la hermosa capital, considerada como el París de América.

Y no falta la entrada en restaurantes, casinos y boliches. ¿Cómo no visitar la Boca, cómo no estar en "La Cantina de Ochoa", cómo no cenar las mejores carnes del mundo en "La Cabaña", cómo no ir a "El Palacio de la Papa Frita" para verificar los previos comentarios del doctor Mora que ya ha estado allí?

Algo aparte es la visita al actor Viondi que con Miliki había actuado tantos años en La Habana, donde gozaron de una inconmensurable popularidad. Tampoco puede faltar la visita a "El Viejo Almacén", donde actúa Edmundo Rivero, el autor de tantos famosos tangos como "Cambalache". Se ve y escucha al músico tocar tres instrumentos: el acordeón, el bandoneón y la guitarra. No era posible estar en Buenos Aires y no entrar en la casa de Carlos Gardel, toda una leyenda del tango,lamentablemente muerto en un accidente aéreo.

De Buenos Aires a Río de Janeiro. Aunque el doctor Mora no es muy sensible a la ciudad, tiene la alegría de disfrutar la compañía de su amigo el doctor Roberto Sarmiento y su esposa. Todos gozan el espectáculo del origínal paisaje que le sirve de ámbito a la pintoresca ciudad, una ciudad distinta a todas.

Se hacen los recorridos de rigor. No faltan las visitas al Corcovado y al Pan de Azúcar. ¿Y cómo no subir hasta Metrópolis para gozar la vista que desde su altura puede abarcarse? Y dentro de tantas vivencias, el programa médico que comienza en Chile, sigue en Buenos Aires y ahora se termina en Río, siempre dirigido por el doctor Lidio Mora.

Y concluído el tiempo, regreso a Miami. Cada quien llega cargado de las imágenes y las experiencias que les han dejado las tres grandes capitales del Cono Sur. Tres ciudades totalmente distintas, pero cada una con su historia, su personalidad, su ritmo, su gente.

Madrid y París (1976)

A pesar de los dos viajes al Cono Sur, en marzo y en julio de este año 1976, el doctor Mora no puede vencer la tentación de un nuevo vuelo. Y llega a Madrid. Pero no quedaría totalmente satisfecho si no va a París. La antigua Lutecia de los romanos lo tiene hechizado.

Al cabo de unos días, le duele abandonarlo para retornar a Madrid. En ambas capitales, nuevas vivencias. más experiencias, soprendentes descubrimientos. El doctor Mora tiene un insólito poder de observación, Y no menos excepcional es la memoria con que lo recuerda todo. El turista común mira y no ve. Y si ve, olvida. Pero ése no es su caso. Su mirada capta todas las imágenes y las retrata en la conciencia. Y ésta las deposita en el inviolable archivo de los recuerdos.

Con todo esto, el cirujano se olvida de la cotidianidad de Miami, con la servidumbre de tres hospitales, de tantos pacientes, de los quirófanos, de las cirugías... ¿Viaja por viajar, o viaja para liberarse de las obligaciones profesionales que le ha impuesto su destino? ¿Dónde el predeterminado destino termina y donde comienza el libre albedrío? ¿Puede el ser humano actuar con una auténtica libertad en esta existencia terrena si ha venido siendo condicionado desde el Paraíso? Sobre cada criatura que nace gravitan el ancestro familiar, el tiempo y el espacio del nacimiento, las circunstancias sociales, económicas, políticas y culturales de su país.

En definitiva, el libre albedrío es algo tan relativo como aleatorio. Sobre el mismo prevalece un fatal determinismo. Este fija el cauce. Ese cauce es inexorable. Y es dentro del mismo que la persona humana puede moverse bajo el espejismo de que es libre.

En Madrid y París, sin el bisturí en ristre, sin el uniforme del cirujano, el doctor Mora se siente libre. No tiene que madrugar. Deja que lo despierte el sol madrileño o el parisino. Y le parece que con cada amanecer renace la vida, y se hace la ilusión de que cada día siempre es nuevo. Viajar es renovarse. Es ampliar la mente. Es enriquecer el corazón. Es tener una visión más real y exacta del mundo, como si éste se ensanchara. como si no tuviera las geográficas fronteras nacionales.

Pero hay que hacer las maletas, pasar por el buró de la recepción para liquidar la cuenta, tomar el auto, llegar a Barajas, abordar el avión, atravesar el Atlántico, aterrizar en Miami. Y cuando penetra en la ciudad, rumbo al "Four Ambassadors Hotel", comprende que está muy lejos de Madrid y París. Pero esta pequeña ciudad es el rincón del planeta que Dios le ha asignado para vivir. Miami ha sido su pasado desde 1952. Es su presente. Y hasta ahora parece que será su futuro.

XXI

Por países del Medio Oriente

Arabia Saudita (1976)

A fines de 1976 el doctor Mora vive la grata sorpresa de que ha sido invitado por el gobierno de Arabia Saudita —que no es otro que la misma familia real—, a visitar ese legendario país. Se desea que el presidente de tres hospitales de la Florida asesore a los correspondientes funcionrios en relación con el proyecto que quiere promoverse sobre construcciones hospitalarias. Y más allá de la construcción, todo lo relacionado con el equipamiento, la organización, el funcionamiento, la administración... Nada se sabe allá.

Esta invitación es la consecuencia de algunos hechos previos. El primero es el contacto del doctor Mora con el piloto privado del heredero de la corona, Naser Ashiminrg, con quien tenía ya relaciones el cubano Gerardo Capó, constructor que ha realizado algunas obras en el lejano país. Y es éste el que los presenta.

Tras este contacto entre el piloto y el doctor Mora, el árabe visita el "Pan American Hospital", el "American Hospital" y el "North Ridge Hospital". De todo esto el piloto informa al Ministro de Comunicaciones, personaje de la nobleza real, que es el funcionario a quien se ha encomendado el aludido programa sobre la construcción de hospitales con todo lo demás que esto implique, hasta dejarlos funcionando tan perfecta como eficazmente,

En esta situación es que llega la invitación. El doctor Mora vuela a Londres y dos días después a Jiddah. Fue un vuelo de siete horas. Esa ciudad es la capital administrativa y comercial de Arabia Saudita, pues la capital oficial, sede de la familia gobernante, es Riyad. En la primera están todas las embajadas con inclusión de los correspondientes consulados. Y a pesar de la existencia de Riyad, el Rey con todos sus familiares y su corte tiene también un palacio en Jiddah, donde suelen pasar algunas temporadas.

Una de las primeras curiosidades del doctor Mora fue visitarlo, acompañado del guía y del intérprete de que ha sido provisto y que estarán siempre con él hasta el momento en que salga del país. Ambos deben cuidar de su seguridad, no por temor a los nativos, sino a los extranjeros que pululan en la ciudad.

Si ya él había admirado los más bellos palacios de Europa, tiene que quedar convencido de la diferencia que existe entre la arquitectura y el arte en general de Arabia Saudita y la arquitectura y el arte de Occidente. Lo mismo ocurre con el concepto del lujo. Son dos mundos distintos.

Otra de sus primeras actividades es visitar la Embajada de Estados Unidos, a fin de informar como ciudadano americano de su llegada al país, de la invitación oficial que había recibido y de los objetivos de su presencia en territorio saudita.

Desde ese momento seguirán sus constantes relaciones con el Embajador y los más altos funcionarios. El tema principal de sus conversaciones es el desarrollo de la asesoría que sobre hospitales le ha sido pedida. No hay ningún otro asunto entre el cirujano de Miami y los sauditas.

Realmente, en cuanto a este asunto médico y hospitalario la situación saudita no podía ser más precaria. Todo está por hacer y en primer lugar la falta, no sólo de médicos y especialistas, sino de técnicos, de enfermeros... De cuanto personal adecuado se necesita para hacer funcionar un hospital. Eso tendría que resolverse desde el extranjero, trayéndoseles desde donde los haya disponibles.

El doctor Mora, cubano y católico, se ve ahora en una tierra tan lejana como extraña, con una cultura muy distinta a la occidental, donde se practica la religión musulmana, que impone las más rígidas costumbres, especialmente a las mujeres.

El viajero lo contempla todo y todo lo observa. Es recibido por funcionarios que ya le son conocidos. Con ellos no faltan miembros de la realeza, que ya ha saludado en la Florida. Lo instalan en una propiedad de la General Motors, donde dispone de todas las comodidades occidentales. Además, se le nombran los asistentes que pueda necesitar para cuanto se le pudiera ocurrir.

Pero no todo es positivo. El altísimo calor es insoportable. Hay que bañarse antes de que salga el Sol para que el agua esté medianamente fresca. Más tarde estará caliente. Otro problema que sufre es el de la comida. No le gusta. Se mantiene a frutas. En dos semanas baja diez libras. Esta situación se alivia cuando el piloto lo lleva a su casa y le sirven un pollo que es de su gusto. A partir de ese días, se repite la invitación del gentil amigo, que sabe perfectamente cuales son los platos acostumbrados en la Florida. El los ha disfrutado.

Desde Jiddah quiso orientarse en cuanto al espacio. Tener conciencia del lugar en que está. El país está al sur de Kuwait, Irak y Jordania. Al oeste tiene el Mar Rojo. Al Este, el golfo Pérsico y los Emiratos Arabes Unidos, Y al sur Yemen y Omán. Aunque sus raíces históricas se remontan a los más lejanos tiempos, como estado la Arabia Saudita data de 1932. Quedó integrada como tal al cabo de treinta años de sucesivas conquistas que, a partir de 1902, comenzó el jefe de los sauditas, Abd al Aziz ibn Saud.

Toda la legislación consiste en la vigencia y aplicación del Corán. El libro de Mahoma es la constitución del país. No hay más gobierno que la voluntad del rey. No hay más funcionarios que los miembros de la familia real. Esta ejerce todos los derechos y disfruta de todos los privilegios. Con una superficie de más de dos millones de kilómetros cuadrados, su población es de unos siete millones, por lo que su densidad no llega a cuatro. Si por la extensión es el cuarto país de Asia y el décimo-tercero del mundo, desde el punto de vista demográfico es el vigésimo tercero entre los asiáticos y el quincuagésimo tercero del orbe.

Antes del viaje del doctor Mora se han producido algunos sucesos de importancia. En 1960 Saud asume la corona y este mismo año Arabia Saudita ingresa en la Organización de Países Exportadores de Petróleo como el primero de todos ellos. En el 64 el Consejo de Ministros obliga a Saud a abdicar y lo sustituye Faisal. En el 75 éste es asesinado y le sucede el príncipe Khalid.

Se entera de que está muy cerca de la Universidad del Petróleo y que el director de la misma es un cubano, Nicolás Herrera. Este y su esposa, doctora en Farmacia, viven en Dahran, una pequeña pero muy moderna ciudad destinada a extranjeros y dentro de la cual las mujeres pueden comportarse de acuerdo con las costumbres occidentales.

Visita la capital real, y en Riyad encuentra el hospital más lujoso del mundo, destinado exclusivamente a la familia reinante y a los más altos personajes. Científicamente, en cuanto a equipos y servicios, nada falta. Hay ciento cincuenta camas y los pacientes que las ocupen tienen a su disposición todo lo que puedan necesitar siempre con la más alta calidad: sabanas y fundas de hilo con primorosos bordados, riquísimas toallas, vajilla de Limoges, cristalería de Bacarat, cubiertos de Christofle. Los médicos son extranjeros.

También visita el Palacio Real, que había construído Faisal, pero que por su muerte no llegó a ocuparlo. Se le ha destinado a museo. Y mientras viva recordará la suntuosidad de tan enorme construcción. Un exceso en todos los aspectos.

Y al cabo de las sucesivas conversaciones que mantuvo con el Ministro de Comunicaciones sobre el asunto de su viaje, se desembocó en muy positivos acuerdos para ambas partes, Tras este resultado, el doctor Mora abandona a Jiddah con la mente llena de las más exóticas imágenes y de las más peregrinas vivencias. Desde la personalidad de un miembro de la nobleza hasta la miserable estampa de un beduino.

Aparte del objetivo del viaje y de sus positivos resultados, le interesa sobremanera la experiencia vivida. Después de conocer a tantos países occidentales él necesitaba enfrentarse con una civilización, como ésta que, pautada por el mahometanismo, tiene costumbres y valores muy distintos a los que existen en los pueblos cristianos. Desde Jiddah el doctor Mora vuela a Egipto.

El Cairo, París, Miami, Jiddah (1976-77)

El doctor Mora vuela al Cairo, donde permanece un día. Si no es posible penetrar suficientemente en la capital de Egipto, que no conocía, le bastaron veinticuatro horas para tener una visión de la misma. Del Cairo, a París, siempre París, donde se hospeda en un recién construído hotel japonés, el "Nikko". Y al fin, Miami.

Si no era fácil después de un viaje a Europa, o a la América del Sur, o al Lejano Oriente reajustarse a la vida de Miami, esa operación le resulta más difícil cuando procede de la Arabia Saudita, porque no hay punto de contacto alguno con la sociedad occidental.

Desde Miami sigue en comunicación con Jiddah. Además, Naser sigue volando a la Florida. Y no tarda en llegar el Ministro de Comunicaciones con su esposa. Los dos tienen necesidad de sendas cirugías. El se ocupa de practicarlas en el "American Hospital", donde fueron espléndidamente atendidos. El doctor Mora no se atiene a las enfermeras y dispone que haya un médico permanentemente al cuidado de ambos pacientes, a quienes él visita todos los días.

La presencia del Ministro en Miami propicia que entre él y el doctor Mora continúen las conversaciones iniciadas en Jiddah sobre los proyectos que la familia real y el gobierno saudita alientan en relación con la medicina y concretamente con el sistema hospitalario.

Y al cabo de varios meses, a fines de enero, ya dentro del 77, vuela de nuevo a Jiddah, siempre vía Londres, a los efectos de revisar los proyectos y discutir los últimos detalles. De este encuentro surge la decisión de crear una compañía, con principal participación del Ministro y del doctor Mora, para posibles negocios futuros en Medio Oriente y también en los Estados Unidos.

De vuelta el doctor Mora a la Florida, después de unos pocos días, no sólo todo ha cuajado legalmente, sino que hasta se ha impreso ya la necesaria papelería. Y como el médico no pierde tiempo, hace cita con un ingeniero y arquitecto de Houston, que le ha sido muy recomendado. Al producirse el encuentro, se supo que ya él tenía previos contactos con los funcionarios sauditas.

Terminadas las conversaciones, el doctor Mora lo acompaña al aeropuesto, donde, para su sorpresa. se encuentra con un médico, subalterno suyo, a quien él venía buscando con insistencia, pues no comparecía al cumplimiento de sus deberes en el hospital. Estaba con su familia en la fila de pasajeros de una línea aérea que vuela a Londres.

Pocos días después, de Jiddah llega la sorprendente noticia de que el gobierno suspende todos los proyectos contemplados. Como se deshace un castillo de naipes, así ocurre con todo lo que ya se había adelantado por medio de dos viajes del doctor Mora a la Arabia Saudita. Una prueba de que entre el Oriente y Occidente hay prejuicios insalvables, especialmente en cuanto a cuestiones étnicas y religiosas.

Muere Roberto Mora

La muerte de su hermano Roberto, en Cuba, el 14 de febrero de 1977, coincide con la del doctor Lastra, en Miami, el 5 de marzo siguiente. Una inesperada sacudida sentimental azota su tan vulnerable sensibilidad.

Roberto había nacido en San Mateo, barrio de San Luis, provincia de Pinar del Río, Cuba, el 15 de junio de 1920. A los tres años, la familia está en San Luis. A los cinco don Pepe y Blanca Rosa se han instalado en "El Gacho".

Roberto sigue la misma trayectoria escolar de sus hermanos mayores. Asiste a la Escuela "Campo Hermoso", donde si demuestra su inteligencia, no exhibe la aplicación de Pepito, Orlando y Lidio. Ingresa en el Instituto de Pinar del Río. Tiene catorce al producirse el mortal accidente de Pepito y dieciséis cuando la muerte de Blanca Rosa fulmina la felicidad del hogar.

Bachiller, se traslada a La Habana. Se instala en el "Palace Hotel" con Giraldo y Miguel. Después llegará Modesto. Se matriculó en la Facultad de Derecho para seguir los pasos de Orlando. Pero si estudiaba, si se sometía a los exámenes, si aprobaba todas las materias, todo eso era a contrapelo de su vocación, de su sentido de la vida y de sus aspiraciones.

En unas vacaciones, al regresar a "El Gacho", decide no volver al Alma Mater. No le interesan los estudios. No aspiraba a ningún diploma profesional. En vano el padre y los hermanos mayores quieren convencerlo. No lo convencen. El no tiene más consigna que vivir su vida. El sabe que padece de diabetes y está consciente del peligro que significa esta enfermedad. La misma exige un comportamiento que está en contra de sus más vitales propósitos.

Prefiere involucrarse en los negocios de "El Gacho", pero al mismo tiempo se proyecta versátil y pluralmente en los más diversos intereses fuera y dentro de la finca. Su inquieto y apasionado temperamento lo lleva a muchas partes. Se mueve en todos los niveles. Desde los más altos hasta los más humildes. Lo mismo está con el Alcalde de Madrid que entra en el Palacio Presidencial de La Habana abrazado con un Primer Ministro.

Promovió el beisbol en "El Gacho". Construyó un estadio. Montó un "ring" de boxeo. Y sin que el padre se entere celebra peleas de gallo en un recoleto paraje de la finca. Igualmente organiza un club de caza y otro de pesca. Tenía cientos de amigos. Se le conocía en todas partes. Era tan solemne como cordial, sencillo y generoso. Poseía las mejores aristas del cubano.

Para llevar esta vida había nacido con toda la vitalidad necesaria, a pesar del mal que silenciosamente venía minando su salud. Si se negó a graduarse, al ser confiscado "El Gacho", Roberto pierde la base de sus actividades y la fuente de sus ingresos. Está en La Habana. Con la muerte de don Pepe el 7 de diciembre del 60 es otro rudo golpe que hiere su romántica sensibilidad de bohemio, en el mejor sentido de la palabra.

Flotando por encima de todas las calamidades que han caído sobre el país y de las limitaciones que sufre su vida, vivió Roberto sus últimos años.

A pesar de su singular sentimentalidad, el doctor Mora es un estoico capaz de resistir las más dolorosas aflicciones con una suprema serenidad.

Kuwait y los Emiratos (1982)

Hombre tajantemente práctico, no le da vueltas al asunto saudita. El sabe lo que ha ocurrido y conoce, para su beneficio, la malvada naturaleza humana. Especialmente en cuanto aquéllos que han sido especialmente favorecidos por un generoso benefactor. La ingratitud, combinada con la envidia, es una ley inexorable de la que sólo pueden salvarse las almas excepcionales.

Escapa de inmediato del descalabro que significa la decisión saudita y continúa sus días con su habitual e imperturbable ecuanimidad.

Varios años después, en 1982, decide volver al Medio Oriente, Pero su objetivo nada tiene que ver con Arabia Saudita. En compañía de dos abogados, íntimamente vinculados a él, y un asesor del Departamento de Estado, vuela a Londres. Allí encuentran al director de la CIA.

Si los viajeros piensan volar a Bagdad, se les recomienda que no lo hagan. La guerra entre Irán e Irak es un grave peligro para toda navegación aérea.

Se decide volar a Kuwait, donde el doctor Mora puede comprobar los occidentales adelantos del pequeño país, con inclusión del sistema hospitalario. Por su superficie ocupa el número cuarenta de Asia y el ciento cincuenta y tres del mundo. Sólo tiene diecisiete mil ochocientos dieciocho kilómetros cuadrados. Pero con ciento diez habitantes por cada kilómetro, su población asciende a un millón quinientos mil. Su fachada oriental da al Golfo Pérsico. Al norte tiene a Irán y a Irak, que también lo limita por el oeste. Al sur, la Arabia Saudita.

Se habló con el Embajador de Estados Unidos y se logran algunas transacciones, siempre dentro de la actividad médica del visitante. De Kuwait a Jiddah. Fue una tremenda sorpresa para el doctor Mora ver que al cabo de unos cinco años todo había cambiado, muy positivamente. Como si se hubiera transformado bajo una poderosa influencia mágica, contempla el nuevo aeropuerto, los recientemente construidos hoteles, establecimientos comerciales, centros de enseñanza, hospitales...Y con estas construcciones, las avenidas, las plazas...Disfruta el espectáculo de tanta innovación porque tiene conciencia de que en todo eso ha influido en alguna medida lo que él había conversado con los funcionarios sauditas.

Después de unos pocos días, en los que no se tiene contacto alguno con el mundo oficial saudita, los viajeros vuelan hacia los Emiratos Arabes Unidos. Concretamente a la capital, Abu Dhavi. Allí, después de haber visto desde el avión el monótono panorama del desierto, se extasía ante un aeropuerto todo construído en mármol blanco. Y. además, magníficas carreteras, hermosas avenidas, bellos jardines, ricos establecimientos, hoteles que en nada se diferencian de los mejores de Estados Unidos y Europa, Y para colmo, residencias que ocupan el terreno correspondiente a dos y tres cuadras.

La ciudad más rica del mundo. De una radiante limpieza. De un orden perfecto. La mayoría de los nativos son multimillonarios. Los nacionales no trabajan. El trabajo lo reservan para los extranjeros: filipinos, coreanos, palestinos... El país no tiene ejército. Se atiene al convenio que tiene con Inglaterra. Pero sí tiene un bien organizado cuerpo de policía.

Los Emiratos son un mundo totalmente distinto a Arabia Saudita. Rigen leyes liberales a la manera de Occidente. Coexisten sin dificultad las más diferentes denominaciones religiosas. La vida está presidida por el progreso y al amparo de éste se producen las más civilizadas expansiones. La mujer esta totalmente liberada de las limitaciones que tan anacrónicamente sufren las sauditas. Por las calles pueden verse a muchos extranjeros radicados en el país. Tienen la costumbre de enviar a sus hijos a estudiar en universidades americanas y europeas.

La independencia de los Emiratos fue reconocida en 1961. En seguida ingresaron en la Liga Arabe. En el 62 se promulgó la constitución que organizó jurídicamente a la pequeña pero tan rica nación. El Poder Ejecutivo es ejercido por el Emir, designado por la familia real, cuyo abolengo data desde 1756. Y el Poder Legislativo consiste en una Asamblea compuesta por cincuenta miembros elegidos por sufragio universal. Desde el 63 los Emiratos pertenecen a las Naciones Unidas.

El doctor Mora, tras la experiencia vivida en Abu Dhabi, propone a sus compañeros de viaje, visitar los seis restantes Emiratos: Dubai, Sharjah, Ras Al Khaimah, Fujairah, Umm Al Qaiwain y Ajman. Todos son independientes. Cada uno tiene su propio gobierno con su respectivo Emir. Por encima de ellos hay una autoridad federal. No tienen partidos políticos.

De Dubai pasan a Abu Dhabi, que está tan cerca que los vecinos de ambos territorios conviven en permanente comunicación. Después llegan a Sharjad y siguen con las demás capitales, menos una, con crecientes sorpresas y emociones.

Tras este exhaustivo recorrido por los Emiratos se va a Bahreim, una isla del Pérsico, que está constituida en nación, a pesar de su mínima superficie de seiscientos noventa y un kilómetros cuadrados y su escaso medio millón de habitantes. Unos setecientos en cada kilómetro. Su capital es Manama, con ciento cuarenta mil. Su total independencia data de 1971. El gobierno está bajo la responsabilidad del Emir, con un gabinete y una asamblea legislativa. Tampoco hay partidos políticos.

Es una agradable sorpresa encontrar una sucursal del Chase Manhattan Bank, tan vinculado a la vida del doctor Mora. Este, al verse tan cerca de Dehran, la ciudad en que vive la familia Herrera, los llama para invitarlos a reunirse, pero no les está permitido abandonar el país sin un previo permiso.

Aunque es una nación musulmana se admiten otras denominaciones religiosas, como el budismo y el cristianismo. Y desde Bahreim se vuela a París. Se instalan en el "Ritz". Desde el mismo concertan cita con algunas de las familias árabes más importantes que están radicadas en la capital de Francia. Se aspira a cambiar impresiones sobre las posibilidades de negocios entre el Medio Oriente y Estados Unidos. .

Como siempre, el doctor Mora visita a su ilustre colega y amigo el doctor Lievain. Por último, el regreso a Miami. Los hospitales, la cirugía, la vida social, los amigos, la familia.

El doctor Mora está feliz de estos viajes al Medio Oriente. Las experiencias vividas y los conocimientos adquiridos le hacen comprender que ese mundo lejano y distinto es parte de la Humanidad. Y que la civiliación actual, con inclusión de todas las culturas, no empezó en Europa, sino precisamente por el Oriente.

En vez de la tradicional reserva con que el hombre occidental ve al oriental, debe tenerse la mayor comprensión. Tan heterogéneo es Oriente para Occidente como Occidente para Oriente. Sobre esta base debería tenerse más tolerancia para las que son dos realidades inexorables. Ninguna de las dos puede ignorar la otra.

Es mucho lo que el occidental tiene que aprender del oriental. Lo mismo puede decir de éste en relación con aquél. El destino de la Humanidad tiene que marchar hacia la armonía de todos los continentes. El hombre es uno cualesquiera que sean su color, su raza, su nacionalidad, su credo religioso.

XXII

Socorro a Guatemala. Martí en Chile.
Convención del 78

Programa para Veteranos

Si los viajes al Medio Oriente han transcurrido desde fines de 1976 hasta 1982 hay que retroceder para evocar algunas de las otras actividades del doctor Mora a través de esos años y que no hayan sido ya recordadas.

Inaugurado el "American Hospital" en el 73, ya se ha construido el correspondiente edificio destinado, entre otros fines, a albergar las oficinas de los seiscientos y tantos médicos que trabajan en el mismo. Lo mismo hay que hacer en cuanto al "North Ridge Hospital", que se inauguró dos años después en el 75.

Al margen de esto el doctor Mora pone sus siempre perspicaz pensamiento, tan inquieto como amplio, en el problema de los veteranos, cuyos servicios médicos son tan caóticos que producen muy injustas molestias a los hombres que con tanto denuedo han servido a Estados Unidos en sucesivos conflictos bélicos como la II Guerra, Corea y Viet-Nam. Este último ha terminado en el 75.

Los veteranos de toda el área de Broward necesitan trasladarse a Miami o a Palm Beach para ser atendidos. Pero eso queda resuelto cuando, por su iniciativa. se establece el "VA Out Patient", con todas las necesarias instalaciones y todos los adecuados servicios y facilidades muy cerca del "North-Ridge Hospital" y en combinación con el mismo. Una plausible realización cargada del sentido humano que merecen aquéllos que han sufrido los daños fisicos y psíquicos que producen siempre las luchas armadas con naciones extranjeras.

Esta humanitaria medida, tan sencilla como oportuna, confirma una vez más la sensibilidad del doctor Mora. Es posible pensar que la raíz de la misma está en su origen. Aunque ahora sea un poderoso empresario, él no olvida que frente a los que lo tienen todo están los que carecen de fortuna y que si no están en la miseria, su vida es un diario esfuerzo para mantener sus gastos dentro de sus ingresos.

Guatemala. Dra. Sanjenís

En el mes de febrero del 76 se producen sucesivos terremotos en Guatemala. Y si en el 70 el doctor Mora movilizó todos los recursos del "Pan American Hospital" para socorrer a los peruanos, ahora hace lo mismo con los guatemaltecos. Hay treinta mil muertos, el doble de heridos, indefinido número de desaparecidos y damnificados. El médico cubano arriba con su equipo y con cuanto material pueda necesitarse. Fue realmente una ayuda muy útil en tan difíciles momentos. No se escatima ningún esfuerzo. No tardará el gobierno en otorgarle la Orden del Quetzal en reonocimiento a su tan humanitaria asistencia.

No termina el año 76 sin que a su oficina de la Avenida 10 del North West llegue una linda joven de veintitrés años. Es la doctora Lourdes Rosa Sanjenís. Se ha graduado en la Universidad de Gudalajara, en México. Ya ha hecho algunos externados en Miami, pero quiere seguirlos en el "Jackson" y a esos efectos aspira a que el doctor Mora la ayude en ese empeño. El no sólo corresponde a su petición, sino que le ofrece el "Pan-American Hospital" y su propia consulta.

Pero ella tendrá que regresar a México para cumplir su servicio social. No prospera la gestión que él hace para que se le exonere de ese requisito. Pero sí logra ella misma que esa obligación la cumpla en el Ditrito Federal, donde tiene familiares.

Poco después, en septiembre, el doctor Mora traslada su oficina a la Flagler, con el número 3860. Con él llegan los doctores Alberto M. Hernández y Gerardo F.Santos. El primero está con él desde el 69. El segundo llegó poco después Los pacientes que antes iban a la Avenida 10 vienen ahora a Flagler. No quieren renunciar a la atención médica de ambos galenos, tan jovenes como talentosos y dedicados con toda responsabilidad a la profesión . En ellos además se sigue aquella vieja tradición cubana según la cual un enfermo es siempre un ser humano al que hay que respetar.

Martí en Chile (1977)

El doctor Mora vuelve a Chile para cumplir la promesa hecha de regalar a Santiago un busto de Martí. A esos efectos, tras los previos arreglos, se señala la patriótica fecha cubana del 10 de octubre. Después de pasar por Buenos Aires, el presidente del "Pan American Hospital" llega acompañado por los doctores Alberto M. Hernández y Richard Tejera. Con ellos el periodista Vicente Rodríguez, encargado de sus relaciones públicas. También el cónsul honorario doctor Héctor Durán.

Al arribar a Santiago, ya los periodistas esperan al doctor Mora en el aeropuerto. En seguida lo abordan y el presidente del "Pan American Hospital" dirige un cordial saludo al gobierno, las Fuerzas Armadas y el pueblo chileno. Como cubano que sufre el drama de Cuba, ocupada por el comunismo internacional, a pesar de las circunstancias especiales o de excepción que se viven en Chile, país tradicionalmente democrático, no tiene empacho en reconocer que, a pesar de todo, la nación chilena, después de salvarse del marxismo, avanza hacia el progreso y la paz.

Cuando un periodista lo interpela sobre esta afirmación, él le responde que, sin la obligada y salvadora intervención de las Fuerzas Armadas, Chile estaría en condiciones semejantes a las de Cuba. Y un gobierno comunista en Santiago significaría una gravísima amenaza para sus países vecinos, especialmente Argentina, ya bastante penetrada por los marxistas...

El acto del develamiento está señalado para las doce. Los invitados se reúnen en torno al busto, situado sobre un blanco pedestal de mármol. Está levantado en la plazuela que, a partir de ahora, lleva el nombre del ilustre prócer de Cuba, en la Avenida de O'Higgins.

El área ha sido acordonada, pero a poca distancia un buen número de ciudadanos se congrega curiosamente para presenciar la ceremonia, perfumada por muy bellos arreglos florales.

Allí están el Alcalde Patricio Mekis y el doctor Mora con sus acompañantes. Con ellos notables personalidades, miembros del gabinete, destacados militares, altos funcionrios, figuras representativas de la intelectualidad. Con ellos el doctor Pinto y el presidente del Colegio Médico Chileno.

El programa comienza con el discurso del Alcalde. Hace una brillante evocación de José Martí, destacando su extraordinaria labor literaria y su patriótico apostolado hasta producir el levantamiento en armas del 24 de febrero de 1895, que culminó con el logro de la independencia de Cuba.

Tras los aplausos que se ofrecen al Alcalde, tomó la palabra el doctor Mora, quien pronuncia un tan bello como sustancioso discurso. Señala el sentido continental del acto. La personalidad de Martí es muy distinta a la de los más destacados caudillos de la independencia americana. Era un poeta y un escritor. Fue un pensador que predicó el amor como la mejor de las leyes. Un predestinado y un idealista, sin mengua de su sentido tan práctico como realista de la vida.

El doctor Mora declara que este regalo a la capital de Chile de un busto de Martí es una manera de corresponder a la hospitalidad que se había ofrecido a la Convención de Médicos Cubanos Exiliados.

El orador señala la correspondencia que, bajo el signo de la libertad, existen entre el Apóstol cubano y el noble y heroico pueblo chileno.

Enfáticamente aclara que los médicos que él representa se encuentran todos fuera de su patria como consecuencia de haber caído Cuba bajo el poder de una dictadura comunista.

Por último, expresa sus agradecimientos a las autoridades chilenas y al pueblo de Chile por hacer posible que Martí esté presente en una plaza de Santiago. (Ver el texto completo en el Apéndice).

Fuera de su discurso, el doctor Mora recuerda a los chilenos que Gabriela Mistral, Premio Nobel de Literatura, fue una admiradora de la obra del Apóstol cubano. Tiene un penetrante ensayo sobre él bajo el título de "La lengua de Martí", publicado en el primero de los "Cuadernos de Cultura" que editaba el Ministerio de Educación. Nunca la poetisa perdió oportunidad alguna de exaltar la significación poética que dentro de la lengua española tiene el autor de "Ismaelillo", los "Versos Libres" y los "Versos Sencillos".

Terminada la ceremonia con la que Martí quedaba en el centro de Santiago, el Alcalde invita a un almuerzo en uno de los mejores restaurantes de la ciudad, Con el doctor Mora y sus acompañantes asisten el doctor Pinto, las principales personalidades que han asistido al develamiento del busto de Martí, obra de un prestigioso escultor cubano radicado en el exilio. Esa misma tarde y al día siguiente los periódicos informan sobre el evento.

Cumplida su promesa de regalar un busto de Martí, el doctor Mora y sus acompañantes regresan a Miami. De inmediato informa a los medios de prensa sobre lo ocurrido en Chile la patria de otro chileno, Benjamín Vicuña Mackenna (1831-86), figura continental, que tantos sólidos pensamientos dedicó a la causa de la independencia cubana.

Banquete del "North Ridge Hospital"

EL "North Ridge Hospital" convoca un banquete en honor de sus médicos, y son más de seiscientos. En el elegante "Hotel and Boca Ratón Country Club". El baile está amenizado por la orquesta de Peter Duchín, que repite el nombre de su padre, una de las grandes figuras de la música norteamericana. Es un acierto que se le traiga desde New York con sus músicos. Y "Los Chavales de España" son los encargados de amenizar la cena. Un evento en grande. Tan perfecto como es necesario para armonizar con un lugar tan justamente acreditado.

Con los médicos agasajados están también otros galenos, especialmente los del "Pan American Hospital" y los del "American Hospital". Todos con sus esposas. El acto es un testimonio más de lo que, tanto en el mundo profesional como en el social, significan las empresas hospitalarias fundadas y encabezadas por el doctor Modesto M. Mora.

En diciembre, con motivo de las Navidades, los tres hospitales celebran conjuntamente otro suntuoso banquete, ahora en los hermosos salones del "Four Ambassadors Hotel". La variedad artística se encomienda de nuevo a "Los Chavales de España" con la presencia del más afamado de sus cantantes, el aplaudido Luis Lara, a quien se trae desde Puerto Rico.

En 1978 se inaugura el edificio del "North-Ridge Hospital" destinado a las oficinas de los quinientos y tantos médicos que trabajan en el mismo y, además, para algunos de los no pocos servicios que presta un hospital.

Y como el doctor Mora no se desentiende del "Pan American Hospital" se realizan algunas obras importantes de ampliación y mejoramiento. Porque éste fue el primero, porque se pudo fundar de puro milagro, partiéndose de la nada, es el que él siente más entrañablemente en su corazón.

¿Cómo es posible que el doctor Mora alcance para tanto, hasta para viajar constantemente a todos los puntos cardinales sin desatender sus deberes? Ya tiene cincuenta y cuatro años. Quien tuviera esa edad el siglo pasado era un anciano. Ahora es un hombre que aún no ha entrado en la vejez por razón de la prolongación de su juventud.

La juventud nada tiene que ver con los años. Más que un hecho físico o biológico es una dimensión del ser. Es una actitud frente a la vida. Es esta juventud, llena de dinamismo, la que le permite hacer tantas cosas. Y si hay un factor que lo ayuda, es posible que sea su celibato. Un hogar con esposa e hijos, con toda la felicidad que representen, siempre sería un manojo de servidumbres y limitaciones. Es posible que ésa sea la concreta y oculta razón de que no se haya casado. Las ocasiones proliferan, pero nunca compromete su futuro. Por lo demás nunca ha aparecido la esposa ideal a lo largo de un abundante desfile. Si el poeta español José María Gabriel y Galán (1870-1905) escogio para esposa a la que más se le pareció a su madre, ¿no será posible pensar que al doctor Mora le ocurra algo igual?

En contra de todas las apariencias, nunca se ha enamorado hasta empeñar su vida. Amar no es lo mismo que estar enamorado. Por lo demás, ni aquel sentimiento, ni esta pasión son siempre realidades absolutas. Si en la vida todo es relativo, en nada hay tanta relatividad como en los impulsos que puede sentir un hombre hacia una mujer. Desde lo más instintivo hasta lo más sublime. La escala de grados que se producen en esa relación de hombre y mujer es infinita y siempre cargada de contradicciones.

Convención de 1978

Este 78 es año de Convención. Es la segunda con los tres hospitales. Cada uno es un rotundo éxito. Desde el punto de vista médico, cuando se escriba la historia de la Medicina en Miami habrá que hablarse de antes y después de la obra del doctor Modesto M. Mora. No sólo es un experto cirujano con miles de cirugías, sino que es un empresario que sabe responder a las necesidades de la comunidad hispanoamericana.

Al cabo de los años hay que reconocer que nunca se ha realizado nada igual. Cuantos esfuerzos se han impulsado con posterioridad están muy lejos de lograr el nivel de su intrépida hazaña, a un costo de muchos millones de dólares.

Esta Convención es la sexta. Con cada una crece este programa concebido por el doctor Mora. El ha hecho posible que se reúnan en Miami miles de médicos. Con los galenos cubanos de Miami, los que llegan de otras ciudades de los Estados Unidos, de América Hispana y de España. Y con éstos, los de otras nacionalidades. Esta convivencia es un acontecimiento de fraternidad profesional.

Además, los programas científicos han ido elevándose de Convención a Convención. Los prestigios del evento son ya internacionales, porque a lo que se hace en Miami hay que añadir lo que se lleva a cabo a través de las excursiones que han venido realizándose desde 1974 con el viaje a Europa.

Con una nutridísima asistencia se inaugura la Convencón en el "Four Ambassadors Hotel" el primero de julio, bajo la presidencia del doctor Mora, que pronuncia las palabras de rigor. Y de inmediato comienza el programa científico com catorce Mesas Redondas, en las que, bajo la dirección de un moderador, intervienen cuatro, cinco, seis o siete panelistas en torno a muy importantes temas.

Paralelamente, en otras salas, se llevan a cabo las disertaciones. Más de sesenta. Y, además, como áreas especiales están los programas de la Sociedad Ortopédica, de la Sociedad de Cirugía, de la Sociedad de Dermatología y de la Sociedad Universitaria de Graduados Hispanos. Y no es todo porque a todo lo anterior están los llamados "Abstractos" con cuarenta fundamentales temas planteados por muy prestigiosos galenos. En esta Convención del 78 se produce coincidentemente la Primera Convención Dental.

Como es costumbre la Convención se clausura con un brillante banquete de gala, que se aprovecha para la entrega de los premios que llevan los ilustres nombres de los doctores Finlay, Albarrán y Núñez Portuondo.

Al cabo de seis Convenciones, las mismas no sólo resultan un éxito en Miami, sino que se proyectan por el mundo entero. El "Pan American Hospital", ahora con la compañía del "American" y del "North Ridge", hace lo que nunca se hizo en Cuba, Y en cuanto a Estados Unidos, a ninguna institución médica se le ha ocurrido cosa semejante. Los Congresos del Colegio Médico Cubano en el Exilio, encabezado por el doctor Enrique Huertas, son una consecuencia de la primera Convención convocada bajo la inspiración del doctor Mora, un hombre con imaginación.

Frente a estas seis Convenciones celebradas, no sólo hay que reconocer la iniciativa felicísima del doctor Mora. También hay que apreciar el tremendo esfuerzo de organización que implica tanto la convocatoria como el desarrollo del cónclave.

Hay que ver también lo que significa la colaboración de todos cuantos galenos llegan a Miami para asistir al evento. Frente a los que están en Miami y en la Florida, hay que pensar en los que vienen de lejos. Y entre ellos a no pocos de los disertantes, Una oculta y silenciosa suma de muchas voluntades y no pocos esfuerzos.

Si cada Convención es un acto de afirmación médica, con especial énfasis en el aspecto científico, es posible que lo más ejemplar de este programa sea su sentido humano.

Sumergidos en el ejercicio profesional, en permanente trabajo con los pacientes, en la oficina privada y en el hospital, el médico, olvidado de sí, vive entregado a sus enfermos.

De esta noble y plausible rutina lo saca cada convocatoria que le llega para una convención. Y al llegar a ésta el médico se encuentra con cientos de colegas que han llegado de los más distintos lugares.

El encuentro es una eclosión emocional que provoca la resurrección de un mundo de recuerdos que han estado apagados por la rutina de la vida. Cada galeno no está frente a un enfermo, sino ante un colega, Frente a frente se produce uno de los signos más notables de la vida. Es el diálogo que se desarrolla en el nivel más sencillo, sincero y humano. Los interlocutores intercambian noticias y confesiones personales. Un bello espectáculo de identificación y solidaridad.

XXIII

Tercer viaje de los médicos

De Madrid a Roma (1978)

El primer viaje medico, en el 74, fue a Madrid con prolongaciones a París y Roma. El segundo, en el 76, fue a Santiago de Chile, Buenos Aires y Río de Janeiro. Y el tercero, en este 78, es a Europa de nuevo. Si el doctor Mora ha viajado con sus colegas en las dos excursiones anteriores, también los acompaña en esta ocasión.

Se vuela a Madrid. De Madrid a Roma. Y de Roma se seguirá a Florencia, Bolonia, Venecia, Milán, Nápoles, Pompeya, Sorrento y Capri. Después a Suiza. Por último París.

Pero antes de iniciar este recorrido italiano, gracias al sacerdote Federico Arvesú, que es médico y amigo del doctor Mora, se visita el Vaticano. Los viajeros están a unos pocos pasos del Papa Paulo VI. Estaba en sus últimos días. Fallece un mes después, en agosto.

Si el doctor Mora ya había estado en el Vaticano recorriéndolo en cuanto está accesible al público. los más, entre trescientos sesenta viajeros, no habían vivido esa experiencia. Lo pimero que asombra es la imponente Plaza de San Pedro, cuya imagen ha recorrido el mundo en cada ocasión que se llena de miles de feligreses, llegados de todas partes del mundo para oir al Papa. El obelisco que se yergue en su centro, apuntando hacia el cenit, fue levantado en 1586, dentro del apogeo del Renacimiento. Julio II estaba sentado en el solio de

San Pedro. Entre sus coetáneos estaban Leonardo, Miguel Angel, Rafael, Tiziano...

Con la Plaza, la Basílica de San Pedro, dentro de la que está la famosa Capilla Sixtina con los frescos pintados por el genial Miguel Angel. Junto al colosal templo, la residencia de los Pontífices (con diez mil salones, galerías y habitaciones), que existe desde 1337, Ademas la legendaria biblioteca y los ricos museos. Y entre todas estas construcciones, preciosos jardines.

En cuanto la Basílica de San Pedro, la más deslumbrante y grandiosa de la Cristiandad, levantada sobre la tumba de San Pedro, tiene su prehistoria. Comenzada por Constantino tras sucesivas y desaparecidas construcciones la actual procede de los siglos XV y XVI y responde a los planos trazados por Miguel Angel. En ella trabajaron los más famosos arquitectos, ingenieros, artífices, escultores y pintores del Renacimiento.

El Vaticano es un mundo aparte. Es el supremo símbolo de la Iglesia Católica. Como tal, desde los tiempos de Constantino, en el siglo IV, empieza a crecer su base territorial. A la cesión inicial se sumarán sucesivamente otras como consecuencia del espíritu religioso de entonces a lo largo de los siglos. A través de ellos se reconoce a la Iglesia, con el poder espiritual, el poder político.

Ese crecimiento territorial de la Iglesia culminó con los llamados Estados Pontificios. Hasta que en el siglo XIX, tras la Revolución Francesa y la de 1848, también en Francia, se empieza a revisar la naturaleza del Papado, El conflicto se agrava al producirse en 1870 la unidad de Italia, producto de la revolución liberal y nacionalista de la centuria. No es posible aceptar que el Vaticano posea gran parte del territorio que rodea a Roma.

La consecuencia fue la pérdida de la independencia o autonomía que aún seguía disfrutando el Vaticano. Después de graves tensiones entre el Papado y la Monarquía, todo fue resuelto felizmente en 1929, con el Tratado de Letrán cuando el gobierno romano reconoce a la Ciudad del Vaticano como Estado. Su superficie queda reducida a no más que 0.44 kilómetros cuadrados. Su población es de unos ochocientos. Pero fuera de este territorio se reconoce el derecho de extraterritorialidad sobre algunas propiedades: las basílicas de San Juan de Letrán, Santa María la Mayor y San Pablo de Extramuros. Además, el Palacio Pontificio, la Universidad, la residencia Castel Gandolfo con sus jardines y el edificio donde está intalada la Radio Vaticana.

Es tan paqueña la extensión de la Santa Sede que su perímetro puede caminarse en cuarenta y cinco minutos. Tiene tres entrada: la Puerta de Bronce, el Arco de las Campanas y la Puerta de Santa Ana. Los médicos abandonan el Vaticano al cabo de no muchas horas. Muchos confiesan que habrá que volver para poder repasar con más detenimiento todo lo visto con la inexorable prisa turística.

Siguen los recorridos de la Ciudad Eterna. Allí todo es historia. Desde los tiempos del Imperio. Son más de dos largos milenios. Roma, tras lograr su pleno desarrollo militar económico, político y cultural, se lanzó a conquistar el mundo y creó algunas de las más importantes naciones actuales. Un caso especial es el de España, que a su vez fue la Roma de los tiempos modernos en relación con América. Si los españoles son hijos de los romanos, los hispano-americanos somos sus nietos. La lengua que hablamos viene del latín, tal como ocurre con el francés y hasta el propio italiano.

Con un grupo el doctor Mora come en la "Ostería de Orso", lo mejor de la ciudad y como ya conoce el lugar explica a sus colegas que en el edificio que ocupa el restaurant vivió Dante de Alighieri (1265-1321), el inmortal autor de "La Divina Comedia" una de las más fundamentales obras de la literatura universal. En sus páginas está todo el espíritu de la Edad Media.

Otro restaurante que se disfruta es el "Sabatini", del que se dice que tiene mil trescientos años de existencia. Fue fundado en el 678.

Florencia

No sólo es un justificado orgullo de Italia. Por su signficación histórica, por su riqueza artística, por ser la patria del Dante, de Leonardo de Vinci, de Miguel Angel, de Maquiavelo y de tantas ilustres personalidades, es única en el mundo.

Aunque tenga museos, ella, por sí misma, en un grandioso museo con el Palacio Viejo, la Plaza y el Palacio de su Señoría, la

Catedral de Santa María, el templo de la Santa Cruz, el Batisterio, la iglesia de San Marcos, la tumba de los Médicis, obra de Miguel Angel...

Desde los lejanos años de la Edad Media Florencia fue un centro económico y político de importancia. Su historia empieza con los etruscos y sigue con los romanos, los bizantinos, los lombardos, los francos, los germanos hasta que queda bajo el dominio de los florentinos. Este último hecho se puede fijar en 1115. Se logró la independencia, pero no la paz. Por largo tiempo lucharon dos familias que han quedado identificadas como los gobelinos y los güelfos. Con ellos se encontraba involucrada la nobleza y con ésta los más poderosos comerciantes. Y todo dentro del contexto europeo de entonces con el Papado de una parte y el Imperio Germánico de la otra.

Gobelinos y güelfos se alternan en el dominio de la ciudad. Ya en el siglo XIII, Florencia era la ciudad más importante de la Toscana. Ella era la capital de la región. Cien familias controlaban todos sus negocios: el comercio, la industria, la banca. Dentro de sus importaciones estaban las especias del Oriente, en manos de los médicos y farmacéuticos. Pero la avidez de riqueza no interfería el cultivo del arte. Al contrario, lo estimulaba. Los ricos florentinos se hacían construir en la ciudad y en sus posesiones rurales los más suntuosos palacios.

En este centenar de familias están los Médicis. Lograron mantener su hegemonía desde el siglo XV hasta el XVIII. El primero de ellos en dominar a Florencia fue Cosme que arrasó con la economía de sus enemigos y brilló como generoso mecenas de las artes. Lo sigue su hijo Pedro, amado por los florentinos. Este deja dos hijos. Uno de ellos es Lorenzo, poeta y filósofo.

Ante los inmorales escándalos que presentaba Florencia se levantó la admonitoria voz del dominico Jerónimo Savonarola (1452-1498) proclamando a Cristo Rey. Aspiró a establecer una constitución teocrática, y terminó en la hoguera.

Tras la muerte de Lorenzo, otro Pedro, hijo suyo, que huye ante la invasión francesa. Pero los Médicis recobran el dominio de Florencia a partir de 1512. Dos de ellos llegarán al Papado: Juan como León X y Julio como Clemente VII. Fue éste quien se negó a aprobar el divorcio de Enrique VIII, hecho que provocó el cisma anglicano.

La República de Florencia sucumbio en 1530 ante las tropas de Carlos V, que puso en su gobierno a un yerno suyo, otro Médicis, llamado Alejandro. Tras la campaña de Napoleón en Italia, toda la península italiana queda bajo el dominio de Francia. Pero, después de la derrota de Waterloo y del Congreso de Viena, se rehace el mapa de Europa. Y dentro del movimiento liberal que cunde por todo el continenete se produce la unidad política de la nación en 1870. Florencia queda incorporada al nuevo reino. Una sola Italia bajo un solo rey.

Bolonia y Venecia

De Florencia a Bolonia, donde existen testimonios de que en el lugar existió un pueblo mil años antes de Cristo. En tiempos de Augusto, ya dentro de la nueva era, quedó incorporada al Imperio.

La ciudad es recordada por su Escuela de Bolonia y por su Colegio Español. En la primera se reunieron muy eminentes jurisconsultos a los efectos de organizar el antiguo Derecho Romano. Han trascendido bajo el nombre de glosadores. El segundo fue fundado en 1364 por el Arzobispo Gil de Albornoz para albergar a los estudiantes españoles que estudiaban en la famosa Universidad de Bolonia. La institución ha llegado a este siglo, aunque venida a menos.

De Bolonia a Venecia, que tiene en esos momentos unos cuatrocientos mil habitantes. Es famosa por sus canales y sus pintorescas góndolas. La ciudad entra en la historia desde los quinientos de la era actual cuando los ostrogodos llegaron a lo que era un rústico paraje marinero. Después, los francos y los bizantinos.

Arquitectónicamente, la ciudad es famosa por la Plaza de San Marcos y por la basílica que lleva el nombre de uno de los cuatro evangelistas. Sus restos llegaron a Venecia en el 829.

También al frente de la Plaza se levanta el imponente palacio de los duques que gobernaron a la ciudad desde el 697 hasta 1797, Es decir, mil cien años.

A partir del siglo X enpieza el crecimiento de Venecia. Logra su apogeo en el XIII, que dura hasta el XV. A partir de la toma de Constantinopla en 1453 por los turcos se interrumpe el vasto y productivo comercio de los venecianos con los pueblos asiáticos.

La llamada Reina del Adriático resiste la adversidad y se rehace. Pujantemente atraviesa las centurias siguientes hasta que Napoleón se apodera de Italia, Desaparecido el Emperador, al producirse la unidad italiana, queda incorporada a la monarquía de los Saboya con el prestigio de su historia política, comercial y artística.

Milán y Nápoles

De Venecia a Milán, con un millón setecientos mil habitantes. Ya existía seiscientos años antes de Cristo. En el 196 de esa misma vieja era está bajo el poder de Roma. Entre el 202 y el 404 es la capital de la Diócesis Católica de Italia. Tras el colapso imperial la amenazan los hunos en 452 y los ostrogodos en 539. El germánico emperador Oton I se corona en Milán en 962. Pero otro emperador, Federico Barbarroja, la arrasa en 1162. Al cabo de los años comienzan las luchas políticas, a la manera napolitana, entre los Visconti y los Sforza. Estos vencen a aquéllos en 1450.

Milán se convierte en la capital del Milanesado. Da Vinci y El Bramante la honran con su presencia. Austria, Francia y España se disputan el importante territorio. Se pelea sobre el mismo. Conquistado el Milanesado por el emperador Carlos V, se lo cede a su hijo, el futuro Felipe II. En 1713, Felipe V lo traspasa a Austria. Napoleón lo ocupa en 1796. Y en 1805 se hace coronar en la catedral de Milán.

Con la caída de Napoleón el Congreso de Viena rehace el mapa de Europa. En 1870 Italia logra, al fin, su unidad. Milán queda en su seno. Aparte de la belleza de la ciudad. una de sus cosas más importantes es la famosa Biblioteca Ambrosiana, cuya construcción se debe a San Carlos Borromeo y su hermano Federico.

Fueron los griegos los que incorporaron a Nápoles a la historia seiscientos años antes de Cristo. Pero en el 326 los romanos tomaron posesión del lugar. Y en el 90 se ratifica su posesión declarándolo parte del imperio.

En el siglo VI está en poder de los bizantinos. En 1224 Federico II lo incorpora al Imperio germánico. Dos centurias después la Corona de Aragón conquista a Nápoles y este dominio aragonés dura desde 1442 hasta 1504. Este año, muerta Isabel, el rey Fernando manda a Gonzalo Fernández de Córdova para reconquistar el perdido territorio, ahora bajo el dominio francés. Vuelto a España se mantendrá dentro de la misma a pesar de que en 1700 la Corona española pasa de los Habsburgo a los Borbones con Felipe V. En 1734, un principe español, reina en Nápoles, como Carlos VII. Y en 1759 después de un cuarto de siglo en Italia, el mismo llega a Madrid para asumir la corona española como Carlos III hasta 1788, que muere.

Pocos años después, bajo Napoleón, Nápoles vuelve a Francia. Este dominio francés es ratificado por el Congreso de Viena, Pero, dentro de la lucha por la unidad italiana, Garibaldi conquista la ciudad, que queda para siempre dentro del reino de Italia.

De Napoles a Pompeya, que ya existe seiscientos años antes de Cristo. Hasta allí llegan los griegos dejando una larga estela de influencia cultural. En el 290, aun de la vieja era, Pompeya se suma administrativamente a Roma. Comienza la nueva era. Augusto es el emperador. Pompeya es una hermosa ciudad con unos treinta mil habitantes. Tiene hermosos edificios, preciosas residencias. Por donde quiera bellas estatuas. Viven bien los pompeyanos. Pero en el 62 un desvatador terremoto provoca grandes daños. Y en el 79, la erupción del Vesubio cubre con ceniza toda la ciudad. Sólo se salvan los que han logado huir al campo.

No fue hasta 1860 que empezaron la excavaciones. Cuando los médicos. encabezados por el doctor Mora, llegan a la ciudad sólo pueden ver lo poco que se ha logrado desenterrar.

De Pompeya a Sorrento, con quince mil habitantes. En la península Sorrentina, que se extiende ente los mares de Nápoles y de Salerno. Y de Sorrento a Capri, la isla que cierra el golfo de Nápoles, Y a la que van los turistas por la curiosidad de ver los desusados efectos de la luz que se producen en unas legendarias cavernas.

Suiza y París

Tras el largo e interesante recorrido por Italia, a través de las importantes ciudades de Florencia, Bolonia, Venecia, Milán y Nápoles, los viajeros atraviesan los Alpes y llegan a Suiza: Zurich, Ginebra Luzanne.., Un mundo muy distinto a Italia. Descubren algo desconocido: el silencio y la paz. Gozan el sereno encanto de los lagos.

El doctor Mora se desvía hacia Vevey y Crissier. En esta ciudad preside un almuerzo en el restaurante "Giraldet", que califica como el mejor del mundo. Se sirvieron once manjares. Los brindis fueron con Chateau D' quem, acaso el más caro de los champanes.

Dos días en Munich con visita al campo de concentración de Dachao. Al fin se llega a París. De nuevo el doctor Mora se instala en el "Nikko". Fueron unos cinco días a través de los cuales se viven experiencias insólitas como la cena en el "Gran Favour", dentro del "Grand Palace", a donde solía ir Napoleón antes de ser coronado como emperador. No menos placer se tiene en "la Tour D'Argent", otro de los grandes restaurantes parisinos. Por último, en el "Rasputín", el "night club" ruso del cual se sale a las cuadro de la madrugada.

Nada queda por ver de la encantadora ciudad, que fundó Julio Cesar en el último siglo de la antigua era. Han pasado dos milenios. La historia es larga y tormentosa. Del feudaliamo al absolutismo. De la Revolución a la democracia. Después las dos Guerras. Pero en medio de todo, la apoteosis de la arquitectura con calles, paseos, bulevares, avenidas, plazas, edificios, residencias. Y como supremo símbolo, el histórico Sena.

Si París tiene el Louvre, uno de los más ricos museos del mundo, hay que aceptar que todo París es un museo, con los Campos

Eliseos, el Arco del Triunfo, Notre Dame, la Magdalena, Los Inválidos, Vendome, la Opera, la Torre Eiffel... Y entre todo esto, hoteles, restaurantes, tiendas de todo tipo, los teatros y especialmente la heterogénea población. Para definir a París basta con decir que París es París por su armonía, su encanto, su gracia, su embrujo. En ella han nacido o han vivido las más grandes figuras de la literatura y de las artes.

Pero los médicos no han olvidado el programa científico a desarrollar y lo han tenido en Madrid, Roma, Bolonia y París. Aquí, en la Sorbona, bajo la dirección del doctor Leivain. Han intervenido, entre otros, los doctores Antonio Rodríguez Díaz, Clemente Rodríguez Remos, Manuel Escoto...

Cumplido el programa y vencido el tiempo, de París a Miami. El retorno a su residencia, a la consulta, al hospital.

XXIV

Muertes. Viajes. Hospitales. Convención

Muere el doctor Gurinsky

El doctor Mora va a perder este año a un amigo y colega con quien ha trabajado profesionalmente. Con él, ha viajado a través de los lustros que lleva en Miami. Es el doctor Abraham Gurinsky. El 7 de marzo del 79 ambos intervienen conjuntamente en una difícil cirugía. Un complicado caso ginecológico, Cuando terminan el doctor Gurinsky se queja de un terrible dolor de cabeza. El le asconseja que se vaya a su casa y se acueste. Pero él le replica que tiene que correr a su consultorio porque está lleno de pacientes. Son las tres de la tarde.

Así lo hace el doctor Gurinsky. Trabaja hasta la siete. Regresa a su casa en Miami Beach y se sienta a cenar con su familia. De pronto, con el rostro demudado, algo quiere decir a la esposa, pero no puede, los pocos confusos sonidos que emite se truncan en su garganta.

Al unísono se lleva la mano a la cabeza, sobre el área que le duele con una punzada tal que, por la expresión del rostro, parece insoportable. Se queda tiesamente paralizado en la silla.

Se llama al teléfono de urgencia, llega el personal de rescate. Hacia el "Pan-American", pero, temiendo no llegar a tiempo, la ambulancia se dirige al hospital más cercano, que es el "Mercy". Atendido de inmediato, se comprende que está muerto. La muerte de su amigo de tantos años, y tan valioso, toca muy hondo la sensibilidad del doctor Mora.

Se tiene la creencia de que los médicos, en permanente contacto con la muerte, están ya insensibilizados ante la misma. Pero eso es una generalización que, como todas las generalizaciones, no es toda la verdad. Al doctor Mora le duele profundamente el final que ha tenido Abraham. Desde el momento de su fallecimiento está presente, al lado de la familia. Y a través de los años no olvida al amigo y colega con quien estuvo el último día de su existencia.

Dos viajes a París y Suiza (1979)

Aunque el doctor Mora ha viajado tanto, no renuncia a seguir surcando los aires o navegando los mares, y con el mes de mayo. acaso para aliviar el trauma que le ha dejado la muerte del doctor Gurinsky, retorna a Europa. Distribuye sus días entre su amado París y su admirada Suiza. En este civilizado país, pasa unos días en Ginebra y otros Luzzanne. Y si tiene obsesión con la capital de Francia, que lo envuelve con su magia, la pequeña nación de los relojes y de la paz lo seduce por ser un país excepcional con el que no se puede comparar ninguno. Si goza la tranquilidad de sus ciudades y la apacibilidad de sus habitantes, le maravilla el encanto de su naturaleza.

No se cansa de admirar el Mount Blanc, de unos dieciséis mil pies de altura. Verlo arropado por un inmenso manto de nieve, con el Sol detrás del mismo iluminándolo, es un espectáculo al que no se puede ser indiferente y el que una vez visto no se puede describir, ni olvidar. No hay pinceles que lo pinten, ni palabras que puedan dar una versión exacta de su belleza.

Y tal es el arrobo que este país le inspira que, ya regresado a Miami, a fines de septiembre repite el viaje anterior, igualmente con días franceses y días suizos. De los habitantes de Ginebra y Luzzanne piensa que viven como fuera del mundo sin que sepan lo que pasa en el resto del planeta, tan turbulento, porque no les interesa. Se niegan a enturbiar el nítido ánimo con que viven.

Esquivos al "mundanal ruido" aludido por Fray Luis de León, ellos salvan lo más auténtico de la vida. El hombre de nuestro tiempo es un ser dramáticamente alienado que ha perdido su contacto consigo mismo y con esto su identificación. No sabe quien es, ni para qué vive con tantos esfuerzos, fugaces placeres y constantes dolores. La gente está enferma de angustia. La descubrió Kierkegaard, y si éste, creyente, vio su origen en el pecado original, Sartre, incrédulo, señaló sus raíces en la sociedad que emergió de la Guerra, a partir de 1945.

Si en París el doctor Mora disfruta el estético espectáculo de la tan bella ciudad. en las ciudades de Suiza encuentra una paz que no puede gozar en la capital de Francia ni en ninguna otra urbe del mundo.

París se apodera de sus sentidos. Pero Ginebra y Luzzanne le ofrecen el blanco y silencioso ámbito que él necesita para profundizarse con el pensamiento y llegar a lo más recóndito de su reino interior. Como por una pantalla que recoge las imágenes de un proyector, por su conciencia transcurren los cincuenta y cinco años de su vida, con sus etapas, sus episodios, sus protagonistas.

Y tras el pasado y el presente, automáticamente piensa en el futuro. No puede más que pensarlo. No puede ver ni describir lo que aún no existe, pero existirá al correr de cada día. Y con cada día el porvenir se hace presente, y el presente se hace pretérito. Y este pretérito se perderá en la nada. Con razón dijo Heráclito que nadie se baña dos ves en las mismas aguas de un río. Nunca es la misma. Siempre es distinta. En un hombre como él, cada amanecer es siempre un día nuevo, un estreno y quizás una sorpresa. La auténtica evolución creadora en que consiste la verdadera existencia, según Bergson, el filósofo francés de la intuición.

Muerte del doctor Roberto Sarmiento

Y el 19 de noviembre de este mismo 79, otra muerte que le toca más hondamente. Es la del doctor Roberto Sarmiento, de un fulminante e imprevisible ataque del corazón. A Chicago vuela de inmediato para estar con su esposa. Se produce una imponente manifestación de duelo. Tenía cincuenta y cuatro años. Eran amigos desde los lejanos días del Instituto de Pinar del Río. Coincidieron en la Escuela de Medicina. Se reencontraron en Chicago cuando el doctor Mora iba hacia La Crosse. Viajaron varias veces juntos.

El doctor Mora se solidariza con Silvia, la joven viuda de su amigo, que permanece dentro de selecto círculo de sus más íntimas amistades. Y como un homenaje de recuerdo a Roberto, él la invita a las futuras Convenciones.

La muerte ha golpeado con reiteración al doctor Mora. Primero su hermano Pepito. Después su mamá. Muchos años después, su padre. Poco antes de ahora, su hermano Roberto y el doctor Lastra. Y además, Gurinsky, hombre clave en su vida con todas las derivaciones que se producen después del contacto que él le propicia con los dos médicos de Opa Locka.

Un hombre de su profundidad de pensamiento no puede ver pasar impasiblemente estas muertes. La muerte lo lleva a reflexionar sobre lo que es y tiene que ser algo más que un simple episodio biológico, que un mero caso médico. La muerte va más allá de la Biología y de la Medicina para caer dentro de esas ignotas e inasibles áreas de la Metafísica y de la Teología.

Y aunque con sus cincuenta y cinco años y su espléndida salud no tiene por qué sospechar la proximidad de su muerte, él sabe que también tendrá que dar el salto del que no se regresa. Nadie sabe el camino.Y como la muerte es parte de la vida hay que prepararse para ese ignorado momento. Nadie se escapa de ella.

Los Hospitales

Mientras tanto, en este año sin Convención, en los tres hospitales se desarrolla un nuevo programa de educación continuada. Por otra parte, tanto en el "American Hospital" como en "North Ridge Hospital" se cumple el requisito que exige una sala de cirugía de corazón en cada departamento de cataterismo.

En cuanto al cataterismo, tanto en uno como en el otro hospital, los jefes del departamento aspiran a mantener tal monopolio que no permiten la intromisión en el mismo de otros médicos, aunque tengan certificación de capacidad para esa materia. Entre éstos está un grupo de jóvenes cubanos muy sólidamente preparados.

El doctor Mora comprende que esa actitud discriminatoria no puede ser aceptada. Lleva el caso a la Junta de Directores, y sale airosa su tesis. Y ante el acuerdo de la misma, termina esta enfadosa situación.

Por feliz sugerencia del doctor Avram Cooperman se invita a unos veinticinco jóvenes médicos de la clinica de los hermanos Mayo. Pasan tres días entre el "American Hospital" y el "North Ridge Hospital". Hacen saber que tienen mucho interés en abandonar su centro de trabajo y dedicarse a la práctica privada. Esa actitud la ha adivinado el doctor Mora en una visita que ya había hecho a la famosa clínica.

Después de esta visita, el doctor Mora vuelve a Rochester y puede visitar en sus hogares a algunos de los jóvenes que han estado en la Florida. Efectivamente se percata de la precaria situación personal que sufren. En consecuencia, cinco de ellos deciden aceptar las ofertas del "American" Hospital" y del "North Ridge Hospital". La captación de estos nuevos valores responde al interés del doctor Mora, siempre deseoso de que los hospitales de su presidencia se mantengan por encima de cuantos puedan hacerle competencia. Hay que demostrar su superioridad, tanto en Medicina Interna como en Cardiologìa. En este asunto es decisiva la intervención del doctor Manuel Viamontes, Jr., de tantos prestigios.

En 1980 el doctor Mora impulsa no pocos progresos en el "Pan-American Hospital". Se hace un nuevo auditorio. Se instalan los Departamentos de Medicina Nuclear, de Gastroenterología, Terapia Respiratoria, Radiología, Anestesia...

Convención de 1980

Llega la séptima Convencón. En el "Four Ambassadors". Al cabo de siete jornadas la feliz iniciativa del doctor Mora está absolutamente consagrada. Es el tiempo el que da valor a la mayor parte de las acciones de los hombres. Y eso es lo que ha ocurrido con estos encuentros que convoca el "Pan American Hospital".

Aparte de la índole y de los fines del programa hay un hecho que influye sobremanera en los resultados del mismo. Es que las Convenciones se celebran en Miami. En primer término, por el número de galenos que ejercen en esta ciudad. En segundo lugar, porque es cierto que Miami es la capital del exilio. El exilio ha hecho de Miami una ciudad cubana. En consecuencia, Miami es como una prolongación de Cuba. Y todos los convocados, que viven fuera de la Florida, no pueden eludir la tentación de corresponder a la cita.

Para un cubano que vive en Chicago, en Nueva York, en California, en Puerto Rico, en Caracas, o donde sea, recibir la convocatoria para una Convención más es algo de importancia suma, porque es la justificación más absoluta que se le presenta para volar a Miami, donde puede tener familiares y no pocos amigos. Además reencontrarse con tantos colegas y compartir con ellos durante varios días es una fiesta para su espíritu.

En este 1980 se produce una vez más una amplia asistencia. Como siempre, se comienza con la recepción que se celebra en la víspera, encabezada por el doctor Mora. Se ofrece un suculento buffet, La cita es en el "Four Ambassadors Hotel".

Al día siguiente, la inauguración. Y tras ésta. el programa científico, siempre de primera categoría. Y en cada tregua, los galenos tienen oportunidad para llegarse a los expositores, que son las grandes empresas que producen las medicinas más recientes.

En algunos de los almuerzos suelen haber programas especiales. En los demás, los médicos actúan libremente. Paralelamente a las actividades médicas, los eventos que se han organizado para las damas. Nunca falta un "fashion show".

El programa culmina con el suntuoso banquete, precedido siempre por un animado preámbulo social. No faltan los violines. En la cena se otorgan los establecidos premios "Finlay", "Albarrán" y "Núñez Portuondo". El evento termina con el tradicional baile de siempre, amenizado por un magnífica orquesta.

En cada Convención los médicos reciben el programa completo que se va a desarrollar. Se trata de una revista cuyas páginas pueden oscilar entre sesenta y cien. En las mismas aparecen los nombres y los temas de todos los disertantes del programa científico.

Asimismo se adelanta los nombres de los premiados. No hay detalle que no se especifique en cuanto a la organización del cónclave, Cada clausura está prestigiada por la presencia de importantes personalidades. Y todo lo ocurrido es publicado por el DIARIO LAS AMÉRICAS, del doctor Horacio Aguirre. un nicaragüense solidarizado con los cubanos y con conciencia continental. En todo esto interviene Vicente Rodríguez, encargado de las relaciones públicas del "Pan American Hospital".

Estados Unidos

Por muchas que sean sus actividades y preocupaciones, el doctor Mora no deja de seguir el proceso político americano. Tampoco se desentiende de los negocios. Cada día se entera de los movimientos de la Bolsa de Nueva York. Lee cuidadosamente todos los comentarios que sobre temas económicos escriben los expertos en periódicos y revistas. Es un hombre sensible al mundo que lo rodea. Tanto América como Europa y el resto. No olvida a Cuba

Este año de 1980 es año de elecciones. El presidente Jimmy Carter aspira a la reelección, pero su presidencia no ha estado lo brillante que podía haberse esperado. La consecuencia es que el Partido Demócrata, tras de haber rescatado el poder en el 77 lo vuelve a perder en los comicios del 80. .

El doctor Mora admira el equilibrado funcionamiento de la democracia americana a través de la alternación de los partidos. Tras los históricos cinco períodos que cubren Franklin D. Roosevelt (33-45) y Harry Truman (45-53), se producen los dos de Dwight Eisenhower (53-61). Pero los republicanos no pueden superar el entusiasmo que en los demócratas inspira John F.Kennedy, en quien ven el auténtico sucesor de Roosevelt.

Asesinado éste (61-63), Lyndon Johnson (63-69), además de cubrir como vice el resto del período es electo. Y tras estos ocho años de los demócratas viene Richard Nixon (69-74). Vencido su primer período, gana un segundo espectacularmente. Los republicanos están eufóricos, pero el escándalo de Watergate sacude al país tal como nunca antes había ocurrido y el presidente no tiene más opción que la renuncia. Lo sustituye Gerald Ford (74-77), (Un caso muy especial, porque no había sido electo para vice. El vice electo, Spiro Agnew, había tenido que abandonar el cargo y Nixon nombró a Ford.)

En vano Ford aspiró a mantenerse en la Casa Blanca en las elecciones celebradas en el año del bicentenario de la independencia. Fue fácilmente derrotado por Jimmy Carter (77-81).

A tráves de todo este proceso político han ocurrido hechos de importancia. Lo primero fue la aprobación de la Ley de los Derechos Civiles, que había presentado Kennedy al Congreso. Como un homenaje a su memoria se aprobó rápidamente.

Pero a partir de esos mismos días fue incrementándose el conflicto de Viet Nam hasta convertirse en la más desastrosa de las guerras de Estados Unidos. Mientras se agrava con Johnson, no llega a concluirse hasta Nixon, Un acontecimiento excepcional fue la llegada del hombre a la Luna, dentro de los primeros años de Nixon.

Tras el asesinato de Kennedy, se producen el de su hermano Robert Kennedy y el de Martín Luther King. Ambos sacudieron a los Estados Unidos. Y a través de todos estos años se mantuvo inalterable la llamada Guerra Fría con la Unión Soviética, iniciada desde los días de Truman.

Pero las tensiones con China, agriadas cuando lo de Viet Nam, dieron un viraje completo bajo Nixon, y la dirección de Henry Kissinger. Washington reconoció a Pekin y Pekin ingresó en las Naciones Unidas. Esto provoca el desalojo de Taiwan.

XXV

El cuarto viaje de los médicos

Hacia Barcelona y Sicilia (1980)

Trescientos sesenta y cinco médicos vuelan a Barcelona. La capital de Cataluña es una ciudad de rancia historia, singular belleza, con mucho aire europeo, dentro de la cual resaltan ostensiblemente las atrevidas obras arquitectónicas de Antonio Gaudí. Entre todas, "La Sagrada Familia". Una original arquitectura a base de ondulaciones, movimiento y ritmo. De gente inteligente, culta, ambiciosa y trabajadora, ninguna otra región le aventaja en comercio e industria.

Barcelona existía dos mil quinientos años antes de Cristo. En el 218 esta incorporada a Roma. Si paralelamente a la presencia de los romanos en España se inicia la prédica del cristianismo, los catalanes aceptan a Jesús y a la Iglesia.

Coincidiendo con el colapso del Imperio, llegan los godos y se radican allí como en el resto de España. Pero si los árabes ocupan a España a partir del 711, no logran dominar a Cataluña, porque allí ha llegado Ludovico Pío, el hijo de Carlomagno. Ha establecido en el lugar la Marca Hispánica. Cataluña es parte del imperio carolingio.

Dentro de la unificación española promovida por los Reyes Católicos, Cataluña queda dentro del mapa político de España. Pero serán los banqueros catalanes, igual que los genoveses y alemanes los que resolverán los problemas financieros de Carlos V, el más poderoso gobernante del planeta. Hacia ellos iría después el oro de las Indias.

Considerándose abusados por tropas de Madrid, los catalanes se sublevan en 1640 y ofrecen a Francia su territorio. Los españoles tuvieron que pelear en contra de los franceses hasta 1652 para reconquistar a Cataluña.

Dentro de la nación española, Cataluña se considera fundamentalmente catalana. Y los catalanes son catalanes. Si hablan el español, ellos prefieren el catalán. Y por estas diferencias, sin que se llegue a un secesión, Cataluña ha luchado siempre por un estatuto especial, definitivamente consagrado con el restablecimiento de la monarquía, después de haberlo tenido con la república.

Los médicos se embarcan en el "Helenís", Y entran en las aguas del Mediterráneo. Su historia es la historia de Europa. Es un mar sin comparación con otro. Baña las costas de Europa, Africa y Asia. Se comunica con el Océano Atlántico y el Mar Rojo. Cuenta con mares secundarios como el Tirreno, el Adriático, el Jónico, el Egeo. Cuenta con un buen grupo de importantes islas: las Baleares, Córcega, Cerdeña, Sicilia, Chipre y Creta.

Desde tres mil años antes de Cristo por las aguas del Mediterráneo han navegado semitas, indoeuropeos, tartesios, fenicios, griegos, etruscos, romanos, cartagineses. árabes, piratas africanos, normandos, turcos, italianos, españoles, franceses...

Y sin que les preocupen estos cinco siglos de historia que esconde el Mediterráneo, los médicos llegan a Sicilia, donde visitan la ciudad de Siracusa. La isla tiene poco más de veinticinco mil kilómetros cuadrados y unos cuatro millones de habitantes. Su terreno es abruptamente montañoso. Y su historia se pierde en el fondo de los siglos. Un milenio antes de Cristo estaba en poder de los fenicios. Luego pasó a los griegos. Su capìtal, Siracusa, fue fundada por los corintios en el 733 de la antigua era. Y a partir de entonces la historia de la ciudad y de la Isla no ha dejado de ser intensamente dramática a través de los siglos. Allí estuvieron los romanos, los vándalos, los bizantinos, los árabes. los normandos y así sucesivamente hasta quedar incorporada a la unidad italiana, bajo la monarquía. Y desde 1948 bajo la república.

Alejandría y El Cairo

Se arriba a Alejandría, la legendaria ciudad de Egipto, fundada por Alejandro Magno en el 331 antes de Cristo. Bajo la dinastía de los Tolomeos la ciudad logró un amplio desarrollo cultural. Conquistada por los romanos, allí estuvieron Pompeyo y Julio César. Y seguirá en los siglos por venir el mismo destino de Egipto. Pero conservará su propia personalidad como uno de los grandes centros comerciales y culturales del mundo. Al cabo del tan largo tiempo transcurrido aún se recuerda su biblioteca de setecientos mil volúmenes.

Desde principios de la era cristiana era la sede de una escuela filosófica con figuras que han trascendido hasta nuestros días. Y en el orden comercial su apogeo durará hasta que, con los quinientos, los navegantes que siguieron a Cristóbal Colón descubren nuevas rutas de navegación entre el occidente de Europa y los países orientales.

En 1798 Napoleón entró en Alejandría, pero la ciudad, con sólo siete mil habitantes, no era ya más que la sombra de lo que había sido. Bajo el gobierno de Mehemed Ali recobrará algo de su viejo esplendor. Pero en 1882 es bombardeada por una flota inglesa. Y de inmediato ocupada y saqueada.

Desde Alejandria el doctor Mora con un grupo de quince se adelanta en un autobus en pos de El Cairo, la capital de Egipto. Egipto representa una de las más duraderas y gloriosas civilizaciones. El Nilo es el eje de la misma. Sus más remotos testimonios datan de seis mil años antes de Cristo. Cuando faltan tres mil para el nacimiento del Redentor ya ha comenzado el período de los faraones, que concluirá cuando faltan quinientos para la terminación de la antigua era.

Es entonces cuando comienza el nuevo imperio. Dentro de éste se produce la llegada de Alejandro. Y cuando sólo faltan treinta años para el nacimiento de Jesús Egipto cae bajo el imperial dominio de Roma. Cuatro siglos después pasa al poder de Bizancio. Al promediar los seiscientos llegan los árabes. Son éstos los que en los novecientos fundan El Cairo.

Al empezar el siglo XVI arriban los turcos, que dominan a Egipto hasta que aparecen los ingleses. No es hasta 1936 que Londres reconoce la independencia egipcia. Y doce años después, con la fundación de la República de Israel, comienzan los conflictos con israelitas. Destronado el rey Faruq, en 1953 se crea la república. En el 67 la espectacular guerra de los seis días ganada por los judios con considerables pérdidas territoriales para los egipcios. En el 70 muere Nasser y es sustituído por Anwar Sadat. En el 77 Sadat y Manahem Begin firman un tratado de paz. Esta es la situación en 1980, que es el año de esta excursión de los médicos cubanos bajo los auspicios del "Pan American Hospital"

El trayecto entre Alejandría y El Cairo es de unas dos horas por una carretera muy estrecha, sin señales, ni luces, que no inspira mucha seguridad. El resto de los viajeros llega poco después también por la misma vía.

Se instalaron en el "Mena Hause", inaugurado en 1868, como consecuencia de la construcción del Canal de Suez. Y a unos pasos del mismo el insólito espectáculo de las Pirámides y la Esfinge. Las contemplan de noche a la luz de la Luna. Son una de las más imponentes construcciones que se han realizado a través de la historia. Las mismas son suficientes para dar una idea de lo que fue la civilización egipcia en los momentos de su más espléndido desarrollo.

El doctor Mora, observador como siempre, recorre las instalaciones del "Mena Hause". Se acerca a la piscina y se encuentra que alrededor de la misma hay una fiesta. Calcula la presencia de un centenar de parejas, elegantemente ataviadas. El evento presenta características muy orientales, fuera de los esquemas de Occidente. Es una exclosión de placer en medio de una desbordada abundancia de los más variados manjares y de las más exóticas bebidas.

Todo cuanto se ve en El Cairo en relación con la salubridad discrepa muy notoriamente de los conceptos que se tienen en Occidente. En contraste con esta negativa realidad, existen importantes museos. En uno de ellos los visitantes pueden ver no pocas momias, y entre ellas la de Mohamed Alí. Además, hay una acreditada universidad en la que se enseña en árabe y en inglés, asi como otras construcciones más destinadas a los más diversos objetivos, como el "Hotel Hilton".

Contemplan el Nilo, dentro de cuyas aguas hay un islote en el que se levanta el "Empress Club", un lujosísimo club que en nada se parece a la ciudad. Erróneamente el recorrido incluye un cementerio, que no ofrece ninguna grata impresión.

Los viajeros, después del almuerzo que tienen en el "Mena Hause", abandonan la ciudad. Pasando por Menfis, a treinta y cinco kilómetros de la capital y una de las más importantes ciudades del viejo Egipto, regresan a Alejandria en la misma forma en que la habían abandonado.

Jerusalén

Suben al barco. Inmediatamente se dirigen al puerto de Haiffa, en territorio israelita. Lo primero que impresiona es la limpieza que se ve en todas partes, Y desde el puerto, a la ciudad, que está en lo alto del Monte Carmelo. Y después de avistar a Tel-Avi se entra en Jerusalén, con sus dos partes: la antigua y la nueva. La vieja está cargada de siglos que suman milenios. Está dividida en cuatro áreas, respectivamente habitadas por israelitas, musulmanes, católicos y, por último, una heterogeneidad de gente perteneciente a numerosas razas, sectas y creencias.

No se puede tener una visión exacta de Jerusalén si no se tiene conciencia que se está en un mundo que comenzó cuatro mil años antes de Cristo, cuando allí estaban los cananeos. En cuanto a los hebreos, ya existían allí mil años antes del nacimiento de Belén. Fueron ellos los que fundaron la ciudad que ha llegado a nuestros días. Allí reinaron David y Salomón, que fue quien construyó el templo y dividió su reino en dos: el de Israel al norte y el de Judea al sur.

El país es sucesivamente invadido por los persas, los macedonios, los romanos. Bajo éstos es que se produce la vida de Jesús. Después ocurrirá la diáspora. y tras ella el dominio de los bizantinos, de los árabes, de los otomanos. Hasta que en 1917 llegan los ingleses.

Terminada la II Guerra Mundial y creada las Naciones Unidas, Inglaterra le traslada el caso israelita. Y en 1948 se proclamado el Estado de Israel. Cuatrocientos mil árabes abandonan a Palestina. La nueva república es atacada por seis países mahometanos.

Cuando Israel sale victoriosa del ataque asimila los territorios que han abandonado trescientos mil árabes. En el 64 surge la Organización para la liberación de Palestina. En el 67 con la fulminante guerra de los seis dias, Israel se apodera de, Sinaí, Gaza, la orilla este del Canal de Suez y las alturas de Golán.

En el 72 se exacerba la lucha terrorista de los palestinos contra los judíos provocando las inevitales reacciones de éstos. En el 73 tropas egipcias, iraquies y sirias atacan a Israel. En en el 77 se produce el sorprendente viaje de Sadat a Jerusalén. Y en el 80 se firma tratado de paz. Y dentro de esta situación se produce la visita de los médicos de Miami.

Se almuerza en el "King David". Se va al Monte de los Olivos". Se detienen frente al Muro de los Lamentos. Visitan el Santo Sepulcro, en la colina en que se produjo la crucifixión.

Los viajeros pueden ver, desde un puente, el río Jordán, que sirve de límite oriental con Palestina. Hacia el occidente está el Mediterráneo. Se detienen a contemplar las históricas aguas del Mar de Galilea o lago de Tiberiades, por donde anduvo Jesús. Pasan por Cesárea, sede del gobierno romano.

Están en la singular tierra de los Santos Lugares. Belén, donde se produjo el nacimiento de Jesús. Nazaret, donde vivió. Cafernaún, donde llamó a Mateo para que lo siguiera. El huerto de Getsemaní, donde se retiró a orar y donde fue traicionado.

Imposible que los médicos no estuvieran en el monumento del Holocausto, donde sendas antorchas señalan los varios campamentos de concentración en que murieron millones de judíos.

Agotado el programa de Jerusalén los viajeros abandonan la histórica ciudad más deprimidos que gozosos. Se regresa a Haiffa. El barco endereza su proa hacia Turquía.

Hacia Turquía y Grecia

Desembarcan en Kussadasi. Llegan a Efeso, donde no ven más que ruinas, Lo que queda del anfiteatro, de la biblioteca, de los baños. Todo en mármol. Pero Efeso, junto al mar Egeo, había sido siete siglos antes de Jesucristo no sólo la capital del Asia Menor, sino la ciudad comercialmente más importante de la misma. Conquistada por los persas, fue liberada por Alejandro Magno. Más tarde quedará dentro del imperio romano.

Se llega a Atenas. No se puede estar en Atenas y no tener conciencia de que allí floreció una de las más avanzadas y gloriosas culturas de la humanidad y que la misma es acaso el más imnportante aporte que ha recibido el mundo occidental de nuestros días.

Los viajeros se instalan en el "Jorge V". Aparte del recorrido por la ciudad, se pone especial atención en lo que queda de la Atenas clásica, la del Acrópolis y el Partenón. Sin recorrer las islas, el barco se dirige a Nápoles. Se navega por el estrecho de Messina, con Italia a la derecha y Sicilia a la izquierda.

En Italia

Nápoles fue fundada por los atenienses en el siglo V antes de Cristo. Después llegaron los romanos e impusieron su dominio. Con las centurias se convertirá en la manzana de la discordia entre los austriacos y los franceses. Pero conquistado por España, estará bajo su dominio desde Fernando el Católico hasta Napoleón, tres siglos después. Desaparecido el Emperador, retorna a Austria hasta que queda incorporada al reino de Italia.

La ciudad se extiende por veinte kilómetros siguiendo el litoral de su bahía. En un ferry se va a la islita de Capri, uno de los grandes centros turísticos de Europa. Allí ven las populares grutas que producen curiosos efectos luminosos.

Sobre la superficie de la islita, de muy escabroso terreno, se levanta una montaña. Y en la cima de la misma está la capital, Anacapri. Entran en Sorrento, fundada por los griegos, y dominada por los etruscos y los oscos antes de que fuera ocupada por los romanos, donde las damas admiran los tejidos, las telas y los muebles que han dado fama a la ciudad, también conocida por sus vinos. Imposible que no se vaya a Pompeya a ver las ruinas que han podido recapturarse despues que en el 79 una erupción del Vesubio destruyera y cubriera de ceniza la bella villa tan de moda en su tiempo.

De Nápoles a Génova, la ciudad que ya existía doscientos años antes de Cristo. La mayoría de los historiadores suponen que es la cuna natal de Cristóbal Colón. No tarda en quedar incorporada a Roma. Después del colapso del Imperio, recobra su total independencia. Es un pueblo marinero cuya economía está basada en el comercio con el Mediterráneo.

Aliada a Pisa conquista a Cérdeña, pero a partir de este momento empieza la lucha entre las dos ciudades por la distribución del terrirorio conquistado. La situaciòn se agrava cuando los genoveses se apoderan de Córcega. Por siglos Génova va a vivir en una permanente guerra con Pisa, Venecia, Cataluña, Aragón, el Imperio germánico, los musulmanes...

En 1805 Napoleón la incorpora a Francia, pero en 1815 el Congreso de Viena la otorga a Cerdeña. Ahora empieza la lucha por su independencia. Con la unidad italiana Génova, tras tantos tumbos, queda incluida en el Reino de Italia. A pesar de todo lleva ya siglos de permanente progreso.

De Génova a Barcelona

De Génova parte el grupo de Miami hacia Barcelona después de visitar a Mónaco y Niza. Embrujados por esas dos ciudades de tan singulares encantos, se dirigen hacia la Riviera Italiana pasando por Cannes, St. Tropez.. Después de avistar a Marsella se sigue, tierra adentro, por Aviñón. Montpellier, Narbone, Perpignan y otros lugares menores, hasta entrar en la moderna capital de Cataluña. Desde allí los médicos vuelan a Miami.

Mientras tanto, el doctor Mora, que ya conoce esa ruta a recorrer por el grupo, decide quedarse, alternando la estadía entre

Mónaco y Niza, con tan corta distancia entre un lugar y otro. Visita Menton, Rapallo, Puerto Fino. En Niza come en el restaurant "Chanticlear", instalado dentro del hotel "Negresco". Construído ya en 1914, por razón de la guerra no se inaugurará hasta 1919.

Allí pudo contemplar las dos lámparas que, a un costo de un millón de dólares cada una, había encargado Nicolás II. Pudo también ver las alfombras más bellas de cuantas ha podido admirar. Habían sido hechas en Abuzón. En ese hotel fue donde Ali-Kan se casó con Rita Hayworth.

En Mónaco, donde le gustaría vivir, una vez más está en el hotel "París", comiendo de nuevo en el restaurant "Le Luis XV". Pero aparte de Mónaco y Niza, Fuera de las mismas recorre cuantas pequeñas poblaciones existen en esa paradisíaca área del mundo: St. Tropez, Cannes, Antibes. Aquí había vivido Picasso, Visita la casa que había ocupado. En Cap Ferrat come en uno de los mejores restaurantes que ha conocido, el "Eden Rock".

Concluida la semana, vuela a París. Después a Madrid. Una vez más duerme en "Villa Magna". Y, por fin, Miami, donde se reencuentra con algunos de los excursionistas, que habían arribado siete días antes.

XXVI

En Europa. Convención del 82

Madrid y sus alrededores (1981)

En 1981 no hay Convención del "Pan American Hopsital" y el doctor Mora aprovecha esa coyuntura para celebrarle a su hermano el doctor Giraldo Mora su matrimonio con la doctora Sonia Causa. A esos efectos, con "Futura Travel" organiza un viaje a España y Portugal. Se reúne un grupo de unos sesenta. La mayoría de ellos son médicos.

En una nave de "Iberia" se vuela a Madrid. El doctor Mora no quiere alterar la costumbre de instalarse en "Villa Magna". Los demás, en el "Plaza". Giraldo y Sonia están felices. Ningún regalo de boda más agradable que esta invitación que han recibido de Modesto, siempre tan gentil.

Están sumergidos en las inefables dulzuras de una muy especial luna de miel. Ambos están convencidos de que lo comenzado ahora será para toda la vida. Cada uno de ellos encontró en el otro su auténtica pareja,

Con sus cuatro siglos de capitalidad, desde Felipe II a Juan Carlos I, Madrid no envejece. Renace cada día. No sólo por sus nuevas construcciones sino por el espíritu de su gente. Los madrileños saben vivir, le han encontrado el sentido a la vida. Han descubierto el secreto del hedonismo: lograr la mayor felicidad con el menor esfuerzo. No en vano es la ciudad de la siesta, que dicen que aportaron los visigodos, y de las vacaciones de verano.

Si el romanticismo, todo un estilo de vida, aparte de una escuela literaria y una orientación artística, cundió por Europa en la primera mitad del siglo XIX, aquel fulgor que lo caracterizó pudo apagarse en otras partes, pero no en esta ciudad donde los hombres y las mujeres siguen amándose con la intensidad dramática con que se amaron los protagonistas de los dramas que entonces se escribían: "Don Alvaro o la fuerza del sino", "Los amantes de Teruel", "Macias", "El Trovador". Exaltadamente romántico es el seductor "Don Juan" de Zorrilla.

El recorrido por la ciudad es irrenunciable. Y los recién casados con otros, o ellos solos, pasan por las tan bellas plazas de Madrid: la de Cibeles, la de España, la de Colón, la Mayor... Además, la legendaria Puerta del Sol, el romántico Parque del Retiro... Tal parece que todos los madrileños han salido de sus casas y están en las calles. Abarrotan los establecimientos y los restaurantes. Pero ni el gentío ni el movimiento aturden sino que son el mejor de los tónicos. Nada más saludable para un pueblo que sus vecinos transcurran por las aceras conversando los unos con los otros. Y en alta voz, con un gran despliegue de ademanes. Todo un espectáculo.

De Madrid se va a Avila, la ciudad de Santa Teresa de Jesús con el medioeval espectáculo de sus imponentes murallas con tantos siglos de vejez. Se levantaron para defender a la ciudad de los musulmanes. Se va a Segovia, con el monumental acueducto romano, aún en servicio, cuya edad ha corrido paralela a la era cristiana. Se entra en el Alcázar, con no pocas centurias acumuladas, que aún está enhiesto como el testimonio de un tiempo que ya no existe. De nada sirven ya los fosos que lo rodean.

Se va a La Granja, a once kilómetros de Segovia, El lugar fue mandado a construir por Felipe V, el primer rey Borbón de España a fin de disponer en Castilla de algo que se le pareciera al Versalles que había dejado en París. Imposible que no se vaya a Toledo. Allí existía un pueblo celtíbero cuando llegaron los romanos y con-quistaron el lugar. Al Toledo romano seguirá el Toledo visigótico. A éste, el Toledo musulmán. No será hasta 1085 que Toledo sea conquistado por los cristianos en tiempos de Alfonso VI.

Al llegar al trono de Castilla Alfonso X el Sabio, Toledo fue la sede de la Escuela de Traductores. En ella, en el siglo XIII, se reunieron los más eruditos lingüistas cristianos, judíos y árabes, dentro de la más armoniosa convivencia, para traducir al incipiente castellano de entonces las obras de la antigüedad que, en latín y griego, ya se conocían en España.

Cuando entraron en la Catedral y miraron hacia lo alto, sencillamente se asombraron ante una construcción que se comenzó en el siglo XIII y que pudo ser terminada dos siglos después. Y del templo católico a la Sinagoga judía, y al hitórico Alcázar, construido por Carlos V, que hizo de Toledo la capital de su imperio, un imperio que cubría gran parte de Europa.

Si hay una ciudad que pueda condensar la historia de España, ésa es Toledo, donde vivió y trabajó El Greco. Los excursionistas visitaron la casa del genio, que si no agradaba a Felipe II, ahora se sabe que es uno de los más grandes pintores de todos los tiempos. Nadie como él en su época, ni ninguno de entonces ha trascendido al presente con su jerarquía.

Recorrieron sus estrechas y ondulantes calles, crecientemente visitadas por turistas del mundo entero. Y tan amadas por el doctor Gregorio Marañón, médico español que, al margen de la medicina, ha quedado como biógrafo, historiador y ensayista de singular categoría. Para compensarse del trajín y el alboroto de Madrid, se compró un cigarral toledano, que no es otra cosa que un huerto de recreo. Y allí vertió su amor a la ciudad en las páginas de su libro "Elogio y nostalgia de Toledo".

Andalucía

Los viajeros dejan a Madrid y por carretera van hacia Granada, Durante dos días pasean por los más atractivos lugares de la ciudad. En la Catedral se detienen ante los dos féretros metálicos que contienen los restos de los Reyes Católicos.

No puede prescindirse del Alhambra, con toda su poesía y toda su leyenda a pesar de los cinco siglos que han transcurrido desde que, tras la victoria de las armas de Isabel y de Fernando, Boabdil abandonó su reino entre lágrimas y bajo el reproche de su madre. Era el último territorio que les quedaba a los musulmanes. Había terminado la hazaña de la Reconquista, empezada con Pelayo, en 718, con la batalla de Covadonga, en Asturias. En esos momentos habían pasado ya setecientos setenta y cuatro años.

La Reconquista ha quedado como una de las grandes hazañas de la historia de la humanidad. Los españoles no solo luchaban por reconquistar su territorio, sino en defensa de su fe cristiana en contra del mahometanismo de los árabes. La Cruz en contra de la Media Luna. Aquello fue una guerra santa.

Al cabo de dos días, hacia Málaga, La actual ciudad data de unos 600 antes de Cristo. Fue fundada por los griegos, pero los fenicios tienen mucho que ver con su desarrollo. En el 205 de la antigua era, cae en poder de los romanos, que la romanizan tal como hacen con todos los centros urbanos a los que llegan.

Desplomado el Imperio, aparecen los visigodos. Málaga queda dentro de la monarquía que fundan los invasores. Pero el 711 llega los árabes y cambian el destino de la ciudad. Málaga no será liberada hasta el 1487 por las tropas de Fernando e Isabel.

En Málaga los viajeros se hospedan en el "Don Pepe". El nombre obliga a los doctores Mora a recordar al inolvidable progenitor. En seguida hacia la Costa del Sol, que se extiende a través de Torremolinos, Fuengirola, Puerto Banús. Este con sus casas pintadas de blanco en acertado contraste con el rojo de sus techos. El lugar está lleno de acaudalados árabes. Sus lujosos yates revelan sus riquezas.

Se arriba a Algeciras, donde ya había estado el doctor Mora cuando el viaje que terminó en el norte de Africa y del cual no guarda agradables recuerdos. Se llega hasta La Línea, donde termina el territorio español y comienza el británico Gibraltar. No es posible entrar en el controvertido Peñón porque en aquellos días se agitaban ciertas tensiones entre Madrid y Londres.

Se entra en Córdoba, la más árabe de las cuatro principales ciudades de Andalucía. Fue la capital del Califato. En el siglo X, con unos doscientos cincuenta mil habitantes, era la ciudad más bella y rica de Occidente con palacios como el Medina Azara. Se impone la visita a la Mezquita. Una construcción sin igual. Los viajeros quedan admirados ante la infinita y variada columnata, incomprensiblemente violada por la decisión de Carlos V de construir un templo católico dentro de aquel inmenso ámbito levantado por los fieles seguidores de Mahoma.

Recorren el Barrio Judio, donde en 1135 nació Maimónides, el famoso filósofo y teólogo, que tambien fue médico y como tal ejerció en su propia ciudad natal y en Egipto, donde cuidó de la salud del sultán Saladino. No abandonan a Córdoba sin comer en "El Caballo Rojo", un restaurante muy popular que entre sus especialidades tiene el arroz con pollo, el plato tan preferido por los cubanos.

Hacia Sevilla, la más andaluza de las ciudades de Andalucía. La del famoso Guadalquivir, Si sobre los orígenes de las otras importantes ciudades hay datos concretos, en cuanto a Sevilla circulan varias leyendas. Pero frente a esa mitología están los que, en un plano estrictamente histórico, afirman que los más remotos pobladores fueron los turdetanos, una de las tantas ramas que brotaron del crisol de la España pre-románica.

Al lugar llegaron los fenicios, los griegos y los cartagineses. De lo que parece no haber duda es de que los romanos arribaron al lugar en el 205 y allí se quedaron. Levantaron una ciudad a la manera de ellos, la organizaron y aportaron todo lo que igualmente se llevaba a cada sitio conquistado. Como consecuencia de esto, dadas sus especiales condiciones geográficas, Sevilla llegó a ser una muy rica ciudad. En los cuatrocientos aparecieron los vándalos-vikingos y tomaron posesión de la ciudad hasta que los visigodos los desalojaron. Pero con los setecientos llegan los árabes. En consecuencia, nuevos amos. Los nuevos invasores le imprimieron a Sevilla una nueva cara. De cuanto hicieron queda como un bello símbolo la Giralda.

La ciudad será reconquistada por Fernando III en 1248. En 1492 se produce el descubrimiento del Nuevo Mundo. Y en 1503 se funda en Sevilla la Casa de Contratación con numerosos funcio-narios, especializados en cuanto tenga que ver con las tierras descubiertas y con las que se descubrirán.

La Casa de Contratación es la que decide todo lo de América. Todo lo que salga para el Nuevo Mundo y todo lo que venga de allá tiene que pasar por el nuevo organismo. La importancia de Sevilla crece desmesuradamente, y con esto su riqueza.

El doctor Mora pudo quedarse en esta ocasión en el "Alfonso XIII". Al amanecer a Carmona, la ciudad que conserva señales de la presencia romana, más tarde alteradas por los árabes, tal como puede verse en las puertas bautizadas respectivamente con los nombres de Sevilla y Córdoba.

Lo más destacado del lugar es El Alcázar, verdadera fortaleza, ocupada en ocasiones por sucesivos reyes de Castilla. Pero no menos interés despierta el cementerio, donde se han encontrado no pocos objetos procedentes de los tiempos pre-históricos. Aún pueden verse varias viejas iglesias como la de Santa María, construída entre los cuatrocientos y los quinientos sobre una anterior mezquita.

Vueltos a Sevilla, se visitan el Parador Nacional y el Rincón Sevillano, donde se dice que surgió el flamenco y como una superior variedad del mismo el Cante Jondo. Se está en el Parque de Murillo, frente al cual está la casa en que vivió el eminente pintor de las inigualables Madonas y de las más típicas figuras y escenas del pueblo sevillano. También el hogar en que vino al mundo Diego Velásquez, uno de los más grandes pintores españoles.

En el "Parque de María Luisa" se detienen ante el monumento erigido a Gustavo Adolvo Becquer, el poeta de las inmortales "Rimas". Igualmente se extasían ante el grupo escultórico de las damas de ayer, hoy y mañana. Se anda por El Burladero. Y para que nada falte, hasta una pelea de gallos jerezanos.

Portugal, Madrid, París, Ginebra

De Sevilla a Lisboa, donde ya ha estado el doctor Mora. Tras los recorridos por la ciudad, que si no es Madrid, tiene sus característicos encantos. Se pueden comprobar en sus edificios, plazas, avenidas, monumentos, Y principalmente en su bahía.

Se instalan en el "Ritz". Se llega a Cascais, Sintra y Estoril con su casino, sólo accesible a los extranjeros, con la presentación de los pasaportes. Allí se cena bien y se presencia un buen espectáculo. Se visitan algunos viejos monasterios. No puede quedar fuera del recorrido el Santuario de Fátima.

De Lisboa se retorna a Madrid. La mayoría de excursionistas vuelan a Miami, pero otros se quedan en Madrid, El doctor Mora, una vez más está en la "Villa Magna". Quiere cenar en el famoso "Hocher", fundado por el hijo de quien había sido el chofer de Hitler. Para su suerte, es advertido en el hotel de que, cuando vaya a regresar, no se atenga a cualquier taxista, sino a uno expresamente pedido por el restaurante. Hay que evitar la trampa de alguno de los ladrones que se hacen pasar por choferes de taxis. Sólo debe entrarse en el auto cuando el conductor sea debidamente identificado.

Al día siguiente el doctor Mora vuela a París, la ciudad que conoce tanto como puede conocer a Miami y de la que no puede prescindir. Se hospedó en el "Intercontinental". Y satisfecha la tentación, que se extendió a Ginebra, regresa a Madrid para desde Barajas volar a sus predios de la Florida, el irrenunciable Miami.

Convención del 82

El 82 es año de Convención. Es la octava. Por primera vez en el "Sheraton Bal Harbor". El evento se ve enaltecido por la presencia de galenos tan notables como los doctores Clifford C. Snyder, George E. Shambaugh, René Favarolo, Roberto Cruz Caro, Antonio Gasset... Los dos primeros disertan en la Sociedad Cubana de Cirugía, de la cual el doctor Mora ostenta el cargo de tesorero, y que es parte de la Convención.

El doctor Shambaugh es el médico que le restableció al doctor Mora su capacidad auditiva. Los otros lo hacen dentro del programa científico establecido. Nunca éste había logrado un nivel de tanta categoría. Toda la Convención repite con creces cuanto se ha venido haciendo en las anteriores. A los que se han mantenido fieles a las convocatorias hay que añadir los que llegan por primera vez. Es muy difícil eludir un viaje a Miami y renunciar al programa científico y a la posibilidad de reencontrarse con amigos y colegas que es como rehacer el tiempo olvidado.

Una vez más todo ha quedado tan perfectamente como siempre. El banquete igualmente concurrido. Violines en la cena y orquesta después para el baile. Como es costumbre se han entregado los tradicionales premios. El del doctor Finlay al doctor Gasset. Y con la clausura del evento, el viaje.

Los viajes que ha promovido el doctor Mora como parte de cada Convención desde 1974, y ya son cuatro y cinco con este del 82, es una de las más felices iniciativas. Entre las más positivas realizaciones de este siglo, especialmente desde la terminación de la II Guerra Mundial, está el desarrollo y difusión del turismo.

Con el turismo se vencen las distancias y se acercan entre sí los pueblos. Cuando no se ha viajado, hay que atenerse a los libros y a la imaginación. Pero cuando se viaja se tiene entonces una visión inmediata de cada ciudad que se visita. Y con cada una de ella los conocimientos y las expresiones aumentan y el viajero se crece en sensibilidad y cultura.

Los griegos viajaron hasta donde pudieron. Desde el Renacimiento se incrementaron los viajes. En los setecientos y en los ochocientos fueron muchos los intelectuales y artistas que recorrieron el mapa de Europa. Y lo hicieron en lentos carrruajes de tracción animal. Mientras que en los novecientos se dispone del avión. El mundo se ha organizado para el turismo y viajar es la consigna del hombre actual.

XXVII

Los médicos en el Lejano Oriente

Hacia Tokio (1982)

En julio del 82, pasada la Convención, ciento setenta médicos vuelan hacia Tokio. Es la tercera visita del doctor Mora. Catorce horas de vuelo en una nave de TWA. Se instalan en el "New Otani", con dos mil doscientas habitaciones, veintiocho restaurantes y un sótano prestigiado con las más elegantes tiendas. No faltan muy hermosos jardines, donde los viajeros son atendidos por finísimas geishas, siempre tan llenas de delicadezas como de misterio.

Fuera de Tokio se recorren las ciudades y los lugares que la rodean y que merecen ser visitados por los turistas, como Nikko, que tiene categoráa de santuario, y Kyoto.

En la capital se cena en el "Kanaya". Se admira el Palacio de los Deportes, que ha quedado como un testimonio de las Olimpiadas, lo mismo que la Arena Deportiva, frente a la que se contempla la enorme piedra que, con un peso de varias toneladas, fue traída de Australia. Una visita muy especial fue la del Palacio Imperial, que se recorre ampliamente. Pasear por sus Jardines deja el recuerdo de una singular experiencia. No es uno, sino dos. El viejo, a la manera francesa. Y el nuevo, realizado bajo la dirección de MacArthur, de factura totalmente japonesa, a un costo de treinta y seis millones de dólares.

Otro restaurante es el del hotel "Okura", que siendo éste japonés, sin embargo su comida es estrictamente china, sin contagio extranjero alguno. Se respeta con todo celo la cocina de Chechuán.

232

No puede faltar la visita a la Embajada de Estados Unidos. El Embajador es el ex-senador Mike Mansfield, de Montana, a quien el doctor Mora había conocido años atrás, presentado por el también senador Claudio Pepper. El médico vive una gratísima experiencia. Después de pasarse por los requerimientos acostumbrados, el diplomático lo recibe, con los doctores Pearce y Hernández, en mangas de camisa. En seguida los pasa a una salita donde se pudo hablar sin interferencia alguna. La sede diplomática americana es la más grande de cuantas el país tiene en el extranjero. Es un complejo de edificios rodeado por una alta muralla. Afuera, los guardias japoneses, pero por dentro, los americanos.

Aunque ya se han visto no pocas tiendas, imposible no entrar en la "Takichimaya", una de las más lujosas del planeta, con sucursales en el extranjero, incluidos los Estados Unidos. El refinamiento japonés no tiene parigual. Es una virtud de la raza.

Taiwan

De Japón a Taiwan. Fue en los quinientos que los chinos empezaron a poblar la pequeña isla. Mil años después llegaron los portugueses y le dieron el nombre de Formosa. Un siglo después arribaron los holandeses y promovieron el comercio con China y el Japón. Aparecen los españoles, pero los holandeses no los dejan establecerse en lo que ya consideran su territorio.

Pero no tardan los manchús en desembarcar en Taiwan y a dominar el territorio. Dos centurias más tarde es que el gobierno manchú declara a la isla como una provincia de China. Una década más tarde, en 1895, China es derrotada por el Japón y le cede la isla a los vencedores. Después de la II Guerra, los chinos la recobran. Y es en esta situación que se produce la entrada de las tropas de Chiang Kai-shek.

Los viajeros se instalan en el "Grand Hotel". Taiwan es uno de los milagros de nuestro tiempo. Si es territorio salido de dominio de China, gracias a la acción Chiang-Kai-shek, y si está poblada por chinos, el espíritu moderno y progresista que alienta su vida nada tiene que ver con la filosofia política ni el ritmo de vida que se lleva en el área continental. Una isla con treinta y seis mil kilómetros cuadrados que alberga a veinte millones. Con una densidad de unos quinientos sesenta. Pekín no ha renunciado a ella. Aspira a reconquistarla. Taiwan es uno de los grandes centros comerciales de Asia. Uno de esos cuatro poderosos tigres asiáticos que encabezan la economía de esa inmensa región del planeta.

Taiwan es un país presidido por el progreso. Su nueva vida comenzó en 1949 cuando desde el continente llegaron las derrotadas fuerzas democráticas de Chiang Kai-shek. En el 54 Estados Unidos se compromete a defender la independencia de la nueva nación ante las amenazas de los comunistas continentales.

Pero, con la nueva politica de Nixon en relación con China, Washington hace posible que en 1971 el gobierno de Beijing (Pekín) desaloje de las Naciones Unidas al de Taipei. La consecuencia de este hecho es que Taiwan pierde su condición de miembro del Fondo Monetario Mundial y del Banco Mundial. Mientras tanto Beijing ofrece las mejores condiciones autonómicas a Taipei si se decide a aceptar la reunificación. El rechazo es absoluto. Todo el pueblo de Taiwan llora sin consuelo posible en 1975 la muerte de su fundador y líder.

A pesar de tantos agravios y dolores, Taiwan sigue adelante, fiel a su nacimiento. La capital, con más de dos millones de habitantes, es una hermosa ciudad con bellos edificios, espléndidas avenidas. El doctor Mora y sus colegas conocen tiendas y hoteles que están al mismo nivel de los occidentales. Pero lo que más resalta es el acelerado ritmo de su vida. Un pueblo que vive no del legendario pasado de la civilización china, sino con franco y radiante sentido de futuro.

Después del recorrido por Taipei y las ciudades más cercanas, se visita el Museo de Jade. Imposible sustraerse a la habilidad con que se ha trabajado esta preciosa piedra, que no es únicamente verde, pues se presenta en otros colores, como el rosado. Todo esto fue traído del continente, cuando hubo que abandonarlo tras la victoria de los comunistas.

Hong Kong

De Taiwan a Hong Kong, ya conocido por el doctor Mora. Se atraviesa el túnel que comunica la isla con la masa continental. Se observa el audaz mecanismo vertical del finicular que desde el llano de la costa conduce a la cima de la montaña. Se hospedan en el "Furama International".

Un interesante espectáculo es el de la bahía con tantos barcos y yates, sin que haya suficientes muelles para que se atraque con seguridad. El doctor Mora puede apreciar cuanto se ha adelantado desde su último viaje. Muchos nuevos edificios, más hoteles, más establecimientos, más diversos negocios. La ciudad es la babilonia de los tiempos modernos. Condenada a salir de la corona inglesa para regresar al dominio chino, al cabo de cien años exhibe más realizaciones que cuantas se hayan hecho en sus diecinueve siglos anteriores.

La estancia en Hong Kong dura cinco días con sus cinco noches. Se renta un yate para un paseo por la bahía que dura cuatro horas. Se vio el Aberdeen, que es un lugar que está repleto de embarcaciones hasta tocarse las unas con las otras. Con asombro observaron barcos convertidos en restaurantes flotantes. Una de las naves, llamada "Jumbo", mostraba hasta cuatro, cada uno arriba del otro.

En el yate no falta un buen grupo musical que toca para los cubanos durante las tres o cuatro horas que dura el impresionante recorrido maritimo que les permite ver lo que no era posible divisar desde tierra. Los músicos, agradecidos ante la generosidad de los excursionistas, no cesan de cantar y tocar para la complacencia de los médicos.

Pero en medio de tanto esplendor tienen la oportunidad de ver lo que se llama El Territorio Nuevo, al que llegan los chinos que, en una forma u otra, escapan de sus hogares, inconformes con el sistema comunista. No fue agradable ver tanta miseria, ni tanto dolor humano. Las autoridades de la isla los rechazan y no pueden regresar al lugar de su procedencia. Están en un limbo, sin saber qué pueden hacer con sus vidas. En estas circunstancias llegan hasta vender a sus hijos para salvarlos por una parte, y, por otra, para recibir algún dinero. Se sabe que el precio promedio por cada criatura es de unos cincuenta dólares.

Una experiencia tras otra. Cena en dos ocasiones en el elegantísimo "Gades". Seguidamente en el restaurant del hotel "Sha-Gri-La" y en el "Pierrot" del "Mandarin de Oriente Hotel", que es francés. Y tras estas epicureístas expansiones, la última noche. A esos efectos han reservado el restaurant circular y rotativo que hay en el tope del "Furama". Mientras los viajeros esperan la cena con las sociales libaciones acostumbradas, envueltos en agradable música, se produce un suceso muy especial que emociona a todos.

El doctor Mora habia invitado al "chef" chino del "Pan American Hospital", a fin de que éste se reencuentre con un hermano que hace cuarenta y siete años había dejado en Cantón y que ahora vive en Hong Kong. En consecuencia, él le había avisado, fijándole el lugar, el día y la hora de la cita.

Y, efectivamente, allí se aparece el hermano con toda la familia. Todos están invitados a la cena. Cuando se ven frente a frente, se produce la más conmovedora e inolvidable escena. Los médicos la presencian emocionados. Fue una eclosión de amor. Algo muy singular.

Cuarenta y siete años de separación entre dos hermanos quedaron volatilizados en un minutos cuando ambos se encontraron gracias a la sensibilidad y a la generosidad del doctor Mora. Y el "chef " del "Pan American Hospital", su hermano y la familia de éste cenaron felizmente con los doctores cubanos en una cena que debe haber estado iluminada por la sonrisa de Dios.

Tailandia

El doctor Mora y algunos excursionistas más vuelan a Tailandia, mientras el resto regresa a la Florida y con ellos el feliz "chef" del "Pan-American Hospital", que pudo vivir lo que nunca pudo imaginar.

Tailandia, con una superficie más de medio millón de kilómetros cuadrados, tiene una población de cincuenta millones. Su capital, Bangkok, cuenta con más de cinco millones. La historia de este país comienza tres mil años antes de nuestra era cristiana. Ya en el siglo X los malayos dominan su territorio y lo organizan políticamente.

Se suceden distintas dinastías. Ya a mediados siglo XIX el país mantiene relaciones comerciales con Inglaterra, Francia y Estados Unidos. Se entra en el siglo XX bajo una fuerte monarquía absoluta, pero en 1932 una revolución le quita sus absolutos poderes al monarca y lo sujeta a una constitución. Seis años después surge un nuevo gobierno autoritario. En el 39 se abandona el nombre de Siam y se adopta el de Tailandia. Ante la nueva Guerra Mundial rompe relaciones con los aliados y concede facilidades de tránsito a las tropas japonesas.

Acabada la Guerra, Tailandia sigue en permanente inestabilidad con sucesivos golpes militates de los que surgen gobiernos autoritarios. En el 54 se funda en Bangkok la Organización del Tratado del Sudeste Asidtico, conocido por las siglas de SEATO. Una constitución tras otra. En el 68 eran ya ocho en treinta y seis años. Poco antes se había producido la invasión de doscientos cincuenta mil campucheanos.

Si el país cambió de nombre, lo mismo ocurre con la capital. Oficialmente Bangkok es Krum Thep. Está junto a la desembocadura del río Chao, en el golfo de Siam. Por ella se tramitan las tres cuartas partes de todo el comercio exterior del país, y esto es lo que le da muy especial importancia. Por otra parte, la ciudad es un importante centro industrial.

A pesar de lo mucho que el doctor Mora ha viajado, es la primera vez que llega a esta área del mundo asiático. Dentro del Océano Pacífico, al sur del Tibet y de China, se produce una a manera de protuberancia de irregulares contornos. Dentro de ella se aglomeran varios países. Uno de ellos es Tailandia, que tiene en parte del norte a Burma. En el resto del norte y el este, a Laos. En parte del sur, Cambodia.

Y desde el macizo superior tailandés brota un alargado brazo, a manera de estrecha península, que penetra extensamente en el océano hasta concluir ya en tierra ajena con la ciudad de Singapur.

Más al oriente de Laos y Cambodia está Viet Nam. Separadas por las aguas del Pacífico, Tailandia tiene al este a las Filipinas y al oeste a la India.

Los viajeros recorren la ciudad, en la que ha entrado el mundo moderno, visible en sus avenidas, plazas y edificios. Como hasta allá ha llegado la civilización americana, se dispone de buenos hoteles, restaurantes y tiendas. El Oriente se occidentaliza crecientemente. País de budistas, hasta alcanzar una feligresía de más del noventa por ciento de la población, uno de los lugares de interés turístico es el santuario con una estatua de Buda de dos metros. Pero más impotante que esto es la huella que se conserva del pie del profeta. Cierto o no, los nativos lo creen sin duda alguna.

En Singapur

Desde Bangkok se vuela a Singapur. Como las antiguas ciudades griegas, o las italianas antes de la unidad, Singapur es una ciudad-estado. Sólo tiene seiscientos dieciocho kilómetros cuadrados, con dos millones quinientos mil habitantes. En consecuencia, una población relativa de más de cuatro mil.

Por el siglo XIII era una posesión de Sumatra. En 1819 un agente de la Compañía Británica de la India Oriental instala en el trono al príncipe Hussein, pero al año siguiente Londres compra el lugar, que se convierte en un puerto de enorme importancia. Y tras sucesivos avatares, con la II Guerra cae en poder de los japoneses. Terminado el conflicto, Inglaterra rescata su posesión. En el 49, aunque dentro del dominio británico, logra su autonomía. Y en el 65 se declara independiente y se organiza en república.

Los viajeros se instalan en un "Hyatt". Una presencia de lo más comfortable de Occidente en medio del más lejano Oriente, sobre las aguas interminables que descubrió Fernando de Magallanes a principios de los quinientos.

Cenan en el restaurant "San Marcos", del hotel "Marco Polo", donde encuentran tanto refinamiento como en el mejor de Europa. Los comensales, sin sospecharlo, se han vestido muy a tono con la categoría del lugar.

El ambiente está animado por un grupo musical que se excede gentilmente en el número de sus interpretaciones. Como siempre el doctor Mora se ocupa de recompensarlos.

Pero lo más destacado de Singapur es toda la ciudad en conjunto. Es su aspecto, que revela la más exhaustiva organización. Es un mundo presidido por la limpieza, el orden, la disciplina. Todo funciona automáticamente. Nada negativo rompe la armonía que encuentra el turista que viene de otras áreas menos organizadas y sin tanta disciplina.

Singapur no sólo está regido por las leyes. Está condicionado por reglamentos que lo disponen todo, y todo eso sin que se merme el señorío de los derechos humanos. Para entender esto, hay que pensar en Suiza, pero con la diferencia de que la tranquilidad de los suizos contrasta con el dinamismo de los vecinos de Singapur.

No hay desocupados, ni pordioseros, ni imágenes de miseria, ni delincuencia y menos criminalidad. A esos efectos tienen para los que delinquen una tabla de sanciones que puede parecer tan anacrónica como el Medioevo europeo, pero que resulta muy efectiva.

Todo luce positivamente. No hay modo de descubrírsele algo negativo a esta ciudad, democráticamente organizada en una república liberal. Y junto a esta democracia, su riqueza. El percápita asciende a catorce mil dólares. El quinto de Asia, El vigésimo tercero del mundo. Si no llegan al dos por ciento sus tierras cultivadas, aparte de las exportaciones de petróleo, su industria es tan variada como voluminosa: aparatos de oficina y de telecomunicación, instrumentos científicos y ópticos, confecciones de ropa...

Un testimonio de su progreso es la urbanización del ochenta por ciento de su territorio. Es un país urbano, sin áreas rurales. Si la inflación es un terrible mal que han padecido los pueblos iberoamericanos, Singapur tiene menos del dos por ciento.

Hacia Filipinas

De Singapur a Manila. Quedan hospedados en el "Manila Hotel", donde se instaló MacArthur. Disponía de un ala del quinto piso. Aún se conserva intacta, tal como él la dejó al salir del lugar por última vez.

Pero fuera del hotel, la realidad no se parece a la urbana salubridad de Occidente. Calles en muy mal estado, sin aceras, y en algunos tramos con abundancia de fango. No hay la adecuada limpieza. Las Filipinas, con sus siete mil cien islas, fueron descubiertas en 1521 por Magallanes, que perdió la vida en una lucha de tribus, al ponerse al lado de una de ellas. Desde entonces fueron una colonia de España. Con motivo de la Guerra entre España y los Estados Unidos, se convirtió en una posesión americana.

Cuando la II Guerra Mundial, en el 42 Japón se apodera de las Filipinas, pero, concluido el conflicto, en 1945 las tropas americanas las recuperan. Y al año siguiente se reconoce la independencia filipina. Su población es de unos cuarenta y cinco millones sobre una fragmentada superficie con un total de trescientos treinta y siete mil kilómetros. Manila cuenta con casi dos millones de habitantes.

Al cabo de dos días en Manila, los viajeros que quedaban vuelan ocho horas para llegar a Honolulu.

Hawaii

Las islas de Hawaii fueron descubiertas en 1778, por James Cook, el explorador inglés. Con él empieza la influencia inglesa, pero Inglaterra respeta la independencia del archipiélago, gobernado por una nativa dinastía monárquica. Mas a partir de 1820 llegan desde los Estados Unidos los misioneros protestantes y este hecho propicia la influencia americana.

Ante esta situación Londres quiso evitar que esta presencia de los americanos lesionara al gobierno nativo, y a esos efectos mandó a varios funcionarios. Ante la intromisión de éstos, Washington decide reconocer la independencia de Hawaii mediante un tratado suscrito en 1842, Inglaterra y Francia emularon el gesto americano.

Un adelanto político bajo la inspiración americana, fue la constitución de 1852 que promovió la democratización de la monarquía reinante. si después se solicitó la anexión a la Unión Americana, Washington declina la oferta. En vano sucesivos

monarcas simpatizaron con Inglaterra o Francia. En 1872, la firma
con Estados Unidos de un tratado de reciprocidad comercial pone a
la economía de Hawaii bajo el control norteamericano.

En 1887 Hawaii cedió a Washington la rada de Pearl Harbor.
En 1893 la reina es derrrocada. Se organiza un gobierno provisional.
se proclama la república. Y después se pide la anexión a Estados
Unidos. Estos la aceptaron en el 98. A pesar del ataque japonés a
Pearl Harbor, el 7 de diciembre del 41, Tokío no pudo apoderarse de
Hawaii. Y en el 59 Hawaii se convierte en el estado quincuagésimo
de la Unión Americana.

Lo que sí impresiona al doctor Mora y sus compañeros de viaje
fue ver el testimonio que aún se contempla en Pearl Harbor del artero
ataque japonés.

De Honolulu a Los Angeles. Se disponen de cinco horas. Se
cena en el restaurante mexicano "Los Camperos", en el bulevar
Wilshire, con el mariachi del mismo nombre fundado por Nati Cano.
El mejor que ha oído el doctor Mora.

XXVIII

De Londres a Roma con un paseo por el Rhin

Londres - Amsterdam (1983)

Despues de regresar de su tercer viaje al Medio Oriente, si el doctor Mora había amortiguado sus actividades como cirujano desde 1978, las restringe más todavía al llegar este 1983. Sólo entra en el quirófano en casos muy excepcionales.

Llevaba mas de tres décadas en Miami con el bisturí en ristre, día tras días, con no pocas cirugías cada veinticuatro horas. El calcula un total de más de veinte mil.

Este año no hay Convención, pero hay Congreso del Colegio, y asiste. Por primera vez lo acompaña al banquete de clausura la doctora Lourdes Rosa Sanjenís. Y como "Futura Travel" ha organizado un viaje a Europa, él ha decidido regresar al viejo continente. La invita, pero ella no acepta. Gentilmente se concreta a llevarlo al aeropueto.

Se vuela a Londres. Con el doctor Mora va un grupo de setenta y cinco. Se hospeda en el modernísimo "Churchill", así llamado como un homenaje al ilustre estadista. Aquí se toma un barco que conduce a ochocientos viajeros hasta Amsterdan, la bella ciudad holandesa.

Amsterdan es la capital oficial de Holanda, Fue parte de España cuando ésta poseía a los entonces llamados Países Bajos. Fue en tiempos de Carlos V (1500-58). El los heredó de su abuelo

Maximiliano, Emperador de Alemania, Despés pasarán a su hijo Felipe II (1527-98).

La capital holandesa tiene un millon de habitantes. Da al Mar del Norte. Dicen que está levantada sobre el agua. Lo cierto es que la ciudad y el puerto forman una perfecta simbiosis. Son dos mundos que no pueden vivir separados. Están recíprocamente condicionados.

El mar entra en la ciudad y forma varios canales paralelos. Dentro de ellos pueden encontrarse pequeños islotes. En tanto que la superficie sólida sirve de base a un impresionante trazado geométrico de calles y avenidas. Dentro de esta área urbana se levantan no pocos históricos edificios, con la denunciadora pátina de los siglos. Entre los mismos están la Iglesia Vieja y el Mercado, que es del siglo XV. La Universidad, que data de los seiscientos, guarda unos cincuenta mil mapas.

De Amsterdan los viajeros van a La Haya, que si no es la capital, es en donde está el Palacio Real, construido en el siglo XVII. También radican allí el Parlamento, las sedes diplomáticas y el Tribunal Internacional de Justicia, con jurisdicción sobre gran parte del planeta.

De La Haya a Rotterdan, con seiscientos mil habitantes, que posee el puerto más grande del mundo. Fundada en 1340 fue víctima de los bombardeos de los aviones alemanes. Dejaron la ciudad casi totalmente destruída. Rotterdan está unida a una de las grandes figuras del pensamiento europeo, Erasmo, nacido en 1466 y muerto en 1536. Es el autor del libro titulado "Elogio de la locura".

Se sigue por carretera hasta Anwet, dentro de Holanda, pero cerca de Bélgica, que es donde está el muelle en que se aborda el barco que va ofrecer un paseo, por una semana, sobre las aguas del Rhin. Este río, que es la mayor arteria fluvial de Europa significa para la parte occidental de este continente, lo que el Misisipi representa para el sur de Estados Unidos y el Nilo para Egipto.

Sobre las aguas del Rhin

El barco hace escalas en todos los principales lugares que encuentra en su ruta. En cada ocasión los pasajeros bajan al muelle con tiempo para hacer un breve recorrido por el área. Si es hora de almorzar, se almuerza. La empresa naviera todo lo tiene previsto y resuelto. Los viajeros no tienen que preocuparse por nada. Todo el programa está trazado hasta en sus mínimos detalles.

Abandonada Holanda, se entra en Bélgica. Y tras este pequeño y civilizado país, se navega dentro de la geografía alemana. Se arriba a la altura de Dussendorf. Como está fuera del curso del río, se toma un autobús. Tiene seiscientos mil habitantes, con un distrito de más de cuatro millones. Es uno de los más importantes centros industriales del país. Su carta constitutiva es de 1288. En 1815 se incorporó a Prusia.

Se llega a Colonia, a la orilla del río, con un millón de habitantes, que da nombre al agua perfumada que se ha extendido por todo el Occidente. Es uno de los grandes centros comerciales e industriales de Alemania. Fue fundada por los romanos en el primer siglo de la era cristiana. Fue también incorporada a Prusia en 1815. Su famosa catedral, empezada en 1248, fue consagrada en 1322. Los viajeros tienen la oportunidad de asistir a una misa, que atienden sobrecogidos ante la colosal arquitectura que contemplan sobre sus cabezas. Junto a la misma está el hotel "Excelsior-Ernest", que el doctor Mora observa con atención, admirando su clásica belleza.

Frente a la Catedral hay una plaza, y como es domingo allí se celebra un festival con una enorme multitud. El doctor Mora no puede ser indiferente a los típicos vestidos que lucen todos, hombres, mujeres y niños. Los aires están llenos de música. Se disfrutan bebidas y tradicionales platillos. Del grupo brota una alegría tan sincera que tiene que conmover a los cubanos.

Se está en Heidelberg, con unos ciento veinte mil habitantes. La ciudad está sobre una montaña. Por debajo corre un río. Sin las muchas industrias que caracterizan a Dussendorf y a Colonia, es famosa por su universidad, fundada en 1386. Como una excepción, allí está, y los viajeros la visitan, la tan conocida "Solinger", la fabrica de los tan acreditados productos de la cuchillería. Ninguno de los tantos restaurantes que ya conoce el doctor Mora le ha impresionado tanto como uno de esta singular ciudad. Allí se ve más variedad de embutidos que en ninguna otra parte.

La historia de Heidelberg comienza con la construcción de un castillo, en torno al cual fueron levantándose sucesivas residencias, todas entre lindos árboles y bellas flores. Cerca de la ciudad está Wiesbaden, uno de los más grandes centros militares de Europa. Otros dos lugares también próximos son Bonn y Franckfort.

Estraburgo, en la Alsacia, tiene unos doscientos cincuenta mil habitantes. Los excursionistas tienen la oportunidad de visitar establecimientos en que se venden los típicos y tan variados embutidos alemanes que tanto gustan al doctor Mora. Fue fundada por los romanos en el año 25 de la nueva era. Disputada por Francia y Alemania, desde 1949 es la sede del Consejo de Europa. Por último, Basel, en Suiza, donde termina el fluvial recorrido y donde existen importantísimas industrias de productos farmacéuticos, como la "Sandoz". Otra ciudad alzaciana que se visita es Maínz, famosa por la superior calidad de su vino blanco.

Mientras se navega, la vida en el barco es sumamente agradable. Las comidas tan exquisitas como abundantes. Por la noche, constante música. Los bares abiertos hasta más allá de la media noche. Una inolvidable jornada para los trescientos pasajeros. Los hay del Condado de Dade. El doctor Mora conoce a algunos. Con ellos y otros que se le presentan conversa larga y cordialmente.

Como algo muy representativo de la vida germánica, se habían avistado, a lo largo del Rhin, grandes fábricas de cerveza, la bebida nacional de los alemanes. Hay empresas destinadas únicamente a cubrir la demanda local sin que esas marcas trasciendan al extranjero. Para ellos, la cerveza no es más que un refresco y como su precio es insignificante se le consume sin escatimar el gasto. Se visitaron algunas de las más importantes plantas.

A través del recorrido el doctor Mora fue curiosamente sorprendido por la forma en que están construídos los sucesivos puentes que se han levantado sobre el Rhin. Piensa que para entender su construcción y poder explicarlo es necesario ser ingeniero o arquitecto.

Una especial experiencia fue la visita a un viejo castillo, al que los años, en vez de demeritarlo, le aumentan su atractivo. La construcción responde a un tipo de vida absolutamente superado. Se recorren sus aposentos, llenos de soledad y de silencio, en contraste con la animación que tuvo que haber cuando era habitado. El doctor Mora quiere imaginar cómo serían los hombres y mujeres que lo habitaron. Ya sus cuerpos no hacen sombra sobre el haz de la tierra y poco se sabrá de sus tumbas. Así es la existencia humana, un permanenente devenir. Cada generación cae en un insondable abismo. Así ha ocurrido hasta hoy y así ocurrirá en el porvenir.

En Suiza

Se llega a Lucerna, donde el doctor Mora ha estado tantas veces, y allí duerme dos noche en el mismo "Palace" en que se hospedó anteriormente. Le hace mucho bien contemplar desde el mismo las quietas aguas del lago que repite el nombre de esta maravillosa ciudad. Ningún refugio mejor para el hombre de nuestro tiempo, Entre la ciencia y la tecnología han creado una sociedad que deteriora las más nobles aristas del ser humano. Lo deshumaniza hasta hacerle perder su identidad, que es un reflejo de ese mundo interior que ha desaparecido para tantos millones en cada país.

Vuelve a contemplar el Monte Pilatus, elevado a la categoría de Parque Nacional. Repite la aventura del funicular que lleva a su cima. No cesa de admirar la limpieza y el orden de esta rica ciudad suiza tan llena de paz. Se entra a Burgenstock, que es un centro turístico que no está abierto siempre, sino únicamente entre abril y noviembre. Cuenta con tres grandes hoteles y con muy buenas instalaciones para los no pocos yates que arriban al el lugar.

Se sigue hasta Zurich, la ciudad más importante de Suiza. Es un prestigiosísimo centro de la banca internacional. Ya en el siglo XIII era el más destacado centro dentro del comercio que se desarrollaba a través de los Alpes. Su principal industria es la textil, tanto en seda como en algodón. El doctor Mora presencia el arte de pintar sobre seda y queda sorprendido ante su peregrina técnica.

También estuvo en los establecimientos de los dos más caros relojes del mundo. El Piaget y el Vacheron. El tiene los dos. Y si quisieron comprarle el primero por veinte mil dólares más el que él quisiera escoger dentro de todos los que existen en esos momentos, él declina la generosa oferta. Igualmente rechaza la proposición que se le hace de que diga lo que desea por el segundo, con inclusión también del que escoja.

Después de un día en la ciudad, al continuar el trayecto se ven los lagos de Zurich y de Constanza, el más profundo de Europa. En sus aguas desemboca el curso supeior del Rhin. Se avanza por el norte de Suiza y se pasa por Winterthur, con noventa mil habitantes, que, además de ser un importante centro comercial e industrial, posee un valioso museo con obras de muy importantes pintores.

Se llega al principado de Linchenstein. El principe que lo gobierna vive en un antiguo y hermoso castillo. Una pequeña población presidida por una absoluta tranquilidad. Hay numerosos restaurantes y "boutiques" con vista a los miles de turistas que llegan al lugar.

En Austria: Salzburgo

Se llega a Austria. Se entra en Innsbruk, donde se pasan dos noches, La ciudad está rodeada de no pocos lagos. Hay un hospital ortopédico con doscientas cincuenta camas únicamente destinadas a los esquiadores, victimas infalibles del peligroso deporte.

Después, Salzburgo, el suelo nativo de Wolfgang Mozart (1756-91), con su río, su lago, sus montañas. En una de ellas un castillo del siglo XI. Pero especialmente lo que se siente en la ciudad es el espiritu del inmortal compositor. El más musical de todos los músicos del mundo. El más fecundo y el más versátil. Del que no se puede prescindir a pesar de los dos siglos que han transcurrido ya de su muerte.

La ciudad comenzó con la fundación de un monasterio que se hizo famoso por su escuela de canto. El lugar devino en obispado en 739, en arzobispado en 798 y en principado en 1278. Pertenece a Austria desde 1805. Salzburgo tiene actualmente unos ciento cuarenta mil habitantes. Su catedral es de principios de los seiscientos. Lo mismo ocurre con el Palacio de la Residencia.

Hay iglesias que van desde el pre-románico hasta el barroco. Mundialmente la ciudad es famosa como un notable centro de cultura, en el más alto nivel universitario. Todos los años, al llegar el aniversario del nacimiento de Mozart, se celebra un Festival como un tributo a su memoria que ha alcanzado resonancias internacionales.

El grupo de la Florida sube a la cima de un cerro en cuya cima está el casino. Al entrarse se pagan siete dólares con cincuenta centavos. El doctor Mora recibe tres fichas. Como no tiene afición al juego, no sabe qué hacer con ellas, pero al fin se acerca a una ruleta. Selecciona el 9, día de la muerte de su hermano Pepito, y gana treinta y seis dólares. Después el 13, día del fallecimiento de su mamá, y vuelve a ganar otros treinta y seis dólares. Por último, el 7, el día en que murió su padre, y gana por tercera vez otros treinta seis dólares.

Tanta casualidad lo impresiona profundamente, pero no se atreve a seguir jugando. No le gusta supeditar acto alguno de su vida a los misteriosos caprichos del azar. Se retira. Y piensa que ese dinero no lo gastará, sino que lo conservará como recuerdo de ese extraño episodio vivido en Salzburgo, como si en el hecho hubieran intervenido, desde el más allá, los tres desaparecidos seres queridos que invoca y que acaso han querido dar testimonio de su presencia en una ciudad en la que ellos nunca habían estado. "Los aires están llenos de espíritus", dijo Martí. No los limitan el tiempo ni el espacio. Para ellos no existen.

Viena

Es la primera vez que el doctor Mora visita a Viena. La histórica capital de Austria es una ciudad de un millón quinientos mil habitantes. Está sobre una llanura rodeada de colinas y atravesada por el romántico Danubio, el río que inspiró a Johann Strauss (1825-99) su tan famoso vals. Su música durará mientras sobre el planeta existan almas sensibles a esa misteriosa cadencia que obliga inexorablemente a soñar. Un vals definitivamente eterno.

Situada al noreste de los Alpes, Viena es un centro de inevitable comunicación con la Europa oriental y con el Adriático. Austria se encuentra rodeada de ocho países: Alemania, Checoeslovaquia, Eslovaquia, Eslovenia, Hungría, Yugoeslavia, Italia y Suiza.

En el primer siglo de la era crstiana fueron muchos los contactos que Viena tuvo con Roma. En ella, en el 180, murió el emperador Marco Aurelio, uno de los filósofos del estoicismo, cuyas máximas aún se reeditan. Y no se publica un volumen de pensamientos sin que aparezca abundantemente incluido. Escribió para la eternidad. Había nacido en el 121.

En los cuatrocientos cayó, como la misma Roma, en poder de los bárbaros. Pero en el siglo XI ya se había configurado una propia identidad, tal como ocurre con las demás nacionalidades europeas.

En 1237 Federico II dio a Viena la categoría de ciudad imperial. A finales del siglo XV, con Maximiliano I como emperador, Viena empezó a tener internacionales proyecciones, mientras que Austria acrecía su dominios. No tardó en ser sitiada por los turcos, que no lograron apoderarse de ella, gracias a la heroica intervención de Carlos V, el nieto de Maximiliano, que gobierna en España como Carlos I. Bajo los Habsurgo, en los ochocientos, Viena quedó convertida en un importante centro de cultura, especialmente de las artes, y entre éstas, la música.

Conquistada dos veces por Napoleón, éste se casará con una princesa austriaca, María Luisa. Y al desaparecer Bonaparte de la escena europea, Viena fue la base de la nueva reorganización europea. Era con Berlín, capital de Prusia, uno de los dos centros del imperio austro-húngaro, Pero éste se desplomó despues de su intervención en la Guerra del 14.

Ocupada Austria por Hitler en 1938, al terminar el conflicto en el 45, Austria vuelve a conquistar su independencia. Sorprendentemente los rusos se inhiben de quedarse con ella como hacen con los demás países del centro de Europa. Se conforman con que se levante un monumento en honor de Rusia.

Viena es una de las más bellas ciudades de Europa. Imposible ignorar su jerarquía artística. Entre sus edificios se destacan la Catedral de San Esteban consagrada en 1339, la iglesia de los Agustinos que data también del siglo XIV, lo mismo que la de María Stiegen. La de los Capuchinos es de los seiscientos. En tanto que la de San Carlos de

Borromeo es de los setecientos. Está construida dentro del barroco, tal como todos los palacios de esa misma centuria.

Y entre ellos el Palacio de Belvedere, de majestuosas proporciones, en tanto que la antigua residencia imperial databa de los mil trescientos. Pero como está compuesta por varios edificios, los hay de los setecientos y de los ochocientos. De este siglo XIX son el llamado Picadero Español y la Biblioteca, con una sala ovalada que se considera la más bella de Europa. Pero lo que más impresiona al doctor Mora es el Palacio de Schonbrunn.

Es tanta la importancia de la capital austriaca en cuanto a la filosofía de este siglo, que se destaca el llamado Círculo de Viena. Los filósofos incluidos en la misma pueden ubicarse dentro de un nuevo Positivismo porque reducen todo el filosofar a la aplicación de la lógica a todo nuevo conocimiento. Si este movimiento filosófico vienés repercutió en Europa, no influyó entre los filósofos hispanos, con excepción de algunos de la Argentina.

El Museo de Viena tiene el honor de poseer un códice mixteca, escrito sobre unas pieles de ciervos, con una longitud de trece metros, equivalentes a unas cincuenta y dos páginas. Los mixtecos estaban radicados en los estados mexicanos de Guerrero y Puebla en los 700 de nuestra era. Hacia el 1,200 se apoderaron de Monte Albán. Su cultura desapareció con la llegada de Hernán Cortés y la ocupación de Tenochtitlán, en 1521.

Se permanece en Viena tres días con sus noches. El doctor Mora se hospeda en el "Intercontinental", frente a la Plaza de Mozart, donde se levanta el hermoso monumento erigido al genial compositor Todos los martes, jueves y sábados se produce un concierto a la vera de su efigie, siempre con música suya. Tan exhaustivamente recorre el doctor Mora las calles de la ciudad que descubre una con su apellido.

Ya él se había encontrado en Constantinopla con la noticia de un imperio Mora. Se le informa que al desaparecer el mismo, los Mora se esparcieron por Europa y que, trascendido el Atlántico, llegaron a algunos países hispanoamericanos. Le inquieta saber qué nexos puedan tener con esos Mora los arribados a Cuba desde España en los quinientos.

Se recrea la vista contemplando los bellísimos jadines llenos de flores, Observa lo bien vestidos que están los vieneses y las vienesas. Se detiene ante el colosal edificio de las oficinas de las Naciones Unidas.

En las afueras de la ciudad se empina una graciosa torre y en el tope de la misma funciona un restaurante montado sobre una plataforma circular que gira en torno a su eje, El doctor Mora disfruta el privilegio de contemplar desde su altura una sucesión de las distintas imágenes que ofrece el panorama de la capital austriaca.

Entre sus famosos hoteles, el "Empire", con su no menos lujoso restaurant, el "Grill". Además el "Sacher", el "Le Bristol", con sucursales en otros países. Entre otras construcciones interesan la Catedral, la Opera y la Universidad, de tantos altos prestigios internacionales. No le complace dejar a Viena. Pero el tiempo manda.

Venecia y Roma

Al cabo de dos semanas, el grupo regresó a la Florida, pero el doctor Mora con unos cuantos colegas se dirige por tren a Venecia. El se instala en el "Danielle-Excelsior" durante tres días. De acuerdo con su inalterable costumbre de gustar los mejores manjares, almuerza o cena en los más acreditados restaurantes venecianos. Suelen ser pequeños, pero los hay con trescientos años de historia. En ellos están aún en uso los mismos muebles que allí se colocaron en su tan remota fundación.

Venecia es una excepción en toda la superficie del planeta. Es el producto de los misterios de la creación y de la imaginación del hombre. Tiene los Alpes al norte y al sur el Adriático, que la comunica con el Mediterráneo. Por un lado, un lago. Y por el otro, un río, el Po. Está compuesta por ciento diecinueve fragmentos de tierra que emergen de una vasta laguna. Entre ellos hay ciento sesenta canales, que son las calles. Sobre sus aguas aún pueden verse las legendarias góndolas, que han quedado para los turistas. Los venecianos se mueven sobre botes de motor.

Su historia comienza en los tiempos de Augusto. En los cuatrocientos llegan los bárbaros, y arrasan. Son los ostrogodos. Pero ya en el siglo X Venecia comerciaba con Constantinopla y Alejandria, Lo que en ellas compraba se vendía en ciudades de la propia Italia o a los mercaderes que llegaban de Occidente. Si importaban sedas, especias y otras mercancias, los venecianos exportaban esclavos, previamente capturados en áreas extranjeras.

En 1094 ya existía la basílica de San Marcos. No se acaba el siglo sin que se inaugure el Mercado Internacional. En 1143 se crea el Gran Consejo, que va a limitar los poderes de los duques y de la Asamblea Popular.Esta ciudad-estado está regida por unas doscientas ricas familias, que representan una poderosa plataforma económica. En el siglo XIII, en plena declinación de la Edad Media, Venecia se expande y adquiere las más variadas posesiones (islas, costas, puertos) dentro del archipiélago griego. En actividades comerciales, sus embarcaciones llegaban hasta Inglaterra.

Este esplendor duró hasta la caída de Constantinopla en poder de los turcos en 1453. Por entonces la ciudad tenía unos cien mil habitantes. Por otra parte, no tardarán las molestas intromisiones de Francia y España, disputándose su dominio y el de otras ciudades italianas.

Pero en los mil seiscientos Venecia se ha recuperado. Se construyen el Palacio de los Duques y la Plaza de San Marcos. Y en el inexorabble vaivén del destino de los pueblos, no fueron siempre felices los tiempos como consecuencia de las sangrientas guerras italianas. No faltó en las mismas ni el Papa con su ejército.

Napoléon se apodera de Venecia. Luego pasa a Austria. Al fin, queda incorporada al reino de Italia. La ciudad no es sólo importante por su comercio, sino por el esplendor de su cultura en todos los órdenes, especialmente en la literatura y en las artes. La Escuela Veneciana es un destacado capítulo en la historia europea de la pintura.

El doctor Mora no quiere irse de Venecia, fascinado con la ciudad, pero no puede quedarse y vuela a Roma, donde se hospeda en el "Excelsior", y desde donde tiene el desagrado de presenciar una manifestación en favor del despótico gobierno comunista de Cuba. Una vez más va a la "Hostería del Orzo". Y al cabo de un mes de ausencia regresa a Miami.

Miami: celebraciones

Y al día siguiente vuela a Houston para asistir a una convención de hospitales. Se queda en el "Remington", uno de los mejores hoteles de Estados Unidos.

En noviembre se lleva a cabo la celebración de los veinte años del "Pan American Hospital ", en el "Surf Club". Hay una asistencia desusada. Nada menos que novecientos sesenta comensales. Este dato revela la importancia que ya tiene el hospital fundado en 1963.

Pocas semanas después, dentro del mismo noviembre, en el mismo "Surf Club" se festejan los diez años del "American Hospital". El doctor Mora se hace acompañar por la doctora Lourdes Rosa Sanjenís. Complacidamente la presenta. En ambas ocasiones todas las miradas se clavan en la joven colega. Exhibe tanta distinción como sencilla elegancia.

Y despues, antes de que acabe el año, en el "Pierce 66", se celebran los diez del "North-Ridge Hospital". Fue una fiesta sin precedentes en Fort Lauderdale. Pareja por pareja fue fotografiada al entrar al salón. Desde el buffet hasta los postres, pasando por los muy exquisitos manjares de la cena, todo es de la más excelente calidad. Los mejores vinos. El más famoso champán a la hora de los brindis. La música de los violines antes de la cena y durante la misma. Una magnífica orquesta para el baile. Una noche gloriosamente feliz para todos.

Allí también esta la doctora Sanjenís. Ya todos la conocen por su presencia en los otros dos banquetes. Este último se lleva a efecto bajo la conmemoración de la Navidad. No es solamente una invitada del presidente de los tres hospitales. Es una colega en ejercicio profesional que comparte con muchos de los galenos presentes. A través de los cuales amplía el conocimiento sobre la medicina que se ejerce en no pocas ciudades de los Estados Unidos.

En cuanto al doctor Mora, el eterno célibe, en todo revela que la doctora Sanjenís es una amiga de la que está definitivamente enamorado. El enamoramiento se proyecta en una actitud de extasis que todos observan en él, a pesar de su aparente frialdad temperamental. Con la presencia de Lourdes en estos eventos, el tema se impone. Y a él no le molesta que digan lo que aún no le ha dicho a ella categóricamente, porque es la verdad. Lo sabe porque, aparte de todo lo demás, está consciente de que se ha producido en él, por primera vez en su vida, un estado de dependencia mental que es el dato más incontrovertible de que se está enamorado.

Pero, ¿qué es estar enamorado? Un eminente poeta argentino, Francisco Luis Bernárdez (1900-78), ofrece la mejor de las respuestas en un grandioso poema que comienza así:

"Estar enamorado, amigos, es encontrar el nombre justo de la vida. Es dar, al fin, con la palabra que para hacer frente a la muerte se precisa. Es recobrar la llave oculta que abre la cárcel en la que el alma está cautiva. Es levantarse de la tierra con una fuerza que reclama desde arriba. Es respirar el ancho viento que por encima de la carne se respira. Es contemplar desde la cumbre de la persona la razón de las heridas. Es advertir en unos ojos una mirada verdadera que nos mira. Es repetir en una boca la propia voz profundamente repetida. Es sorprender en unas manos ese calor de la perfecta compañía. Es sospechar que para siempre la soledad de nuestra sombra está vencida. Estar anamorado, amigos, es descubrir dónde se juntan cuerpo y alma. Es percibir en el desierto la cristalina voz de un río que nos llama. Es ver el mar desde la torre donde ha quedado prisionera nuestra infancia. Es apoyar los ojos tristes en un paisaje de cigüeñas y campanas. Es ocupar un territorio donde conviven los perfumes y las armas. Es dar la ley a cada rosa y al mismo tiempo recibirla de su espada. Es confundir el sentimiento con una hoguera que desde el pecho se levanta. Es gobernar la luz del fuego y al mismo tiempo ser esclavo de la llama. Es extender la pensativa conversación del corazón y la distancia. Es encontrar el derrotero que lleva al reino de la música sin tasa...(Estos son los veinte primeros versos. Hay veinte más).

XXIX

Dra. Lourdes Rosa Sanjenís

De La Habana a Miami

¿Pero quien es esta joven y encantadora doctora que ha logrado colársele a ese corazón impenetrable que tiene el doctor Mora, siempre acompañado, pero siempre solo?

Nació en La Habana el 9 de febrero de 1953, el año del centenario del nacimiento de Martí. Su padre, Mario José Sanjenís y Cabarroca, es contador y está al negocio de importaciones de muy fina ropa femenina, especialmente de Francia. Trabaja con casas que tienen oficinas en los Estados Unidos.

Su abuelo paterno, Avelino Sanjenís y Cabarrocas, nacido en Pinar del Río, ganó el grado de Coronel en la Guerra de Independencia de Cuba. Y dentro de la Repùblica, dirigió la campaña de José Miguel Gónez, que por segunda vez aspiraba a la presidencia. Y electo, será su secretario particular.

Su madre, Irene Delgado y Pérez ejerce como maestra de Kindergarden. También desciende de familias con miembros que pelearon en la Guerra del 95. Su tío abuelo, Alfredo Lora, era hermano de Saturnino Lora, que encabezó el 24 de febrero de 1895 el Grito de Baire en Oriente. Inaugurada la República será Representante a la Cámara y Gobernador.

Cuando aún no tiene edad para ser admitida en la escuela, es tanto su pertinaz deseo de aprender que obliga a la madre a que la matricule en un escuelita que tienen dos buenas maestras, cuyos nombres ella no olvida: Cuca y Rosa.

Llegada la edad escolar la matriculan en la escuela pública correspondiente, donde avanza espectacularmente hasta sorprender a las maestras. Pero, con el advenimiento del nuevo régimen, ésta se proyecta en forma tan negativa en cuanto a las costumbres escolares que sus padres deciden que vuelva a la escuelita en que había comenzado.

Al padre le han expropiado sus negocios y comprende que nada tiene ni puede hacer en La Habana. El hijo de un Coronel de la Guerra de Independencia rechaza el extraño gobierno marxista en que ha desembocado la seudo revolución de la Sierra Maestra.

La partida de la familia empieza en 1961. En agosto, el papá. En noviembre Lourdes con su hermano Mario Luis, mayor que ella. En esos momentos Lourdes tiene ocho años y ha llegado al cuarto grado después que se lo hicieron repetir porque, por razón de edad, no es legal pasarla al quinto. Por último, la mamá y la abuela arriban a Miami en febrero del 62.

El matrimonio y sus hijos están instalados en casa de un amigo. Pero no tardan en trasladarse a la de Manolito Delgado, hermano de Irene y tío de Lourdes. Cuando Mario José, ya orientado, empieza a trabajar, se alquila una casa en el North East, en la calle 29, con frente a la bahía. Este detalle agrada mucho a una niña tan vivaz. En los altos vive una familia cubana, los Fernández de Castro, y este ambiente cubano hace feliz a Lourdes.

Se ha logrado matricularla en "Miramar School", ubicada en el North East. El principio podría ser difícil para otra niña, pero no para ella que asimila el inglés con una asombrosa rapidez.

Al año siguiente la familia vive en Miami Beach y a Lourdes corresponde la escuela "South Beach Elementary", en la que llega hasta el sexto grado. Los grados séptimo, octavo y noveno, correspondientes al "Junior", los hace en "Ida M. Fisher".

Tras las vacaciones ingresa en "Miami Beach High School", donde se gradúa en 1971. con muy altas calificaciones, a los dieciocho años. Toda una bella jovencita: alta, delgada, muy distinguida, de muy finas maneras y de muy apacible temperamento.

Pero su progenitor no la pudo ver en ese feliz momento. El había fallecido el 27 de febrero de 1970, a los sesenta y cuatro años. Había nacido en La Habana el 17 de marzo de 1906. Se había casado con Irene Delgado y Pérez el 10 de agosto de 1950, en La Habana. Esta había nacido en Santiago de Cuba el 30 de septiembre de 1923.

Y desde ese luctuoso momento toda la responsabildad, en cuanto al sostenimiento del hogar, cae sobre la esposa. Irene tiene que aumentar su trabajo pero cuenta con la ayuda del primogénito, Mario Luis, que tiene diecinueve años. Lourdes igualmente tiene que buscarse un adecuado empleo.

Ya con su diploma de secundaria, Lourdes ingresa en el North Campus del Miami Dade College. Su primer impulso es estudiar idiomas, pero su mamá duda de que sea una acertada decisión. No le ve muchas posibilidades. En cambio le recomienda que se haga maestra. De hacerlo se puede garantizar en no mucho tiempo el ingreso económico que la familia necesita.

Pero el fuerte carácter de Lourdes rechaza la sugerencia de la mamá. Tiene una nueva decisión. Aspira a conquistar un doctorado en Medicina. Estudia esa carrera, o no estudia ninguna. Y se sale con la suya, estudiando la pre-médica en el Colegio, Alterna los estudios con un trabajo de recepcionista en una clínica.

Graduada, hacia la Escuela de Medicina. Pero, ¿cuál? Hechas no pocas investigaciones, parece que la más accesible es la de Guadalajara, en México. Y después de todos los trámites previos a resolver, Lourdes se traslada a la hermosa capital de Jalisco. Se instala en un departamento con tres muchachas cubanas que también estudian esa carrera.

Pero ocurre lo que no puede sospechar. Se enferma gravemente. A la vez fiebre tifoidea y mononucleosis. Las compañeras corren a buscar un médico al verla desmayada. Está seis semanas sin ir a clases, y si se reintegra no es porque esté restablecida. La total recuperación no se logra hasta pasados seis meses.

En medio de este lamentable percance, Lourdes tiene la ayuda de un joven cubano que también estudia Medicina, Alfredo Sardiñas, y de un matrimonio, José e Idalia Obaldía. El es panameño. y ella de Sonora, en México. Ya él había terminado la carrera y es lo que en

México llaman "pasante". Y ella es estudiante, lo mismo que Alfredo.

No obstante este grave problema, Lourdes no tiene dificultades en sus exámenes. Tampoco a pesar de que ha confrontado otra dificultad en relación con sus estudios. Al cabo de diez años de inglés, los textos en español, que son los que, naturalmente, se utilizan en México, no le resultan fáciles de leer y entender. Sin embargo, supera esta resistencia. Tan aparentemente frágil, Lourdes tiene una poderosa voluntad.

Al llegar la Semana Santa vuelve a Miami para estar con la familia. Luego regresa en el verano y busca un trabajo conveniente que le rinda lo necesario para ayudar a su mamá. Ella sabe lo que para ésta significa el sacrificio de mantenerla en México.

Y es así cómo, año tras año, al cabo de cuatro, en 1976, termina sus estudios, a pesar de haber padecido escarlatina en el tercer curso, gracias al apoyo y la ayuda de su mamá. Ha aprobado todas las asignaturas de la carrera de Medicina. Es ya la doctora Lourdes Rosa Sanjenís. Tiene veintitrés años.

Doctora en Medicina

Ya graduada, pero sin su título aún porque está pendiente del internado y del servicio social, viene a Miami, como es su costumbre. El doctor Alfredo Sardiñas, padre del amigo y compañero de Guadalajara, es quien la pone en contacto con el doctor Modesto M. Mora. Ella tiene de él un remoto recuerdo. Cuando Lourdes tenia diez años había asistido, en abril del 63, a la inauguración del "Pan American Hospital", con su mamá y unas amigas.

Busca al doctor Mora porque ella desea que él la ayude a ingresar en el "Jackson" para hacer su externado. Hecha la gestión, no se logra el resultado que se desea. Pero el gentil presidente del "Pan American" pone su hospital a la disposición de la tan joven, inteligente y exquisita doctora. Y Lourdes se acoge a este ofrecimiento. Allí está durante un año entre el 77 y el 78. A través de este tiempo apenas ve al tan destacado cirujano.

Tampoco él puede conseguir que se le exonere del servicio social y tiene que regresar a México. Tras de hacer el reglamentario examen final y antes de resolver lo del servicio social, la doctora Sanjenís se dedica a conocer su familia mexicana y a la ciudad de México que, realmente, no conocía.

Se dirige a la correspondiente oficina de la Secretaria de Salubridad, a fin de resolver el requerimiento del servicio social. Ella desea que se le asigne dentro del Distrito Federal, pues tiene familiares en la capital y le es posible vivir con ellos, mientras que si la obligan a hacerlo en Guadalajara, la escasa suma que se le da no le alcanzaría ni para lo más imprescindible.

El funcionario que la atiende es lo suficientemente comprensivo y accede a que ella cumpla ese requisito legal en el Hospital Infantil de Tacubaya. Mientras, vive en la casa de la señora María Elena Barbará Mangino. Su padre, Eloy Barbará Sanjenís, era primo hermano del papá de Lourdes. Los Sanjenís-Delgado están extendidos por México, Estados Unidos, Europa. En cuanto a México, no sólo en la capital, sino Mérida, Guadalajara, Cuernavaca, Cozumel, También los hay en Texas, California y hasta en Noruega...

La doctora Sanjenís consigue algo más: que le den dos vacaciones de un mes cada una, Es posible por la enorme suma de horas extras que ella ha sido capaz de acumular a su favor trabajando intensamente fuera de sus horarios regulares. En consecuencia puede volver a Miami y retornar al "Pan American Hospital".

Sólo ve operar al doctor Mora dos o tres veces. Paralelamente trabaja en el "Victoria Hospital". También en el "International Hospital", dedicada a completar y organizar las hojas clínicas de los pacientes. Hace unas quinientas por semana.

En el 79, cuando ya tiene veintiséis años, termina el servicio social. Pero no puede abandonar a México sin que le entreguen el certificado de "pasante". que es el documento que acredita que ella ha concluido todos sus estudios y cumplido el servicio social. Sin ese requisito nada podría hacer en Miami. En cuanto al Foreign, ya lo había hecho desde el 77, en la Florida. El título no le llegará hasta 1980.

Ya en condiciones para hacer su residencia, mientras ha vuelto al "Pan American Hospital", hace una gestión en el "Jackson". Al fracasar, se dirige a un hospital de Tampa, pero declina la proposición que le hacen. Y cuando se siente un tanto desconcertada, le avisan del "Jackson Memorial Hospital" que la admiten para el Departamento de Psiquiatria. Y ella acepta transida de felicidad. Cuando lleva tres semanas en esa área la sorpenden con su traslado a Medicina Interna, por cuatro meses en un programa rotativo. Concluído el término, vuelve a Psiquiatria hasta completar el año.

Le ofrecen la residencia de Medicina Interna. Se extiende desde junio del 80 a junio del 83. Es la primera cubana que termina una residencia en Medicina Interna en la Universidad de Miami, afiliada al mencionado hospital. Obtiene la licencia para ejercer la Medicina en todo el Estado de la Florida.

En todo este largo y complicado proceso tiene siempre la colaboración del doctor Mora. Este la aconseja y orienta en todas y cada una de sus situaciones.

Cumplidos ya todos los requisitos para el ejercicio de la medicina privada, desea abrir su consulta. El doctor Mora le ofrece el necesario espacio en el "American Plaza Bldg". Acepta un "part time" en el "Veterans Hospital". Para empezar se le destina a emergencia. Pero hace investigaciones sobre la hipertensión, trabaja en el Departamento de Nutrición en cuanto al control de calidad, da clases a estudiantes sobre varias materias, supervisa las salas de enfermos y la Clínica de Medicina Interna.

Sigue en el hospital de los Veteranos sin poder decidir lo de la consulta. De tarde en tarde habla con el doctor Mora. En el mes de julio, invitada por primera vez por el doctor Mora, asiste al banquete del Congreso Médico. La invitación le agrada, y asiste. Se siente feliz de verse en aquel evento rodeada de tantos médicos. El doctor Mora la presenta. Se porta con ella muy caballerosamente.

Al día siguiente de esta cena, que fue la primera salida de ellos, ella lo lleva al eropuerto. Cada noche él llama desde Europa. No le cabe duda de que algo ha ocurrido en el corazón de Mora en relación con ella. Se siente muy halagada, pero nada más.

Ha quedado establecida la comunicación entre el ilustre cirujano y la joven doctora. Ella sigue en el "Veteran's Hospital". En tanto que él le ha recomendado que aún no se lance a la práctica privada.

Mientras, el doctor Mora está convencido de que Lourdes es la mujer que debe conducirlo al altar. El acuerdo es inexorable. En el amor sobran las palabras. Como un reto y una gran ilusión el destino se ofrece espléndidamente a los dos.

Independientemente de cuanto diga el poeta Bernárdez, lo cierto es que una cosa es el enamoramiento y otra es el amor. Si éste es un sentimiento, el otro es una pasión. Y como pasión puede resultar algo peligroso si el ser enamorado cae en un obsesivo estado de dependencia. No parece que este peligro pueda ocurrir en dos seres con tanta madurez.

El enamoramiento y el amor no se excluyen recíprocamente. Pueden ambos coincidir y promover un sereno y fecundo equilibrio. Sin penetrar en sutiles profundidades es muy posible que ése sea el caso de Modesto y Lourdes según puede deducirse de sus actitudes y proyectos.

Aunque Modesto está tremendamente ocupado con más obras de expansión tanto en el "American Hospital" como en el "Pan American Hospital", vive bajo el deseo y la necesidad de soldar ante Dios su vida con la vida de Lourdes. No concibe ya la vida sin su permanente presencia y su amorosa compañía.

Como la doctora Sanjenís tiene familiares en México se les ocurre la posibilidad de casarse allá, Y a esos efectos vuelan al Distrito Federal. Pero al hacer el debido contacto con un sacerdote, éste les explica que la Iglesia sólo casa religiosamente a los que ya están casados por lo civil. Y cumplir este requisito ante un juez mexicano no les complace.

En consecuencia, deciden volver a Miami con la ilusión de ir a Europa en el viaje que ya prepara el "Pan American" y en el que está incluída Roma. Allá él tiene un sacerdote que no sólo es su amigo, sino su colega, porque es médico.

Ya en Miami van a Georgia para asistir a la boda del doctor Lee Pearce. Después a Filadelfia donde Lourdes tiene un tío que está enfermo. Y tras estos dos programas, tan opuestos, el doctor Mora regresa con tiempo para estar presente en la Novena Convención. En este 1984 se celebra por primera vez en el "Sheraton Bal Harbor".

Se desarrolla con su ya tradicional brillantez de siempre y de acuerdo con el formato de las anteriores: la recepción inicial, el programa científico, las sesiones de los "abstractos", los eventos sociales. las exposiciones de las empresas farmacéuticas, el banquete de clausura con la entrega de los correspondientes premios.

El doctor Mora, tiene motivos más que suficientes para sentirse muy orgulloso de haber promovido estas Convenciones y con ellas sus correspondientes viajes.

XXX

El sexto viaje de los médicos

De Londres a Copenhague (1984)

EL doctor Mora, felizmente acompañado por la doctora Sanjenís, no vuelan con los excursionistas. Se adelantan dos día a la fecha de la partida y llegan a Londres. Contemplan el propósito de casarse en Roma. Se hospedan en el "Park Lane".

Llegado el resto de los excurionistas se va en autobús a Southampton para tomar el "Royal Odissey". La empresa de ese barco es la que ha organizado el viaje. Se navega hacia Copenhague. Hay mucha neblina y el océano está peligrosamente turbulento. Y cuando se entra en la bahía, la nave choca con un barco ruso que se atraviesa y que, como se sabrá despues, está cargado con armas para Nicaragua.

De todos modos se llega al correspondiente muelle y se desembarca. Se ofrece a los excurionistas un amplio recorrido por la ciudad. Se visitan los lugares de mayor interés turístico. Aparte del monumento a las sirenas, el Palacio Real.

Dinamarca es el más pequeño de los países escandinavos. Aparte del territorio que ocupa en la Península de Jutlandia, comprende un archipiélago con cuatrocientas treinta y ocho islas. Están pobladas con excepción de unas pocas. La superficie total asciende a unos cuarenta y tres mil kilómetros. Su población es de cinco millones. La capital asimila la tercera parte.

Como ocurre con los suecos y noruegos, los daneses son un mundo física y espiritualmente distinto al resto de la Europa Occidental. Si en ésta predominan los de origen latino, ellos son nórdicos y como tales, altos, robustos, muy blancos, ojos azules.

Desde los setecientos allí estaban los vikingos. El país tiene una inestable y complicada historia hasta que con la Guerra del 14 se reconoce en Versalles su independencia y con ella su neutralidad, mantenida hasta la actualidad.

Dinamarca es una monarquía. El rey es el jefe del Estado, Pero es una democracia, que funciona con un Primer Ministro, un gabinete y un parlamento. Sus principales partidos son el Social Demócrata, el Socialista Popular y el Conservador Popular.

Acabado el paseo por la capital, a las seis de la tarde se vuelve al "Royal". Se sirve la cena. Y después de la misma el capitán hace una declaración que desconcierta a todos los que han volado desde Miami a Londres para una fascinante excursión. Se les hace saber que el barco no está en condiciones de seguir la ruta programada y que no es posible conseguir otra nave. En consecuencia, se cancela el viaje. El grupo debe regresar al punto de partida. Cada uno de los viajeros recibirá la correspondiente devolución de lo pagado y se darán algunas merecidas compensaciones. Un mundo de sombras cae sobre el ánimo de cada uno.

Estocolmo

Pero el doctor Mora decide, con un grupo de treinta y cinco, continuar el viaje. Y entre ellos la doctora Sanjenís. A esos efectos, se vuela a Estocolmo, la capital de Suecia. Se instalan en el "Palace Hotel".

Suecia comparte con Noruega la península de Escandinavia. El país tiene una superficie de cuatrocientos cuarenta mil kilómetros y ocho millones de habitantes. La capital sólo cuenta con unos seiscientos mil.

La historia de Suecia empieza en los trescientos cuando penetran en su territorio unas tribus germánicas. En los quinientos arriban los vikingos. Estos se atreven a desafiar el misterio del

Atlántico y arriban al norte de una tierra totalmente ignorada. Serán ellos los primeros en hacer contacto con lo que ocho siglos después va a ser América, Pero no dejan huella alguna de colonización. Llegaron y se fueron.

Otros habitantes de Suecia, los normandos, penetran por el oeste y los varegos por el este. En los seiscientos, ya los suecos tienen una gran figura que gravita en la política europea. Es el Rey Gustavo Adolfo (1594-1632) Lo mismo sucede con su hija, la Reina Cristina (1626-1689). Por su personalidad y su estilo de vida proyecta a su país por toda Europa, con inclusión del Vaticano. Tres siglos después se le recuerda. Ha sido llevada a la pantalla y sigue interesando a biógrafos y novelistas.

Suecia se vio involucrada en las guerras napoleónicas. En la de 1914 como en la de 1939 mantuvo su neutralidad. Es una monarquía constitucional. El Rey es el jefe del estado, pero gobierna un Primer Ministro con su gabinete y el Parlamento. Entre los partidos, el Social Demócrata, el Laborista, el Moderado, el Liberal...

En Estocolmo reside la sede de los premios instituidos por Alfred Nobel según su testamento de 1895. El mismo tiene varias categorías: Medicina, Física, Química, Ciencias cconómicas. Literatura y la Paz. Son discernidos por distintas instituciones de acuerdo con la materia. Se vienen otorgando desde 1901. En el orden financiero los premiados han alcanzado hasta cientos de miles de dólares cada uno.

Estocolmo está dentro del archipélago del Báltico, de tal complejidad que es muy difícil intentar una somera descripción. Aunque la ciudad posee un muy importante puerto, hay que ser un muy experto marino para entrar en el mismo.

Oslo, Amsterdan, Bruselas, Luxemburgo

De Estocolmo a Oslo, la capital de Noruega, que ocupa el resto de la península, con cuatrocientos ochenta y cinco mil kilómetros. Su población es de cinco millones. La capital, medio millón.

Los primitivos habitantes de Noruega fueron los lapones, a principios de la era cristiana. De los 800 a los 1,500 los vikingos dominaron el país. En los 1,300 hay una monarquía organizada. El gobierno de Oslo mantuvo una total neutralidad en la Primera Guerra Mundial, pero en la Segunda su territorio fue invadido por las tropas alemanas y la familia real tuvo que refugiarse en Londres.

El país es una monarquía constitucional con un Primer Ministro, un gabinete y un Parlamento donde estan representados los partidos Laborista, Conservador, Demócrata Cristiano...

En Noruega, el doctor Mora, la doctora Sanjenís y los demás disfrutan el insólito espectáculo de los fiordos, fenómeno geológico que comienza con el cuaternario como consecuencia de los glaciales que se produjeron en tan lejanos tiempos. Ver esas colosales moles de hielo tan perfectamente talladas como si fueran la obra de un ciclópeo escultor asombra a los viajeros, procedentes del sol de la Florida.

No cabe duda alguna que las tres hermosas capitales escandinavas son para los médicos y los demás latinos que las visitan muy distintas a las que han conocido en el resto de Europa y en América Hispana, no obstante todo lo que puedan tener de común. Más que los detalles arquitectónicos, que los trazados de las plazas, avenidas y calles, lo que las diferencia es el alma que emerge de ellas, es la atmósfera que las envuelve. Tienen la fuerte impronta de la raza nórdica.

Se llega a Ballestrand y Bergen, antigua capital del reino noruego, desde donde se vuela a Amsterdan, capital de Holanda, ya visitada por el doctor Mora.

Al cabo de tres o cuatro días, en un autobus se entra en Bruselas, la capital de Bélgica. El país tiene nueve millones de habitantes en una superficie de treinta mil quinientos dieciocho kilómetros. Es uno de las poblaciones de mayor densidad demográfica. Contradictoriamente el municipio de Bruselas sólo cuenta con poco más de cien mil habitantes, pero más allá de sus límites, la Gran Bruselas alcanza más de novecientos mil. Otras importantes ciudades belgas son Amberes, Lieja, Brujas y Gante,

Los orígenes de Bélgica se remontan a Julio César, que la ocupó. Augusto le dio su organzación política. Pero en el siglo V llegan los bárbaros, concretamente los francos. En 1477 el país está bajo el dominio de los Habsburgo.

Y en 1519, Carlos I, rey de España, nacido en Gante, es electo emperador con el nombre de Carlos V. Recibe, como parte de la herencia de su abuelo Maximiliano, a Flandes, que es la Belgica actual. Muerto Carlos, su hijo, Felipe II, lo hereda. Se produce una sangrienta guerra de independencia que durará muchos años.

En 1713 el territorio belga, parte del antiguo Flandes, volvió a la corona austriaca, En 1789, con motivo de la Revolución Francesa, el país cae bajo el dominio de Francia, pero en 1830 Bélgica es definitivamente reconocida como nación independiente con Bruselas como su capital.

El doctor Mora y la doctora Sanjenis, igualmente que los otros viajeros, se encantan con Bruselas. Recorren la ciudad, tan pequeña como bella y moderna. Se extasían ante el Palacio Real, la Catedral, la Plaza Mayor.

Se llega al Gran Condado de Luxemburgo, con unos dos mil quinientos kilómetros y una población de unos trescientos veinte mil habitantes. Sus más lejanas raíces son de los novecientos cuando el Conde de las Ardenas construyó un castillo en donde ahora está la ciudad. Carlos V lo heredó de su abuelo Maximiliano. A fines de los setecientos, dentro de la Revolución Francesa, está bajo el dominio de París.

Pero en 1856 un tratado firmado en Londres por las potencias interesadas en el destino de Luxemburgo reconocen su independencia y proclaman su neutralidad. Pero tanto en la Guerra del 14 como en la Guerra del 39, Alemania se apodera del Gran Ducado. Con la terminación de las dos bélicas contiendas u la derrota alemanas en ambas Luxemburgo reconquista su independencia en el 18 y en el 45. Desde este último año vive al margen de las controversias que se producen a su alrededor. El país es tan pequeño que por razón de su superficie ocupa el trigésimo séptimo lugar en Europa y el ciento sesenta y ocho en el mundo. Sólo dos mil quinientos ochenta y seis kilómetros cuadrados. Su población es de unos trescientos cincuenta mil. El veintitrés por ciento está integrado por extranjeros, especialmente portugueses, franceses e italianos. Pero su densidad es de ciento cuarenta. Es un país sin analfabetos. Si su agricultura es insignificante, son muchas y muy variadas sus industrias.

El Gran Duque es el Jefe del Estado. La responsabilidad del gobierno descansa en el Primer Ministro y su gabinete. El Poder Legislativo está representado por una Cámara de Diputados. Económicamente Luxemburgo ha integrado con Holanda y Bélgica la llamada Benelux. Para los tres miembros no existe más que una sola aduana.En 1974 Luxemburgo tiene por primera vez un gobierno de centro-izquierda.

Roma, Ginebra, París

Hacia Roma, donde el doctor Mora insiste en su propósito de casarse. A esos efectos, hace contacto con el médico y sacerdote Padre Arvezú. Pero éste confirma las razones que los novios escucharon en México. La pareja se siente muy frustrada, Mas Modesto recompensa a Lourdes con esta declaración: —Cuando regresemos, nos casaremos en Miami...

De Roma a Ginebra. De Ginebra París. Se instalan en el "Ritz", durante cuatro días. En todas y cada una de estas ciudades, que el doctor Mora ha visitado reiteradas veces y que conoce al detalle, trata de darle a la doctora Sanjenís la mayor información posible. Ella, tan inteligente y tan sensible, asimila gozosamente las explicaciones.

El vive el más maravilloso de los numerosos viajes que ha dado a través de tantos años por razón de la grata compañía de la joven doctora, que disfruta su primera visita a Europa. Hasta ahora lo más grato que le ha sucedido en la vida. Una experiencia inédita que no podrá olvidar.

Al cabo de dos semanas se regresa a Miami. Tanto el doctor Mora como la doctora Sanjenís siguen impregnados de todas las inefables sensaciones de este viaje, a través del cual han estado en Londres, Copenhague, Estocolmo, Oslo, Amsterdam, Bruselas, Luxemburgo, Roma y París. De cada una de esas ciudades la enamorada pareja trae un cúmulo de preciosos e incancelables recuerdos.

Al cabo de tantos años de celibato, al decidirse a casarse, el doctor Mora está frente a un nuevo horizonte jamás previsto. A pesar del ejemplo del hogar de sus padres, no había sentido hasta ahora la necesidad de imitar a sus progenitores.

¿Estaría funcionando en él, en lo más profundo de su subconsciente, una oculta fuerza inhibitoria provocada por los infaustos sucesos de aquel feliz hogar de "El Gacho" que por dos veces abatió la muerte?

El doctor Mora no relacionará conscientemente estos lejanos hechos que lo golpearon cuando era un niño que se acercaba a la adolescencia con su falta de voluntad matrimonial, pero no cabe duda que en lo más íntimo del ser se operan las más misteriosas asociaciones.

Pero él no cae en esta especulación psicológica. El se ha enamorado de una talentosa y joven doctora, y es todo. Se siente flotar en el aire, le parece que ha nacido de nuevo, que es joven, que es ahora cuando le comienza la vida. Con cada amanecer, el mundo se ilumina para él.

Estar enamorado es un estado de encantamiento, en el que el flechado pierde la noción de las realidades que lo circundan para sumergirse en el ser amado. El enamoramiento significa una conjunción de dos en uno.

Si por cualquier accidente, esta unidad se quiebra, tal como se quebró el búcaro a que se alude en un poema famoso del poeta Sully Prudhome, ese "amor enamorado" que dio título a una de las comedias de Lope de Vega, desaparece como se volatiliza un perfume. Así es la vida.

El lago

XXXI

El largo y lento proceso de un amor

La decisión está tomada

Regresados a Miami y reafirmados el doctor Mora y la doctora Sanjenís en casarse empiezan a promover todos los previos preparativos. Mientras tanto, él sigue en sus complejas actividades como presidente de los tres hospitales y todo lo demás. Y ella, en la ansiada espera de la boda, continúa disciplinadamente en el Hospital de los Veteranos y en la Escuela de Medicina de la Universidad de Miami como instructora.

El 25 de octubre de este 1984 el doctor Mora llega a los sesenta años. Estos marcan un hito fundamental en su vida. Han trascurrido treinta y dos de su llegada a Miami, después de sus estancias en Wisconsin y Nueva York para cumplir los requisitos que exige el ejercicio profesional en Estados Unidos. Ya no es el joven médico que comenzó en 1952 a ejercer como cirujano en el "Mount Sinaí Hospital", de Miami Beach.

Es una destacadísima personalidad en el mundo de la medicina. Lo es también en el sector empresarial de los hospitales. Lo mismo puede decirse en el orden social. Tiene las más cálidas relaciones con las más destacadas personalidades del Condado a través de las más diversas nacionalidades.

Podría decirse que lo tiene todo, pero eso no es verdad. Le faltan una esposa, un hogar y los hijos. Nunca antes se ha casado. Pero ya no es posible continuar en tan contumaz soltería cuando se ha llegado a las seis décadas y aún se sueña con ser padre. Don Pepe lo fue de doce. Ellos fueron su laurel y su corona. Desaparecido físicamente de la tierra, sigue vivo en todos y cada uno de sus vástagos.

Y para consumar ese paso tan decisivo en la vida de un hombre, ha escogido, sin duda alguna, a la mujer que le ha asignado Dios. ¿Es el hombre el arquitecto de su destino, o existen fuerzas superiores e invisibles que lo determinan? Es el eterno problema filosófico que se debate entre el libre albedrío y el determinismo. ¿Tiene todo una causa, o una pluralidad de causas, o puede existir la enigmática casualidad? ¿O hay una eventual o inexorable combinación de la voluntad, el destino y el azar?

En el silencioso aislamiento de su hogar, en La Gorce Island, el doctor Mora se detiene a pensar en sí, en reflexionar sobre su destino. Está consciente de que ha llegado a un momento crucial de su vida. Se reafirma en la decisión que ha tomado.

Sin intención alguna le entra en la conciencia el proceso vivido con la doctora Sanjenís desde que ella aparece en la oficina de la Avenida 10. Sin que él le haya dado entonces importancia al hecho, lo cierto es que ella lo impresionó con su radiante juventud de veintitrés años. La vio tan distinguida como delicada. Y más que sus encantos lo que lo impactó fue su personalidad.

¿Qué es la personalidad? ¿Un resplandor de la persona? Ese resplandor de la doctora fue el que iluminó al doctor Mora sin visibles implicaciones sentimentales. Tan es así que tanto en las breves ocasiones en que ella estuvo en Miami, como en las dos veces en que permaneció durante un mes, la comunicación entre ellos fue tan ocasional como superficial a pesar de la presencia de ambos en el "Pan American Hospital".

Superada esta etapa, cuando la doctora Sanjenís regresa a Miami definitivamente y se reincorpora a los pocos meses al "Pan American" y comienza su residencia en el "Jackson Memorial Center", si hay algún contacto entre ambos no hay todavía testimonio alguno de que el doctor Mora tenga un evidente interés amoroso sobre ella.

Ni cuando ella está haciendo Cirugía en el "Pan American", porque entonces ya él apenas opera. Sólo coinciden no más de tres veces. Hay que esperar a que la doctora Sanjenís termine su residencia del "Jackson Memorial Hospital" en 1983 para que aumente la comunicación entre ambos. ¿Es que le era indiferente? No. Es que una cosa es la admiración que pueda inspirar una mujer y otra muy distinta es el misterioso flechazo.

Han pasado siete años desde el primer encuentro y a pesar de que ella se acerca a él en pos de consejos y orientaciones, él no va más allá de la afectuosa cortesía. Ni siquiera cuando se interesa profesionalmente por ella y la aconseja. Nada revela que entre ellos haya cuajado un recíproco estado de enamoramiento.

El enamoramiento es una persistente vivencia emocional que crece en el ánimo al margen de la voluntad, de la inteligencia, de la razón. Nada más complicado en el mundo que el corazón humano. Es un territorio surcado por un sinnúmero de túneles hasta integrar un intrincado laberinto.

¿O esta falta de señales se debe a que el doctor Mora es un hombre tremendamente discreto, o profundamente inhibido? No cabe duda de que él tiene dos dimensiones. La primera es su proyección externa, la que se ve, porque no la recata, no la esconde. Pero detrás de esta imagen física está la dimensión interior que sólo él conoce. El recio control que ejerce sobre sus emociones impide que alguien pueda saber lo que él vive por dentro.

Pero al cabo de este largo, lento, silencioso y oculto proceso, como consecuencia de los más eventuales contactos con ella y tras una muy profunda evaluación, es que empieza a estar consciente de que ella significa mucho para él. El se siente ir hacia ella. Piensa en ella. Es entonces que no sólo la invita al banquete del Congreso Médico, sino que le ofrece la posibilidad de que lo acompañe en su inmediato viaje a Europa.

Y si ella declina la gentileza del doctor Mora, es muy posible que esta negativa suya haya gravitado positivamente en él. En consecuencia, en la cena a que él la invita, tan pronto regresa, le declara que está dispuesto a casarse.

¿Qué habrá sentido la doctora Sanjenís ante tan inesperada y espectacular declaración? Por entonces ella, entusiasmada con la Medicina, no incluía al matrimonio entre sus prioridades.

Han pasado ocho años del día en que ella llegó a la oficina de la Avenida 10. El tiempo que fue necesario para que al doctor Mora no le cupiera duda de que la doctora Sanjenis era, según la leyenda, su media naranja, la mujer de su destino.

Boda, recepción y viaje

Se acerca la fecha por ellos convenida. La del 15 de diciembre del 84, en el bello templo de "St. Patrick". en Miami Beach. Fue una sorpresa para todos, con inclusión de familiares y amigos. Tan discretamente se había desarrollado el idilio de la pareja. Solamente cincuenta y cinco invitados.

La ceremonia tiene toda la tradicional solemnidad con que la Iglesia reviste al sacramento del matrimonio. La novia, con su blanco y vaporoso traje nupcial, luce más bella que nunca. El novio, con el atavío de rigor, aunque aparentemente imperturbable, siente dentro de sí un hervor que está más alla de todas las experiencias. Está totalmente consciente de lo que hace y no sólo responde afirmativamente a las preguntas del sacerdote que oficia, sino que piensa que está consumando el acto más fundamental, más acertado y positivo de su vida.

Después de la ceremonia, los novios y los invitados se dirigen hacia el "Sheraton Bal Harbor" y en el "penthouse" se lleva a cabo la recepción más suntuosa de todas las que él ha convocado y de cuantas ha conocido a lo largo de su vida. Aquello, más que una brillante fiesta, es un acontecimiento.Nada falta: los cocteles, los más ricos manjares, los vinos de la más alta calidad, el mejor champán, los violines, la orquesta, el servicio. El amor llena con sus fluidos el elegante salón de Miami. Es el homenaje que él desea rendirle a esta mujer que acaba de entregarle, ante Dios, el resto de su vida, tal como él se la ha entregado a ella.

En viaje de luna de miel hacia Nueva York. Dos días después hacia Roma, En el "Excelsior", uno de los mejores hoteles. En la suite "Julio César".

No tardan en hacer contacto con el Padre y doctor en Medicina Federico Arvezú. Este, en la iglesia de San Ignacio de Loyola, oficia una misa privada para ellos, El sacerdote pone a la pareja bajo la protección de Dios y ellos reciben la sagrada hostia. Después, ellos tres y un amigo almuerzan en la "Hostería del Orso". Seis siglos de historia romana contemplan a la feliz pareja.

Durante los cinco días vividos en Roma no queda nada por ver, ni por hacer, a pesar de que él ha estado ya sucesivas veces y Lourdes acababa de conocerla en el 83. Comieron en el "Sans Souci" y en el "Greco", en el que se conservan los mismos muebles con los que se inauguró hace doscientos treinta y seis años.

Caminan felices por las Plazas de España y de Navona.Entran en el gheto judío y comen en el "Piperno", el mejor del barrio. Es el 24 de diciembre. Y entre ellos dos, en aquella tarde romana, bajo la magia de la Nochebuena, recuerdan nostálgicamente las cenas que ambos habían celebrado en sus respectivos hogares con sus padres y hermanos.

En vano vuelven a la Plaza de España deseosos de recorrer las tiendas. El gentío es tan enorme que no se atreven a entrar. No se deciden tampoco a salir de noche para asistir a la Misa del Gallo, pero en los venturosos días transcurridos en la Ciudad Eterna visitan de nuevo el Vaticano, De asombro en asombro recorren muchas de sus áreas a lo largo de no pocas horas. Igualmente acuden a otros hermosos templos, a través de los cuales la enamorada pareja instintivamente necesita y desea hacer contacto con Dios. Retornan a muchos de los históricos lugares de esta Roma que es toda un museo con su acumulación de milenios.

El día 26 de diciembre, con la Navidad, bajo la conmemoración del nacimiento del Niño Jesús, a París. En el "Ritz", en la exclusiva suite de "Coco Chanel". No quiere la feliz pareja que algo quede sin ver, a pesar de que hace un año lo vieron todo. El doctor Mora se siente henchido de felicidad como nunca. Se ha encontrado a sí mismo. Ha conquistado lo que le faltaba. Para el hombre no vale la pena de vivir si no está acompañado por la mujer que se ama y de la que se siente amado. Empieza a conocer una nueva dimensión de la existencia, a ver el mundo en una forma que no había visto nunca antes. El amor hace milagros. Enamorarse como él lo está es una gloria que no cabe en las palabras. Es lo inefable.

Y el 30 se regresa a Miami, con tiempo para esperar el año nuevo en el "Surf Club". Los acompañan los doctores Alberto Hernández y Antonio H. Márquez con sus esposas.

Con el primero de enero de 1985 Modesto y Lourdes no sólo entran en un nuevo año, sino en una nueva vida. Porque la posibilidad de una vida nueva no es una falacia. Es una realidad que existe potencialmente en cada quien, pero que hay que saber realizar. Y ningún modo mejor para hacerlo que con el amor, esa mágica llave con la que se descubren todos los escondidos secretos y gozos de la existencia.

Los recien casados están instalados en la residencia que el doctor Mora posee en La Gorce Island. Al cabo de unos pocos días los dos se incorporan a sus respectivas responsabilidades. El asume sus funciones en cuanto a los tres hospitales. Ella retorna al Hospital de los Veteranos y a la Universidad de Miami.

Fuera de sus deberes profesionales, permancen en el hogar. Muchas noches salen a cenar en alguno de los buenos restaurantes cercanos. Asimismo asisten a espectáculos artísticos, o a la pelota, de la que el doctor Mora es un aficionado desde su adolescencia. Cuando llegan los fines de semana buscan algún programa, como ir al "Surf Club", Pero pueden no salir y mantenerse en la paradisíaca paz de la isla.

Los enamorados tienen mucho que decirse en el peregrino lenguaje del amor, que muchas veces no es más que un profundo y largo silencio. Hay momentos en los que las declaraciones sobran. El lenguaje es un estorbo porque no cabe en las palabras lo que experimentan dos seres sinceramente enamorados que desembocan en la milagrosa unidad espiritual de dos en uno.

Pueden asimismo conversar de sucesivos tópicos. Hacer comentarios sobre sus propias vivencias. Ver la televisión. Leer los periódicos, o interesantes libros. Caminar por la isla.

Se van enero y febrero. Con marzo llega la primavera. Con abril la Semana Santa. Van a la iglesia en que se casaron. Mientras tanto el doctor Mora ha seguido los sucesivos pasos que se dan para la venta del "American Hospital" y del "North Ridge" Hospital", en lo que nunca había pensado, pero hay quienes quieren comprarlos, y muy bien pagados.

Pero al difundirse indiscretamente la noticia de esa posibilidad se produce una reacción cargada de preocupaciones entre algunos médicos. Temen que al cuajar la venta a una empresa extraña ellos puedan resultar afectados. Los trámites siguen sigilosamente.

Mientras tanto, ido el invierno, decursa la primavera. Los parques y jardines se llenan de flores, que dan colores y perfumes a los aires. El cielo es más azul y transparente. El luminoso ambiente se refleja en las almas. Especialmente en quienes acaban de casarse bajo el signo del amor. "Amar no es más que el modo de crecer", dijo un hombre que amó mucho, Martí. ¿Y qué quiso decir con ese enigmático verbo? Crecer es ascender. Ascender espiritualmente. Ser mejor, más bueno. Llenar el alma de luz y de bien. Estar más cerca de Dios.

Con razón un poeta frente a una pareja que acababa de casarse escribió: "Yo creo en el amor bajo el ensueño que preside por siempre una igual cama. El amor que se junta en una mesa y se desmaya en la común almohada. El amor que es mirada cada noche y es sonrisa feliz por la mañana. El amor que perfuma como rosa y que ilumina como eterna lámpara. El amor que se anuda con las manos, que crece en el fervor de cada día y se acendra en la gloria de los vástagos..."

XXXII

Nuevo viaje de los esposos Mora

Atenas y Constantinopla (1985)

Con el mes de mayo del 85 el doctor Mora comprende que debe ausentarse a fin de evitar cualquier tropiezo que pueda afectar las operaciones que se tramitan en relación con el "American" y el "North Ridge". Con la doctora Sanjenís vuela a Nueva York. Después, a Roma, ya conocida por ella en sus dos anteriores viajes.

De Roma a Atenas, donde aún ella no ha estado. Su historia se remonta a dos mil años antes del nacimiento de Cristo, En torno a los quinientos y los cuatrocientos de la vieja era se produce el milagro cultural que hacen posible unas pocas generaciones de excepcionales atenienses, tocados por la gracia de Dios. Ese Dios que está detrás de la constelación de sus dioses. Son muchos los testimonios de aquel florecimiento en la filósofía, la literatura, el teatro, la arquitectura, la escultura. La Acrópolis con el Partenón ilustran lo que fue la grandeza de aquellas centurias.

Pero se producen las Guerras del Peloponeso. Esparta derrota a Atenas y comienza su decadencia. Un siglo después en los trescientos, Macedonia impone su hegemonía en el mundo helénico. Alejandro Magno se dedica a helenizar el resto del mundo entonces conocido. Pero con la muerte del guerrero, tanto Macedonia como Atenas caen en poder del Imperio Romano.

Ya dentro de nuesta era, Grecia es invadida por una de esas tribus bárbaras que se han desparramado por Europa ocupando especialmente las tierras que ya Roma había conquistado y civilizado. Un milenio después, con la caida de Constantinopla exactamente en 1453 en poder de los turcos, éstos también se apoderan de Grecia. No es hasta principios de los ochocientos que los griegos recuperan su independencia. Pero la Grecia actual es un mundo que nada tiene que ver con aquélla que se simboliza con Pericles, su sabio gobernante.

Y desde Atenas toman el barco que los lleva a Estambul, la antigua Bizancio, la Constantinopla de los romanos. Es la primera vez que la doctora Sanjenís llega a este exótico país. Si enlaza a dos continentes, Europa y Asia, su capital esta dividida en dos partes. Una parte es europea. La otra es asiática.

Como Modesto conoce al país, lleva a Lourdes a ver los más atractivos lugares de la legendaria urbe. Se contempla el Cuerno de Oro, un golfo interno que es como una incisión dentro del territorio turco. Turquía está rodeado de mares: el Bósforo, el Mármara, el Negro, el Mediterráneo.

El pueblo turco empezó con los hititas, dos mil años antes del nacimiento de Cristo, en Asia, sobre la planicie de Anatolia. En los cuatrocientos, dentro de la vieja era, cayeron en poder de los persas. En los trescientos están bajo el dominio romano. Y es cuando Constantino funda a Constantinopla, como la capital del Imperio Romano de Oriente, mientras Roma sigue siendo la del Imperio de Occidente.

Ya bajo el dominio turco desde 1453, Solimán el Magnífico, que gobernó entre 1520 y 1566, llevó el imperio otomano a su mayor apogeo. Pero al querer expandirse aún más hacia occidente con la conquista de Viena, los invasores fueron derrotados por las fuerzas combinadas que encabeza Carlos V.

Si Turquía en la Guerra del 14 se alió a Alemania, al ser derrotado el imperio alemán con sus aliados, los turcos empiezan a vivir una grave crisis, de la que los rescata Mustafá Kemal Ataturk, que gobierna al país desde 1919 hasta 1938, en que muere. Turquía se ha convertido en república. En veinte años de gobierno se moderniza al país de acuerdo con los esquemas occidentales. No más sultanes. Ni mahometanismo oficial. Ni poligamia.

Con la cancelación de las viejas leyes se emancipa a la mujer. Hasta se cambia el alfabeto, implantándose el de la lengua latina. Se le quita a Constantinopla la categoría de capital y se designa como ésta,en 1919, a Angora (Ankora, la antigua Antira). Está situada en Anatolia, la tierra desde la cual los turcos entraron en la historia. Ellos dominan esa ciudad desde el siglo XII. Actualmente tiene más de un millón de habitantes y crecientemente se está convirtiendo en la principal sede de la cultura turca..

Muerto el fundador de la nueva nación, comienza la II Guerra Mundial. Turquía no repite el error cometido en la anterior. Se mantiene neutral. Se suma posteriormente a los aliados, especialmente a Estados Unidos.

Los esposos Mora no van a Angora. Se mantienen en Constantinopla. Visitan palacios y mezquitas. Entre éstas, la de Santa Sofía, la de Solimán, la Azul... En cuanto a los primeros, se está ante lo inverosímil. Realmente están más alla de toda fantasía. Especialmente dos de los que están a la orilla del Bósforo. Pero no se queda a la zaga de ellos el Topkapi, que fue residencia del sultán y que ahora está convertido en un espectacular museo. Como el más fiel testimonio de la vieja cultura del sultanato, allí se conserva el harem.

Fue una gozosa sorpresa para los esposos Mora verse frente a unas grandes piezas de oro purísimo reproduciendo el mapa del Imperio Mora. En el mismo existía una vasta población de origen hebreo. Apoderados los turcos del territorio que ellos habitaban, dispusieron su expulsión. Tenían que abandonar el país en sesenta días. Los Mora se esparcieron por otras tierras. En Suecia hay una ciudad Mora. Lo mismo ocurre en las Baleares y en la propia España y de ésta llegaron a Cuba. En Viena el médico cubano se había encontrado con una calle con el nombre de Mora.

El doctor Mora toma una fotografía de la pieza de oro, pero no puede, por falta de tiempo, hacer las debidas averiguaciones. Lo mismo le ocurrió en Viena. Pero sí ha podido hacerse de una copia del escudo correspondiente al apellido.

Pero todo ha cambiado. Estambul es una ciudad moderna, con grandes avenidas por las que circulan miles de autos. Hombres y mujeres caminan libremente por las aceras. A cada paso un establecimiento, un negocio. Y por encima de todo, el Gran Bazar. que si no se ve, no se cree. La pareja lo recorre todo, a lo largo y a lo ancho de su enorme tamaño. Por millares se cuentan las tiendas. Al frente de las mismas siempre hay alguien que con la mayor cortesía invita a entrar, porque ellos venden más barato que nadie.

Efeso y Rodas

Dejan a Estambul para llegar a Efeso, ciudad de Jonia, en el Asia Menor, a la orilla del Mar Egeo, cuya historia se pierde en el fondo de los siglos. Su templo dedicado a Artemisa era una de las siete maravillas del mundo antiguo, hasta que fue quemado por un desconocido pastor llamado Eróstrato, en el 356 antes de Cristo, con el único objeto de que su nombre trascendiera, como ha trascendido por ese simple hecho a la posteridad. ,

En los doscientos Efeso estaba bajo el dominio de los romanos. Después de la muerte de Cristo, allí estuvo San Juan. Se supone que acompañado por María. El apóstol murió alli y allí está enterrado. Sobre su sepulcro el Emperador Justiniano construyó un templo en su honor. Y los guías turísticos muestran asimismo la rústica casa que habitó la madre de Jesús. Igualmente se presume que entre las treinta y siete tumbas que se conservan, una de ellas corresponde al evangelista Lucas. Efeso fue una ciudad con unos doscientos cincuenta mil habitantes. Ahora toda ella está llena de ruinas,

De Efeso a Rodas, a diecinueve kilómetros de la costa turca. Es la más importante del Dodecaneso, el archipiélago que componen doce islas griegas. Cada una de ellas tiene su propia administración. Todas están situadas en los caminos que van a Egipto y a Tierra Santa, al sureste de Europa. Representan cuatro mil quinientos años de historia, aunque distinta en cada una de ellas. Por ellas han pasado griegos, romanos, persas, árabes, turcos, italianos, y cada uno de estos invasores han dejado sus huellas

Pero los actuales invasores no llegan en plan de conquista. Son los miles de turistas que proceden especialmente del noreste de Europa. A esos efectos, Rodas está perfectamente equipada de los establecimientos y servicios necesarios: hoteles, restaurantes, tabernas, discotecas, tiendas... Y entre nuevas construcciones, el encanto de viejas plazas medioevales. La Edad Media transcurre entre el siglo IV y el XIV.

Rodas tiene doscientos veinte kilómetros de playas. Y además cuenta con las necesarias montañas para los alpinistas. Las hay de más de mil doscientos metros de altura. Su población de setenta y dos mil habitantes aguarda a los turistas con la más cordial bienvenida. Hasta las puertas de los hogares de Rodas están siempre abiertas para los visitantes. No hay ladrones, ni criminales, ni cárceles.

Pero en vano se busca al legendario Coloso de Rodas. Lo único que existe son los dos pedestales sobre los cuales se levantaba la gigantesca estatua. En el 225 antes de Cristo un terremoto la derrumbó. Y así quedó por ochocientos años hasta que al producirse la invasión de los turcos, éstos vendieron las veinte toneladas de bronce a un negociante sirio. Y esto fue lo último que se supo del colosal monumento de treinta metros de alto.

Los Santos Lugares y El Cairo

De Rodas a Ashdod, puerto y base militar de Israel. Hacia el norte para visitar los históricos lugares por los que Jesús peregrinó con sus discípulos, haciendo milagros, anunciando el Reino de los Cielos: Cesárea, Nazaret, Tiberiades... Y al día siguiente al sur, con Jerusalén, Belén. el Puente Nuevo que separa a Israel de Siria, el Monte Carmelo...

Si ya el doctor Mora ha recorrido todos estos sagrados e históricos sitios, Lourdes los contempla por primera vez. Se acercan al Muro de los Lamentos. Entran en la iglesia levantada sobre lo que supuestamente fue el sepulcro de Jesús. Será o no será, pero los peregrinos lo aceptan con fe. La fe empieza donde termina todo conocimiento, proceda de los sentidos, de la inteligencia, de la intuición.

De regreso avistan a Tel-Avi, llegan a Ashdod, Toman el barco hasta Port Said, que está a la entrada del Canal de Suez.De nuevo dejan el barco y toman el ómnibus que, pasando por Ismaelí, los lleva a El Cairo. Modesto ha visto ya todo esto, que Lourdes ve por primera vez.

Almuerzan en el "Hilton". Se acercan a contemplar las Pirámides. En seguida se les acerca un egipcio que se dedica a buscar turistas dispuestos a montar un camello. Visitan las tumbas de Mohamed Ali y de Sadat, el líder egipcio asesinado por unos fanáticos que lo condenaron por promover una relacion de amistad con Israel.

Si la anterior visita de Modesto a El Cairo, la histórica capital de Egipto, no le había dejado gratos recuerdos, no puede evitar que estando tan cerca vuelva ahora acompañado por su joven esposa. Si reincide es porque no puede renunciar a que Lourdes contemple las famosas pirámides y con ellas la Esfinge.

Las pirámides fueron construídas unos tres mil años antes del nacimiento de Cristo. Estaban destinadas a servir de tumba a los faraones. Hay unas setenta, pero son tres las más importantes. Entre ellas la Cheops, con poco más de ciento treinta y siete metros de altura. Para construirla se utilizaron a unos cien mil hombres que, como en una carrera de relevo, trabajaron durante treinta años. Lamentablemente ya no termina en su punta inicial porque los dos últimos escalones han desaparecido.

Santorini y Delos

De nuevo en el archipiélago griego con Santorini, la más importante de las islas del Mar Egeo. Se supone que sea un segmento de tierra que sobrevivió al cataclismo de la Atlántida. el legendario continente que se extendía en lo que ahora es el Océano Atlántico, desde Europa hasta América.

Se habla también de una erupción volcánica ocurrida hace tres mil quinientos años. Se especula que los contornos de la Isla fueron afectados, porque antes de ese accidente presentaban la forma de un círculo. La bahía de Santorini es el cráter del volcán, con siete millas de largo y cuatro de ancho. El más grande del planeta. La historia de la isla se remonta a cuatro mil años antes del nacimiento de Cristo.

Como consecuencia de la catastrofe volcánica la isla quedó despoblada. Es posible que el nuevo poblamiento haya empezado mil años antes de la nueva era. Dentro de ésta, entre los siglos nueve y trece, su territorio fue invadido por árabes, sarracenos, venecianos y genoveses. Despues fue conquistada por los turcos. No fue hasta 1832 que ha quedado bajo la soberanía de Grecia.

Lo que más se destaca de Santorini es la blancura de todas sus casas, levantadas a un lado y otro de sus carreteras. Hay una iglesita del siglo XIII. La capital de la isla es Fira. Pirgos es la más elevada de sus villas. Pero más alto aún es el pico Profitis Ilias, en cuya cima existe un monasterio. Desde el mismo se tiene la más completa visión de la isla.

Pero en estos momentos lo más atractivo de todo son las excavaciones que se hacen en edificios que habían quedado enterrados y dentro de los cuales han sobrevivido testimonios de sus ocupantes. En las paredes aparecen pinturas que revelan mucho de la cultura que existía en un pasado tan remoto.

Se llega a Delos. Estaba ya poblada tres milenios antes de Cristo. A partir del siglo nueve antes de Cristo se celebraban en Delos unas reuniones pan-helénicas a las que asistían todos los griegos que hablaban la lengua jónica. Aparte de las fiestas, se aprovechaban estos encuentros para transacciones comerciales. Se dice que como consecuencia de estas asambleas empezó a formarse un incipiente Derecho Internacional.

Después de haber estado dominada por Atenas y de liberarse de la misma, Delos tuvo un espectacular florecimiento ecomómico hasta que, conquistada por Roma, comenzó el final de sus días a partir del cincuenta de la vieja era. Actualmente es solo un montón de ruinas. Pero allí existió un pueblo tan activo como creador. No hay nación ni cultura que se salve de la muerte. Tuvo razón Paul Valery cuando dijo que, sin duda alguna, ahora sabemos que las civilizaciones también son mortales como lo seres humanos.

La pareja vuelve a Atenas y de nuevo se encuentran con la Acrópolis y el Partenón. Son el testimonio de uno de los momentos más gloriosos de la cultura de la humanidad, pero, ¿qué son ahora? Unas ruinas. Así es la vida de los hombres y de los pueblos. Un fugaz devenir. Todo nace, resplandece y acaba. Pero Dios es eterno. Y él es amor. Y aunque los amantes desaparezcan, ¿no trasciende a la eternidad el amor que han vivido, tal como ha afirmado Swedenborg (1688-1772), el matemático, físico, filósofo y místico sueco?

París, Miami, Modesto Mario II

A París. El contraste entre el mundo dejado atrás y la capital de Francia es muy violento. Están en "Le Crillón". Son días felices como aquéllos que, con tanta melancolía, recordaba Amado Nervo cuando cogidos de la mano recorría Europa con Ana Cecilia Luisa Daillez, la inmortalizada "Amada inmóvil".

Viven una encantadora semana parisina. Recorriendo cuanto vieron en los viajes anteriores más lo que ella aún no conocía. El doctor Mora no se cansa de París. Siempre con cada viaje le parece nuevo.

Vuelan a Nueva York. Se instalan en el "Palace". Van a Filadelfia, donde vive una hermana, la doctora María Victoria Mora, casada con Jaime Spencer Heaney. Desde 1953 enseña en el Rosemont College, donde ha llegado a la jefatura del Departamento de Lenguas y Literaturas Extrajeras. Tanto ella como su esposo y los hijos gozan de una justa estimación social en la ciudad de Villanova, donde tienen su hogar.

Y a mediados de junio, al cabo de mes y medio, los doctores Mora regresan a Miami. La venta del "American" se ha consumado el 15 de ese mes. La del "North-Ridge" se produce poco después, en septiembre.

Y después de tanta felicidad, la doctora Sanjenís siente quebrantada su salud. Sus molestias sólo acaban el 6 de mayo del 86. Ese día nace Modesto Mario II.

Si Lourdes vive la inefable dicha de tener un hijo, Modesto goza la suprema alegría que no pudo sospechar que le llegaría. Enamorado de Lourdes, se casó con ella a pesar de estar ambos convencidos de que no habría la posibilidad de una descendencia.

Pero, Dios hace milagros. Una avalancha de ilusiones atraviesa la conciencia del emocionado padre.

Si la madre está feliz en grado sumo con el lindísimo bebé que ha salido de sus entrañas, fruto del amor, Modesto está inusitadamente emocionado ante su categoría de padre. Es padre, y piensa en don Pepe. Aunque tardiamente, él le ha dado un nieto más al fundador y cabeza del clan Mora.

La paternidad, cuando se sabe ejercer, es una jerarquía. El progenitor se desdobla para prolongarse en el hijo. Y un hijo es la creación que nada supera. En él confluyen el padre y la madre. Dos destinos que se convierten en uno.

XXXIII

El "Pan American" en pos del futuro

Convención y viaje del 86

En este 1986 hay Convención. Con tanta concurrencia como la que llegaba cuando el doctor Mora era presidente de los tres hospitales. Por primera vez se celebra en el "Inter-Continental", sin duda el hotel más elegante de Miami en ese momento.

El doctor Mora se ha dado cuenta que en este 1986 se conmemora el centenario de la inauguración de la Estatua de la Libertad, que, regalada por Francia a los Estados Unidos, se alza sobre la Ellis Island, frente a la ciudad de Nueva York. Con ese motivo se coloca al evento bajo la advocación de ese aniversario, de tanto simbolismo, porque con la artística exaltación de la libertad se aspiró a rendirle un universal reconocimiento a todos los emigrantes del mundo que llegaban a tierra americana en pos de un mundo libre con posibilidades para el trabajo y la felicidad. .

Como invitado de honor se ha deseado la presencia del doctor Oscar Leivain, pero no ha podido volar desde París. De todos modos en el programa de la Convención —un folleto de cuarenta páginas— se incluye su foto y se explica la razón de la invitación. El eminente médico posee los planos del colosal monumento.

La Convención se inaugura el 30 de junio. Una vez más el doctor Hilario Anido preside el comité organizador del evento y encabeza el programa científico. En éste intervinieron sesenta y siete doctores con muy sustanciosas exposiciones.

Como siempre sucede, se cuenta con ochenta expositores de productos farmacéuticos. Representan a muy importantes laboratorios y muestran los últimos medicamentos que han llegado al mercado.

El banquete de clausura tiene efecto en la noche del 4 de julio. Siguiéndose con el otorgamiento de los muy honrosos premios, se entrega el "Carlos J.Finlay" al doctor Rodrigo Bustamante. El doctor Bienvenido M. Benach recibe el "Ricardo Núñez Portuondo". Y el doctor Justo P. Pausa, el "Joaquín M. Albarrán.

El elegante evento fue amenizado por el maestro Alfredo Munar. Para el baile, la afamada orquesta de Willy Chirino y del Grupo Cañaveral.

Terminada la Convención, el acostumbrado viaje. Este se desarolla a través del Caribe. Ni Modesto ni Lourdes se incorpora al mismo. No quieren alejarse de Miami dejando atrás a Modesto Mario. Pero más tarde van a Chicago, porque la doctora Sanjenís debe asistir a un congreso convocado por los Hospitales de los Veteranos. Mientras, él visita al doctor Shambaugh, el ilustre médico que le rehabilitó su capacidad auditiva.

La administración de Carola Calderín

En enero de 1988 sucede algo de decisiva importancia para el futuro destino del "Pan-American Hospital". La señora Carola Calderín toma posesión como administradora del "Pan American Hospital". ¿Quién es ella? Nacida en Cuba, llega a Miami con su famila en 1961 con dieciocho años. Soltera, era entonces Carolina Espín. Trae el diploma que la acredita como bachiller en Ciencias y Letras. Además, los créditos que ya ha ganado en la Universidad de La Habana en la Escuela de Servicio Social.

A los seis años de su llegada a la Florida se gradúa en 1967, en la Universidad de Miami, de bachiller en Ciencias. Y tras trabajar en varios laboratorios, ingresa, en el 68, en el "Pan American Hospital" como técnica de laboratorio.

Por su vivaz mentalidad y la dinámica de su temperamento se impone de todo cuanto tiene que ver con el laboratorio. Además de los específicos deberes a cumplir, ella aporta sucesivas sugerencias que al ser realizadas mejoran la calidad de los trabajos que se hacen en el laboratorio y hasta el mismo funcionamiento del departamento.

Ante las pruebas de sus talentos y de su capacidad de trabajo, siempre inspirado en el empeño de perfeccionar el Laboratorio, el inspector que tiene que ver con su departamento la escoge para que ella redacte los procedimientos que deben aplicarse a las distintas muestras recibidas a los efectos de que sirvan de pauta a cuantos allí trabajan. A partir de ese momento se logra una mejor calidad en los análisis.

En 1970, inspirados los Directores por los progresos que se registran en el Laboratorio, como consecuencia de su presencia en el mismo, prestan una especial atención al departamento. El administrador de entonces, el doctor Miguel Angel Mora, logra que el doctor Víctor Calderín, que ya venía trabajando como patólogo, renuncie a otros centros de trabajo y se consagre al "Pan American Hospital" como jefe del Departamento de Patología. Y con esto se decide que Carola trabaje con él. Es ella la que dirige los cambios necesarios que conducen a la nueva situación.

Son tales los merecimientos que gana que el supervisor Roberto Martínez Azoy pide que se le designe como asistenta de él. Con la muerte de aquél en un accidente, y ya casada ella con el doctor Calderín, se le nombra en 1971 jefa del Laboratorio.

Sin que haya dificultad alguna por razón del matrimonio entre el doctor Calderín y Carola, bajo la administración del doctor Miguel A, Mora, el laboratorio alcanza el más alto nivel científico, así reconocido por las autoridades correspondientes, El "Pan American Hospital" tiene un nuevo y eficientísimo departamento de anatomía patológica.

Como resultado de todas estas renovaciones que ella ha impulsado en combinación con el doctor Calderin, tras una inspección por los funcionarios del ramo, se reconoce que el "Pan American Hospital" es el primer hospital del sur de la Florida en merecer ese reconocimiento oficial.

Al margen de las muchas medidas que se adoptan para elevar la eficiencia del Laboratorio en cuanto a sus técnicos y su personal general, ella promueve los contactos con las organizaciones profesionales de médicos y laboratoristas. En el 79 ya ella está incorporada a la Junta Adjunta de Acreditaciones de Hospitales.

Nombrado un nuevo administrador, ella le da toda su colaboración y se hace, además, cargo de la administración de riesgos. Con toda justicia se le asciende a asistente del adminitrador. Y a petición del doctor Modesto M Mora, tanto ella como el doctor Calderín prestan ayuda de asesoramiento al "American Hospital" y al "North Ridge Hospital"

En el 81, cuando lleva trece años en el "Pan American Hospital", al verse hasta donde ha ascendido y revelando su profundo sentido de la responsabilidad, decide volver a la Universidad a fin de realizar los estudios necesarios sobre la administración de hospitales. Dos años completos dedica a estos estudios con el más creciente entusiasmo, sin interferir ni descuidar sus deberes con el Hospital. Cuando se gradúa en 1983 está académicamente capacitada para cumplir las funciones que se le han asignado. Ahora sabe con más precisión las fallas que existen y conoce las soluciones que hay que darles.

Y en el 87, tras las ventas del "American" y del "North Ridge", el doctor Mora le ofrece la administración del "Pan American Hospital". Se siente emocionada. No puede creer que pongan en sus manos de mujer tan alta y grave responsabilidad.

Es ella la primera mujer que en la Florida asume una posición semejante. Esto la enorgullece y la obliga a dar al "Pan American" todo lo que se espera de ella y mucho más. Y provista de tanta autoridad empieza de inmediato a tomar decisiones y a promover cambios.

Empieza con una iniciativa que luce muy sencilla pero que es psicológicamente muy importante. Sustituye el beidge de las paredes por el rosado. Este color influirá en el ánimo de los pacientes, las enfermeras, los médicos y los técnicos. El rosado es un color alegre que anima, estimula, reconforta. Popularmente se le tiene como un equivalente del optimismo.

Otra cosa, que parece una frivolidad y no lo es, consiste en colgar bellos cuadros en las paredes. Yendo más lejos promueve el acercamiento, la unión y la solidaridad entre los médicos, los técnicos y los funcionarios del Hospital.

Logra crear un comité de médicos que estén en disposición de colaborar con ella en cuanto tiene que ver con la mejora y el progreso del Hospital. Todo esto cambia la atmósfera espiritual del "Pan American Hospital". Se humaniza su funcionamiento. Se produce tanta convivencia como solidaridad. Ella comprende que su función no es excluir, dividir, sino sumar, coordinar. Y es así como el establecimiento de salud que ella empezó a administrar en el 87 ha ascendido hasta ser lo que es en este año 1995. En ocho años se ha hecho mucho. Y ella seguirá haciendo más.

Si todo es importante en un hospital no cabe duda de que la administración, como en cualquier empresa del tipo que sea, es de fundamnental importancia porque es lo que tiene que ver con todo lo demás y muy especialmente en cuanto se refiere a las finanzas. Es la base de cualquier negocio.

Sin una buena administración de nada sirven un buen cuerpo de médicos, ni el mejor equipo de técnicos, ni el más experimentado cuerpo de enfermeras, ni el más funcional y hermoso edificio.

Y a la señora Calderín no se le puede negar el reconocimiento de que es una excepcional administradora, con todos los talentos y todos los demás atributos que son necesarios para la buena marcha del "Pan American Hospital", que tanto ha crecido en estos últimos años.

En relación con este ascendente proceso del "Pan American Hospital" hay que tener en cuenta su afiliación a un Plan de Salud: la Asociación de Clínicas Cubanas (CAC-Ramsey).

Se cuenta con diez mil afiliados. Antes de contratar esta conexión con el mencionado Plan, la ocupación sólo alcanzaba el cincuenta por ciento. Pero desde que el Hospital se ha incorporado a ese sistena de seguro se ha registrado un considerable ascenso. Como simple promedio se podría aludir a un diecisiete por ciento. A éste hay que añadir los ingresos originados por los médicos de clientes suyos que no están dentro del "CAC- "Ramsey".

El "Pan American" ha empezado a promover conexiones con otros hospitales. Primero con el "South Miami Hospital". Después con el "Baptist Hospital", con el que se han tenido muy importantes conversaciones. Quisieron comprar el "Pan American" tal como han comprado otros, pero se aclaró que este Hospital no se vende a ningún precio.

En consecuencia, el hospital fundado en 1963 por el doctor Mora ha logrado ya que se le reconozca por los otros y se le dé la merecida beligerancia. Con el "Baptist Hospital" se contemplan algunos convenios que pueden resultar muy beneficiosos para el "Pan American". Es la natural consecuencia de una profesional ejecutoria de más de tres décadas.

No es sólo con hospitales que se buscan las mejores relaciones sino con la comunidad que rodea al "Pan American". A fin de promover un programa en favor de los ancianos, la señora Calderín ha conversado con el párroco de la iglesia "St. Dominics", situada a unos pasos, a fin de conseguir que en el salón de actos de la misma puedan desarrollarse algunos programas sociales.

Son muchas las actividades que podrían desarrollar en el mismo las personas que ya muy mayores no tienen oportunidad alguna de expansionarse. Con ese proyecto en mente y antes de que se hablara con el sacerdote se llevó a cabo una exploración a traves de las familias que rodean al Hospital. Respondieron cuatrocientas. Y ante este dato fue que el párroco reaccionó muy positivamente. Y el programa contemplado por la señora Calderín ya es una realidad.

Otro proyecto es el de contar con un centro de convalecientes. Eso permitiría disponer sin demora de las camas ocupadas por pacientes que ya no necesitan del cuidado médico, pero que no pueden ser enviados a sus casas. A pesar de las dificultades que limitan la obtención de la licencia, ya se tiene la posibilidad de lograr ese objetivo.

Sin contar a los diez mil socios que están dentro del plan, el Hospital tiene al año un promedio de unos cinco mil quinientos internados. Otro tanto son los externos. Ambos grupos hacen un total de más de diez mil pacientes. A estos números hay que añadir a los que no pudiendo ser atendidos en el "Pan American" por alguna causa son enviados a otro hospital.

Se cuenta con cuatrocientos ochenta médicos. De ellos los más activos ascienden a unos ciento veinticinco. Y entre éstos son treinta los más involucrados con la institución. La Administración mantiene las más estrechas y firmes relaciones con el último grupo.

Gracias a su cálida extraversión la señora Calderín ha logrado hacer contacto con las escuelas, tanto públicas como privadas, y ha conseguido un buen contingente de muchachas dispuestas a ayudar como voluntarias en las más variadas áreas.

Buscando la manera de premiarlas se les pide que de acuerdo con la experiencia que viven en el Hospital hagan las recomendaciones que se crean pertinentes. Después se evalúan los trabajos presentados y el que resulte premiado recibe una beca de mil dólares. Por ejemplo, los alumnos del "Colegio Lourdes" han presentado un proyecto dirigido a que puedan ser adoptados los pacientes que no tienen familiares que puedan cuidarlos. Ya está en marcha otro programa enderezado a llamar a aquéllos que ya han sido dados de alta y han regresado a sus casas, a fin de saber la situación en que se encuentran y si están satisfechos con los servicios que recibieron.

Si en este país cuando no se tiene seguro, ni se tiene capital comprobado para pagar la hospitalización con todo lo que ésta implica, no se ingresa a un enfermo ni se le atiende en emergencia, el "Pan American" en estos dos últimos años ha ofrecido servicios absolutamente gratuitos por ocho millones de dólares,

El "Pan American" es una empresa no lucrativa que dedica todos sus ingresos a la reinversión en la misma a fin de lograr todas las mejoras que permitan sus entradas y la estabilidad del capital que exige su funcionamiento.

Con un tremendo sentido humano, el "Pan American" no cesa de entrenar a cuantos trabajan en el mismo en relación con el trato que hay que dispensar a los pacientes, a sus familiares y al público en general. Y son setecientos ochenta. El noventa y ocho por ciento de todos sus clientes han expresado su más completa satisfacción.

Un detalle de la Administradora, tan sencillo como humano, es que ella ha establecido la costumbre de recibir en su cumpleaño a todos y cada uno de los que trabajan bajo su jefatura. A esos efectos se ha organizado el correspondiente calendario desde el primero de enero al 31 de diciembre.

Si hay varios en el mismo día no los recibe en grupo sino uno a uno. En cada encuentro ella, aparte de saludar al empleado, de desearle lo mejor y de regalarle un llavero, sostiene la conversación necesaria para saber cómo le va en su trabajo y escucharle los comentarios que él quiera hacerle.

En el año 1987 no hay Convención. En noviembre un nuevo seminario científico, con galenos del Condado y con una duración de día y medio. En una sala del "Inter-Continental."

Convención del 88 con su viaje

En relación con el "Pan American Hospital", pero fuera de la jurisdicción de la señora Calderín, se ha acordado comprar y se compran cinco acres de tierra, en previsión de las futuras construcciones que requiera el Hospital.

Y en el "Inter-Continental" se celebra el banquete de Navidad que año tras año el "Pan American Hospital" ofrece a sus médicos y otros invitados con sus esposas. En este 1987 no faltan los violines ni la buena orquesta para el baile. Con estas fiestas navideñas el doctor Mora aspira a promover la compenetración médica en un nivel familiar. Y como siempre, las páginas sociales del "Diario las Américas" informan a sus lectores sobre el evento.

Con el 1988, año de Convención. De nuevo será en el lujoso "Inter-Continental". Bajo la reiterada presidencia del doctor Hilario Anido se rinde tributo de recuerdo al doctor Rafael Peñalver, que ha fallecido. De nuevo el programa científico es parte fundamental del evento. Intervienen setenta y seis disertantes. Cada Convención es un acontecimiento. Es la obra del doctor Mora, un creador, Un hombre dotado de tanta imaginación como acción.

En el banquete de gala, convocado para clausurar el trascendental evento, con nutrida asistencia, se anuncian los premios. El "Carlos J. Finlay" se otorga al doctor Joseph N. Gurri. El "Ricardo Núñez Portuondo" al doctor José F. Pulido. Y el "Joaquín N. Albarrán" al doctor Clemente Rodríguez Remos.

Acabada la Convención comienza el viaje, organizado por "Futura Travel": Milán, Pavía, Venecia, Monte Carlo, Niza, Cannes, Génova, Nápoles, Capri, Catania, Alejandria, El Cairo, Ashod, Jerusalén, Chipre, Rodas y Génova de nuevo para emprender el regreso a Miami. Una vez más el doctor Mora no viaja. De nuevo la tradicional Cena de Navidad, con el mismo formato de siempre.

Comienza el 1989 con el más ambicioso proyecto destinado a ampliar arquitectónicamente al "Pan American Hospital", de acuerdo con su crecimiento y con los nuevos servicios que se desean establecer.

Su primera parte durará dos años, a un costo de unos diez millones de dólares, sin que el hospital tenga necesidad de apelar al financiamiento bancario. La institución no tiene deudas. En primer término, no tarda en levantarse un puente sobre el canal, que va a permitir la construcción del más amplio estacionamiento. Si la primera etapa se inaugurará a fines del 91, la segunda, con inclusión de la fachada, se inaugurará en el 96. El "Pan American Hospital" es su permanente obsesión.

A través de este 1989 el doctor Mora sigue paso a paso las obras que se realizan en el "Pan American" y, adelantándose en el tiempo, presta mucha atención a todo lo que habrá que comprar para las nuevas instalaciones. El es un hombre que se desdobla, que se multiplica y que puede moverse al unísono en los más diversos niveles.

Este año se inaugura el nuevo estadio. Modesto, que de adolescente jugó beisbol y basquet, ha seguido aficionado a los mismos. Pero también sigue al futbol. En consecuencia, la familia no pierde la oportunidad de disfrutar un Super Bowl.

Convención y viaje del 90

Este 1990 es año de Convención y desde el inicio de la primavera se empieza a trabajar en la organización del evento, con la siempre participación de Vicente Rodríguez.

Una vez más el programa científico logra un superior calibre, siempre bajo la dirección del doctor Anido. Cuarenta disertantes, tanto americanos como hispanos. De nuevo los más novedosos temas. Imposible que no se reconozca la fundamental importancia de este cónclave de medicos que se reúne en Miami para informar a los médicos presentes sobre los más destacados tópicos de sus especialidades.

Una novedad que se introduce en la revista de setenta páginas es el reconocimiento que se extiende a médicos por servicios sociales y con ellos igualmente a jóvenes galenos por la excelencia con que ejercen la profesión.

El banquete de cláusura tiene toda la espectacularidad de los anteriores. En el mismo se entregan los acostumbrados premios. El "Carlos J. finlay" al doctor Luis O. Martínez Fariñas, El "Joaquín M. Albarrán" al doctor Bernardo A. G. Santamarina. Y el "Ricardo Núñez Portuondo" al doctor Juan A. Rodríguez Iñigo.

La música de la orquesta de Willy Chirino ameniza el baile. Y concluida la Convención, la excursión, sin el doctor Mora. Se vuela a Londres. Aquí se toma el barco, el "Royal Princess". Se llega a Copenhague. Después de un día en la capital de Dinamarca, se navega hacia Leningrado, donde se permance por dos días. Y se parte hacia Helsinski, en Finlandia. Al día siguiente se llega a Estocolmo. Al cabo de un día, se pone proa hacia Amsterdam. Por último, de nuevo Londres, para volar a Miami. Se aprovechan las largas travesías para tener cinco reuniones científicas.

Mientras tanto Modesto presta especial atención a las obras del "Pan American", sin perjuicio de las horas que dedica a la familia. Tampoco deja de ir casi todas las tardes a su oficina de Flagler. En ella está en permanente contacto con los doctores Alberto Hernández y Gerardo Santos, sin que falten tampoco los que tiene con la señora Calderín. En ocasiones, siempre en horas propicias, se llega al "Pan American Hospital". Todo esto es una constante en el transcurso de sus días.

Para asuntos personales y especiales, el doctor Mora utiliza desde hace treinta y ocho años los servicios de la señora Josephine M . Petrick, con una vasta y muy sólida experiencia en todos los aspectos que pueda tener la función de secretaria. Su redacción es impecable. Y entre sus habilidades están precisamente trabajar con médicos, en relación con correspondencia a otros doctores, hospitales, abogados, compañías de seguro... Ella pertenece al personal del "Pan American Hospital"

Y aparte de su trabajo profesional, como persona es una exquisita dama, que desde la II Guerra ha tenido la oportunidad de trabajar con altas personalidades del gobierno de los Estados Unidos.

Con el mes de diciembre de nuevo la Navidad. El tradicional banquete del "Pan American Hospital" a sus médicos con sus esposas y a muy especiales invitados. Como todas las anteriores, la preside el doctor Mora. Y una vez más está presente la doctora Sanjenís de Mora.

Muere el doctor Lidio Mora

Comienza el 1991. No hay Convención. El doctor Mora lleva meses profundamente preocupado con la salud de su hermano el doctor Lidio Mora, Se ocupa en conseguir cita con los más destacados especialistas de cáncer. Pero sabe que es muy difícil interceptar el mal. Todavía en marzo y abril Lidio tiene fuerzas y ánimo para asistir a un curso que sobre historia de Cuba se ofrece en la Universidad de Miami. Y para invitar a algunos especiales amigos a una cena en su hermosa residencia.

Pero en viaje a su casa, no se sabe cómo, choca contra un árbol. El auto queda deshecho y en alguna medida el golpe repercute en su debilitada osamenta. Hay que ingresarlo. Entra en la recta final de su brillante y fecunda vida. El 17 de junio su noble alma queda liberada de la perecedera carne y trasciende al incognoscible reino de la eternidad.

Lidio, nacido el 29 de agosto de 1917, era el cuarto de la descendencia de don Pepe y Blanca Rosa. Graduado de médico en la Universidad de La Habana en 1941, con uno de los más brillantes expedientes del curso, trabaja en el "Calixto Garcia" y en el "Reina Mercedes", los hospitales que están conectados con la Escuela de Medicina. Inaugura su consulta privada. Y con el término de la Segunda Guerra Mundial, en 1945, Estados Unidos promueve un proyecto médico para Europa. Invitado al mismo, se incorpora al

UNRRA. Está en Alemania. Vencido el contrato sigue en este país dentro de otro programa, el URO. En Munich se le nombra director de un hospital con setecientas cincuenta camas.

Al cabo de cuatro años, va a París para tomar un curso de Gastroenterología en la Sorbona. Lo amplia en Londres. Luego, con el mismo objetivo, en Dinamarca. Llega a Boston. Hace su residencia, durante veinticuatro meses, en el "Massachusetts Hospital". Se ha casado con Klara, la linda e inteligente muchacha húngara que se le apareció en Alemania buscando trabajo.

Su cubanía lo empuja a Cuba, donde triunfa. Pero el derrumbe de la república lo conduce a la Florida. Después, con altas funciones profesionales y profesorales en la Universidad de Misisipi, en Jackson (Misisipi). Al inaugurarse el "American Hospital" retorna a Miami, donde ejerce brillantemente hasta el final de sus dias.

"Don Pepe Mora y su familia"

Mientras el doctor Mora seguía el proceso de la enfermedad de Lidio, el 3 de mayo, en una cena de gala, en el "Airport Hilton", con una presencia de quinientos comensales, especialmente médicos, se presenta el libro "DON PEPE MORA Y SU FAMILIA". que él había encargado al autor de esta biografía.

La obra se inicia con una evocación de la provincia de Pinar del Río o Vuelta Abajo. Tras esta exposición, con ingredientes geográficos, históricos, políticos, económicos y sociales, el autor se detiene en el el término municipal de San Luis, porque en uno de los barrios rurales del mismo es donde va a nacer don Pepe Mora.

El escritor relata la trayectoria del biografiado a través de sus sucesivos ámbitos. Un hito fundamental es el matrimonio con una linda joven, Blanca Rosa Morales. Establecido como comerciante, en otro barrio rural, Palizadas, allí nacen sus primeros cinco hijos: Pepito, Orlando, Librada, Lidio y Giraldo.

Como comprador de tabaco se instala en otro barrio, San Mateo, donde nacen Roberto y Miguel Angel. Establecido como comerciante en San Luis, nacen Blanca Rosa y Modesto Mario. Hasta que en 1925 llega a la culminación de su destino, en la vega de tabaco "El Gacho", dentro del término de San Juan y Martínez. En la finca nacen Maria Victoria, Perla e Isabelita.

El biógrafo relata la vida familiar, con énfasis en las personalidades de don Pepe y de Blanca Rosa con sus valores morales y los estudios de los hijos hasta el más alto nivel universitario.

Dos patéticos episodios en la historia de la familia Mora son las muertes del primogénito y de la madre. Por último, con el derrumbe de la república, el despojo de "El Gacho". Poco después su muerte.

Concluida la evocación de don Pepe y la familia el autor ofrece una semblanza biográfica de cada uno de los hijos hasta el momento de entregar el libro al editor, "Ediciones Universal", de Miami, fundada y presidida por Juan Manuel Salvat. Este hizo un impecable volumen, con tapas duras. En la del frente aparece un grabado en oro con la efigie del progenitor. Se imprimieron cinco mil ejemplares. Cada comensal recibió el suyo.

Posteriormente fueron distribuidos millares entre médicos que viven fuera de Miami y todos aquellos a quienes podía interesar la obra.

Se inaugura el nuevo "Pan American Hospital"

Al llegar noviembre del 91 ya está terminada la primera etapa de la reconstrucción del "Pan American Hospital". El 2 de diciembre se lleva a cabo la inauguración, con numerosos invitados, especial-mente médicos. Se devela una placa destinada a rendir tributo a Florence y José Ferré, quienes, con la contribución de los terrenos en que se levantó el Hospital, colaboraron tan generosamente a su fundación.

Los presentes pudieron recorrer las nuevas instalaciones y apreciar el buen gusto de todas sus áreas y la eficiencia de todos sus departamentos, equipados con todo el instrumental médico y hospi-talario que exigen estos tiempos de tan avanzada tecnología. Se vive en el mundo de la electrónica. Todo se mueve a través de las más sofisticadas computadoras, capaces de hacer operaciones que no están al alcance del cerebro humano, aunque se trate de un genio. El "Pan American" se sitúa a la altura de los más prestigiosos hospitales de la Florida.

Este evento, presidido por el doctor Mora, no impide que pocos días después en el "Inter-Continental" se celebre la traditional cena de Navidad.

Comienza el 1992. El doctor Mora se mantiene en su nuevo estilo de vida, sin deserción posible. Una de sus fundamentales peocupaciones es la construcción del nuevo hogar, la que observa cada día, cada hora, en todos sus detalles. Realmente es un obra mayor. Pero aparte del tamaño, son muchos sus detalles. No son pocos los ingredientes que hay que traer del extranjero, o por lo menos de fuera de la Florida. El no puede desentenderse del proceso. No puede perderse de vista a todos los que intervienen en la construcción.

Convención y viaje del 92

En este 92, en el que el mundo hispánico conmemora el quinto centenario del descubrimiento de América, el "Pan American Hospital" celebra una Convención más. También en el "Inter Continental". De nuevo cientos y cientos de médicos. En la revista que se publica sobre el evento, con ochenta y seis páginas, aparece una amplia información sobre las nuevas obras realizadas en el hospital. Con toda justicia hay una página completa dedicada al doctor Lidio Mora con motivo de su fallecimiento el 17 de junio de 1991. Son muchos los médicos que hablan sobre él con la elocuencia que merecian sus virtudes y talentos.

De nuevo el programa científico con la presencia de cincuenta eminentes disertantes que desarrollan muy interesantes tópicos, siempre dentro de sus respectivas especialidades.

Aparte de programas sociales, como la inauguración de la Convención, que es la décimotercera, sobresale la cena de clausura, con violines y orquesta. En ésta. como siempre, se entregan los tradicionales premios. El "Carlos J. Finlay" al doctor Carlos Pérez Mesa. El "Joaquin M. Albarrán" al doctor Carlos J. Sanz. Y el "Ricardo Núñez Portuondo" al doctor José B. García Bengochea, nacido en San Luis, Pinar del Rio, el terruño de doctor Mora. El baile es amenizado una vez más por Willy Chirino.

Y después de la cena, el ya tradicional viaje con el siguiente recorrido: Venecia, Rusia con escalas en Yalta y Odessa. En Turquía con visita a Esmirna y Estambul. Y en Grecia con Atenas y varias de las principales islas griegas. como Rodas y Santoril

' El doctor Mora sigue sin viajar, después de haber viajado tanto. Lo atan los niños. Ni él ni la mamá quieren alejarse de ellos, aunque están bajo el celoso cuidado de la abuela Irene. Una buena abuela como ella es una doble madre.

El año termina con la cena de Navidad, presidida por el doctor Mora, siempre acompañado por la doctora Lourdes Mora.

Un feliz aniversario (1963-93)

Con el 1993, año sin Convención, llega el trigésimo aniversario de la inauguración del "Pan American Hospital". Si había empezado pequeño y humilde, lustro tras lustro ha ido creciendo sin tregua en todos sus aspectos. Tanto externa como internamente. Cuando en 1996 se concluyan las obras que han seguido a las inauguradas en diciembre de 1991 se contará con un hermosísimo edificio.

Pero lo más importante de todo son sus tantos servicios, eficientemente organizados, en los que no falta nada de lo que exige el adelanto de la medicina. Y si los pacientes se han multiplicado, lo mismo ha ocurrido con los médicos, con los técnicos, con las enfermeras, con los funcionarios y empleados de todo tipo.

Y a los números hay que añadir la calidad de la medicina que se practica en el "Pan-American Hospital". Y más allá de la medicina el estilo tan humano que preside todas las actividades del establecimiento. El que sea un hospital no impide que sea también una casa de amor, con una total comprensión para el enfermo y con una sincera identificación con los pacientes.

Es la obra del doctor Mora, con la colaboración de cuantos desde el principio o después se han solidarizado con él en el ambicioso empeño de que exista en Miami un hospital especialmente dedicado a los hispanos y entre ellos, desde luego, a los cubanos. Y esto sin discriminación de nadie.

En vano han querido comprar el "Pan American". El doctor Mora ha respondido que no se vende, porque no es de la empresa que lo gobierna, sino de toda la comunidad hispana de Miami. Ciertamente, en todas sus áreas y dependencias se nota una atmósfera distinta. Son los afectivos fluidos que brotan de los que allí trabajan. Y si no hay Convención este año, ese vacío se aprovecha para festejar este trigésimo aniversario de la fundación.

Estas tres décadas son una formidable hazaña. Fue un reto al destino. Y quien lo retó, que venía de muy lejos, triunfó airosamente. No fueron muchos los que creyeron en él. Pero hubo los necesarios. Y es que la voluntad, asistida por la paciencia, bajo la protección de Dios, lo puede todo. El "Pan American Hospital" es como un monumento a la salud que un joven médico cubano fue capaz de levantar y de sostener venciendo todas las dificultades.

No se acaba el año sin la cena de Navidad. Como siempre, un ejemplar espectáculo de la más humana y profesional convivencia.

En la oficina de Flagler

El doctor Mora sigue yendo a su oficina de Flagler, la que se trasladará en la primavera del 96 a Coral Gables. No tiene horario fijo. El muy eficiente Gaspar Jiménez siempre sabe de su llegada y lo espera para abrirle la puerta.

Desde su Cadillac negro, que él mismo maneja, camina pausadamente hacia el edificio. Es alto y de robusta complexión. Hay algo de gravedad en su serena estampa. Saluda afectuosamente a todos cuantos encuentra en el camino hacia su despacho.

Ya ha entrado. En las paredes hay numerosas fotografías familiares. No falta la de don Pepe. Se ha sentado en su cómoda butaca ante su mesa. Se destaca el orden que se ve sobre la misma. Podría decirse que está geométricamente organizada, igual que su personalidad desde el norte de la mente hasta el sur del corazón.

Revisa la correspondencia y los recados que allí le han sido puestos por la señora Jeannete Cabrera, su secretaria de muchos años. Despacha con ella. Recibe toda la información llegada y le da instrucciones. Fuera ya del ejercicio profesional sólo eventualmente dicta cartas en inglés a Mrs. Petrick. Está al tanto de todo lo relacionado con el "Pan American Hospital" y a esos efectos mantiene una constante relación con la señora Calderín. Puede ir al Hospital. Cambia impresiones con el doctor Alberto Hernández y con el doctor Gerardo Santos. A pesar de que se ha desconectado de sus actividades de tantos años especialmente después de su matrimonio, siempre recibe algunas visitas y se producen llamadas. Por otra parte, él aprovecha su tiempo en Flagler para las que necesite hacer como consecuencia de los requerimientos que inevitablemente presenta su cotidianidad.

Un día tras otro, desde el primero al último del año, llega a su oficina tan severamente vestido como si estuviera asistiendo a la más solemne ceremonia académica. Su ropa, negra, o azul oscuro, es impecable. La preciosa corbata de moderno diseño pone una nota alegre sobre su pecho, tan vasto como lo necesita el tamaño de su corazón.

Antes de que se ponga el Sol regresa a "Star Island". Invariablemente lo saluda el alegre alboroto de los hijos que ya el siempre responsable Pedro Armenteros ha recogido en la escuela.

Convención y viaje del 94

Este año 1994 se celebra la décima-cuarta Convención, Una hazaña. Se ha cambiado de sede. Se ha pasado al "Fontainebleau-Hilton", en Miami Beach, por razón de su mayor capacidad y por sus más amplias facilidades en cuanto al estacionamiento.

Con cada año más disertantes para el programa científico. Ahora más de cincuenta, de muy altos prestigios. Los más interesantes tópicos. Como siempre este aspecto de la Convención cubre todo el tiempo de duración de la misma. Los asistentes reciben los créditos pertinentes.

La clausura de este año resulta imponente dado el número de asistentes. El inmenso salón del hotel es un espectáculo. Como es costumbre, se entregan los premios. El "Carlos J. Finlay" al doctor

Ramón Rodríguez Torres. El "Joaquín M. Albarrán" al doctor Frank Barrera. Y el "Ricardo Núñez Portuondo" al doctor Modesto M. Mora. Lo recibe con notoria emoción. Con sincera humildad. Al agradecerlo la vibración de la voz lo delata. El ha tomado muy en serio el honor, que recibe de manos de la Fiscal General del Condado, la tan distinguida y talentosa cubana que es la señora Katherine Fernández Rundle.

La cena es amenizada por la orquesta del maestro René Touzet, el ilustre compositor cubano, autor de muchas de las más populares canciones Y, además, de muy notables danzas como un fiel continuador de la obra del inmortal Ignacio Cervantes.

Y dos días después, el viaje, siempre organizado por "Futura Travel". De Miami a París. De París a Lisboa con un largo recorrido por la costa. Y, por último, de Lisboa a Madrid, por carretera, con escala en Mérida para ver las ruinas romanas.

El 25 de octubre el doctor Mora arriba a los setenta años. Llega a los mismos con una total salud física y con la mente en plena lucidez. Merecía un agasajo, pero por voluntad suya se concretó a una íntima celebración con Lourdes y la prole. Ningún mejor testimonio de amor pudo recibir.

Si Terencio (190-159), el poeta latino que escribió comedias a la manera griega, dijo que "el hombre era la medida de todas las cosas", ¿cuál es la medida del hombre y, en definitiva, de todo? No cabe duda que el tiempo.

El tiempo es uno de esos temas eternos que han inquietado a los filósofos. desde los pre-socráticos hasta nuestros días. Fuera de toda abstracción, el hombre es un tiempo que comienza, es un tiempo que decursa y es un tiempo que se acaba.

Los filósofos no se han puesto de acuerdo sobre lo que es la fundamental esencia del hombre, y al discutir el punto no contemplan el tiempo, porque lo ven como cosa ajena. Pero, lo cierto es que el tiempo está en lo más entrañable de la vida humana.

El tiempo es la materia prima con la que cada quien construye su vida. Es la gran riqueza que se recibe de Dios o de la Naturaleza cuando se nace. Es por eso que todo cumpleaño debería ser objeto de meditación más que de celebración. No es un año más que llega. Es un año menos que queda. Un tiempo que se nos fuga silenciosamente hasta acabar.

Todo esto lo sabe el doctor Mora y es por eso que su vida ha sido una hazaña del tiempo. Sin perder un instante él, como un artífice, ha construido su fecunda y brillante existencia.

Y si se está en diciembre, se celebra la tradicional cena de Navidad que el "Pan American" ofrece a sus médicos e invitados. Por primera vez en el "Indian Creek Country Club", uno de los lugares más rigurosamente exclusivos de la Florida. El doctor Mora es miembro del mismo como también lo es del histórico "Metropolitan Club," de Nueva York.

<h1 style="text-align:center">XXXIV</h1>

Un feliz y fecundo matrimonio

La placidez del hogar

Tras el nacimiento de Modesto Mario II el doctor Mora exhibe un nuevo ritmo a su vida. Es cierto que antes de casarse ya se había producido un cambio en cuanto a sus actividades profesionales, pues con cada año eran menos las cirugías. Sin embargo, sus proyecciones sociales, aún en los primeros años de los ochenta, se mantenían sin una apreciable alteración.

Pero la venta del "American" y el "North Ridge" van a influir no sólo en su vida profesional, sino también en todas las demás actividades de su existencia. A partir de ese momento, en vez de la presidencia de tres hospitales se concreta absolutamente al "Pan American Hospital".

El viraje total y definitivo ocurre a partir de 1984, cuando cumple los sesenta años. Después de haber vivido intensamente, de haberse proyectado en tantas acciones, de haber transitado tantas áreas, desde los suburbios de Miami hasta la Casa Blanca y de haber viajado incesantemente, se sitúa en un nuevo plano, con una renovada actitud frente a la vida.

Intuitivamente el doctor Mora sabe que la vida es un problema filosófico que viene dando tumbos a través de los siglos hasta nuestros días. Tanto Séneca, como Marco Aurelio y otros estoicos, a principios de la era cristiana, en vez de moverse entre abstracciones, se encararon con el hombre y la vida. En los ochocientos fue

Kierkegaard el que bajó el quehacer filosófico al nivel terrestre del ser humano. Este dejó de ser una entelequia para ser la criatura de carne y hueso de que habló Unamuno en su "Sentimiento trágico de la vida".

Más tarde surgen el vitalismo y el existencialismo. Ambos movimientos ponen al hombre en el centro del filosofar. La antigua Metafísica desemboca.en la filosofía de la vida. Esta se convierte en la mayor preocupación de los filósofos.

Al casarse con la doctora Lourdes Rosa Sanjenís renuncia a sus anteriores esquemas, intereses, costumbres y hábitos. Se olvida de lo que había sido el permanente programa de sus días por treinta años y se dedica íntegramente a su esposa. Centra su vida en ella. En ella ha encontrado su centro de gravedad, la maravillosa fuente de una paz que jamás había conocido.

Para que el nuevo mundo fuera más perfecto llega el hijo que no creía posible. Y a partir de ese 6 de mayo del 86, con el nacimiento del primogénito, que repite su nombre, el doctor Mora reafirma el absoluto viraje de sus días.

Si el soltero huía de la soledad y al margen de su trabajo profesional se sumergía en la vida social, ahora goza la placidez del hogar. En cuanto a la doctora Sanjenís, ha seguido su trabajo profesional. Modesto Mario II está permanentemente cuidado por su desvelada abuela, la señora Irene Delgado.

Nace Mario José

La vida transcurre apaciblemente en los últimos meses del 86, que va a terminar con el banquete de Navidad. Y comienza un nuevo año. Y con el trascurso de los meses progresa el embarazo de Lourdes. El 6 de mayo el hogar está de fiesta porque Modesto Mario llega a su primer año, en perfecta salud.

Y cuando éste tiene ya trece meses nace Mario José el día 15 de junio de 1987. Con ese nacimiento la doctora Sanjenís renuncia al Hospital de los Veteranos y a la Universidad. Se queda en el hogar, al cuidado de sus niños, siempre con la eficaz colaboración de su mamá. Imposible dejarle a ella toda la difícil carga de los dos vástagos.

Y pasada la Nochebuena, Modesto decide ir a Nueva York a esperar el nuevo año en compañía de Lourdes, con Modesto Mario, que tiene año y medio y Mario José que ha llegado a los seis meses. Con ellos la abuela Irene. Se hospedan en el "Palace". Y paseando por la plaza del "Times" tanto le llaman los niños la atención al camarógrafo de la NBC que capta la linda imagen de los mismos. Los felices padres pueden ver la filmación en el noticiero que posteriormente se trasmite por televisión.

La dulce paternidad

Modesto se mantiene firme en el nuevo rumbo que ha dado a su vida con su matrimonio. Esta consagración a la familia se ha fortalecido con el tiempo, especialmente con el nacimiento de los dos hijos, Modesto Mario II y Mario José.

Se ocupa de ellos, se interesa por todo lo que los niños puedan plantear. Les dedica el mayor tiempo posible. Y al margen de todo el amor que les consagra, los observa y ve como entre el primero y el segundo existen muchas diferencias de personalidad.

Mientras tanto, los niños se apegan crecientemente al padre, un padre muy singular, porque ha asumido la paternidad cuando los de su edad pueden ya tener nietos. Este hecho genera en él una actitud, unos sentimientos y unas preocupaiones muy especiales.

Aunque esta dedicación al hogar, con inclusión de los hijos y de su esposa, le ha provocado al doctor Mora una radical transformación de todos sus viejos hábitos, él se siente maravillosamente feliz. Ella y los vástagos le proporcionan una felicidad sin límite, que nunca pudo presumir que existiera.

Si su condición de soltero le propiciaba una supuesta independencia, es posible que en ocasiones se sintiera flotar en el vacío, precisamente por carecer de hogar, de una esposa y de unos hijos. Ningún hombre puede estar perfectamente completo si le faltan esos tres fundamentales ingredientes.

Consciente de todo esto, que acaso pasaba inadvertido hasta para los que pudieran estar más cerca de él, ahora comprende que su vida ha empezado a tener sentido, sencillamente porque ya ha perdido la engañosa libertad del célibe para verse sujeto a la dulce coyunda de la esposa y los suaves amarres que son los tiernos brazos de los hijos. Ahora se siente más completo que nunca, más seguro, más realizado, más pleno.

No se puede dudar de que en toda esta inefable dicha mucho tiene que ver Lourdes. No erró cuando, según fue conociéndola, llegó a la conclusión de que ella era la mujer mandada por Dios para darle hijos y acompañarlo en los años que le quedaran de vida.

Ya ha llegado a los sesenta y cinco y sabe que la vida tiene un límite que nadie conoce. El fin puede llegar traidoramente cuanto menos se espera, aunque su salud es perfecta. Se cuida celosamente. No bebe licor alguno, ni bebidas espiritosas, ni cerveza, ni café, ni te. Nunca ha fumado, aunque creció en una vega de tabaco. Come ordenada y frugalmente.

Hace ejercicios. Camina. Ve a sus médicos frecuentemente y se ocupa de cumplir las investigaciones que le mandan. Duerme apaciblemente el tiempo debido. Lleva sus días con serenidad, sin el frenesí que pauta las horas de tanta gente. No se irrita.

En consecuencia, hace todo lo que humanamente puede para asegurar la salud y la lucidez. Se ha casado con notoria tardanza y no esperaba descendencia. Ante su sorprendente llegada hay que vencer al tiempo y declarar el triunfo de la vida.

La vida es buena y es bella, pero para saberla vivir. hay que conquistarla. Es un tiempo del que no se puede desperdiciar ni un minuto en el inexorable afán de llegar a ser lo que se sueña. Por eso es un quehacer, un programa, una misión, un deber, una responsabilidad.

Si ha llegado a la cúspide en que está es porque concibió un programa, se fijó una meta y día tras día ha cumplido la necesaria cuota. Aunque el destino puede escapar a la voluntad del hombre, podría decirse con toda justificación que el doctor Modesto M. Mora es un forjador de su destino.

Antes, en el 88, Modesto y Lourdes habían viajado a México para esperar a Isabelita, la más pequeña de la prole Mora Morales, que llega de Cuba. Y por razones iguales ambos vuelan a Panamá para recibir a un tío de Lourdes, que viene con su esposa y una hija.

Llega el verano del 89 y los esposos Mora-Sanjenís se trasladan con los dos niños y la abuela Irene a Disney World. Si los muchachos se divierten, los mayores disfrutan viéndolos tan felices. Modesto Mario tiene tres años y Mario José, dos.

En el mes de noviembre resulta electo George Bush y se recibe una invitación para la toma de posesión, en enero. Modesto y Lourdes vuelan a Washington. Al margen de la ceremonia, recorren los más destacados lugares de la capital. Y entre ellos, la espectacular Biblioteca del Congreso.

Nace José Luis

Llegan los noventa y el primero de abril nace el tercer hijo. Otro varón. Si el primero es Modesto Mario y el segundo es Mario José, éste es José Luis.

Cuando José Luis nace Modesto Mario va cumplir los cuatro años en mayo y Mario José los tres en junio. Si entre los dos primeros se extienden trece meses, entre los dos últimos se cuentan dos años y diez meses.

Mientras tanto la familia Mora se ha instalado en "Star Island". Adicionalmente a la adquisición de una residencia, el doctor Mora ha comprado en la misma un terreno para la construcción de lo que será el futuro y definitivo hogar.

Al llegar el verano Modesto decide ir a Disney World con Lourdes y los niños. Modesto Mario ya tiene dos años y Mario José ha llegado al año. Con ellos doña Irene, la amorosa abuela. Viven unos días muy felices. Los niños no presentan ningún problema de salud y el primogénito disfruta asombrosamente con la contemplación de tantos espectáculos.

No cabe duda que en el nuevo hogar de "Star Island" se ha complicado la vida. Si la abuela Irene desarrolla un papel protagónico, la doctora, desdoblada en mamá, tiene que esforzarse sin tregua para poder corresponder a todos los implacables requeri-mientos de los tres vástagos, tan hermosos como sanos, sin que esto impida los inevitables catarros y las demás indisposiciones a las que no escapa ningún niño.

Por otra parte, el orondo progenitor no se margina del acrecido quehacer doméstico que significa el nacimiento de quien viene a completar la trilogía. En sus intervenciones hogareñas se concentra en Modesto Mario porque, por razón de su edad y de su evidente despejo mental, ofrece muchas posibilidades al padre para propiciar una amplia relación entre ellos.

Y, ante la presencia de los tres niños como testigos se comienza la construcción de la nueva casa, que es un proyecto muy ambicioso. Se ha diseñado con vistas al futuro.

El protagonismo de los niños

Pasada la Nochebuena del 92, la familia Mora vuelve a Nueva York. De nuevo en el "Waldorf Tower". Modesto Mario con seis años es el que más se divierte, pero Mario José con cinco no se queda muy a la zaga. José Luis ya tiene dos años y ocho meses..

La paternidad tiene gozos infinitos que todos los padres no saben descubrir, ni pueden adivinar. Es que los progenitores suelen ser hombres muy ocupados que dicen no tener tiempo para dedicar a los vástagos.

Este es uno de los graves problemas morales o espirituales de la actual sociedad, tan tremendamente desorientada. El hombre actual se siente incapacitado de hacer aquellas cosas más esenciales de la existencia.

Son muchos los padres que se comportan indiferentemente con los hijos, por no saber lo que es un niño, lo que significa un hijo. "Una palabra tan breve que tiene un eco infinito", dijo un poeta español, José María Pemán.

Tanto el padre como la madre deben de relacionarse con cada hijo desde su nacimiento. Y de esta relación depende lo que será el futuro de los vástagos. El doctor Mora como la doctora Sanjenís entienden bien este problema.

El doctor Mora convive con sus hijos. Si ha modificado tajantemente el programa de su vida es precisamente para cumplir su función de esposo y su función de padre. Lo mismo ha hecho la doctora Sanjenis cuando tras el nacimiento de Mario José renunció a sus dos trabajos. Ambos tienen la suerte de contar con la mamá de Lourdes, la abuela de los niños. Es Irene, una buena madre, una desvelada abuela, una ejemplar esposa hasta la partida del padre de sus hijos. Con una constelación silenciosa de virtudes. Una mujer de su calidad, tan humilde y discreta, escapa a toda evaluación posible.

Transcurre un año. Celebrada la Nochebuena y pasado el primer día de Navidad de este 1993, Modesto con Lourdes, los niños y la abuela Irene vuelan otra vez más a Nueva York. Modesto Mario con siete años y con tan vivaz inteligencia disfruta el viaje. Como el padre conoce la ciudad con cuanto en la misma merezca conocerse, vuelve a los sucesivos lugares que ya han recorrido a fin de que las imágenes de los mismos entren con más fuerza por los ojos del primogénito y se fijen en su conciencia.

Algo importante ha ocurrido en la familia Mora. Ya están instalados en la nueva casa. Una mansión grande, sólida y hermosa construcción, a la que ha dedicado el feliz dueño sus mejores afanes. Su hermosa silueta se divisa desde lejos. Pero por dentro es sencilla con mucho calor de hogar.

El doctor Mora sigue en su nuevo ritmo, Pero éste no es el mismo que el del 86 cuando nació Modesto Mario, ni el del 87 cuando viene al mundo Mario José, ni el del 90 cuando llega José Luis. Los años han pasado y el primero de ellos empieza a asistir al pre-kindergarten y asi sucesivamente.

Y tras éste, siguiendo el mismo ciclo, Mario José. En consecuencia, ha surgido una nueva actividad: la de llevarlos a la escuela y devolverlos a la casa. Además, hay que intervenir en las tareas que se les han ordenado y que hay que entregar al día siguiente. De eso se ocupa la talentosa y paciente mamá, que a esos efectos tiene que imponer su autoridad.

Estos niños no son unos niños comunes. Nacidos de dos médicos y dentro de muy felices circunstancias exhiben una perso- nalidad bien pronunciada en todas sus acciones y reacciones. Nada más imprevisible que la conducta de un muchacho, especialmente si ha nacido con tanta salud física como inteligencia. Deviene en un dinamo humano, con una energía interminable y con una imaginación que está más allá de todas las posibles fronteras.

Y así son los hijos de Modesto y Lourdes. Cada uno ostenta su propia personalidad. La mamá opina que Modesto Mario II es igual a su papá. Es por eso que chocan. Pero, en cambio de este punto no positivo, es el más dócil de los tres. Porque la lleva en la sangre, le fascina la política.

Mario José es el más dulce y cariñoso. Y José Luis es una combinación de sus dos hermanos. Es el de más fuerte carácter. Y como el padre es muy débil con él por ser el más pequeño resulta que el niño influye sobre el progenitor en gran medida.

Si algo tienen de común es la afición a la pintura, pero mientras Modesto Mario pinta hermosos delfines, los otros oscilan entre lo figurativo y lo abstracto. Los hermanos mayores le llaman Picasso a José Luis. Aparte de la pintura, Modesto Mario hace cerámica y Mario José insinúa su vocación de actor. Los tres hablan con fluencia el español y el inglés.

Como ocurre con todos los hermanos, discuten y pelean entre sí, pero reciprocamente se quieren mucho y cuando están fuera de la casa los dos mayores cuidan al más pequeño.

Otra antítesis es que si en la casa tienen la natural indisciplina de los niños, fuera se comportan con mucha formalidad. Los tres son muy sociables y cuentan con muchos amigos. En los fines de semana arriba a "Star Island" un buen racimo de muchachos y se pasan largas horas con ellos. Ocasiones hay que llegan a la docena.

En cuanto a los deportes le gustan el basquet, el tenis y la natación. Mario José sueña con un equipo de beisbol. A la familia completa le agrada asistir a algunos juegos de las Grandes Ligas en el "Joe Robbins"

En este curso del 94 al 95, Modesto Mario está en cuarto grado, Mario José en tercero y José Luis en el kindergarden.

Algo más que los identifica es la enérgica actividad que desarrollan en la casa cuando no trabajan en sus tareas. Es una acción que no tiene fin. Si la doctora está presente, logra controlarlos en alguna forma, pero si ella no está y es la abuela la que tiene que poner el orden, difícilmente lo logra. Las abuelas suelen ser más débiles y consentidoras que las madres. Es una ley natural.

Como los niños, inocentes al fin, no tienen idea del peligro, hay que estar arriba de ellos vigilándolos, pero la vigilancia es inútil frente a una fantasía que en un segundo inventa la más audaz travesura. Corren, gritan, desordenan, o se concentran entretenidos en sus tantos juguetes de todo tipo que tienen. No faltan las inevitables controversias entre ellos y entonces tiene que intervenir quien esté presente, o todos a la vez para restablecer el orden.

Los fines de semana el padre no va a su oficina ni contrae compromiso alguno. Se queda en la casa, a la disposición de la prole. Siempre hay un programa. Más que los progenitores, son los hijos los que deciden lo que hay que hacer. A donde se va a almorzar. A que lugar se va después. Es increible la autoridad de que son capaces unos tan vivaces chiquillos como éstos. Sus proyecciones son las anticipaciones de su futura personalidad adulta.

Por otra parte. algo que está en la naturaleza del niño es que no tiene sentido del límite. Todo lo que se le antoja lo cree posible. Todo lo que quiere hacer lo considera lícito. En esos casos es muy difícil convencerlo. Las razones de los padres se estrellan en contra de su irracional inocencia. Es por eso que la educación con que hay que contrarrestar sus espontáneos impulsos no termina nunca, Y lo primero es la de imponer la más adecuada disciplina. Hay que enseñar el orden con que hay que hacerlo todo. Indicar la conducta que hay que seguir con los demás en todas las áreas y en todos los niveles. Definir las reglas del más elemental y cortés comportamiento en todas las imaginarias circunstancias posibles.

Con todo esto tienen que luchar la mamá y la abuela, mientras el padre flota hasta donde es posible bajo una comprensión que tiene mucho de complicidad. El fue niño. Un niño que nació hace setenta años. Al cabo de los mismos es muy poco lo que aún está en vigor en este tiempo. No es lo mismo vivir en un mundo rural que habitar en una isla a la que conduce una autopista. Todos los hogares no son iguales. Ni lo son las economías, ni las costumbres, ni la educación, ni los valores.

En consecuencia, sin renunciar a su autoridad, comprende y cede. No hay controversia en la que no salgan triunfantes estos tres chicos que no pueden evaluar el mundo en el que han tenido el privilegio de nacer, porque no conocen otro. Todo conocimiento brota de una comparación. Pero ¿hasta cuándo y dónde se extenderá el tesoro de su inocencia? ¿A qué edad empieza el muchacho a hacer contacto con la realidad y a saber lo que tiene y lo que no tiene en comparación con los demás?

Pero no hay problema alguno para el doctor Mora. El se siente en el mejor de los mundos con sus tres preciosos vástagos Esta orgulloso de ellos. Y de ellos espera lo mejor, sin que ellos puedan adivinar sus preocupaciones por su futuro. Se vive un tiempo espantosamente peligroso, que se ha escapado de las manos de los hombres. Y posiblemente hasta de las manos de Dios.

Un aniversario feliz se produce el 15 de diciembre del 94. El doctor Mora y la doctora Sanjenís cumplen diez años de casados. En medio de la fragilidad que presenta el matrimonio en nuestra época, al cabo de una década el hogar de Modesto y Lourdes es un ejemplo de que hay excepciones.

XXXV

La familia Mora en Nueva York y París

Proyecto de Modesto Mario II

Y pocos días más tarde, el primer viaje de Modesto a Europa después del último que dio con Lourdes en mayo del 85. Y es el primero que los padres dan con los niños. Porque asi lo quiso Modesto Mario, se vuela a París.

Pero este viaje tiene su historia. En la escuela, dentro del aula en que está Modesto Mario un grupo al que él pertenece imaginó una agencia de viajes. De acuerdo con la misma debían investigar todo lo que ha de conocer el agente en todos los detalles, como vuelos, tarifas, ciudades a visitar, hoteles, restaurantes, teatros, lugares turísticos y así sucesivamente.

Los chicos debían investigar todo esto y más. Se distribuyeron los países. A Modesto Mario le tocó Francia. Y cuando ya había agotado todo lo que pudo saber desde Miami comprendió que para completar la información tenía que ir a París.

En consecuencia, se lo planteó a los padres, y a partir de ese momento no tuvo más tema que el viaje a París y no paró hasta que los convenció. Los padres, los tres niños y la abuela Irene, pasada la Nochebuena, volaron a Nueva York que ya conocían.

Pero con Nueva York no se acaba nunca y siempre hay mucho que volver a ver y más cosas que visitar por primera vez, la familia vive días muy felices. Ven una exposición de pintores impresionistas, ésos que al cabo de un largo siglo mantienen su absoluta vigencia en medio de los excesos de la pintura contemporánea. En vano los críticos coetáneos y los pintores aún apegados a la tradición los condenaron. Con la nueva centuria fueron imponiéndose. Flotaron por encima de los movimientos de la Vanguardia: el fauvismo, el cubismo, el surrealismo, el expresionismo y aún tienen la admiración del mundo.

Visitan el Museo Metropolitano y el de Ciencias Naturales, Disfrutan una función artística en "Radio Centro" y una exhibición de patinaje sobre el hielo y el siempre fascinante espectáculo del circo. Estran en una colosal juguetería. Caminan por el Parque Central, donde almuerzan en un famoso restaurante.

Y al cabo de una semana sin tregua, el 2 de enero toman el avión hacia París. Mario José y José Luis duermen durante toda la travesía, pero Modesto Mario no puede dormir ante la ansiedad de llegar a la Ciudad Luz, la meta de todos los artistas, literatos y músicos del mundo.

No fueron pocos los hispanoamericanos que la habitaron por lo que les quedaba de vida o por largo tiempo: Juan Montalvo, Rubén Darío, Enrique Gómez Carrillo, Enrique Larreta, Carlos Reyles, Amado Nervo, Francisco y Ventura Garcia Calderón, César Vallejo, Eduardo Avilés Ramírez ... Los últimos bohemios del Modernismo y de la Vanguardia iban a París en pos de la sombras de Verlaine, Baudelaire, Rimbaud, Mallarmé ...

La familia Mora dispone de un "van" durante siete dias con un chofer chileno, mañana, tarde y noche. Se hospedan en el hotel ubicado frente a la Opera. Desde el mismo el panorama es deslumbrante.

Como el padre se conoce a París como la palma de su mano porque éste es su vigésimo-noveno viaje, no pueden tener los vástagos un guía mejor. En la Plaza de Vendome disfrutan el espectáculo de la nieve. Los niños se emocionan y juegan con ella gozosamente. Son felices. Los padres y la abuela no se quedan a la zaga.

Visitan la Iglesia de Los Inválidos y contemplan 1a imponente tumba de Napoleón (1769-1821). Dentro de ella está lo que materialmente queda del hombre que ha dado su nombre a toda una época de Europa. No registra la Historia Universal una carrera militar como la suya. Ascenso tras ascenso, hasta coronarse Emperador.

Con inauditas victorias estremece las viejas monarquías europeas. Instala a sus hermanos en tronos. Difunde por el continente el mensaje de la Revolución Francesa. Pero, derrotado en Rusia y España, comienza el ocaso. Muere solitariamente desterrado en la Isla de Santa Elena, pero al cabo de ciento setenta y cuatro años de su desaparición no puede evocarse el siglo XIX sin Bonaparte.

Los viajeros entran en los pasados siglos que se acumulan en el silencio y la oscuridad de Notre-Dame. También en la Iglesia del Sagrado Corazón. Van a Versalles, que es lo que más impresiona a Modesto Mario. Estar allí es contemplar en esos palacios la culminación de la monarquía absoluta, simbolizada con Luis XIV, (1638-1715). Fue el monarca más poderoso de su tiempo. Reinó setenta y dos años. Pero la grandeza política de Francia acabó cuando Luis XVI (1754-93) murió en la guillotina que levantaron los revolucionarios del 89.

Después del largo recorrido comen en un restaurante que está a la vera del histórico lugar. De regreso a París los ojos de los viajeros vuelven a encontrarse con la Torre Eiffel y pueden ver desde abajo toda su férrea y compleja arquitectura. Lamentablemente sus restaurantes están cerrados ese día.

Observan el helénico estilo de La Magdalena. Recorren el Louvre y el Museo de Orly. Un deslumbramiento tras otro. Lo que no se puede imaginar antes de conocerse. En el primero está lo mejor del arte del mundo, desde la famosa Venus de Milo hasta la enigmática Mona Lisa, de Leonardo, el más sabio de los sabios del Renacimiento.

En cuanto a la cultura y la civilización el Renacimiento es el tiempo más gloriosamente espectacular de la historia. Transcurre através de un largo siglo, desde los cuatrocientos hasta los quinientos. Empieza en Italia, pero se expande por el resto de Europa, principalmente por Francia, España e Inglaterra. Se publican en lengua romance los más importantes textos clásicos de Atenas y Roma.

En ese tiempo conciden los más grandes genios de las artes, de las letras y de las ciencias. Colón se echa al oceáno y descubre un nuevo continente. El comercio y la economía en general experimentan un asombroso progreso.

Son renacentistas Miguel Angel, Leonardo de Vinci, Ariosto, Tasso, Rabelais, Montaigne, Erasmo de Rotterdam, Nicolás de Cusa, Giordano Bruno, Francisco Bacon, Maquiavelo, Copérnico...

Repetidas veces pasan por los suntuosos Campos Elíseos y admiran el Arco del Triunfo, mandado a erigir por Napoleón para inmortalizar sus victorias. Almuerzan y cenan en connotados restaurantes. Compran en acreditados establecimientos. El padre les señala los más históricos edificios. El Sena es una sorprendente novedad para los tres niños.

Cuando llega el día de regresar, no quieren dejar a París. Modesto Mario desea volver y volar después a Londres; Mario José sueña con Roma. Vueltos a Miami, de nuevo en el hogar de "Star Island". Con el comienzo de las clases, a la escuela, Modesto Mario reparte mapas de París entre los compañeros de la imaginada agencia de viajes. Más tarde dará dos conferencias sobre la legendaria Ciudad-Luz. El éxito logrado ante su maestra y sus condiscípulos es absoluto. Se le aplaude muy merecidamente. Los padres están con mucha razón muy orgullosos de su primogénito. Suyo es el futuro.

Este viaje a París de Modesto Mario, Mario José y José Luis quedará para siempre en su memoria. Volverán a Francia, recorrerán muchas ciudades de Europa, pero este primer contacto con la embrujadora capital francesa no lo olvidarán.

Mientras tanto Modesto Mario ha seguido estudiando sobre París, a fin de estar más informado cuando se produzca el próximo viaje. Quiere aprender francés. Le gustaría permanecer en la capital de Francia algún tiempo, convencido de que no tardará en asimilar la hermosa lengua de Victor Hugo.

París es la capital de la cultura universal. A París van a estudiar pintura y música todos los que en la América Hispana aspiran a triunfar en esas artes.

París había decidido el destino de la pintura con el Impresionismo y el de la poesía con el Parnasianismo y el Simbolismo.

Toda la revolución de la Vanguardia que se produjo en torno a la Primera Guerra Mundial (1914-18) y que aún resuena en el mundo se incubó en Francia. Entre los pintores sobresale un español. Es Pablo Picasso, nacido en Málaga.

En fin, que Modesto Mario está acertado en esta predilección suya por París. París puede estar en su destino y por eso tanto le atrae.

La doctora Sanjenis obtiene un nuevo título

En 1987 cuando la doctora Sanjenís en estado de gravidez aguardaba un segundo alumbramiento, renunció a sus trabajos en el Hospital de Veteranos y en la Universidad de Miami. Comprendió que tenía que marginar la medicina ante las responsabilidades del hogar con dos vástagos.Uno nacido y otro por nacer.

Desde entonces mantuvo esa situación. Con más razón cuando en abril de 1990 nace José Luis, el tercero de los hijos. La doctora comprende que tiene que olvidar su doctorado médico para atenerse al supremo título de madre.

Pero pasados tres largos años llega a ella el anuncio de que en la Universidad de Miami se va a ofrecer un programa especial dentro de la Facultad de Administración de Negocios con especialización en salud. Como se aclara que las clases serán exclusivamente los sábados, ella reacciona positivamente. Se le ilumina la posibilidad de volver en alguna forma a la Medicina.

Si Modesto Mario tiene ya siete años, Mario José seis y José Luis tres, comprende que es posible dejarlos un día con la abuela. Además, por ser las clases los sábados. cuenta con que ese día el doctor Mora está también en el hogar. Su ausencia sabatina no afectará en nada a los niños si, por otra parte, se tiene en cuenta que en los fines de semana se llevan a cabo programas fuera de la casa.

La doctora Sanjenís se matricula. Comienzan las clases en enero del 94, desde el amanecer hasta la caída de la tarde. Está dentro de un pequeño grupo que crecientemente le resulta muy agradable.

Se siente muy feliz porque eso de concretarse al hogar, con sus responsabilidades de esposa y madre, es muy noble y hermoso, pero si ése es el caso de tantas mujeres, ella no puede desentenderse de que tiene un doctorado en Medicina y que no es posible ni lógico archivar ese título y no hacer absolutamente nada con el mismo. Por otra parte, el propósito que contempla tiene la total aprobación del doctor Mora y la solidaria complacencia de su mamá.

Pero lo que no pudo sospechar fue la tremenda concentración que tendría que dedicarle a ese programa, con un buen número de materias Todas y cada una de ellas contenidas en los más voluminosos libros que había que leer al margen de las clases como complemento de las mismas.

Si las clases eran los sábados, esas imprescindibles lecturas no eran para hacerlas en la Universidad, sino fuera del "campus", en la casa. En consecuencia, el hecho significaba una merma del tiempo que ella debía dedicar a sus deberes familiares con su esposo y sus tres hijos.

¿Cómo combinar la obligatoriedad académica con los requerimientos del hogar sin perjuicio ni de lo uno ni de lo otro? Para comprender esta tensa situación hay que recordar los antecedentes de Lourdes a través de todos sus estudios, culminados en la Escuela de Medicina de Guadalajara.

La doctora Sanjenís posee un recio carácter. Es muy responsable. Se exige mucho a sí misma. Tiene una gran capacidad de trabajo. Cuando se fija una meta asume y realiza todos los esfuerzos necesarios para alcanzarla. En consecuencia, fueron muchos los sacrificios. No se puede dormir todo lo necesario. Ni tener una tregua. Había que renunciar a muchas expansiones, cambiar el ritmo de la vida cotidiana. Y por otra parte, agotar todas las posibilidades para no afectar a la prole ni a su pareja. Tampoco era posible recargar en demasía a su mamá.

A pesar de está realidad, la doctora Sanjenís no se acorbadó. No cejó. No se arrepintió. Tomada la decisión había que acatarla. Y así fue cómo transcurrió todo el año 94 y con los correspondientes exámenes había vencido la primera parte del programa.

Logrado esto se entró en un nuevo año. Como el 95 sería el de la culminación, resultó que los deberes académicos fueron mayores. Las clases eran inexorables. No podía faltarse. No cabía una distracción. Y las lecturas eran mayores con nuevas obras y hasta más voluminosas. Demandaban un tiempo del que no se disponía. Pero nada la amilanó.

¿Cómo cumplir con todos estos deberes sin interferir más las obligaciones de la casa que aún le restaban? Hubo que inventar las horas y ella las inventó con una elegante serenidad. Tuvo que llevar a cabo una nueva vida pero escencialmente su personalidad no cambió. No se desentendió del hogar. Ni se alejó del esposo, ni renunció a ayudar a los niños en sus tareas escolares. Todo lucía igual. Sólo ella podía saber la medida de sus esfuerzos.

Y mientras más era el estudio, más se reafirmaba en lo que había decidido. Estudió con creciente entusiasmo. Unas veces en el hogar. En otras ocasiones con sus compañeros. Se sentía feliz. En ningún momento la minó el arrepentimiento. Y como "todo tesón al fin alcanza fijar las justas leyes del destino", que dijera el poeta, en diciembre del 95 llegó el término de los estudios con la correspondiente graduación el día 15, la fecha de su matrimonio. La celebración del evento tuvo lugar en el "Biltmore Hotel" de Coral Cables.

Ya la doctora Lourdes Sanjenís de Mora ostenta un "master" en Administración con especialización en el cuidado de la salud. No ha hecho este estudio pensando en el "Pan American Hospital". Las posibilidades que tiene para aplicar sus conocimientos son tremendamente amplias. Son muchos los campos en que ella podrá realizarse con la aplicación de sus conocimientos. Sus nuevos saberes, tan sólidos como prágmáticos, resultarán muy eficaces por razón de su doctorado en Medicina y por la por la práctica que ha tenido de su carrera.

La doctora Sanjenís ha demostrado el temple de su personalidad y su concepción de la vida, tan a tenor del tiempo en que vivimos. Ella no tiene necesidad de asumir la responsabilidad de un trabajo por honroso que sea, pero ella no, se sentiría plenamente realizada con dedicarse únicamente en su hogar a sus funciones de esposa y madre. Aparte de madre y esposa es una mujer de nuestros días con un doctorado. Ella tiene que ejercer un papel social, tan útil como noble, y ya esta provista del diploma necesario para hacerlo.

Viaje a Nueva York (1995)

Un año más la familia Mora, al llegar diciembre, vuela a Nueva York. Partieron hacia la Gran Manzana el 17, después de haberse celebrado el brillante banquete de Navidad que el "Pan American Hospital" ofrece a sus médicos y a sus esposas. De nuevo fue en el "Indian Creek" El "Grupo Cañaveral" amenizó la fiesta con inclusión del baile.

Con Modesto y Lourdes, los tres niños, Modesto Mario II, Mario José y José Luis. El primero ya tiene nueve años, cumplidos desde marzo. El. segundo, ocho, desde junio. Y el tercero, cinco, que cumplió en abril. Con ellos la abuela Irene.

Después de la experiencia que el año anterior tuvieron con París, tanto Modesto Mario como Mario José estaban más preparados para captar lo que es la compleja y avasalladora realidad neoyorquina. Especialmente en este último mes del año con la conmemoración del nacimiento de Jesús. Si la efemérides produce un visible impacto en todas las ciudades, villas y pueblos, cualquiera que sea el nivel de su cristianismo, lo de Nueva York es un espectáculo insólito, de repercusiones internacionales. Independientemente de cuanto se hace por la voluntaria iniciativa de los hombres, está lo que aporta e impone la Naturaleza con el frío y la nieve.

Ya ellos han visto bastante. Ellos saben que Nueva York es el mayor centro financiero, comercial, industrial y hasta cultural de los Estados Unidos y del mundo. Podría decirse que es la capital del planeta. La inmensa ciudad reúne todo lo que no siempre se encuentra en las demás grandes urbes. Sin demérito alguno para Londres, París, Madrid, Roma, Tokio, Buenos Aires..., cada una con su propia personalidad, Nueva York es algo excepcional, sin comparación posible. No tiene la historia ni las tradiciones de las viejas ciudades europeas, ni de las americanas como México, pero es el más categórico símbolo del siglo XX.

Es la ciudad de los mas altos rascacielos del mundo. Entre ellos el "Empire State", los que componen el "Rockefeller Center", el "City Corp", el de la "Chrysler". La ciudad de la Estatua de la Libertad, del Puente de Brooklyn, del puerto de mayor tráfico mundial, de las más numerosas vías de comunicación, de los más grandes periódicos ...

La ciudad del inmenso Central Park, de la legendaria Quinta Avenida y de la Madison, donde están las más importantes y ricas tiendas. La de Park Avenue, con las más suntuosas residencias. La sede de las Naciones Unidas, del "Yankee Stadium" y el "Madison Square Garden".

Culturalmente, en el nivel artístico, la ciudad del "Lincoln Center" y de museos, aparte del suyo, tan importantes como el "Guggeheim", el "Witney", el de Historia Natural, el "Cooper Hewitt", el de artesanía, el de los judíos, el Hispánico. el de los Niños en Brooklyn...

En el orden académico, aparte de su propia universidad, la de Columbia y el "Barnard College"...En cuanto a la música, la "Julliard School" y la sedes correspondientes a la Ópera Metropolitana, a la Orquesta Sinfónica, al Ballet ...

Y en medio de todos estos testimonios culturales, la Biblioteca Pública y la de Pierpotit Morgan. Tiene más de treinta teatros de primera categoría. Y entre ellos el Radio Centro ... En Nueva York hay de todo en todos los niveles. Es como la suma de todas las nacionalidades y de todas las culturas. Hasta allí llegaron y se han quedado inmigrantes de todos los parajes del planeta. A ese hecho debe su pintoresco y fecundo cosmopolitismo.

Con una población tan heterogénea se practican todas las religiones principales y no pocas sectas y movimientos espirituales y esotéricos de todo tipo. Y algunas de las primeras tienen templos que se destacan en la arquitectura de la ciudad, como el católico San Patricio, el San Nicolás de los ortodoxos rusos, la Sinagoga Central de los hebreos. No hay vertiente cristiana o evangélica sin una sede neoyorquina.

Se dice Nueva York y se piensa en Wall Street, en la Bolsa de Valores, en la más poderosa banca del planeta. Pero, ¿cuál es la historia de esta ciudad que ahora cuenta con más de siete millones de habitantes en un territorio de setecientos setenta y seis kilómetros cuadrados?

La más remota noticia es la de un navegante italiano, Giovanni Verrazano, que llegó en 1524 a su bahía. Fue el primero que divisó la isla de Manhattan. Bien ha merecido que en su honor y con su nombre se haya construido uno de los más grandes puentes del país, mediante el cual se conectan Long Island, Richmont y New Jersey.

En 1609 un británico, Henry Hudson, al servicio de Holanda, navegó por las aguas del río que ha quedado bautizado con su apellido. En 1613 el británico Adrian Block arribó a Long Island, donde en nombre de la Corona de Amsterdam, levantó una instalación como señal de que había tomado posesión del lugar. En 1614 la Compañía Unida de la Nueva Holanda erigió un fuerte en Manhattan. En 1625 comenzó allí el comercio de esclavos.

Un tercer gobernador holandés, Peter Minuit, quiso legalizar la ocupación del lugar comprándolo a sus habitantes. A continuación fundó el Fuerte Amsterdam. Y en 1635 los holandeses se habían extendido hasta Queens. En 1640 ya habían llegado británicos que compraron tierras. Se establecieron y fundaron poblaciones hasta penetrar en el actual territorio del Bronx.

Hacia 1643 se inicia una guerra entre los holandeses y uno de los pueblos nativos, los algonquinos. Al promediar el siglo se contaban unos mil quinientos colonos. Pero en 1664 la situación va a cambiar. Londres manda una expedición bajo la jefatura de Richard Nicolls. Este derrota a los holandeses del Fuerte Amsterdam y rebautiza el lugar con el nombre de Nueva York. York es un concepto histórico en Escocia e Inglaterra. Está vinculado al ducado de ese nombre. Desde los tiempor de los Estuardos, en el siglo XIV, es un honor ostentar esa jerarquía nobiliaria. La tradición ha llegado a nuestros días pues el segundo hijo de la reina ostenta el título de Duque de York.

Los británicos quedaron en posesión de las nuevas tierras colonizadas. No tardaron en establecerse en Queens, donde fundaron varias poblaciones. En 1696 se inauguró la primera Iglesia de la Trinidad. Se iluminaron las calles. Se estableció un mercado público. Y en 1725 se publicó la primera edición de un periódico, "The New York Gazette".

A mediados de los setecientos se establecieron líneas de transporte que llegaron a Boston y Filadelfia. Nueva York se vio envuelta en la Guerra de Independencia. Ente 1775 y 1780 fue la capital de la nueva nación. Sus veinte mil habitantes crecieron hasta treinta y tres mil. Ya en 1825 el de Nueva York era el principal de los puertos del Atlántico. El ferrocarril impulsa el desarrollo del país y en 1850 se tiene una población de medio millón.

Con la década de los sesenta Nueva York resulta afectado por la Guerra Civil. Terminado el conflicto, la ciudad crece aceleradamente. Se extiende para darle cabida a los emigrantes que empiezan a llegar y entre ellos no faltan los cubanos. Desde el comienzo del siglo actual el desarrollo neoyorquino es un acontecimiento mundial. En muy pocos años se convierte en una de las urbes más adelantadas y ricas del planeta.

Nueva York está integrado por cinco territorios, devenidos en condados. Son Manhattan, Queens, Long Island, Richmond y Bronx. Sólo éste se extiende sobre terreno continental. Los otros sobre sendas islas. El área metropolitana de Nueva York está en la primera.

Desde la llegada del primer navegante han pasado cuatrocientos setenta años. Desde que los británicos desalojaron a los holandeses han pasado trescientos veintidós años. Y desde la Declaración de Independencia, doscientos diecisiete años.

* * *

Los Mora se instalan una vez más en el "Waldorf Towers", que en esos momentos ya está anunciando un programa para el Día de San Valentín a un costo de cien mil dólares por pareja. El doctor Mora lee cuidadosamente la propaganda y se percata de los excesos que se producen dentro de un mundo financiero que ha perdido el sentido del límite.

A pesar del rigor del frío y de las dificultades que las nevadas provocan en las calles, se comienza el programa a desarrollar que va a durar desde el 19 al 23 de diciembre. La pareja ha fijado esta fecha para el regreso porque desean celebrar la Nochebuena en su hogar y en el mismo esperar el Día de Navidad. Los niños están ansiosos de saber lo que Santa Claus les va a traer este año. Cada uno ha hecho su correspondiente pedimento.

Internados en la ciudad, lo primero que hacen es oir misa en la Iglesia de San Patricio. Vuelven a muchos de los lugares ya visitados, pero es necesario hacerlo, porque con una primera visita no se conoce todo lo que hay que ver en la Plaza de Rockefeller, que han ido descubriendo crecientemente en cada viaje.

Lo mismo ocurre con el Central Park, el parque más grande del mundo. Corre desde la Calle 59 hasta la 110. Su anchura es de otras dos cuadras. Dentro de este inmenso rectángulo hay de todo, hasta calles interiores por las que circulan automóviles. Es la obra del famoso arquitecto Frederic Law Olmested con la asistencia de su colega Calvert Vaux. Al lugar van los Mora repetidamente, de día y de noche.

En el "Lincoln Center" difrutan un magnífico espectáculo, bajo el nombre de "Arcadia", palabra de abolento griego que alude a una región del Peloponeso presidida por la paz en que vive una población de pastores.

En el Museo de Ciencias Naturales contemplan una vez más los fabulosos dinosaurios. Especialmente se detienen a observar al que califican de "rey" porque es el más grande de todos. En el Museo de los Indios se extasían curioseando centenares de objetos fabricados muchos años atrás, cuando aún no habían llegado los europeos al Nuevo Mundo. Modesto Mario y Mario José reaccionan de inmediato viendo cosas tan distintas a las que ellos están acostumbrados desde que nacieron.

Se visitan bibliotecas y librerías. Entre las primeras, la famosísima de la Ciudad, que ya cumplió un siglo, y además la de Pierpont Morgan. Como el doctor Mora es socio del correspondiente Club que fundó el multimillonario empresario, no son pocas las veces que están allí donde hay tanto que ver. A todos les agrada verse rodeados de tantos libros. Y allí volumenes que tienen centenares de años. Todo aquello tiene un prestigioso olor a siglos. Algo que ha quedado a salvo en medio del enorme tráfico y del ensordecedor ruido de la colosal ciudad.

En cuanto a las librerías, aunque los doctores Mora, Modesto y Lourdes, están fuera ya de la práctica de la Medicina, les interesa una que está dedicada especialmente a obras médicas, sita en la calle 26, cerca de la Segunda Avenida. Igualmente visitan la "Strand", en la Broadway y Doce.

Una experiencia que entusiasma a los muchachos es la visita al rascielos de la "Chrysler", donde, en el área denominada "Art Deco Chrysler", se maravillan con la exhibición de tantos bellos automóviles correspondientes a sucesivos años y modelos.

El doctor Mora pone especial interés en la arquitectura. Se acercan a la Gran Estación Central. Ya están en el Beaux Artes, que es el vestíbulo. Admiran tres arcos con una altura de setenta y cinco pies. No menos interesante es el techo con dos mil quinietatas luces. No pasan inadvertidas las ventanas con sus valiosos y bellísimos vitrales.

Se visita el edificio que se conoce por el nombre de René Chambellán, o simplemente por el de Francés, en la Quinta Avenida. Allí está la más importante empresa neoyorquina de Real Estates. La arquitectura muestra una singular y muy feliz combinación de muy antiguos estilos de Egipto y Grecia.

Visitan los edificios de la "Woolworth", de la "Ford Foundation", de la "AT and T". Una vez más entran en la catedral de San Patricio y en la catedral Ortodoxa de los rusos. Cada una de esas construcciones, tan distintas, despierta la curiosidad de los muchachos, en tanto que los padres y la abuela se extasían ante tan diversos alardes arquitectónicos. El arte lleva implícita la variedad a través del espacio y del tiempo.

No les basta a los viajeros con disfrutar al "Waldorf Towers", sino que pasan por el "Palace", donde el doctor Mora ha estado otras veces. Hay uno nuevo, el "New York Vista". Otro recientemente inaugurado es el "Courtyard", sobre la Madison. Y vuelven al

"Mayfair", que se carateriza por un ambiente europeo que no se ve en los demás, fieles a la tradición americana.

También se va a las tiendas, empezándose por la más famosa, que es la "Sacks". Y de lo que no puede prescindirse es de los restaurantes: el "American Festival Café", el "Rainbow Room", el "Sea Grill". El segundo tiene en cuenta la llegada de niños y a esos efectos les ofrece algunos atractivos, como la presencia de Santa Claus. El tercero agota todas las fantasías posibles en cuanto a la cocina con productos del mar.

Entre tantos restaurantes están los especializados en el "foie grass". Además del "Peacock", que está en el "Waldorf Astoria", hay el "Petrossian" y el "Daniel". Pero los Mora, sin renunciar a algunos de los mencionados, prefieren el "Court Palm" del "Plaza" y el "Keens Chophouse", en el que se comen los mejores "steaks" desde 1885. Este último comprende el "Bullmoose", famoso por sus chuletas, el "Peck Bad Boy" y el "Langtry Room", cuya especialidad es el cordero. Por último, el "Jeckel and Hyde" dedicado a los niños. Modesto Mario, Mario José y José Luis disfrutaron lo que comieron y cuanto vieron y oyeron.

En "Radio Centro" la familia Mora disfruta de un excepcional programa de Navidad. Y no puede el doctor Mora dejar a Nueva York sin visitar el "Bellevue Medical Center", donde él hizo su residencia en Cirugía General. Desde entonces ha transcurrido un poco más de cuatro décadas.

Desarrollado el programa, antes de partir hacia Miami, los Mora vuelven a San Patricio para oir la Santa Misa. En ella oran y agradecen a Dios los días tan buenos que Él ha permitido que ellos vivan en Nueva York.

Vencido el tiempo, el 23, víspera de la Nochebuena, se retorna al hogar. Por días y días los niños no cesan de repasar todos los recuerdos que les ha dejado este viaje bajo la dirección del mejor guía posible, su propio padre.

Éste, sabiamente, aspira a mostrarles a los vástagos los más amplios horizontes. Es una certera manera de enriquecer la vida interior de cada uno de los muchachos.

XXXVI

Radiografía de la personalidad del Dr. Mora

En los años de "El Gacho"

Si la personalidad se proyecta en todas y cada una de las etapas de la existencia, ¿qué proyecciones ofrecen las del doctor Modesto M. Mora? El ser humano nunca es exactamente igual en el transcurrir de los años. El hombre es un ser histórico y como tal con un cambiante devenir. Más allá de las circunstancias, es el tiempo el que decide los sucesivos cambios que se operan en la vida humana, porque el tiempo es su esencia y su sustancia.

El doctor Mora vive su niñez en una vega de tabaco, "El Gacho". Es el último varón de la familia. Con su nacimiento se llega al noveno vástago de la pareja. Después vendrán tres hembras. En total siete varones y cinco niñas. Una abundante y hermosa familia.

El padre, don Pepe, exhibe una recia personalidad, con un fuerte carácter, como modelado en mármol, y un cambiante temperamento de filosas aristas. En tanto que la madre tiene el perfume y la pureza de su nombre, Blanca Rosa.

Modesto se siente muy cerca de la amorosa mamá. Al padre lo respeta, lo admira y lo contempla con agradecimiento, porque tiene conciencia de sus infinitas bondades. En cuanto a sus hermanos mayores ve en todos un modelo de corrección digno de ser imitado. El ámbito en que vive no puede ser más positivo.

Un hogar modelo y feliz ajustado a las más puras normas cristianas y económicamente bien abastecido. Al niño como a sus hermanos nada necesario les falta. Es un muchacho perfectamente normal, aunque su capacidad auditiva presenta una preocupante limitación. En vano se le lleva a La Habana y lo examina uno de los mejores especialistas.

Con ese problema Modesto empieza la escuela.¿Qué conflictos pudo esta deficiencia provocar dentro de la inocencia de su espíritu? El busca el modo de suplir en el aula su escasa audición en tal medida que no sufre retraso alguno en sus estudios. Esto revela su capacidad para afrontar un problema y su innato ingenio para resolverlo hasta donde sea posible. Fuera del aula es un consumado jugador de pelota. Y es un diestro jinete. Montado en su caballo recorre la finca y va al pueblo. Sus relaciones sociales son tan amplias como permiten las circunstancias. Es un niño feliz.

Pero sobre la familia gravita un sino fatal. Son las muertes de Pepito, el hermano mayor en septiembre del 34, cuando él tiene nueve años, y la de su mamá en junio del 36. cuando él cuenta once.

Si la muerte de Pepito lo hiere interiormente, lo consuela la presencia del resto de la familia. Pero al morir Blanca Rosa el doloroso hecho, que desquicia a toda la familia, lo conturba en una dimensión no fácilmente soportable.

La desaparición de la mamá tiene para él una devastadora conecuencia. Se le matricula como alumno interno en los Escolapios de Pinar del Río. Desprendido del hogar, separado de su padre y de los hermanos que quedan en la finca, es posible que sea ahora cuando se configura en él un conato de introversión. La compañía de su primo René Mora, también interno en el mismo plantel, lo consuela y estimula pero no es suficiente. Ni tampoco las cariñosas visitas de su padre, ni las de algunos de sus hermanos. Se siente desterrado de su mundo. Sin embargo, esto no impide que se decida a jugar basquetbol, que es una manera de liberarse de los pensamientos que lo acosan y de los sentimientos que lo torturan.

En los años de Pinar del Río

Trascurrido un año pasa a la Academia Raymat. Se prepara para ingresar en el Instituto de Segunda Enseñanza y hacer su bachillerato. Y ese esfuerzo lo saca de su posible estado depresivo, acaso inadvertido por la familia.

Sin tratamiento psicoterápico alguno Modesto emerge de su silenciosa melancolía. No olvida a Pepito, ni a su mamá, pero vence el punzante dolor de las dos tragedias.

El hecho de vivir en la casa de un familiar y de disponer de un auto (tipo cuña) que le facilita un primo son ingredientes muy positivos en esos momentos de transición para un adolescente de trece años. El nuevo hogar alivia la nostalgia de "El Gacho".

Modesto empieza a hacer vida social. Se proyecta brillantemente, siempre elegantemente vestido. En el Instituto se convierte en una estrella dentro del equipo de basquetbol y lo ascienden a instructor de las muchachas que se disponen a aprender ese deporte.

A esto se añaden sus frecuentes viajes a La Habana. El panorama de su vida ha cambiado radicalmente. El triste adolescente de los Escolapios se convierte en un divertido estudiante que ha logrado destacar su personalidad dentro de los centenares que asisten al Instituto. Ha salido airosamente en todos sus exámenes. Y hasta se gana la simpatía de algunos profesores.

El es el promotor de la fiesta de graduación, celebrada por todo lo alto. Ha trabajado en ella como un líder. Todo esto significa que al cabo de seis años, entre el 36 y el 42, Modesto ha consumado una completa metamorfosis psíquica. Ha dado pruebas de inteligencia, disciplina, voluntad y honestidad.

En los años de La Habana

Bachiller a los dieciocho años decide estudiar Medicina. Está instalado en el "Palace Hotel", con sus hermanos Giraldo, Roberto y Miguel. Este estudia su misma carrera y le sirve de mucha ayuda lo mismo que su hermano Lidio, que ya está graduado. Hay motivos para que, al fin, se sienta feliz después de tantos años de vivir nostálgicamente separado de la familia.

Consciente de lo que significan los estudios universitarios, se abstiene de hacer la vida social que desplegó en Pinar del Río. A través de siete años estudia sin cesar. Y a pesar de la contumaz limitación auditiva, que no ha podido resolverse. Una vez más demuestra responsabilidad, disciplina, aplicación, constancia y voluntad.

Agota todas las posibilidades que le ofrece la Universidad con tal de salir de la Escuela de Medicina con los mayores conocimientos y las más sólidas experiencias. Ha vivido concentrado en las clases, en el estudio de los textos, en los trabajos del hospital.

En 1949 se gradúa con veinticinco años. Y su primera receta de médico es un mensaje de agradecimiento a su padre a quien le rinde el homenaje de su admiración. Es la reacción del hijo bueno ante el ejemplar progenitor.

Desde mucho antes había decidido abandonar la Isla y trasladarse a los Estados Unidos. Ha aplicado en cientos de hospitales. Aceptado en el "St. Francis" de La Crosse, en Wiconsin, va a despedirse de su padre cuando ya todo lo tiene decidido y resuelto. El hecho evidencia una notoria actitud de independencia y de confianza en sí mismo.

En los años de La Crosse y Nueva York

En "St. Francis Hospital" es tal la simpatía que inspira por su sencillez, su humildad, sus tan corteses maneras, que una monja se dedica a mejorarle su deficiente inglés. No vacilan en nombrarlo "senior" de lo graduados que hacen el externado. Lo sitúan frente a una sala. Lo instalan en un apartamento con todas sus comodidades. Le ofrecen todas las consideraciones desde el primer día hasta el último. No defrauda. Y cuando, cumplido el año, anuncia su partida, la directora agota todas las más corteses gestiones para retenerlo.

¿Por qué? Porque el joven doctor Mora se ha ganado el aprecio de las religiosas y de los médicos que han tenido que ver con él. Le han calibrado su suave personalidad, su afable carácter, su equilibrado temperamento y su intachable conducta como profesional.

El había sido aceptado para hacer su residencia en Cirugía en el "Bellevue Medical Center" de Nueva York y a pesar de su limitado inglés y de las dificultades de su oído el jefe del Departamento de Cirugía no vacila en hacerlo su principal asistente.

Y cuando al cabo de dos años concluye la residencia se le quiere retener. Se le deja ir bajo la promesa de que va a regresar. Este hecho revela que el doctor Mora por todo el repertorio de sus calidades humanas en combinación con sus talentos profesionales ha sido capaz de ganarse la confianza y el aprecio de sus jefes y superiores en el "Bellevue" tal como había ocurrido en el "St. Francis"

Un notable detalle del doctor Mora es el hecho de que no obstante la concentración que tiene en su trabajo médico esto no le impide desplazarse por Wisconcin y Nueva York, tal como había hecho en La Habana, a fin de conocer, lo más ampliamente posible, como es el mundo que lo ha rodeado. Esta curiosidad geográfica reaparecerá más tarde con los más largos alcances. Será siempre un viajero en pos de los más lejanos horizontes.

En los iniciales años de Miami

No podía retornar a Nueva York porque, tan previsor como lo fue en La Crosse asegurando su paso a Nueva York, ahora ha hecho lo mismo en la transición de Nueva York a Miami. Aceptado por "Mount Sinaí Hospital", de Miami Beach, de inmediato, a pesar de que acaba de terminar su entrenamiento, se le otorga la jefatura del Departamento de Cirugía.

Su presencia en un hospital de tal jerarquía es para el doctor Mora un alto reconocimiento, que como todos los anteriores recibe con naturalidad. Es siempre sencillo, no presume de nada, nunca un alarde. Discreto y respetuoso con sus superiores. Afable con sus colegas. Humano con sus pacientes.

Y cuando deja el "Mount Sinai Hospital" se le abren las puertas del "Jackson Memorial Center", el hospital que funciona en combinación con la Universidad de Miami y que goza de un extraordinario prestigio nacional. De nuevo se gana los mismos afectos y estimas que había logrado en los anteriores hospitales. Ya es un consagrado cirujano. Por eso un colega y amigo lo orienta hacia dos médicos que buscan a uno con un buen bisturí.

Ya con licencia de la Florida y de Texas y con oficina privada es cuando el doctor Mora revela una nueva dimensión de su personalidad. El mismo ignoraba su capacidad de empresario.

Sugiere la fundación de una clínica. Y ante el éxito obtenido insta a construir un hospital y así se hace. Mientras tanto el doctor Mora tiene cada mes cientos de cirugías. Su nombre se difunde por el Condado.

Desde antes de estas experiencias hospitalarias ya él contemplaba la posibilidad de establecer un hospital en Miami especialmente destinado a los hispanos y entre ellos a los cubanos, que desde el año 59 han empezado a llegar a Miami en crecientes grupos.

El doctor Mora exhibe su plural capacidad de trabajo. Este se comparte entre su oficina privada, el "Jackson", el "Cloverleaf" y la promoción del "Pan American Hospital". Trabaja sin tregua. Su situación financiera mejora por día y esto le permite muchas complacencias después de tantos esfuerzos. Pero, en el fondo, nada ha cambiado en él. Para su felicidad el problema del oído ha quedado definitivamente resuelto. Todo un milagro.

En la vida del doctor Mora ocurren muy inesperados hechos que él no puede prever. Es como si existiera una invisible fuerza superior que le sigue sus pasos en la tierra para proporcionarle los mejores y más gratos beneficios. en el proyecto del "Pan American Hospital

El doctor Mora ha consolidado definitivamente un prestigio profesional y un renombre social. No sólo triunfa como cirujano. Sus relaciones son cada días más amplias. Llega hasta los más altos niveles oficiales. Es amigo de alcaldes, comisionados, legisladores estatales, gobernadores, congresistas y senadores federales. Lo mismo puede decirse en cuanto a las más importantes figuras de Miami. Su red de amistades se extiende fuera de la Florida y de Estados Unidos a través de la América Hispana, España y Francia.

Ni el tiempo ni la distancia han aflojado sus nexos con Cuba, pero si la década de los cincuenta concluye con el derrumbe de la república y la confiscación de "El Gacho", la de los sesenta trae el fallecimiento de su padre. Es la tercera muerte de la familia. Un tremendo desgarramiento para la sensibilidad del hijo. No puede haber serenidad posible ante la desaparición de don Pepe. Hay que apelar a Max Scheler y su filosofía de la intuición para comprender la apriorística sabiduría de este hombre de tan humildes raíces.

Según van llegando sus hermanos de Cuba, los ayuda de acuerdo con sus necesidades. Su familia es para él una fundamental prioridad, un deber sin condiciones, con una total generosidad para todos. Además, en contacto con la comunidad cubana sirve a todo aquél que pueda, siempre que lo merezca.

Como no ha abandonado el proyecto del "Pan American Hospital" logra veinte accionistas con un total de cien mil dólares. Consigue sin condiciones el terreno. Un banco le presta medio millón de dólares. Obtiene muebles y equipos por un valor de doscientos cincuenta mil dólares. Y el 28 de abril de 1963 se produce la inauguración. Un acontecimiento.

Es increíble pero cierto. Una hazaña lograda únicamente por un mundo de razones: su imaginación, su capacidad ejecutiva, la elocuencia con que logra convencer a aquéllos cuya cooperación ha necesitado.

Para ello ha sido necesario una recia voluntad, una firme tenacidad, un hábil talento organizador, un impecable prestigio, un inagotable optimismo. Con estas fuerzas afronta el proyecto a pesar de todas las dificultades. Nunca un cubano había hecho fuera de Cuba algo semejante. Ni ningún otro hispano en la Florida. El da el ejemplo y abre la brecha para todo lo que pueda venir después, que sí ha venido.

Este cubano que triunfa en Miami con algo tan insólito como la fundación de un hospital, despues de haber fundado otro anteriormente con otros galenos, es el niño de la escuela "Campo Hermoso" con su problema auditivo. El mismo niño triste de los Escolapios. El mismo que en el Instituto compartía los estudios con el deporte y la vida social. El mismo que al graduarse en vez de ejercer en San Juan, San Luis o Pinar del Río, arriba a Wisconsin para hacer su internado en "St. Francis Hospital", en La Crosse. El mismo que hizo la residencia en el "Bellevue" de Nueva York. El mismo que diez años antes, en 1952, llegó a Miami y empezó a trabajar como cirujano en el "Mount Sinaí Hospital", de Miami Beach. El mismo que estuvo en la Sala de Emergencia del Jackson.

Se dice que hay quienes se crecen ante los reveses del destino y eso ha ocurrido con el doctor Mora y el "Pan American Hospital" cuando, resultando un éxito, contradictoriamente sus ingresos no eran suficientes para funcionar y pagar los compromisos contraídos para su fundación.

En un caso como éste, otro no hubiera sabido qué hacer, pero el doctor Mora hizo lo correcto, se acogió al "Chapter eleven" de la ley de bancarrota. Logró el compás de espera que necesitaba para reorganizar el Hospital. Cobraron los acreedores y el "Pan American Hospital" siguió adelante, en permanente progreso, hasta lograr niveles nunca soñados con ampliaciones y construcciones por unos veinte millones de dólares sin necesidad de apelar al financiamiento bancario.

A través de sus treinta y dos esforzados y ascendentes años el doctor Mora ha sido su presidente, el "chairman" de la Junta de Directores y su director médico. Un hombre que se multiplica, que lo abarca todo, que nada se le escapa. Y todo con la más elegante serenidad.

No se podrá escribir la historia de la Medicina ni de los hospitales de la Florida sin que se registre el caso del "Pan American Hospital", destinado, por su actual impulso, a cumplir muchos futuros aniversarios.

Algo insólito es la reacción del doctor Mora ante un terremoto en Perú. Hacia Lima va con todo lo necesario para ayudar en cuanto sea menester. Y más tarde hace lo mismo en Guatemala. Estos dos episodios revelan muy desusados aspectos de la personalidad del eminente cirujano cubano. En primer término, un sentido humanitario. Y, además, la posesión de una conciencia de solidaridad hispanoamericana. Con esto demuestra que el "Pan American" es algo más que un hospital, es una empresa con una generosa y romántica voluntad de servicio, consumado por pura caridad, sin esperar recompensa de ninguna naturaleza.

En convenciones, viajes y hospitales

Es posible que entre las facultades mentales sea la imaginación la que mayor influencia tenga en el desarrollo de la vida del hombre. Ya no es "la loca de la casa" como antiguamente se pensaba, sino el combustible capaz de impulsar la constante renovación de todo. Y el doctor Mora tiene el privilegio de poseerla.

Fue su imaginación la que le alumbró la idea de las Convenciones Médicas que vienen celebrándose desde 1969. Cada una de ellas reúne más de mil médicos, cubanos y no cubanos de Estados Unidos, America Hispana, España y otros países. Ese cónclave de galenos incluye un programa científico con la intervención de decenas de disertantes, que ocupan la tribuna para exponer los más importantes avances de la ciencia médica.

El hecho en sí del encuentro de tantos galenos de tan distintas procedencias es algo jamás hecho en Miami, ni en La Habana. Es la obra del doctor Mora. Algo que ha tenido repercusiones internacionales.

Un lustro después la imaginación le iluminó al doctor Mora la conveniencia de organizar tras el evento un viaje al extranjero. No sólo turístico y cultural sino científico en combinación con los colegas del país visitado.

Gracias a este programa son cientos y cientos los médicos que, no habiendo pensado nunca en viajar, lo han hecho con reiteración. El primer viaje comenzó por España en 1974. Al cabo de once viajes se han recorrido Europa, América del Sur, Asia, Oceanía y Africa. Todas las partes del mundo con sus capitales y principales ciudades. Los médicos han podido conocer otros pueblos, otras historias y otras culturas. Todo por la feliz iniciativa del doctor Mora.

Inaugurado el "Pan American Hospital" el doctor Mora pensaba en la posibilidad de otro hospital más ambicioso y de distinta índole financiera. pero, ¿con qué dinero? Una vez más funciona en su vida una oculta fuerza. El azar lo pone en contacto con un agente de Real Estates. Se citan en "el Chase Manhattan Bank", en Nueva York, y como por arte de magia aparecen los millones necesarios para la construcción del "American Hospital". Y cuando el dinero escasea dan más millones que los pedidos. Y se inaugura el nuevo hospital.

Tal fue el éxito que se proyecta otro en otra área. Y el banco da más millones que antes y se inaugura el "North Ridge Hospital". Los dos nuevos hospitales dan trabajo a más de mil médicos. Y el doctor Mora es el presidente, el "chairman" de la Junta de Directores y el director médico de este último y del "American", sin perjuicio de seguirlo siendo del "Pan American".

Ningún hispano ha llegado a esa cumbre y menos un cubano. El es el primero en verse a la cabeza de tres hospitales que son obra suya.

Pero si la vida está hecha de sorpresas, no debe sorprender que una poderosa empresa, dueña de muchos hospitales, quiera comprar los tres. En cuanto al "Pan American" el doctor Mora declaró que no se vendía a ningún precio, pero los otros dos se vendieron con insospechadas ventajas. En consecuencia, el más pequeño de los hijos de don Pepe ha llegado a una cúspide que el padre no pudo imaginar cuando Modesto fue a despedirse de él porque volaba a Estados Unidos.

¿Por qué y cómo ha ocurrido todo esto? Si es muy difícil buscarle una explicación lógica, lo único que procede es aceptar como una incontrovertible realidad que todo es la obra de un médico cubano que, al inaugurarse el "American", no había llegado a los cincuenta y que llevaba solamente veinte años en Miami.

Pero no fue sólo la imaginación. En los resultados obtenidos juegan muchos ingredientes. En primer término la personalidad del doctor Mora lo suficientemente carismática para inspirar confianza a todos los funcionarios del "Chase Manhattan Bank". Pero tampoco el carisma lo fue todo. Hay otros factores. Fue su responsable y honesta actuación en todo el proceso. No hubo detalle en los trámites con el Banco en que él no exhibiera la más correcta conducta.

Ante todo esto el doctor Mora después de estar consagrado como cirujano, ha evidenciado su singular capacidad como empresario y como organizador y administrador de hospitales. No en vano lo llamaron de Arabia Saudita para que colaborara con el gobierno en un vastísimo proyecto hospitalario.

Independientemente de los viajes de las Convenciones y desde mucho antes. el doctor Mora ha sido un constante viajero. Después de conocer a Estados Unidos él empieza a viajar a partir de 1966. Ese primer vuelo a Europa cubre Roma, Lucerna, París, Londres. Tan hechizado queda que no termina el año sin volver a Europa. Y así sucesivamente año tras año. Uno o dos viajes, sino tres. A muchas ciudades vuelve una y otra vez. A ninguna tantas veces como a París, en donde ha estado en veintinueve ocasiones.

¿Por qué esta necesidad de viajar? La mentalidad del doctor Mora va más allá de Cuba y de Estados Unidos. El quiere conocer el mundo. El necesita, en cada ciudad, contemplar la obra de los hombres a través de los siglos. Nunca ha sido un frívolo turista. A donde llega lo aprende todo y todo con sus antecendentes, con sus más mínimos detalles. Su poder de observación y captación no deja nada afuera, ni lo grande ni lo pequeño.

Lo atraen los hoteles y los restaurantes. Y se sabe la historia de los mismos. Habla de las suites, de los muebles, de los manjares, de los vinos y licores de todos estos establecimientos como si estuviera exponiendo una lección de Anatomía. El sabe quienes se hospedaron en los primeros y quienes comieron en los segundos. Hasta en algunos casos conoce el origen de sus lámparas.

Y entonces habla extensamente de las lámparas y de los más destacados fabricantes. Y al referirse a sus cristales, diserta sobre éstos como un especialista en la materia. Y si se alude a las joyerías, de memoria enumera las más prestigiosas de París, describe sus locales, relata la historia de cada una, su respectiva especialidad y hasta cómo se desarrolla su estrategia de venta frente al cliente.

¿Por qué se hospeda en los más famosos hoteles y come en los más prestigiosos restaurantes? No solamente porque tiene el dinero con que pagarlo. Es que si él busca muy especiales experiencias no los encontaría en otros lugares, sino en aquéllos en los que, por poseer una acumulación de tiempo y de historia, puede aspirarse el añejo aroma de muy lejanas vivencias, cuando aún no había automóviles ni aviones, cuando los los hombres vestían con más atildamiento, cuando la cortesía social era un código que lamentablemente ya no existe, cuando un famoso escritor y un consagrado pintor eran

personajes de importancia suma. Ya no lo son. La hora actual es de
los atletas.

Si se dice que la vida no cambia, no puede ponerse en duda
que el estilo de vivir es algo que ha sufrido una ostensible
transformación desde la primera década del siglo a esta de los
noventa con la que termina. Por otra parte podría decirse que él, en
cuanto a sus gustos y placeres, es un refinado aristócrata, un
discípulo del viejo Epicuro (341-270). el filósofo de la felicidad, que
nunca ha dejado de influir en el pensamiento occidental hasta llegar
a nuestros días.

En el atuendo y el celibato

Un detalle del doctor Mora es la formalidad con que siempre
viste, sin la presunción del dandy. Esta inclinación al bien vestir
comenzó en los años del bachillerato y al cabo de las décadas, con el
auge económico y los viajes, se ha acentuado.

Sus trajes y camisas se le confeccionan a la medida. Los
primeros, salvo alguna excepción, son de color oscuro, con predo-
minio del negro o del azul. Las camisas son blancas, con puños que
muestran un monograma. En el caso de una camisa de color,
posiblemente a rayas, el cuello es blanco. Las corbatas no se quedan
a la zaga. Siempre de marcas internacionales, compradas en París o
Londres. Los zapatos siempre negros, invariablemente lustrosos. Y
ninguna joya. Ni siquiera un reloj aunque tenga de los mas caros del
mundo.

Con este atuendo, la estampa pudiera ser severa si no fuera por
la bondad de su rostro y la sencillez de su trato. Nunca incurre en
afectación. Escucha más que habla. Y habla lo necesario. Nunca en
voz alta.

Su complexión es robusta. Le gusta comer bien, pero con
moderación. La frugalidad condiciona todos sus actos. No bebe
licores, ni bebidas espiritosas, ni vinos, ni cerveza. Sin que esto
impida que sea un experto conocedor de todos. Tampoco toma café
después de haberlo tomado con exceso cuando ejercía la profesión.

Nunca ha fumado a pesar de haberse criado en una vega de tabaco viendo fumar a su padre y a su hermano Orlando.

Un punto de su personalidad y su vida que provocaba mucha curiosidad es el de su larga soltería. Pero si no se casaba no era tampoco un misógino. No sólo no sufría los problemas de Amiel frentre a las mujeres, sino que su caso es totalmente contrario al de famoso suizo. Sobre la timidez y los complejos de éste con algunas de sus amigas han escrito el español Gregorio Marañón y el cubano José de la Luz León.

¿Podría interpretarse esta actitud como una reacción inconsciente de defensa ante el temor de que en su futuro hogar se repitiera la dolorosa experiencia vivida en la casa de sus padres?

Pero más lógico sería contemplar otras causas. En primer término, su acostumbrada independencia. El matrimonio, por perfecto que sea, tiene sus inexorables servidumbres. Se puede sospechar que él no estuvo dispuesto a perder su libertad con la segura consecuencia de caer en la inevitable subordinación.

El no compartía lo que ha dicho un poeta español: "Servidumbre de amor es señorío y es tener la libertad perderla." Ante esos dos versos de Ricardo León pensaba que no era más que una muy poética paradoja. Donde hay sumisión no puede haber jamás autodeterminación. Son situaciones radicalmente opuestas.

También es posible tener en cuenta que el hombre frente a las mujeres puede tener una doble actitud. Se piensa en el romance o en el matrimonio. En contraste con el sincero amor romántico está el que se practica como un frívolo deporte, al margen de todo sentimiento.

Por último, hay que contemplar la posibilidad de que el doctor Mora llevaba dentro de sí la imagen de la mujer con quien se casaría. A través de los largos años de su soltería no la encontró nunca. Y hay que llegar a la conclusión de que antes de la doctora Lourdes Rosa Sanjenís él no cayó nunca en ese inefable estado de ánimo que es el enamoramiento como antesala del matrimonio.

Sucesiva y ascendentemente a traves de muchos años él encontró en ella lo que no había visto en ninguna. Joven y soltera, distinguida y bella, suave y dulce, inteligente y doctora en Medicina. Una constelación de atributos y condiciones que no había visto antes.

En ella percibía ese femenino y mágico mensaje que emana de algunas mujeres y que es como el fluido que envuelve, embriaga y rinde al enamorado.

No bastó que ella apareciera. Había aparecido y allí estaba. Pero aún no había llegado el momento señalado por el destino. Y es por eso que tendrán que transcurrir siete años para que él insinúe una declaración amorosa.

Dentro del mundo de los sentimientos no todo es explicable y todo es posible. El corazón humano es un complicado laberinto que escapa a la razón, al sentido común, a las convenciones morales, a la voluntad y hasta la conciencia. Y de pronto, a mediados del 83, se produce la revelación.

El matrimonio no sólo se consumó sino que se ha consolidado con tres hijos y con los once años que se cumplieron en diciembre de 1995. Mientras tanto, el doctor Mora ha renunciado a todo lo que representaba su vida de soltero para ser el esposo modelo y el perfecto padre. La nueva residencia en "Star Island" es como una fortaleza que refleja la solidaridad espiritual de esta familia Mora, A partir del 84, como dijo Dante de Alighieri el doctor Mora ha entrado para siempre en su "Vita Nova".

En su reino interior

Al margen de los hechos que integran su vida, evaluado el doctor Mora solamente en cuanto a su reino interior, que dijera Rubén Darío, en lo que él es por sí mismo, se le ve como una constelación de virtudes.

Testigos muy cercanos a su modo de ser y actuar reconocen su bondad, pero no es la bondad estática del hombre simplemente bueno, sin consecuencias ni beneficios para nadie, porque la suya es una bondad dinámica, en acción. Una bondad que se proyecta para hacer el bien.

Es un buen cristiano que hace el bien a los suyos. Su familia es siempre su fundamental prioridad. También a los amigos y al prójimo en consonancia con el mandato cristiano.

Simplemente porque él es siempre un hombre sencillo, sin afectaciones ni complicaciones. Es la misma sencillez del muchacho que creció dentro del rústico ámbito de una vega de tabaco, en permanente identificación con la Naturaleza.

Y por sencillo es sincero. Sincero consigo mismo y con los demás. Dice lo que siente, sin decir jamás palabra falsa.

Su sinceridad está acompañada por un sentido honesto de la vida. Vive sin dobleces. Rectilíneamente. Reconoce el alto valor moral de la honradez y no duda de los ricos dividendos que la probidad da siempre al hombre honrado. Cuida con rigor la limpieza de su mente, la limpieza de su corazón, la limpieza de su conducta.

Jamás, conscientemente, ha hecho un daño. Si alguien puede considerarse lastimado por él, nunca hubo esa intención.

Dar le complace más que recibir. No es egoísta y en vez del egoísmo practica la generosidad.

No conoce la envidia. Ni tiene por qué padecerla. Vive seguro de sí y satisfecho de cuanto el Creador le ha dado.

No escatima el aplauso a quien lo merezca. No habla mal de nadie. Parco de palabra, sabe escuchar.

Vive sin resentimientos, ni prejuicios, ni rencores. Si alguien pudo lastimarlo alguna vez, ha perdonado, y con el perdón el olvido. Es un triunfador y los triunfos no lo envanecen. Ni presume de ellos. Jamás los menciona. Imposible que en él pueda configurarse el tipo de narcisista.

El narcisista necesita de los demás para que le sirvan de espejo. Después de tanta actividad profesional y de tantas expansiones sociales, vive con la menor circulación posible sin que sea un anacoreta. Es que la vida ha empezado a tener para él otros intereses y otras metas.

Ha recibido muchos honores, pero no los comenta nunca y sabe distinguir entre los convencionales y los auténticos. Aprecia éstos y olvida los otros.

Tiene la serenidad de un estoico. La voluntad de un hombre de acción. La paciencia de un discípulo de Job.

Nadie lo ha visto jamás irritado. Nada puede quebrar su filosófica ecuanimidad.

A pesar de su nuevo estilo de vida no deja de ser activo. Su discreta actividad sigue siendo tan tensa como la cuerda de un arco a fin de poder disparar en cualquier momento la certera flecha de una feliz iniciativa.

No se da tregua, pero nunca tiene prisa. ni la exige a los demás. Sabe que todo llega a su tiempo. Hace años que ha superado la prisa. Ahora se desplaza suave y pausadamente.

Vigila celosamente el estado de salud. Y con ella no menos cuidado pone en la paz de su espíritu.

Su alma ha sido forjada por el dolor que le han producido las muertes de tantos seres queridos. No los olvida. Hay un recuerdo inmarcesible para ellos. Para él la familia es algo sagrado. La de ahora continúa la anterior. Hay que mantener la continuidad de la tradición. Hay valores que no pueden desaparecer por muchos que sean los vuelcos de los nuevos tiempos.

* * *

La clave de su personalidad está en la armonía. Todo en él es serenamente armonioso. En él todo tiene su ritmo aunque no conozca a José Vasconcelos, el mexicano que ha elaborado una tesis filosófica sobre ese concepto estético. Una derivación pitagórica de la música de los astros.

Practica gentilmente la elegancia de la cortesía. Si en los días actuales está en crisis la antigua urbanidad, sin que él sea un anacrónico sobreviviente practica las buenas maneras que regían aún cuando era joven. La educación en cuanto a los modos y la manera de comportarse en sociedad es y debe ser un código de permanente vigencia.

En las más entrañables raíces de su ser está el amor. Dios es amor y amarlo todo es la mejor manera de acercarse al Creador.

El amor es la fuente del bien y el bien conduce al amor. El amor a los padres, a la familia, a la patria, al prójimo, a la Naturaleza. Sin el fuego del amor el alma se seca.

Siempre vive con la benevolencia esgrimida. Con la más constante tolerancia. Todo lo comprende.

Es un hombre que razona. Siempre es lógico. Se cuida mucho de que no se le quiebre su característico equilibrio.

Siempre ha cumplido sus deberes. Toda la vida está hecha de obligaciones a través de todos sus niveles y todas sus áreas. Cumplirlas a cabalidad es el mejor de los derechos.

Cree en Dios y en Jesucristo, pero no incurre en fanatismos de ningún tipo. En materia religiosa es comprensivo y tolerante. Si el Padre está en todas partes y en todos, que cada quien lo adore a su manera.

Si puede parecer grave frente al mundo, tras esa aparente gravedad se oculta un sentimental, capaz de inmensas ternuras que emergen de su corazón cuando la ocasión lo demanda.

Hasta en el control de sus sentimientos extrema la prudencia. Una cosa es la cordialidad y otras cosas son el afecto, el aprecio, la estima, el cariño, toda una escala afectiva. Afectivamente se da a quien se lo merece.

Se cuida de los ingratos y de los hipócritas. Si los simuladores pueden abundar, hay que resguardarse de ellos. No escapan a la aquilina mirada de quien ha vivido tanto.

El sabe cómo administrar su amistad. Y si la amistad es una actitud y una situación, su intimidad es un coto que cuida recatadamente y dentro del cual no puede entrar cualquier advenedizo. Los intrusos están fuera de sus predios.

Ha sido siempre un tremendo trabajador. Nunca ha condenado el trabajo. Lo exalta. El trabajo honrado y creador es la fuente segura de la felicidad. No comparte totalmente la interpretación que se da a la severa condena del Creador.

Constante siempre en todo, con la obsesión del deber que ha de cumplirse. Para él la vida ha sido y es una tarea que hay que hacer, un programa a realizar, una misión que hay que consumar inexorablemente sin que pueda dejarse inconclusa.

El está convencido de que la vida es como una obra de arte que el hombre tiene que ejecutar lo mismo que el orfebre forja una primorosa joya.

Y en este noble empeño de hacerse la vida hasta donde ha llegado, ha trabajado con continuidad, entusiasmo y optimismo. Nunca ha dejado de creer que la vida es buena, que es bella y que merece que se le disfrute y se le honre con nobles, bellas y útiles obras. Jamás pesimista. Ni escéptico. Siempre hombre de fe.

Sin violar su humildad puede tener el orgullo de ser quien es, pero no ha descendido nunca a la vanidad. La vanidad es uno de los pecados del mediocre. Y él está muy lejos de esa penumbra moral que diagnosticó José Ingenieros.

Ama lo grandioso como las catedrales góticas de Europa y los suntuosos palacios que habitaron los hombres que han hecho la historia de estos últimos siglos. Ama las más hermosas ciudades europeas con sus venerables testimonios de épocas desaparecidas. Ama el arte de los más bellos monumentos y todo lo que con tanta veneración se conserva en los grandes museos como un testimonio del genio creador del hombre.

Pero ama también las gigantescas realizaciones de la arquitectura de este siglo. Si el pasado tiene sus valores históricos y artísticos también los tiene el presente que vivimos. Disfruta el progreso de todas las ciencias. Si las actuales han superado las del pretérito, anuncian un futuro superior a este tiempo en que vivimos. Médico, reconoce y exalta los asombrosos progresos de la Medicina. Y si contempla gozosamente la obra de los hombres, se extasía emocionado ante la cósmica obra del Creador.

Tiene la memoria henchida de todos los grandiosos paisajes que ha contemplado en todas las partes del mundo, porque en todas ha estado.

Abierto a todos los puntos cardinales del planeta, lo mismo admira a París que a Tokio, a Ginebra que a Roma, a Viena que a Atenas, a Estocolmo que a Estambul, a Nueva York que a Buenos Aires, a Londres que a Madrid... Se siente ciudadano del mundo.

Pero es cubano. Cubano cabal, ama a Cuba con pasión a pesar de tantos años de ausencia. Lleva La Habana guardada en el más íntimo recodo de su corazón. En las entretelas de su alma oculta los más íntimos recuerdos que trajo de la isla.

Defiende la verdad, exalta la virtud, admira la belleza.

A los setenta y un años cree en la libertad y en todos los valores morales y espirituales del hombre. Cree en el futuro. Espera un mundo mejor del que se ha vivido hasta ahora.

Y de regreso de todo, está al margen de los aplausos mientras cultiva su bien escondido reino interior.

* * *

En su reino interior no hay más que luces
con un alma de recia arquitectura.
El austero carácter de un estoico
con líneas de una clásica escultura.

Su bondad es un código inviolable
y por norma moral la línea recta.
En vez de los mezquinos egoísmos
su generosidad se vuelca entera.

Su nobleza es la clave de su vida,
por sincero no tiene vanidades,
modelo de equilibrio y de armonía.

Heroico forjador de su destino,
una gesta viril es su existencia
hasta quedar perenne en oro vivo.

Epílogo

El biografiado ha tenido al biógrafo necesario

Como hermano mayor del biografiado y como amigo del biógrafo por más de seis décadas me he creído con el derecho, después de leer esta biografía, de escribir este comentario a manera de epílogo.

Me siento muy feliz de que haya sido nuestro maestro de la biografía el autor de la de mi hermano menor, el doctor Modesto M. Mora, para quien tengo una admiración que va más allá de los filiales sentimientos.

Con toda justicia proclamo que mi hermano Modesto es el más alto ejemplo humano que yo he conocido por sus tantas virtudes y sus probados talentos. Y con todo esto una ejecutoria tan brillante como creadora y fecunda.

Después que Octavio escribió DON PEPE MORA Y SU FAMILIA, yo, como parte de la misma, comprendí que era necesario que él escribiera la biografía de Modesto, el Mora que ha alcanzado los más notorios éxitos y los más justos reconocimientos.

Y si Costa fue capaz de ofrecernos la historia de esa familia, ahora nos ofrece en este libro el más fiel y luminoso relato de lo que ha sido la múltiple trayectoria de mi hermano como cirujano, fundador de hospitales, promotor de convenciones médicas y apasionado viajero, siempre curioso de conocer los más diferentes pueblos con las más distintas culturas.

El biógrafo comienza su evocación desde las más profundas raíces familiares. Una vez más ofrece la más exacta imagen del hogar de Pepe Mora y Blanca Rosa Morales, padres de una docena de vástagos.

En ese hogar, dentro de una vega de tabaco, ubicada en un municipio de la provincia de Pinar del Río, en Cuba, crece Modesto. Y desde allí mismo el biógrafo se apodera de su personaje para ir trazando la línea de su existencia, siempre ascendente, a través de sus siete décadas. Todo lo que vive por fuera y todo lo que vive por dentro. El escritor, con la más sutil intuición, va proyectando hacia el lector toda la vida interior del muchacho en la escuela, del adolescente en Instituto, del joven en la Escuela de Medicina, del médico que hace superiores estudios en Estados Unidos, del cirujano que ejerce en Miami.

El protagonista no es un sujeto inmóvil, sino una personalidad dinámica y versátil, que se proyecta pluralmente, que vive con intensidad, que piensa, que siente, que sueña, que crea, que construye, que viaja sin tregua, que descubre y disfruta los refinamientos de las ciudades más fascinantes del planeta.

Y capítulo tras capítulo el biógrafo nos ofrece a su biografiado en toda su intensa y compleja integridad de hombre de carne y hueso, que dijera Unamuno. Un hombre que vive a plenitud, que sabe que la vida, con un tiempo que se acaba, es algo que hay que conquistar, que construir, que culminar con elegancia y dignidad.

Si no fuera porque la frase pudiera ser demasiado presuntuosa, podría decirse que él no es solamente un triunfador, sino que ha sido el arquitecto de su destino. Ha venido de muy lejos y ha llegado muy alto en medio de una existencia llena de esfuerzos, estudio, constancia, voluntad, imaginación. Y como culminación de la larga y ardua trayectoria recorrida, el logro de la posición que le ha permitido disfrutar los más generosos dones de la vida. La vida es un hontanar de posibilidades.

Así es el personaje que ha enfrentado el biógrafo a fin de ofrecernos su historia como un testimonio y como un ejemplo para sus hijos y para todos aquellos jóvenes que aspiran a triunfar.

El autor de este libro es el biógrafo que él necesitaba. Nadie mejor que Octavio por su conocimiento de la familia Mora desde 1934, por su sensibilidad y por su ejecutoria intelectual. Hace cincuenta años que publicó su biografía de Antonio Maceo. Tras ésta, de inmediato, la de Juan Gualberto Gómez, ambas premiadas por la Academia de la Historia de Cuba. A ellas seguirá la de Manuel Sanguily. Mientras tanto cultiva, además, la semblanza biográfica, tal como puede apreciarse en DIEZ CUBANOS, RUMOR DE HISTORIA y HOMBRES Y DESTINOS, publicados respectivamente en 1945, 1951 y 1954.

Lamentablemente no han podido ser recuperadas veintisiete semblanzas publicadas en el "Diario de la Marina" entre 1954 y 1955, casi todas referentes a escritores: Ramiro Guerra, José de la Luz León, Jorge Mañach, Carlos Márquez Sterling, José María Chacón y Calvo, Francisco Ichaso, José Lezama Lima, Gastón Baquero.. A estas semblanzas hay que añadir las publicadas en "Carteles": Félix Lizaso, Enrique Labrador Ruiz, Enrique Serpa...

Y al cabo de los años, ya en el exilio, acogiéndose a sus aniversarios, publicó en Los Angeles decenas de largas evocaciones de poetas y prosistas de España y la América hispana: Baroja, Unamuno, Ortega y Gasset, Santa Teresa, Rosalía de Castro, Mariano José de Larra, Antonio Machado, dentro de los españoles, Y en cuanto a los hispanoamericanos Rubén Darío, Amado Nervo. José Martí, Andrés Bello, José Santos Chocano, Julio Herrera y Reissig, Rómulo Gallegos... Deben rondar el medio centenar.

Dentro de la historia, más ambiciosamente, escribió las biografías de Simón Bolívar, Hernán Cortés, Benito Juárez, Francisco Madero, Miguel Hidalgo...

Entre los libros publicados en Miami en estos ultimos años están las biografías de Emeterio S. Santovenia y Luis J. Botifoll. Además, DON PEPE MORA Y SU FAMILIA, escrito a petición de mi hermano, el doctor Modesto M. Mora.

Bajo el respaldo de esta ejecutoria biográfica, en dos niveles, el libro y el periódico, no se puede dudar de que Costa es un especialista del género. Y tras esta larga experiencia es que afronta la reconstrucción de la vida de mi hermano.

Después de haber leído toda su producción literaria, con dieciocho títulos publicados, sin incluir folletos, y mucho del material que no ha trascendido aún al libro, no vacilo en declarar que esta biografía del doctor Modesto M Mora es la de más empaque y más vuelo, por su complejidad temática y la actualidad de sus hechos. Es lo que inspiran la personalidad y la vida del protagonista. El biógrafo ha logrado retratarlo en todas sus dimensiones y en todas sus rutas.

Si sus primeras biografías son la obra de un joven que estaba entre los treinta y los treinta y cinco años, este libro es el producto de un escritor que con los ochenta está en la plenitud de sus facultades creadoras. A través de medio siglo de producción son muchas las experiencias acumuladas.

Si es cierto que Octavio ha recibido los más merecidos reconocimientos, no se le acaba de hacer la justicia que él merece. Creo que él mismo tiene mucha responsabilidad en esto por razón de su tan sincera e inquebrantable humildad. Si es un hombre importante, no se da importancia.

En contra de lo que muchos puedan creer, él no acaba de tener conciencia de sus valores intelectuales. No suele aludir a muchos de los hechos que revelan su posición en las letras cubanas. Yo asistí en diciembre de 1948 a la solemne sesión de la Academia de la Historia de Cuba convocada para su ingreso. Tenía entonces treinta y tres años. Su discurso de ingreso giró sobre el pensamiento político de Calixto García.

Pocos años después fue exaltado a la presidencia del PEN CLUB de CUBA, que juntaba a los más notables intelectuales cubanos: Allí estaban Jorge Mañach, que lo fundó, Francisco Ichaso, Fernando Ortiz, Emeterio S. Santovenia, Juan J. Remos, Enrique Labrador Ruiz, José María Chacón y Calvo, Félix Lizaso... Y con éstos, la siguiente generación con Pánfilo Daniel Camacho, Ricardo Riaño Jauma, Alberto Delgado Montejo, Gastón Baquero... No faltaban escritoras: Anita Arroyo y Rosario Rexach. Y con ellas y las demás la poetisa Zoila de Flannagan... Un centenar.

Cuando Octavio publicó su primer libro en 1944, Renato Villaverde, el brillante periodista del "Diario de la Marina", les recomendó a sus lectores que anotaran su nombre porque no tardaría en ser una importante figura de las letras cubanas. El pronóstico no tardó en cumplirse con los lauros que le otorgó la entonces benemérita Academia de la Historia de Cuba..

Frente a ese primer libro, recopilación de trabajos suyos sobre Santovenia (entonces Senador y por un año Ministro de Estado), que lo tenía junto a él, hubo otras dos autorizadas voces que se irguieron en su alto elogio. Una fue la del ilustre gramático y filólogo Juan Fonseca y la otra la del poeta e historiador Felipe Pichardo Moya.

Sus biografías de Antonio Maceo y Juan Gulberto sirvieron para que los académicos que las juzgaron emitieram en sus correspondientes votos los más loables comentarios. Y al hacerlo nadie sabía quien era el anónimo autor. Hubo quien al leer el primer capítulo pensó que no era posible mantener el mismo estético ritmo, pero pudo comprobar que el biógrafo llegaba al término de las cuatrocientas páginas con la misma técnica expositiva con que había comenzado.

Fue Jorge Mañach en 1951 quien con toda justicia declaró en un artículo del "Diario de la Marina" que Costa "era un feliz suceso de las letras cubanas". Y también con motivo de su Sanguily, José María Chacón y Calvo, Medardo Vitier y Carlos Márquez Sterling no vacilaron en destacar los singulares valores del autor. Todos confesaron que estaban ante una nueva realidad literaria que no podía ignorarse.

Los mencionados son unos pocos de los que en Cuba reconocieron la seriedad y la calidad del escritor. Más tarde, ya en el exiilio, cuando logra seguir la producción iniciada en Cuba, son muchos los que han escrito sobre sus sucesivos libros. Son nueve los que se han sumado los ocho de Cuba. Este feliz suceso se ha debido a LA MODERNA POESÍA, EDICIONES UNIVERSAL y EDITORIAL CUBANA.

Concretándome al género biográfico sólo voy a mencionar a Gastón Baquero porque en un artículo publicado en "El Nuevo Herald" destacó su tan personal técnica biográfica. Este ilustre escritor cubano dijo que el secreto de sus biografías consiste en que, tras una exhaustiva investigación, Costa la aparta del proceso creador. En consecuencia libera al libro de toda carga erudita y escribe lo que siendo historia parece novela.

Imposible no aludir a la larga y sustanciosa disertación que el profesor Elio Alba Buffill le dedicó en el Congreso del Círculo de Cultura Panemericano correspondiente a 1994, al cumplirse medio siglo de su primer libro:

"Hay en las biografías de Costa, además de una seria investigación, una gran prosa de alto valor estético que atrae al lector y le despierta sumo interés. Es el resultado de una feliz integración de la labor del invetigador y del fervor del artista. Costa eleva literariamente la narración objetiva de la vida del biografiado, tratando de buscar las esenciales aristas psicológicas de las figuras estudiadas..."

Después de este juicio del eminente profesor de la Universidad de Nueva York, que complementa la opinión de Baquero, no hay nada más que añadir sobre Costa, quien acaba de ser electo presidente de esa tan destacada institución cultural, en cuyo seno están muy doctos profesores univesitarios de Estados Unidos.

Pero ante la alusión de Alba Boffill a la prosa de Costa tengo que contar la reacción de Mañach cuando en 1940 empezó a leer los primeros artículos de Octavio. Al ver Mañach a Costa pasar por frente a su oficina de Senador, lo llamó para decirle "que venía leyéndolo con mucho interés porque sus artículos tenían las condiciones que Azorín exigía para una gran prosa..." "Su prosa, añadió, tiene la estructura de la prosa francesa. Usted dice las cosas unas detrás de otras y no unas dentro de otras. A eso y a la brevedad de sus oraciones se deben el movimienmto y la claridad de cuanto escribe.., Siga así, que va muy bien."

Otra anécdota que quiero recordar se refiere a Guillermo Alonso Pujol, que todos conocen como político, ignorando su jerarquía literaria. Dentro de una tertulia dominical en su casa, hizo leer varias páginas del libro RUMOR DE HISTORIA, que Octavio acababa de publicar. Era el año 1951. Tras la lectura en alta voz, preguntó en tono afirmativo: "¿Quién actualmente escribe en Cuba mejor que Octavio Costa?" Los testigos que contaron el hecho fueron los periodistas Jorge Quintana y César Madrid.

Pienso que en estos momentos no hay cubano de su generación que supere la pureza de su prosa, tan clara como sencilla, tan concisa como precisa. Confío en que algún día aparezca quien, con la autoridad necesaria, estudie la obra de Octavio y me haga el honor de coincidir conmigo.

Pero si a esto del estilo él no le da importancia alguna, tampoco se la otorga a esa producción literaria suya que no tiene parigual dentro de las últimas generaciones. Y conste que lo publicado no es más que la punta del "iceberg". Lo que escribió en La Habana en sus ultimos años parece que está lamentablemente perdido. Mientras permance sin trascender al libro la mayor parte de lo que produjo en los treinta años que vivió en Los Angeles, escribiendo diariamente.

Paralelamente a su labor periodística Costa no cesó de enseñar historia y literatura de España y de América Hispana en nivel universitario. De cada materia que enseñaba escribía un texto. Así pudo comprobarlo el doctor Humberto Piñera. En cuanto a su periodismo, escribió unas diez mil INSTANTÁNEAS (nombre de su sección) con un total de unas cincuenta mil cuartillas.

De ese hontanar periodístico han brotado dos libros. El primero fue "VARIACIONES EN TORNO A DIOS, EL TIEMPO, LA MUERTE Y OTROS TEMAS" y el otro "II ANTOLOGÍA DE INSTANTÁNEAS (un periodismo local, cotidiano y vivo).

Esta producción prueba la continuidad de su obra, realizada gracias a una vocación irrefrenable, a una no común constancia y a una capacidad de trabajo que no ha menguado por las ocho décadas.

Escribe sin buscar ninguna recompensa de tipo alguno. Octavio es un caso tan extraño como inexplicable dentro de la sociedad en que vivimos. No conozco a nadie que tenga más despego para el dinero que él. No en balde su padre decía: "este hijo mío vive en el cáliz de una flor".

Y ahora, tras la conclusión de esta biografía, seguirá trabajando en IMAGEN Y TRAYECTORIA DEL CUBANO EN LA REPÚBLICA, que completará el tomo ya publicado por Salvat, que cubre desde 1492 hata 1902. ¿Y después? Son tantos los temas que quiere abordar que necesitaría por lo menos dos décadas más y llegar a los cien años.

Realmente el biógrafo es un personaje biografiable. No pocos le sugieren que escriba sus memorias. Aunque no renuncia a escribirlas, no sabe cuando podría empezar. La vida está llena de limitaciones y servidumbres y el tiempo es una cuota previamente medida.

Y detras del escritor, el hombre. No puedo hacerle mejor reconocimiento que decir que es mi más íntimo amigo desde 1934. Al cabo de tantos años nunca le he descubierto una sombra. Octavio tiene un alma transparente. En su mente no cabe la malicia. Ni en su corazón la maldad. Todo lo comprende, todo lo perdona, todo lo olvida.

Por ser quien es le ha sido posible escribir todos estos libros que cuando se empiezan a leer no pueden dejarse. Y no sólo ha escrito biografías. El produce por las más distintas vías. Aparte de lo biográfico, la historia, el ensayo y la crítica tanto literaria como artística. Además, su temática no es sólo cubana. Es española con EL IMPACTO CREADOR DE ESPAÑA SOBRE EL NUEVO MUNDO. Es hispanoamericana con RAÍCES Y DESTINOS DE LOS PUEBLOS IBEROAMERICANOS. Y es universal con PERFIL Y AVENTURA DEL HOMBRE EN LA HISTORIA.

No es fácil poner fin a esta reconstrucción de la obra, la personalidad y la vida de Octavio R. Costa. ¿Es posible ignorar que durante el exilio ha escrito un millar de sonetos? Entre ellos sobresalen los de orientación filosófico. Pero sólo son conocidos los que escribe con motivo de las Navidades y los de aniversario que compone desde que en 1965 cumplió cincuenta años.

Ese año ha quedado como un hito fundamental en su vida. Y dentro de lo ocurrido, su encuentro con el doctor Manuel Fraga Iribarne, entonces Ministro de Información y Turismo. Al entrevistarlo lo invita a ir a España. Cuando en el Ministerio saben sus antecedentes literarios le encargan cuatro conferencias. Y fueron ofrecidas.

De regreso a Los Angeles, el Cónsul de España convoca a una recepción para entregarle el diploma que le ha extendido el Instituto de Cultura Hispánica. Y en 1975 recibe la Orden de Isabel la Católica. Desde 1949 poseía la Orden de Carlos Manuel de Céspedes.

Finalizo con dos hechos. Uno es la invitación del doctor Ambler Moss, de la Universidad de Miami, para ocupar la Cátedra Bacardí-Moreau. Sus ocho pláticas fueron la base de su IMAGEN Y TRAYECTORIA DEL CUBANO EN LA HISTORIA. Después se le ha invitado para dos cursos más. Uno sobre los pensadores cubanos en el siglo XIX y otro sobre la inestabilidad política de las repúblicas iberoamericanas.

El otro hecho es el de sus semanales colaboraciones en el "Diario las Américas", por invitación del doctor Horacio Aguirre, desde que él estaba en Los Angeles. Cada artículo suyo es un modelo de estilo y nada escribe que no tenga un noble mensaje. Entre ellos sobresale el tema de Cuba.

Si Ortega y Gasset dice que "vivir es hacer cosas", no cabe duda alguna que Octavio ha vivido y vive intensa y fecundamente. Su vida esta llena de quehaceres que han desembocado en felices realizaciones.

Dr. Orlando Mora Morales

Miami, Enero, 1996

Cronología

1882, enero 17 Nace José Mora y García, en Barbacoas, barrio de San Luis, provincia de Pinar del Río, Cuba

1890, mayo 13 Nace Blanca Rosa Morales y Vento, en el municipio de Pinar del Río.

1898 Pepe está en San Luis, en el establecimiento de Antonio Villar, llamado "La Democracia".

1902 Pepe deja a San Luis y vuelve a Barbacoas.

1908 Pepe conoce a Blanca Rosa Morales en un baile y se enamora de la tan bella joven. Ella le corresponderá y él la pide a sus padres.

1909 Pepe se establece como comerciante en Palizadas.

1912 diciembre 18 Pepe y Blanca Rosa contraen matrimonio.

1913–1919 Nacen Pepito, Orlando, Librada, Lidio y Giraldo.

1919 Pepe cierra el establecimiento y se muda a San Mateo, con su familia, convertido en mercader de tabaco.

1920–1921 En San Mateo nacen Roberto y Miguel Angel.

1922 Pepe regresa a San Luis, y se establece con "La Estrella del Sur" como comerciante. Allí en 1923 nace Blanquita. Y en 1924, el 25 de octubre nace Modesto Mario.

1925 Pepe, con su familia, se instala en "El Gacho", una muy rica vega de tabaco de la propiedad de su hermana María, viuda de Antonio Villar.

1926–1930 En "El Gacho" nacen María Victoria, Perla e Isabelita.

1930 Modesto comienza a ir a la escuela de "Campo Hermoso"

1934, septiembre 9 Muere Pepito en un accidente de cacería.

1936, enero 10 Don Pepe es electo Consejero Provincial.

1936, junio 13 Blanca Rosa muere en La Habana tras una operación quirúrgica.

1936, septiembre 6 Modesto ingresa en las Escuelas Pías de Pinar del Río.

1937 Pasa a la Academia Raymat e ingresa en el Instituto de Segunda Enseñanza de Pinar del Río en septiembre.

1942, junio Se gradúa de Bachiller en Ciencias.

1942, septiembre Ingresa en la Escuela de Medicina de la Universidad de La Habana.

1949, junio Se gradúa de doctor en Medicina. Trabaja en el hospital "América Arias"

1949, septiembre El doctor Modesto M. Mora se traslada a La Crosse, Wisconsin, Estados Unidos.

1949–1950 Hace el externado en el "St. Francis Hospital".

1950–1952 Hace su internado en Cirugía en "Bellevue Medical Center", en Nueva York.

1952–1954 Llega a Miami y comienza su residencia en el "Sinaí Hospital", de Miami Beach actuando como jefe de Cirugía. Y la culmina en el "Jackson Memorial Center".

1954 Tras los correspondientes exámenes recibe las licencias de la Florida y Texas y queda radicado en Miami, donde inaugura su oficina privada mientras sigue trabajando como cirujano en el "Jackson".

1958 Es invitado a trabajar como cirujano en el consultorio que dos médicos tienen en Opa Locka.

1959, marzo 17 Por sugerencia suya esos dos médicos en sociedad con él inauguran la "Golden Glades Clinic"

1959 Muda su oficina privada del Biscayne Bulevar a la Avenida 10, frente al "Jackson"

1960, diciembre 7 En La Habana fallece don Pepe. El doctor Mora, que ha ido a La Habana sucesivas veces, asiste al funeral.

1961, abril 2 Por sugerencias suyas los tres socios de "Golden Glades Clinic" inauguran el "Cloverleaf Hospital"

1963, abril 28 Se inaugura el "Pan American Hospital", sito en la Calle 7 y la Avenida 59, promovido por el doctor Mora que queda como presidente, "chairman" de la Junta de Directores y director médico.

1966 El doctor Mora viaja a Roma, Lucerna, París y Londres.

1967 Viaja a Buenos Aires, Montevideo y Río de Janeiro.

1968 Viaja a Tokio y Hong Kong.

1969 Primera Convención Médica convocada por el "Pan American Hospital"

1969 Segundo viaje a Tokio y Hong Kong.

1970 El doctor Mora, con médicos del "Pan American", viaja al Perú para ayudar a los peruanos, víctimas de un devastador teremoto.

1970 Segunda Convención Médica.

1970 El doctor Mora viaja a Madrid, Galicia, Portugal, Andalucía y Marruecos.

1971 Viaja a Madrid, París, Niza, Mónaco, la Riviera Francesa, Aviñón y Barcelona.

1971 Viaja a Río de Janeiro, Sao Paulo, Montevideo, Buenos Aires, San Carlos de Bariloche, Santiago de Chile.

1972 Viaja a Madrid, donde se celebra un Congreso Internacional de Cirugía. Sigue a, París, Mérida (Yucatán, México) y Nueva Orleans.

1972 Tercera Convención Médica.

1972, abril 2 Se inaugura el "American Hospital", bajo la presidencia del doctor Mora.

1974 Cuarta Convención Médica.

1974, julio Primer Viaje de los Médicos: Madrid y Paris.

1974, octubre 25 El doctor Mora cumple cincuenta años.

1975 Viaje del doctor Mora a Madrid y París, donde se le celebran los cincuenta que no se pudieron celebrar el año pasado. Sigue a Roma, Atenas, Constantinopla.

1975, octubre 25 En su ausencia, se inaugura en "North Ridge Hospital", de su presidencia.

1976 Quinta Convención Médica.

1976, julio Segundo viaje de los Médicos: a Chile. Buenos Aires y Río. El doctor Mora sigue a Madrid y París.

1976 Viaje a Guatemala, como presidente del "Pan American Hospital", para ayudar a los guatemaltecos, que han sufrido un fuerte terremoto.

1976, diciembre El doctor Mora viaja a Arabia Saudita.

1977 Segundo viaje del doctor Mora a Arabia Saudita.

1977, febrero 14 Muere en Cuba su hermano Roberto Mora.

1977 Viaje del doctor Mora a Chile para develar el busto de Martí que había prometido en su anterior visita.

1978 Sexta Convención Médica.

1978 Tercer viaje de los médicos: Madrid, Roma, Florencia, Bolonia, Venecia, Milán, Nápoles, Pompeya, Sorrento y Capri. El doctor Mora sigue a París y Suiza, con Ginebra y Luzzanne.

1979 De nuevo el doctor Mora a París y Suiza, con Lucerna.

1980 Séptima Convención Médica.

1980 Cuarto viaje de los médicos: Barcelona, Sicilia, Alejandría, El Cairo, Jerusalén, Turquía, Grecia, Nápoles, Génova, Mónaco, Niza...

1981 Viaje del doctor Mora a España: Madrid, Avila, Toledo, Granada, Málaga, Costa del Sol, Algeciras, Córdoba, Portugal, Madrid y París.

1982 Viaje del doctor Mora, con escala en Jiddah (Arabia Saudita), a Kuwait, los Emiratos Árabes, Bahreim y París.

1982 Octava Convención Médica,

1982 Quinto viaje de los médicos:Tokio, Taiwan, Hong Kong, Tailandia, Singapur. El doctor Mora sigue a Filipinas y Hawaii.

1983 El "Pan American Hospital" cumple veinte años.

1983 Viaje del doctor Mora a Londres, Amsterdan, La Haya, Rotterdan y Amwet, donde se inicia la nevegación del Rhin, pasando por Dussendorf, Colonia, Heidelberg, Estraburgo y Basel, donde termina el recorrido fluvial, para seguir por Lucerna, Zurich, Linchenstein, Innsbruck, Salzburgo. Viena, Venecia y Roma.

1984 Novena Convención Médica.

1984 Sexto viaje de los médicos. Entre éstos, por primera vez, la doctora Lourdes Rosa Sanjenís, la joven graduada en Medicina, en Guadalajara. que había llegado a la oficina del doctor Mora en 1976. Se vuela a Londres y se sigue por Copenhage. Estocolmo, Oslo, Amsterdan, Bruselas, Luxemburgo, Roma, Ginebra y París.

1984, octubre 25 El doctor Mora cumple sesenta años.

1984, diciembre 15 El doctor Mora contrae matrimonio en St. Patrick Church con la doctora Lourdes Rosa Sanjenís. La pareja vuela a Nueva York y sigue a Roma y París.

1985, mayo Los esposos Mora vuelven a Nueva Yotk y siguen hacia Roma, Atenas, Constantinmopla, Efeso, Rodas,. Jerusalén, El Cairo, Santorini, Delos, París, Nueva York y Filadelfia.

1985 En ausencia del doctor Mora se ha vendido el "American Hospital". Después el "North Ridge Hospital".

1986, mayo 6 Nace Modesto Mario Mora y Sanjenís.

1986 Décima Convención Médica.

1986 Séptimo viaje de los Médicos, sin los doctores Mora, por el Caribe..

1987, junio 15 Nace Mario José Mora y Sanjenís.

1988 Décima primera Convención Médica.

1988 Octavo viaje a Europa de los médicos sin los esposos Mora.

1990, abril primero Nace José Luis Mora y Sanjenís.

1990 Décima segunda Convención Médica.

1990 Noveno viaje de los médicos, al Mar del Norte, sin los esposos Mora.

1991, mayo 3 En una cena que el "Pan American" ofrece a sus médicos e invitados en el "Airport Hilton"se les entrega el libro "Don Pepe Mora y su familia" escrito por Octavio R. Costa.

1991, junio 17 Muere su hermano el doctor Lidio Mora.

1991, diciembre primero Se inauguran las obras realizadas en el "Pan American", a las que seguirán las que serán inauguradas en 1996.

1992 Décima tercera Convención Médica.

1992 Décimo viaje, sin los doctores Mora, de los Médicos: Venecia, Yalta, Odessa, Esmirna, Constantinopla, Atenas, Olimpia, Rodas. Santorini.

1993 El "Pan American Hospital" cumple treinta años.

1993 La familia Mora se instala en su nueva residencia, en "Star Island"

1994 Décima cuarta Convención Médica. El doctor Mora recibe el premio "Doctor Ricardo Núñez Portuondo".

1994 Décimo primer viaje de los médicos sin los doctores Mora: París, Lisboa, Madrid.

1994, octubre 25 El doctor Mora cumple setenta años.

1994, diciembre 15 Los esposos Mora cumplen diez años de casados. Y después viaje de la familia Mora a Nueva York y París.

1995 El doctor Mora empieza en febrero las entrevistas con el autor para la redacción de su biografía. A mediados de diciembre se ha terminado.

1995, diciembre La doctora Lourdes R. Sanjenís Mora se gradúa en la Universidad de Miami en Administración de la Salud.

1995, diciembre La familia Mora viaja a Nueva York.

Apéndice

**Discurso del Dr. Modesto Mora en la Primera Convención
Médica del "Pan American Hospital, pronunciado el
4 de julio de 1969**

"Mis primeras palabras son para expresarles a todos ustedes el más cordial saludo. Y como además, estamos clausurando este evento científico-patriótico, mis palabras son también de despedida. Y toda despedida es triste aunque sea transitoria como ésta, porque nos volveremos a reunir, si Dios quiere. ¡Grandioso espectáculo el que resume esta ocasión memorable!

Por primera vez. un considerable número de médicos cubanos se congrega en el exilio, en un exilio demasiado largo en el tiempo, y demasiado hondo en los corazones que sufren por la patria transitoriamente perdida.

Esta reunión, como todas las reuniones humanas, tiene un sentido entrañable que va más allá de su pretexto aparente y superficial. Es decir, este Primer Congreso de médicos cubanos en el exilio, no viene a congregarse para exhibir el rango científico indiscutible de la gloriosa clase médica cubana, no lo inspira ninguna vanidad de éxito material, no lo impulsa la natural querencia humana de volver a vernos las caras en un intercambio de corazones emocionados al conjuro de tantos recuerdos acumulados desde que el destino nos dispersó:

Esta reunión tiene un motivo supremo. Es una afirmación de patria. Es una reiteración de cubanía. Es una profesión de fe en la resurrección gloriosa del alto destino de la Cuba inmortal, que regresará de la noche terrible del comunismo maldito. Es un ejemplo conmovedor de que el alma cubana se mantiene intacta y eterna y de que no morirá jamás.

Muchos de nosotros hace tiempo que no nos veíamos, pero nos recordábamos, porque ciertos recuerdos no se borran jamás.

Muchos de ustedes han obtenido éxitos científicos que nos llenan de legítimo orgullo, pero todos, absolutamemte todos, hemos dignificado a Cuba desde todos los ángulos de nuestra actividad.

Con tan altos merecimientos, de todo orden, como ostentan los insignes médicos cubanos, era natural que a través de las jornadas científicas del Congreso quedara demostrado, una vez más, el alto nivel científico de la brillante clase médica cubana. Los debates fueron brillantísimos, y las conclusiones insuperables, en el complejo y vastísimo campo de la medicina moderna.

Vivimos instantes supremos del destino humano. Jamás en ningún otro momento de la historia, el généro humano se colocó ante una encrucijada como la actual.

La civilización occidental, a la que pertenecemos con honra y con gloria, está peligrosamente amenazada por el comunismo internacional que quiere sepultarle en la noche eterna de la esclavitud sin esperanza. Por eso, definirse y luchar, más que un derecho, es un deber insoslayable. Cumplámoslo.

Recordemos siempre que nosotros, primero que médicos y que otra cosa, somos cubanos, cubanos a quienes el comunismo arrebató la patria adorada, y cubanos que residimos en su mayoría, en los Estados Unidos de Norteamérica, la nación líder del mundo libre, y la más portentosa que han contemplado los hombres. Ella comparte una doble responsabilidad: la de defender siempre a Cuba y a esta grandiosa nación que tan generosamente nos acoge. En síntesis, que nosotros aquí, en última instancia, estamos afirmando a la patria cubana. Y, a.propósito, permitidme, señoras y señores, que cumpla en voz alta con un deber de patria, de conciencia y de clase. Un compañero distinguido, desvelado por el destino de Cuba, combatiente infatigable por nuestra libertad, está cumpliendo pena de prisión en una cárcel de Atlanta. Y sin entrar a discutir las rígidas disquisiciones de la ley, pidamos todos la libertad del Dr. Orlando Bosch.

Hay una analogía que dispone de todas las cuestiones humanas, es decir, los hechos no están aislados sino en relación unos con otros para producir el resultado.O sea, todo el rango científico, patriótico y humano de este Congreso que se clausura esta noche en medio de este banquete apoteósico, no es más que un destello de la suprema jerarquía de Cuba, simbolizada, en este instante, por sus esclarecidos hijos médicos reunidos en convención.

Sí, Cuba es todo esto y mucho más. Cuba es el cielo más azul y más puro, el aire más transparente, las playas más acariciadoras, las palmeras más enhiestas, el sol que hace raza. Cuba es la tierra. de las bellas mujeres que esta noche constelan el ambiente con sus sonrisas, con mucho de resplandor de estrellas, y que dejan, a su paso, una estela con ritmo de eternidad.

Cuba, "campo de esmeraldas en un diamante de sol", se renueva esta noche en el tiempo y en el espacio, y hace profesión de fe, con los corazones levantados hasta el firmamento, en su destino immortal.

Informe sobre el viaje a Perú del doctor Modesto Mora, con un grupo de voluntarios del "Pan American Hospital", con motivo del terremoto ocurrido en mayo de 1970

El 30 de mayo de 1970 la República del Perú fue sacudida por un terremoto de gran dimensión y la primera radioemisora en reportar acerca del mismo fue la BBC de Londres, que en cuestión de minutos lo había divulgado al mundo entero. Todo en el perímetro peruano donde ocurrió el cisma quedo interrumpido y las primeras comunicaciones indicaban que entre 50 y 60 mil personas habían perecido bajo el fango. El hecho se produjo cuando varios lagos localizados en montañas que tenían una altura de 10 a 12 mil pies se desbordaron y sus aguas inundaron el estrecho de Huelas y todos los habitantes de las márgenes del río fueron cubiertas por 75 pies de fango.

El Embajador del Perú en Washington llamó al Cónsul General de su país en Miami para solicitar ayuda. El Pan American Hospital fue comunicado inmediatamente. Y en seguida se me dio a conocer la petición. No podía ignorar la tragedia y convoqué a los miembros del cuerpo médico y en menos de 24 horas habíamos organizado un grupo de 20 personas, 15 de ellos médicos, de diferentes especialidades, tomamos equipo del hospital y solicitamos el concurso de las compañías farmacéuticas de la ciudad para que nos proporcionaran medicinas. Fue extraordinaria y en grandes cantidades.

El 1ro de junio éramos el primer grupo en arribar a Lima, Perú, con medicinas y equipos médicos y fuimos recibidos por las autoridades, específicamente por el Ministro de Salubridad y sus asistentes.

Se nos trasladó al hotel "Bolívar" y a la mañana siguiente acudimos a la Embajada de los Estados Unidos ya que teníamos una carta especial del congresista Claude Pepper para el Embajador. Recibimos instrucciones en la sede diplomática. Y acudimos a las oficinas del Ministro de Salubridad, en la que ya se encontraban todos sus auxiliares. Como éramos la delegación más completa en lo referente a ayuda médica y en el grupo había personas que hablaban alemán, francés, italiano, español e inglés, así como la calidad de sus integrantes, el Ministro de Salubridad nos designó jefe de todas las delegaciones extranjeras en el campo médico, con facultades y poderes suficientes como para escribir a todo Perú y tomar decisiones acerca de las regiones a las que debía dirigirse cada uno de los grupos de auxilio. Fuimos enviados al cuartel general de operaciones, ubicado en el Hospital General de Huacho, capital de la provincia de Chuncay, localizado a unos 200 kilometras al norte de Lima, Perú.

También fuimos nombrados como enlace entre el gobierno peruano, representado por el Estado Mayor de las Fuerzas Armadas en el Palacio Presidencial, y principalmente entre los peruanos y los norteamericanos, porque el portaviones Guam , que llevaba helicópteros, estaba involucrado en una discusión en la cual existían grandes discrepancias entre el gobierno peruano y los oficiales de Guam. Parecía que el gobierno del Perú no quería aceptar que esta ayuda era del gobierno de los Estados Unidos y deseaba aparentar que era una ayuda humanitaria del pueblo norteamericano. Esto fue rechazado por completo por la oficialidad del Guam, que ya estaban a punto de abandonar el Palacio Presidencial y marcharse de las aguas peruanas. Finalmente, el gobierno aceptó las decisiones de los oficiales del Guam y le dio poderes absolutos para proceder en la forma en que estimaran conveniente. Ellos eran los únicos que podían llegar en helicópteros al lugar del terremoto. Con nosotros se encontraban una reportera del periódico The Miami Herald y un fotógrafo del Diario las Américas, y la primera información directa que tuvo el mundo sobre lo que habla acontecido, desde el lugar de los hechos, se debió a ellos.

Visitamos muchas ciudades pequeñas y áreas que habían sido devastadas y la descripción de aquel espectáculo resultaba increíble. Muchos de los heridos tendrían que ser transportados a la ciudad de Lima por las complicaciones y gravedad de sus lesiones. En el Cuartel General levantado en el Hospital recibimos a una delegación procedente de Cuba comunista y la misma fue puesta bajo nuestras órdenes por disposición del Secretario de Salubridad, y aunque la misma rehusó obedecer las órdenes, nosotros teníamos el poder suficiente, y yo estaba al frente de la operación, y dispuse que se trasladara a una zona remota donde había ocurrido el terremoto.

Quizás todavía se estén recordando de nosotros. Era gente arrogante, hostil, increíblemente grosera, incluyendo el Ministro de Salubridad de Cuba que viajó con la delegacióon y al que yo conocía de mi ciudad natal y con el que había acudido a la Escuela de Medicina. El mismo no solo se negó a saludarme, sino hasta reconocerme. Su estado era depresivo, se mostraban disgustados y nunca mas supimos de ellos. Permanecimos 15 días en Perú. Hicimos contacto con numerosos jefes de las fuerzas armadas porque ellos estaban solicitando nuestros servicios en algunos de sus programas médicos. También fuimos auxiliados por el Banco de Ahorros y Préstamos del Perú, que nos facilitó tres camionetas con choferes para trasladarnos de un lugar a otro de la ciudad y a las áreas afectadas. Algunas delegaciones extranjeras permanecieron allí durante algún tiempo más, pero habían llegado después que nosotros.

El pueblo peruano se mostró muy agradecido por nuestra ayuda y mantuvimos comunicación con el mismo a través de su gobierno enviándole mas equipos médicos y medicinas.

En este punto quiero materializar mi agradecimiento y hacer público que mi principal asistente fue el doctor Alberto M. Hernández, quien es mi asociado en mi consultorio, por su trabajo, dedicación y determinación para viabilizar el esfuerzo realizado, así como al resto de los integrantes del grupo que nos acampañó a Perú. Todos estaban orgullosos del trabajo realizado y de las asignaciones que le fueron encomendadas.

No creo que sea apropiado afirmar que el pueblo del Perú fue muy indiferente al desastre producido por el terremoto porque en esos instantes Perú estaba involucrado en el campeonato nacional de los juegos de balompie y que estaban a punto de ser clasificados para la competencia final.

Regresamos a Miami el 15 de junio de 1970, reportamos a la prensa lo que estaba ocurriendo y fuimos invitados a varias reuniones para rendir informes públicos. Al propio tiempo, nos encontrábamos a solo 15 días de la Convención Médica Cubana de 1970, que se iba a efectuar en el Hotel Sheraton Four Ambassadors, y varias autoridades del gobierno peruano y civiles fueron invitados nuestros a la misma. Todos se sintieron may felices y complacidos de venir a Miami.

Discurso del doctor Modesto Mora pronunciado en la Quinta Convención del "Pan American Hospital", el 4 de julio de 1976

Una vez más, tengo el privilegio de clausurar un evento de esta naturaleza.

Esta quinta Convención de Médicos Cubanos como todas, deja una huella imperecedera de vigor científico y de fraternidad humana, a través de la cual la gloriosa clase médica cubana en el exilio afirma su jerarquía en el devenir del tiempo.

Pero esta noche grandiosa, apartándome de lo que constituye una costumbre manida en estas ocasiones, mi palabra no se referirá al sentido intrínseco de esta Convención Médica ni a sus proyecciones fecundas. No me propongo fatigarlos exponiendo conceptos ya muy sabidos. No debo repetirme.

Es que, por una coincidencia feliz, hoy se cumplen —por el supremo designio de Dios— doscientos años en que esta nación maravillosa proclamó su Declaración de Independencia. Y a ella quiero consagrar mis palabras hoy.

Nada ennoblece más la convivencia humana que la gratitud, que es en última instancia, la belleza del corazón.

Vivimos en los Estados Unidos de Norteamérica, la primera nación del mundo. Y quién nos trajo aquí. Yo diría, como interpretación final, que nos trajo el destino. El destino que se hace más enigmático a medida que se prolonga la tragedia infinita que vive la patria nuestra, clavada en la cruz de todas las desventuras. Y hablando de Cuba, hago votos desde lo más profundo de mi corazón para que cese, cuanto antes, la pesadilla de todos sus infortunios.

La Convención Médica Cubana proclama de manera definitiva el derecho inalienable del pueblo de Cuba a combatir por su libertad, independencia y soberanía, hasta sus últimas consecuencias. Este derecho constituye el más sagrado principio moral, por lo que en su virtud, nada ni nadie podrá obstaculizarlo, sea cual fuere el pretexto esgrimido, porque en última instancia, el derecho del pueblo de Cuba a ser libre es anterior y superior a cualquiera otra razón subalterna.

Asimismo, deseamos expresar la más profunda solidaridad de los médicos cubanos con todos los presos políticos de Cuba, a cuyo efecto les enviamos un mensaje de reconocimiento, de aliento, de estímulo y de esperanza, porque, en definitiva, los presos políticos de Cuba constituyen la más legítima esperanza de un porvenir cubano digno del sufrimiento de ellos, que serán arquitectos del mañana mejor.

Pues bien, el destino asocia a la ilustre clase médica cubana con el Bicentenario Norteamericano. Permitídme, pues, que ponga a esta Convención Médica y a todos los asistentes a este banquete memorable a la disposición de esta nación inmortal. Ella nos bendice, y a la vez merece todas las bendiciones. ¡Dios la conserve tan portentosa en la eternidad de los tiempos!

En este glorioso 4 de Julio de 1976 digamos a los norteamericanos: Ustedes en doscientos años han constituido la más grande nación que ha contemplado la civilización humana. Y como nada se produce por generación espontánea, ¿cuáles son las causas que han producido el milagro norteamericano? La Historia ya recoge en sus páginas esas causas. Son, entre otras, las siguientes: el culto perenne e irrestricto de todas las libertades humanas, la libre empresa (renumeradora de todos los esfuerzos humanos), el trabajo incesante que constituye la más alta dignidad en este país, el concepto pragmático de la vida que convierte el sueño en realidad, la creación de la democracia que iguala a todos los hombres en las aspiraciones y en las posibilidades.

Pero hay una causa más que no quiero ni debo pasar por alto: es la presencia de los extranjeros en la formación, desarrollo y consolidación de los Estados Unidos de Norteamérica.

Si partimos desde los días en que los peregrinos arribaron aquí hasta hoy, cerca de cincuenta millones de extranjeros han llegado a este país. Por eso, los historiadores norteamericanos sostienen, unánimemente, el criterio de que fuera de los indios que ya estaban aquí, todos los norteamericanos son inmigrantes o descendientes de ellos, sin excepción alguna. (Recuerden eso los cubanos y sírvale de consuelo a algunos que tienen el complejo absurdo de su nacimiento).

Esta profunda realidad sociológica, o sea, este crisol de razas en que fragua esta nación es un fenómeno universal único en el cruento proceso de la historia humana.

Y todas estas conquistas técnicas, científicas y humanas han sido logradas en sólo doscientos años, que son por su brevedad, un instante en la inmensidad del tiempo histórico que han necesitado las demás naciones desarrolladas a través de milenios.

En síntesis los Estados Unidos son la más grande civilización desarrollada en el más breve tiempo. He ahí una característica sociológica diferencial, única, que le otorga un rango de categoría suprema en los fastos de la humanidad.

Téngase presente, además, que esta nación ha conquistado, con creces, más premios Nobel que ninguna otra nación en el mundo. La envidia dice: "sí, pero muchos de los recipientes de esos premios Nobel no nacieron aquí". Cierto, porque aquí no le preguntan a nadie en qué lugar nació, sino qué trae en la mente o qué tiene en la voluntad. Pero esos extranjeros obtuvieron este honor universal bajo el glorioso pabellón de las barras y las estrellas.

Yo no debo seguir refiriéndome a la entrañable significación del Bicentenario, porque aparte de mi insuficiencia notoria, este tema fue tratado hoy en forma magistral por el Dr. Octavio R. Costa, figura cimera de la intelectualidad cubana, y aún se percibe el eco de su palabra elocuentísima, agotando el tema en toda su plenitud histórico-intelectual.

Lo que sí yo deseo vehementemente esta noche, es expresar, en nombre de todos los médicos cubanos, y en el mío propio, que nosotros estamos muy agradecidos a esta nación por la acogida cordial que ha dispensado a todos los cubanos en general, y muy orgullosos de trabajar aquí, en donde bebemos en la fuente de su ciencia, la más alta del mundo, y en donde integramos su comunidad enaltecedora.

Por último, digo a los Estados Unidos de Norteamérica: Dios bendiga esta tierra por los siglos de los siglos. Permitidle a esta gloriosa nación que continúe alumbrando la senda del progreso en toda su gama infinita, que cultive la libertad en todas sus formas más esplendorosas, y que defienda con éxito perdurable las conquistas eternas de la civilización cristiana, única forma en que la vida merece la pena de ser vivida.

Reportaje sobre los viajes del doctor Modesto M. Mora a Kuwait y Emiratos Árabes Unidos

En el año 1976 por primera vez fui invitado por el gobierno y la familia real de Arabia Saudita a visitar la península con el propósito de aconsejarle en referencia a la administración de hospitales. De Miami volé directamente a Londres donde permanecí por dos días y de ahí volé a la ciudad de Jiddah en Arabia Saudita en siete horas. El único pasajero en el avión que no era musulmán era yo. Y aquello fue algo sorprendente, por la magnitud de los ritos religiosos en el avión.

A mi lado iba sentada una señora nacida en Arabia Saudita que vive y enseña en la Universidad de Cambridge, Inglaterra, Gran Bretaña. Ella me preguntó si alguien me estaba esperando en el aeropuerto, porque si no, era mejor que yo regresara en el mismo avión para Londres, porque aquello era un mundo incierto y no había hospedaje para la civilización de Londres.

Al llegar al aeropuerto de Jiddah, me encontré con la gran sorpresa de que miembros del gobierno y de la familia real, me estaban esperando, Personas que yo había conocido y tratado aquí en Miami anteriormente. La sorpresa fue inmensa por la cantidad de hombres de diferentes nacionalidades que estaban alrededor del aeropuerto; unos durmiendo en el suelo y otros deambulando. Eran mayormente palestinos, otros procedían de Egipto, Pakistán, Filipinas y Korea.

A mí me hospedaron en una propiedad de la General Motors que tenía cuatro casas, en una cuadra con paredes y muros muy altos, Me dieron una de las casas con empleadas, con carro y chofer a mi disposición. En realidad no había en esa época hoteles para hospedarse.

Mi llegada coincidió con el Rama Dan o peregrinación a la ciudad de Mecca. Los peregrinos llegaban en cantidades enormes y eran trasladados en ómnibus que no tenían techos por el calor y el polvo.

La ciudad de Jiddah es la capital comercial de Arabia Saudita en donde radican todas las embajadas y en donde el gobierno real se establece durante varios meses del año.

La capital real de Arabia Saudita es Riyad donde la mayoría de la familia real reside todo el tiempo y son más o menos unos 6,000.

Cerca de allí reside la compañía petrolera Aramco, propiedad de Arabia Saudita y los Estados Unidos de América. Es la compañía grande del mundo. Cerca de la ciudad existe la Universidad de Petróleo que ha traído a Arabia Saudita los mejores geólogos. Entre ellos hay uno que es director de la universidad, Nicolás Herrera, casado con una señora de origen cubano, que es farmacéutica; los dos trabajan por contratos renovables cada dos años.

La familia Herrera vive en una pequeña ciudad en los suburbios de Dhahran, que es simplemente para los extranjeros pues es muy moderna: en donde se permite el entretenimiento y la venta de bebidas alcohólicas, donde hay agua abundante, fría y caliente, y donde no se le permite a los sauditas entrar, a no ser que tengan permiso del gobierno. La ciudad está cercada.

La ciudad de Jiddah es el puerto mas grande de Arabia Saudita y de Marruecos. Tiene mucha influencia de comercio con Sudán, que es el único país árabe en África con musulmanes y donde se habla árabe. Como consecuencia de ello el tráfico entre los dos países es muy abundante y hay mucha mezcla entre los árabes y la gente sudanece.

El puerto de Jiddah se estaba ampliando y la cantidad de barcos de carga era impresionante, navegaban uno tras otro por varias millas de distancia, ya que no había salida para ellos en el puerto a no ser que la descarga se completara. Había otra forma de hacer descarga y era a través de helicópteros gigantes que tomaban la mercancía en alta mar y la trasladaban a camiones que esperaban en tierra.

La primera vez que yo estuve en Arabia Saudita hacia tres años que no llovía, por lo tanto el polvo era enorme y el calor a la sombra llegaba hasta 120 grados F.

Arabia Saudita tenía una población de casi 5 millones de habitantes y de ellos, un millon y medio eran beduinos que se mudaban de un lugar a otro buscando mejores condiciones según la época del año. El aspecto personal de ellos era indescriptible. Tenían siempre muchos perros y chivos. Los beduinos se mudaron a la ciudad, a las instalaciones hechas para ellos completamente gratis. Vivieron allí y al poco tiempo abandonaron el lugar y regresaron al desierto para continuar la vida de nómadas.

Los beduinos vivían en tribus. Muchas personas que violaban el Koran o cometían crimen, se iban al desierto con los beduinos y cambiaban de nombre.

En la ciudad de Jiddah visité muchos lugares incluyendo el palacio real de Egipto que se hizo para el Rey Faisal que nunca llegó a visitarlo porque fue asesinado en el año 1975.

Como consecuencia de ello, hoy está como museo o centro espiritual. No se permite a nadie vivir en él.

También visité al palacio de la familia real donde reside el gobierno de Arabia Saudita cuando está en Jiddah. Tuve la oportunidad de visitar la embajada Americana, un edificio enorme donde viven y residen todos los empleados de la embajada. Fui recibido por el embajador Americano Y mas tarde, hablé con los cónsules y varios asesores, especialmente en relación con los problemas médicos Y primordialmente de hospital.

La asistencia médica en Arabia Saudita era muy limitada puesto que los graduados eran mayormente médicos traídos de otros países: de Egipto y de Pakistán y de otros lugares. Los servicios hospitalarios eran sumamente escasos. Estaban en el proceso de construir hospitales modernos: había que planificarlos desde su comienzo, buscar o traer empleados de otras regiones y ponerlos a trabajar. Todo esto había que hacerlo bajo contrato de trabajo renovables cada dos años.

Los salarios eran excelentes, pero las condiciones de vida eran muy precarias sobre todo para las mujeres a quienes no se le permía estar en las calles solas o participar de la vida nacional.

En Arabia Saudita las mujeres significan muy poco, nunca se las ve, no participan de reuniones de ninguna clase, aún en las casas. Cuando andan en carros tienen que estar sentadas en el asiento de atrás y siempre con las caras tapadas con velos. Las mujeres no tienen derecho al negocio, los hombres sí. Aún con la modificación de la ley del Korán donde antes se les permitía a los hombres tener tantas mujeres como pudieran económicamente. Hoy sólo se les permite cuatro esposas.

Los problemas matrimoniales son como en todas partes. Existen algunos de carácter personal, sobre todo los celos; en donde una de las mujeres mata a las otras, y muchas de ellas, huyendo de la justicia, se incorporan a los beduinos del desierto.

En Arabia Saudita no existe constitución, no hay Parlamento, ni Corte Suprema de Justicia. El gobierno lo preside el rey con 13 miembros más de la familia real; los demás familiares ocupan las posiciones más importantes de la política del gobierno en el sistema económico. El rey al mismo tiempo es el líder espiritual de los musulmanes. Yo tuve la oportunidad de estar en varias de las ciudades cercanas a Jiddah. Estas eran mas bien comunidades pequeñas como Medina y Tahip, Quise, con los Sauditas que conocía, ver la posibilidad de visitar la ciudad de Mecca, la ciudad sagrada. Esto fue imposible porque allí no admiten extranjeros y mucho menos si no son musulmanes.

En Arabia Saudita los que trabajan en obras de cualquier industria son mayormente extranjeros y los turnos son cada ocho horas, día y noche, para adelantar las construcciones.

Los sauditas, y sólo unos pocos, trabajan en posiciones del gobierno. El resto apenas trabaja, pues reciben beneficios directos del gobierno y no tienen necesidad de trabajar.

En Arabia Saudita me encontré con grandes grupos de extranjeros que habían constituido corporaciones con el fin de contratar proyectos de toda índole. Así fue como los americanos, ingleses y franceses hicieron la nueva ciudad de Jiddah. Yo estuve en el momento en que se planificaba la primera universidad de esta ciudad, la cual estaba casi completa pero el problema mayor era buscar y traer profesores que quisieran enseñar y seguir proyectando las actividades científicas y educacionales.

En Riyad hay un hospital que tiene aproximadamente 150 camas privadas, y yo considero que es el hospital más lujoso que he visto, Pues esta construido en mármol blanco veteado por dentro y por fuera, así como los pisos. Esta super dotado en equipos y efectos médicos, pero esta institución está solo reservada para los miembros de la familia real y del gobierno y de todos los relacionados con ellos.

Las camas del hospital son de Hill-Room americanas hechas en Batesville, Indiana. Todas son eléctricas de primera calidad. La ropa de cama es de hilo suizo, los cubiertos son de plata comprados en Christofle de París y los cristales de Baccarat comprados también en París. La comida es a la carta. Este centro estaba bastante bien asistido por médicos extranjeros, mayormente americanos e ingleses.

En mi primer viaje estuve 15 días, en los cuales a pesar de la buena atención y de los privilegios llegué a perder 10 libras porque no podía adaptarme al medio ambiente, y la comida no era de mi agrado en su mayoría. El calor era tan extenuante que a penas podía salir de la sombra y del aire acondicionado. Para bañarme tenía que hacerlo bien temprano en la mañana cuando el agua estaba tibia porque la mayoría del tiempo el sol la calentaba tanto que no era posible hacerlo a otra hora. El agua inclusive estaba limitada, era de cisterna y se subía a un tanque, pero había momentos que se acababa.

Los carros en Arabia Saudita no se sabe de que marca ni de que año son, porque el polvo se acumula en ellos de tal manera que desaparece su fachada.

Hay carros extranjeros de todas marcas, especialmente americanos, europeos y del Japón. Se ven en mayoría los Mercedes Benz, muchos limosines con asientos hechos de mink. Los árabes no tienen mucha formalidad para comer ya que lo hacen todo con la mano, yo personalmente en algunas ocasiones, tuve la oportunidad de montar en algunos de esos limosines. Los árabes había veces que compraban Kentucky Fried Chicken, se lo comían con el aire acondicionado puesto en el carro, y se limpiaban las manos en los asientos de mink..

Conocí a varias miembros de la familia real; algunos de ellos más tarde vinieron a Miami a tratarse médicamente y luego regresaron a su país. Las mujeres son muy suaves, muy calladas, con mucha cortesía y muy amables. En algunas de las casas que visité y conocí a los miembros de la familia, algunas de las damas habían estudiado en el extranjero especialmente en América, Francia, Suiza e Inglaterra. Habían conocido otras costumbres y medios de vida. No estaban muy felices de regresar a Arabia Saudita, preferían la vida de Europa, sobre todo Londres en donde existe una gran colonia árabe.

Dos años mas tarde regresé a Arabia Saudita a través de Jiddah. La ciudad estaba completamente cambiada, un aeropuerto nuevo modernísimo, con aire acondicionado, con hoteles de lujo, hechos de mármol italiano. Pude contemplar galerías que tenían boutiques europeas, sobre todo de Francia e Inglaterra. La ciudad era muy limpia. Había agua abundante porque habían hecho plantas desalinadoras del agua de mar. Los carros se veían limpios, había escuelas nuevas, hospitales nuevos, todavía con el problema del personal médico que había que incorporarlos, pero la vida era más agradable. Un puerto tan enorme que ya los barcos no tenían que hacer línea de espera.

En Arabia Saudita, como dije, no se permite el alcohol, solo las embajadas lo pueden tener, la única bebida autorizada es la materva que ellos consideran es un refresco. En Arabia Saudita hay que importarlo todo. El galón de gasolina costaba 10 centavos pero un litro de agua de Evian, que era la que yo tomaba costaba $2.50.

En otra ocasión di un tercer viaje a la península de Arabia Saudita en Marzo de 1982, acompañado de dos abogados y un consejero del Departamento de Estado que había sido embajador en muchos países del

Medio Oriente y el cual tenía muchos contactos y conocimiento de la región.

Volamos de Miami directo a Londres donde estuvimos dos días y almorzamos en el restaurante del famoso hotel Connaught. En compañía del jefe o director de la CIA para el Medio Oriente, allí se les dio una charla extensa en relación a nuestro viaje. Teníamos la intención de parar en Bagdad pero nos aconsejó que debido a la guerra con Irán era mejor descartar ese país.

Primero llegamos a Kuwait en donde estuvimos varios días instalados en el hotel Hilton, situado del otro lado de la embajada americana. Tuvimos la oportunidad de ver al embajador americano varias veces y a otros prominentes árabes de Kuwait.

Kuwait nos sorprendió muchísimo, era una ciudad muy moderna y de mucho comercio y médicamente bien atendida. Con relaciones muy estrechas con Inglaterra, especialmente con Londres, tenían afiliación médica con el hospital Wellington. Indiscutiblemente tenían el mejor cuerpo médico.

De Kuwait nos fuimos con la esperanza de volver porque allí se consumaron varias transacciones desde el punto de vista médico. También visitamos a Bhahrain una isla a 20 millas al borde de Arabia Saudita y muy próxima a la ciudad de Dhahran. Allí conversé por teléfono con la señora de Nicolas Herrera, doctora en farmacia, pero no pudieron venir a visitarnos porque no tenían permiso del gobierno para ausentarse de Arabia Saudita un fin de semana.

Finalmente llegamos a los Emiratos Árabes Unidos. Desde el avión, contemplé la inmensidad del desierto, lo cual es imponente y al llegar a la capital de los Emiratos que se llama Abu Dhabl, nos sorprendió la belleza de la ciudad, muy moderna. El aeropuerto es increíblemente lujoso, hecho de mármol blanco por los franceses, con jardines regados por agua cada 12 horas y con carreteras de primera calidad.

La ciudad límpida, el puerto enorme y capacitado, con agua muy limpia, playas soberbias y hoteles de lujo en cantidad.

Abu Dhabi es posiblemente la población más rica del universo en donde los nativos todos son multimillonarios y no trabajan. Los Emiratos Árabes Unidos no tienen ejército, sólo una policía nacional. Tienen hecho un acuerdo con Inglaterra como un protectorado. Hay casas que son de dos y tres cuadras de tamaño. En Abu Dhabi el trabajo, está esta reservado para los extranjeros, especialmente para los palestinos, coreanos y filipinos, con contratos renovables cada dos años.

Visitamos todos los Emiratos. Son ocho y se pueden ver en un solo día sin detenerse en las ciudades.

Hicimos mayor insistencia en ver Abu Dhabi, Dubai y Sharjah, que son los, tres Emiratos más ricos.

La ciudad de Abu Dhabl y Dubal están muy próximas una a otra y comparten la vida nacional en muy buenas relaciones.

Sharjah tiene el bazar más grande que se conoce después del bazar de Estambul que es el más grande de todos los que se han hecho.

En Abu Dhabl hay bancos de todas las nacionalidades en un centro nacional bancario. Hay firmas grandes, bufetes americanos e ingleses y todo tipo de comercio y negociaciones mundiales. Abu Dhabl y Dubal se caracterizan por los enormes jardines que tienen con tierra de Pakistán e irrigaciones especiales que dan un colorido especial a la ciudad y a las carreteras.

En los países de los Emiratos la vida es mucho mejor para todos incluyendo las damas, puesto que hay leyes más liberales. Hay varias religiones. Hay entretenimiento de todo tipo. Las leyes no están relacionadas estrictamente al Koran. Por eso la vida y el progreso en esas regiones avanzan mucho más. Además las mujeres participan de la vida nacional.

Hay muchos extranjeros que viven allí permanentemente pero la mayoría mandan a sus hijos al extranjero a educarse. Visitar la península de Arabia Saudita, tan remota y de tan limitado acceso es en realidad una experiencia extraordinaria y yo espero volver.

Hay otras tantas cosas que se pueden decir del Medio Oriente, que la gente desconoce y que no pueden razonar sobre ellas a no ser que hayan visitado algunos de estos países. Es un concepto completamente opuesto al nuestro. El sentido común no existe. Predomina sobre todo la religión.

En ocasión de mi último viaje a la península de Arabia Saudita regresamos a traves de Air France, a París, donde nos instalamos en el hotel Ritz y donde también visitamos varias familias árabes que residen en esa ciudad y que son de Arabia Saudita primordialmente. También visitamos en París al doctor Oscar Lievain que nació en Ucrania, creció en Cuba y debido al cierre de la Universidad de la Habana en el 1928, la familia lo mando a París a estudiar medicina, se graduó en la Universidad de París y se quedó a vivir y ejerce actualmente allí. Ha sido condecorado cuatro veces por el gobierno de Francia y al mismo tiempo fue amigo y médico personal de Charles DeGaulle.

El ha sido un contacto para muchas transacciones que nosotros hemos hecho para los países de Arabia Saudita y de vez en cuando viene a Miami de visita en el invierno. A él le estamos sumamente agradecidos por todas las atenciones y cortesías. Yo personalmente mantengo una estrecha relación con él.

Discurso pronunciado el 10 de octubre de 1977 por el doctor Modesto Mora, en Santiago de Chile, en la ceremonia oficial celebrada para develar el busto de José Martí que el "Pan American Hospital" regaló a la ciudad

Esta ceremonia tiene un profundo sentido americanista, porque José Martí, cuyo busto hemos develado, no fue sólo el apóstol de Cuba sino también un prócer de la América nuestra.

José Martí se nos revela en su vida y en su obra como un espíritu superior. Si pudiéramos resumir todas sus admirables cualidades en una sola, diríamos que fue un hombre, o con frase de Unamuno muy conocida: "nada menos que todo un hombre". Ser hombre había escrito él es en la tierra dificilísima y pocas veces lograda carrera. Martí cursó esa carrera hasta alcanzar su grado máximo.

Pocos, caudillos cívicos hispanoamericanos pueden ostentar tan desinteresada consagración al perfeccionamiento de la humanidad, tan claro sentido del amor fraterno y tan impecable ejemplaridad moral.

Jorge Mañach, una cumbre intelectual de mi patria, dijo: La de Martí fue una vida heroica, pero notad que el heroísmo esencial de ella no consistió tanto en el propósito, o en su culminación de personal sacrificio, como en el enorme esfuerzo que sostuvo desde la cuna a la tumba, por realizar aquel destino: toda una secuencia de actos íntimos de voluntad en que el niño, el adolescente, el adulto, fueron trascendiéndose y superando su propio ámbito en busca de ese mundo ideal que es como el domicilio platónico del cual ciertos hombres traen la nostalgia al nacer. Fue un idealista; pero su idealismo se compensa con un toque de positivismo, enriqueciendo así su ideología con una concepción práctica de la realidad externa. Por eso, además de un idealista sublime fue un conductor, experto y hábil, que condujo a su patria al sacrificio y a la liberación.

Los hombres como José Martí, son en última instancia, la obra anticipada y terminada de la predestinación. Ellos vienen a la tierra a cumplir una mision grandiosa para redimir el genero humano.

En esta ocasión honrosa, tengo el honor de presentar este monumento a la ilustre nación chilena, en nombre de la Convención de médicos cubanos exiliados que sesionó aqui en julio del año pasado. Nos parece que es una manera de perpetuar nuestra gratitud a la proverbial hospitalidad chilena que nos fue prodigada en aquella oportunidad y que se repite en este acto.

Además hay una analogía que dispone de todas las cuestiones humanas. Voy a explicarme. Chile tiene a traves de su historia gloriosa una inequivoca vocación de libertad, nunca tan ostensible como en esta dramática coyuntura histórica en que esta nación supo vencer al comunismo internacional, José Martí vivió y murió por y para la libertad, en tal virtud, su efigie por derecho propio y bajo los auspicios de la generosa hospitalidad chilena, irradia bajo el cielo luminoso de esta patria inmortal. Existe, pues, entre Chile y José Martí una entrañable correspondencia de vocación recíproca y complementaria respecto de la afirmación perenne de las más puras esencias de los eternos valores humanos, pero en este acto hay como un hálito del destino misterioso e inescrutable. Los cubanos verdaderos somos proscriptos en nuestra patria y fuera de ella. Cuba, crucificada por el comunismo, agoniza en la noche terrible de todas las desventuras humanas. Y los cubanos exilados vamos por los caminos del mundo con la frente muy alta pero con el corazón entristecido. Nos acompaña, eso sí, como suprema razón de nuestras vidas, la esperanza del día unico —que habrá de asombrar al mundo— en el que Cuba será rescatada para el imperio de la libertad, de la democracia y de la dignidad.

Mientras tanto, absolutamente confiados en el triunfo de la justicia definitiva, en nuestro largo peregrinar doliente, hacemos un alto, y encontramos un oasis en medio del desierto de la indiferencia y el abandono universales, y nos detenemos a abrevar en el cariño, la comprensión, el calor y la cooperacion de Chile, que es ese oasis.

Gracias, pues, a las autoridades y al pueblo chileno por habernos permitido depositar aqui la imagen simbólica del apostol de nuestra patria, y por vuestras cortesías infinitas, y tened la seguridad —en nombre de la Cuba que sufre— que nosotros sabemos agradecer, porque como dijo el ilustre Cicerón: la gratitud no es sólo la primera de las virtudes sino la madre de todas ellas.

Curriculum Vitae del doctor Modesto Mora

DATOS PERSONALES

Fecha de Nacimiento: 10/25/24

Ciudadanía: EEUU, 1956

Estado Marital: Casado

Esposa: Lourdes R. Sanjenis, M.D.

Hijos: Tres

SUMARIO DE CREDENCIALES

Graduado y licenciado en Medicina y Cirugía General, en ejercicio privado desde 1956 en Miami, Florida, es miembro de numerosas sociedades médicas y está afiliado a varios hospitales prominentes en el sur de la Florida.

Además de ejercer exitosamente como médico privado durante muchos años, fundó lo que es ahora el Parkway General Hospital (antiguamente Cloverleaf Hospital) y fundó, también, el Pan American Hospital y el American Hospital (hoy conocido por Kendall Regional Medical Center).

Fue el fundador y el Presidente, durante muchos años de la Convención Médica Cubana y de varias convenciones médicas internacionales.

Consultante de la Organización Panamericana de la Salud (Pan American Health Organization) y de los gobiernos de Panamá, República Dominicana y Haití.

EDUCACIÓN

1938-1942   Instituto de Pinar del Río, Cuba

Graduado como Bachiller en Ciencias y Letras

1942-1948   Escuela de Medicina de la Universidad de La Habana, Cuba

1949   Doctorado en Medicina

1949-1950   Internado Rotatorio, St. Francis Hospital La Crosse, Wisconsin

RESIDENCIAS EN CIRUGÍA GENERAL

10/1/50-8/8/51   New York University
                   Bellevue Medical Center, University Hospital

10/1/50-12/31/51   New York University Bellevue Medical Center

4/52-6/53   The Mount Sinai Hospital
                   Miami Beach, Florida
                   (Jefe de los Residentes)

1/1/54-6/30/55   University of Miami School of Medicine y
                   Jackson Memorial Hospital
                   Miami, Florida
                   (Residente, Asistente en Cirugía General)

7/1/55-7/1/56   University of Miami School of Medicine
                   y Jackson Memorial Hospital
                   Miami, Florida
                   (Residente en Cirugía General)

LICENCIAS

    1/19/55 Estado de Texas No. C4076

    8/15/56 Estado de la Florida No. 7131

AFILIACIONES PROFESIONALES

    Dade County Medical Association

    Florida State Medical Association

    American Medical Association

    American Society of Abdominal Surgery

    The Southeactern Surgical Congress

    American Geriatrics Society

    The Royal Society of Medicine, Inglaterra

AFILIACIONES HOSPITALARIAS

    Jackson Memorial Hospital, Miami, Florida

    Pan American Hospital, Miami, Florida

    American Hospital, Miami, Florida, (llamado ahora Kendall Regional Medical Center)

    North Ridge General Hospital, Ft. Lauderdale, Florida

MÉRITOS PROFESIONALES

Fundador de lo que ahora se conoce por Parkway General Hospital (antes Cloverleaf Hospital), North Miami Beach, Florida, 1961.

Presidente del Staff Médico del Cloverleaf Hospital, llamado ahora Parkway General Hospital, North Miami Beach, Florida, 1961.

Fundador del Pan American Hospital, Miami, Florida,1963.

Presidente y Miembro de la Junta de Directores del Pan American Hospital, Miami, Florida, 1963.

Fundador y Presidente del la Convención Médica Cubana desde 1969.

Presidente del Staff Médico del Pan American Hospital, Miami, Florida, 1970.

Fundador del American Hospital, Miami, Florida, (llamado actualmente Kendall Regional Medical Center), 1972.

Presidente y Miembro de la Junta de Directores del American Hospital (ahora Kendall Regional Medical Center), Miami. Florida, 1972.

Presidente I Coloquio Hispano-Cubano de Medicina Contemporánea de la Convención Médica Cubana, Madrid, España, julio 1974.

Fundador del North Ridge General Hospital, Ft. Lauderdale, Florida, 1975.

Presidente y Miembro de la Junta de Directores, North Ridqe General Hospital, Ft. Lauderdale, Florida, 1975.

Presidente Convención Médica Cubana (Santiago de Chile, Chile; Buenos Aires, Argentina; Río de Janeiro, Brasil), julio 1976.

Presidente Convención Médica Internacional (Madrid, España; Roma-Boloña, Italia; Munich, Alemania; París, Francia), julio 1978.

Asesor Organización Panamericana de la Salud.

Asesor hospitalario de los gobiernos de Panamá, República Dominicana y Haití.

Miembro de numerosas conferencias quirúrgicas y de variadas organizaciones cívicas y sociales.

MÉRITOS Y RECONOCIMIENTOS

Director de la Misión Médica Humanitaria de Ayuda a los damnificados por el terremoto, Perú, 1970.

Colegio Nacional de Periodistas de Cuba (en el Exilio), Miami, Florida, 1972.

Reconocimiento, Metro Dade County, Florida, 1976.

Reconocimiento, Colegio de Enfermeros de Cuba en el Exilio, Miami, Florida, 1976.

Reconocimiento, del Latin American Dental Study Club, Miami. Florida, 1976.

Reconocimiento, Provincia de Pinar del Río en el Exilio, Miami, Florida, 1976.

Certificado de Agradecimiento, Universidad Internacional de la Florida (FIU), Miami, Florida, 1976.

Premio al Mérito, Ciudad de Hialeah, Florida 1978.

Certificado de Agradecimiento, Ciudad de Orlando, Florida 1978

Mención Congresional, Archivo del Congreso No. 93 de los Estados Unidos de América, 1973.

Certificado de Honor, Municipio de Santiago, Chile, 1976.

Orden del Quetzal, Grado de Comendador, República de Guatemala, 1978.

DIPLOMAS

1. Universidad de Artes, Letras e Idiomas Enrique Borras"
   Nominado como Presidente Honoris Causa
   Miami. Florida, Marzo 28, 1962

2. Confraternidad Hispano-Americana
   Nombrado Presidente de Honor
   Miami, Florida, Abril 7, 1962

3. The Southeastern Surgical Congreso
   Fellow
   Atlanta, Georgia, Marzo, 1963

4. The Royal Society of Medicine Londres, Reino Unido
   Fellow
   Julio 17, L962

5. Americen Geriatrice Society
    Fellow
    Agosto 15, 1962

6. Ciudad de Miami
    Diploma de la Amistad Alcalde Robert King High
    Noviembre 9, 1963

7. Certificado de Reconocimiento, Eastern Airlinee (Comité Asesor
    Latinoamericano) Miami, Florida,
    Septiembre 28, 1972

8. Certificado de Reconocimiento
    Ciudad de Miami
    Diciembre 14, 1962

9. Sociedad Cubana de Obstetricia & Ginecología
    Miembro de Honor, Miami, Florida
    Julio 20. 1964

10. Convención Médica Cubana
    Certificado de Reconocimiento
    Julio 4, 1976

11. Grado de Comendador de la Orden del Quetzal
    Guatemala
    Junio 22, 1978

12. Certificado de Reconocimiento
    Metropolitan Dade County, Florida Alcalde Steve Clark
    Febrero 16, 1970

13. Diploma de Reconocimiento Año Internacional del Niño
    Bogotá, Colombia
    Febrero 1980

14. Diploma de la Asociación de Médicos Graduados en la Universidad
    de España (AGUE) y en otras universidades foráneas, en reco-
    nocimiento a su dedicación a la Medicina, Biltmore Hotel. Coral
    Gables, Florida, febrero 10, 1990

15. Orden Dr. Ricardo Nuñez Portuando de la Sociedad Cubana de
    Cirugía por sus altas cualidades humanitarias y por sus extraor-
    dinarios logros científicos como cirujano para gloria y prestigio del
    mundo, The Fontainebleau Hilton Hotel & Spa, Miami Beach,
    Florida, Julio 4, 1994

PLACAS

Ionosphere Club-Eastern Airlines
En reconocimiento a su respaldo al transporte comercial y aéreo,
Frank Borman Chairman de la Junta Directiva y Presidente de
Eastern Airlines, Miami, Florida

Año Internacional del Niño
Por generosa cooperación
Miami, Florida 1979-1980

Hermandad Estadounidense-Latino Odontológica (H.E.L.O.) En reconocimiento a su valiosa contribución Miami, Florida, Noviembre 19,
1982

Modesto M. Mora, M. D. y asociados

La Asociación que ha sido integrada por Modesto M. Mora, M.D. y sus asociados con el propósito de construir, administrar, mantener y supervisar entidades para el cuidado de la salud en el sur de la Florida ha estado funcionando exitosamente desde 1959.

Los Asociados han construido y administrado tres grandes hospitales en el área del sur de la Florida. Asimismo, han actuado en calidad de consultores de grupos medicos, de otros hospitales y de varias instituciones financieras.

Actualmente los Asociados administran los siguientes hospitales en el área del sur de la Florida:

1. Pan American Hospital
   5959 N.W. 7th Street
   Miami, Florida 33126

2. American Hospital of Miami Inc.
   (Ahora Kendall Regional Medical Center)
   11750 Bird Road
   Miami, Florida 33175

3. North Ridge Hospital, Inc.
   5857 North Dixie Highway
   Fort Lauderdale, Florida 33334

Los hospitales administrados por los Asociados emplean aproximadamente a 1,500 personas que incluyen especialistas técnicos en todas las áreas del cuidado de la salud. Además de los empleados, los tres hospitales administrados por los Asociados tienen staffs medicas compuestos por más de 1,000 doctores en medicina que representan todas las especialidades médicas y quirúrgicas necesarias en cualquier hospital de reputación en los EEUU y en la mayor parte del mundo.

La supervisión admininstrativa de los tres hospitales está bajo la dirección de William L. Simon, P.A.C.H.A. El Sr. Simon es actualmente Presidente de la Asociación de Hospitales del Sur de la Florida y miembro de la Junta de Fideicomisarios de Hospitales del Estado de la Florida. El mismo es auxiliado en el funcionamiento de estos hospitales por un staff de administradores compuesto de la forma siguiente:

1. Pan American Hospital   Miguel M. Mora, M.D.

2. American Hospital of Miami, Inc.,   Raymond E. Poore
   ahora Kendall Regional Medical Center)   Alfonso Guerra

3. North Ridge General Hospital,Inc.   Philip W. Leeber
                                            David R. Cornell

En términos generales, los servicios prestados por Modesto M. Mora, M. D.
y Asociados han sido en las áreas siguientes:

1)   Adquisición de bienes raices para construcción

2)   Obtención de todos los permisos de zonificación y edificación.

3)   Diseño de planos en conjunto con arquitectos e ingenieros especia-
     lizados en hospitales.

4)   Obtención de financiamento a largo plazo del Chase Manhattan
     Bank, New York, N.Y. y de otras entidades bancarias en el sur de la
     Florida, después de la preparación de extensos estudios de
     factibilidad.

5)   Negociación y participación en convenios con contratistas ge-
     nerales.

6)   Supervisión en la construcción de edificaciones para el cuidado de
     la salud.

7)   Selección y adquisición de equipos para el cuidado de la salud.

8)   Organización del Staff médico.

9)   Contratación de Administradores, Jefes de Departamentos y esta-
     blecimiento de métodos a seguir para el empleo de todo el personal.

10) Establecimiento de la política del hospital a través de la Junta de
     Gobierno.

11) Operación y administración de hospitales sobre una base diaria de
     acuerdo con la política de la Junta de Gobierno.

12) Cumplimiento de requisitos de todas la agencias de la Ciudad,
     Condado, el Estado y el Gobierno Federal, así como de la Comisión
     Conjunta para la Acreditación de Hospitales.

MODESTO M. MORA, M.D.

Presidente y Director Médico

EDUCACIÓN

Graduado de la Escuela de Medicina de la Universidad de la Habana, Habana, Cuba, 1949

EXPERIENCIA

Mas de 30 años de experiencia en todos los aspectos de la administración, supervisión y operación de la industria del cuidado de la salud.

RESPONSABILIDADES

Responsable de todos los aspectos relacionados con el funcionamiento de un hospital, de acuerdo con las disposiciones de la Junta directiva y el Capítulo Corporativo.

Responsable de la revisión y evaluación de la calidad de servicios prestados en el hospital.

Planificación y desarrollo del modo operacional del hospital.

Responsable de la organización y supervisión de las actividades de todo el personal administrativo del hospital y de la coordinación de todas la actividades dentro de un grupo coherente.

Supervisión y dirección en todas la cuestiones legales y en áreas determinantes en negociaciones.

Concurrir a todas las reuniones de organizaciones profesionales, cívicas y de servicios en calidad de Presidente del hospital.

Conferenciar con el Staff para formular y establecer políticas y regulaciones dentro de los parámetros legales.

Revisión de los informes de actividades y reportes financieros para determinar el progreso y revisar objetivos y planes de acuerdo con las condiciones existentes.

Dirigir y coordinar la formulación de programas financieros para proveer fondos para la continuación de nuevas operaciones o de las ya existentes a fin de aumentar el retorno de las inversiones.

Estudiar áreas en las que se presienten oportunidades de inversión.

Miembro de la Junta de Directores. Concurre a las reuniones de la Junta Directiva del Hospital y las encabeza como Presidente.

DIRECTOR MÉDICO (RESPONSABILIDADES)

Planificar los objetivos del hospital y desarrollar políticas para coordinar las funciones y operaciones entre el staff médico y el hospital, así como establecer responsabilidades y procedimientos para alcanzar esos propósitos.

Sostener reuniones con miembros de la comunidad y médicos claves para determinar la posición del hospital dentro de la comunidad para su desarrollo y engrandecimiento en beneficio de la comunidad.

Sostener reuniones con médicos en el hospital a fin de trazar estratégicamente las orientaciones del hospital.

Resolver disputas y conflictos relacionados con los departamentos médicos., P.S.R.O., staff médicos y relaciones públicas.

Responsable del mantenimiento de un alto nivel de profesionalismo en el staff médico.

Miembro de los Comités Ejecutivo y de Credenciales.

Las obligaciones como director médico del hospital son primordialmente administrativas en naturaleza y no incluyen la prestación de servicios directos a los pacientes del hospital, ni en consulta externa ni a los ingresados, excepto en casos de emergencia en los cuales no haya médicos.

LAS OBLIGACIONES MÉDICAS COMO DIRECTOR MÉDICO INCLUYEN PERO NO ESTAN LIMITADAS A LO SIGUIENTE:

a) Cooperar con y auxiliar al hospital en la elaboración de politicas, protocolos y programas para el hospital.

b) Ayudar en el mantenimiento del control de calidad en el hospital.

c) Cooperar con el hospital con la selección y recomendación en las compras de artefactos, maquinarias, equipos y otros aparatos técnicos para el hospital.

d) Desarrollar actividades en capacidad de administrador médico en representación del hospital.

e) Establecer, con la participación de un staff profesional, un criterio adecuado en relación a las recetas para el tratamiento de los pacientes.

f) Asegurar que los servicios requeridos por la ley para hacer prescriptos por un médico sean prestados de tal manera que aseguren un nivel aceptable de calidad.

g) Mantener el papel de vínculo con la comunidad médica.

h) Participar en las funciones relacionadas con la revisión del cuidado de calidad, incluyendo pero no limitado a la revisión de utilización (Utilization Review) Revisión de Colegas (Peer Review), Programa de Evaluación y Credenciales del Staff Médico.

I) Asesorar al staff del hospital sobre el tratamiento de problemas en casos individuales.

j) Planificar y participar en el entrenamiento apropiado del staff de servicios internos.

k) Participar en la evaluación del staff de los conceptos de servicios y técnicas.

l) Asesorar a la administración del hospital en el desarrollo de nuevos programas y en la modificación de programas existentes en el hospital.

m) Asesorar a la administración del hospital sobre cuestiones médicas.

n) Formar parte de los comités administrativos a los que se le designe.

o) Proporcionar a la administración del hospital información relacionadas con el presupuesto y con otras necesidades del hospital y ayudar en el desarrollo de las disposiciones administrativas.

p) Realizar otras funciones y rendir otros servicios relacionados con la posición de director médico.

PARTICIPACIÓN PERSONAL EN OTRAS ACTIVIDADES:

l) En la obtención de una Orden Ejecutiva de la Ciudad de Miami, Florida para construir el Hospital Pan American a través del extinto Alcalde Robert King High.

2) En la construcción de la carretera de la calle 7 del N.W. entre la 57 Avenida y la 62 Avenida, Miami, Florida, para tener acceso al Pan American Hospital.

3) En le construcción de la carretera de la 7 calle del N.W. entre la 42 Avenida y la 57 Avenida (carretera estatal) con la participatción del Presidente del Departamento de Transporte del Estado de la Florida, Sr. William Singer y con la ayuda de Richard B. Stone y John G. Gunn, abogados de Pan American Hospital.

4) En el cambio del Tamiami Canal (de comercial a canal recreacional), lo que posibilitó la expansión del Pan American Hospital gracias a la ayuda del Comisionado de Navegación del Onceno Distrito, Sr. Harvey H. Baker y John Gunn, abonado del Pan American Hospital.

5) En la construcción de la carretera de la 57 Avenida del N.W. entre la 7 Calle y el Expresswav con un nuevo puente sobre el Tamiami Canal.

6) En la contribución y participación en el permiso para la construcción del Holiday Inn, Airport Hilton y Sofitel Hotel próximo al vecindario del Pan American Hospital.

7) Intervención en el desarrollo en la iglesia St. Dominic con la ayuda del extinto Dr. Frank Hernández, Director Médico del Old Cardiac Home, de West Flagler Street y 42 Avenida, Miami, Florida en que los antiguos edificios del Cardiac Human fueron trasladados a la actual localización de la iglesia, contigua al Pan American Hospital, en la 7 Calle del FI.W. y 59 Avenida.

8) Participación en la conversión de la 57 Avenida del N.W. entre las Calles 7 y Flagler de dos vías a cuatros vías con aceras y nuevos, alcantarillados con tragantes en las calles, lo cual estuvo a cargo del Departamento de Carreteras del Estado y el Dade County.

9) Permiso especial de la Ciudad de Miami para construir el edificio de Administración del Pan American Hospital al cruzar la calle del hospital.

10) E1 desarrollo del Pan American Hospital Network con su actual sede en la esquina de la Calle 7 y la 57 Avenida del N.W., Miami, Florida para la extensión de los servicios médicos.

11) Participación en la construcción de la nueva Calle 7 del N.W. desde el Pan American Hospital hasta la 72 Avenida con la construcción de un nuevo puente sobre el Tamiami Canal.

ACTIVIDADES SOCIALES
(MIEMBRO)

1) Surf Club, Surfside, Florida

2) Indian Creek Country Club, Indian Creek VIllage, Florida

3) Fisher Island Club, Miami, Florida

4) Bankers Club, Miami, Florida

5) The Metropolitan Club, New York, N.Y.

El doctor Modesto M. Mora con su esposa, la doctora Lourdes Rosa Sanjenís

En 1976, ya graduada en la Universidad de Guadalajara, México, la joven doctora Lourdes Rosa Sanjenís llegó a la oficina del doctor Modesto M. Mora. Aún estaba ella pendiente del Servicio Social en México y de su Residencia en la Florida. De inmediato comenzó entre ellos la más cordial amistad, estrictamente profesional. No será hasta 1983, pasados siete años, que él la invite al banquete del Congreso del Colegio Médico. Al regresar el doctor Mora del viaje de los médicos a Europa le declara que está dispuesto a casarse con ella. Pero tendrá que esperar la decisión de la doctora Sanjenís hasta 1984. El 15 de diciembre se lleva a cabo la boda. De esta unión han nacido tres hijos: Modesto Mario II en el 86, Mario José en el 87 y José Luis en el 90.

Esta foto del doctor Modesto M. Mora es la misma
de la portada del libro. Fue tomada en abril de 1996.

Dr. Modesto M. Mora hablando en una de las Convenciones.

Modesto Mora con el presidente Ronald Reagan y Nancy Reagan

El presidente de la Comisión de Relaciones Exteriores de la Cámara de los Estados Unidos, Representante Dante Fascell, en los momentos que entrega al doctor Modesto M. Mora una copia del acta en el que se reconocía en los records congresionales norteamericano su aporte a la clase médica de este país.

Otra foto, en el mismo acto, con el Representante Dante Fascell

Dr. Modesto M. Mora y el legendario senador Claude Peper.

Dr. Modesto M. Mora y el Senador Norteamericano Richard Stone.

Dr. Modesto M. Mora con la Fiscal General de los Estados Unidos,
Janet Reno.

El doctor Modesto M. Mora junto al
ex gobernador de la Florida Reuben Askew.

Dr. Modesto M. Mora y Skip Jackson,
ex-senador de los Estados Unidos

El ex gobernador de la Florida y senador por el estado, Bob Graham,
departe con su señora Adela y el doctor Modesto M. Mora

De izquierda a derecha, Vicente Rodríguez, Dr. Víctor Calderín, Dr. Lidio Mora, Representante Federal por la Florida Dante Fascell, Dr. Modesto A. Mora y Dr. Miguel A. Mora.

El alcande de Miami, Steve Clark, el teniente gobernador de la Florida, Tom Adams
y el Doctor Modesto M. Mora

La foto recoge a un grupo de amigos que junto al Dr. Modesto M. Mora se reunió con el entonces gobernador de la Florida, Reuben Askew. De izquierda a derecha vemos a los doctores Lidio Mora, el gobernador Askew, el doctor Mora, Miguel A. Mora, Vicente Rodríguez y doctor Víctor Calderín.

Dr. Modesto M. Mora con el Dr. Ramón Castroviejo,
el famoso oftalmólogo español.

El doctor Modesto M. Mora junto al doctor Joseph J. Eller, presidente de la
Pan American Medican Foundation de Nueva York.

El presidente del Colegio Médico Cubano Libre, Dr. Enrique Huertas, abraza al doctor Modesto M. Mora después que éste presidió la Primera Convención Médica Cubana en los Estados Unidos. Con ellos el doctor José Lastra y doctor Carlos G. Llanes en el micrófono.

El doctor Mora se dirige al público durante una de las convenciones Médicas Cubanas. A su lado Vicente Rodríguez.

El doctor Modesto M. Mora deja inaugurada una de las convenciones médicas cubanas. A su lado, Vicente Rodríguez, coordinador de estos eventos desde 1989.

El eminente cirujano cardiovascular René Favarolo en amistosa charla
con el doctor Modesto M. Mora, en Buenos Aires, Argentina.

Entre las numerosas figuras cimeras de la medicina que han compartido con el doctor Modesto M. Mora se encuentra el doctor Juan A. del Regato, co-autor del clásico «Cáncer», considerado como la biblia para el tratamiento de esa enfermedad. La foto fue tomada en uno de esos encuentros. De izquierda a derecha vemos a los doctores José Lastra, Miguel A. Mora, Juan A. del Regato, Modesto M. Mora, Carlos Pérez Mesa y Armando Núñez Núñez.

Una foto para la historia: De izquierda a derecha los doctores
Luis Conte Agüero, Enrique Huertas, Carlos Prío Socarrás, ex
presidente de la República de Cuba, y Modesto M. Mora

El doctor Modesto M. Moral y el ex-presidente de Chile Augusto Pinochet.

Dr. Modesto M. Mora y el General Leigh,
miembro de la Junta Militar de Chile

Dr. Modesto M. Mora y Patricio Mekis, alcalde de Santiago de Chile,
develando el busto de José Martí, único existente en ese país, donado por el Dr. Mora.

Dr. Modesto M. Mora y el ex presidente de Ecuador, Jaime Roldós Aguilera.

Dr. Modesto M. Mora y el astronauta «Buzz» Aldrín, que descendió en la Luna.

El doctor Modesto M. Mora recibe la Orden del
Quetzal del Ministro de Salubridad y Bienestar
Social de Guatemala, doctor Julio Benjamín Sultán.

Dr. Modesto M. Mora junto al Dr. José S. Lastra y su esposa, Antonia Lastra.